PIERRE PASCAL

SOPHIE CŒURÉ

PIERRE PASCAL

La Russie entre christianisme et communisme

LES ÉDITIONS NOIR SUR BLANC

BIBLIOTHEQUE DE DOCUMENTATION INTERNATIONALE CONTEMPORAINE
■
MUSEE D'HISTOIRE CONTEMPORAINE

ISBN : 978-2-88250-355-8

Prologue

Mai 1916. Le lieutenant français de vingt-cinq ans qui accoste à Arkhangelsk retrouve la Russie éternelle de ses livres d'enfant, coupoles dorées, villages de bois, forêts immenses et enneigées. Mais le monde bouge, il le sait. Pierre Pascal, deux fois blessé au front, traducteur pour l'état-major des armées, arrive à Petrograd, capitale de l'empire des tsars, parfaitement informé de la situation critique de l'allié russe que la Mission française vient épauler.

Octobre 1918. Témoin puis acteur du maelström révolutionnaire, Pierre Pascal prend la décision inouïe de s'engager corps et âme aux côtés du nouveau pouvoir bolchevique, au plus près du peuple russe, sans renoncer à sa foi chrétienne.

Mars 1933. L'ancien collaborateur de l'Internationale communiste et du commissariat du peuple aux Affaires étrangères, le traducteur de Lénine, retrouve la France après une expérience unique au cœur du pouvoir soviétique. Dès lors, il semble fermer la parenthèse et reprendre le cours d'une vie toute tracée, celle du normalien, agrégé, professeur, traducteur, maître de deux générations d'étudiants en russe aux Langues orientales et à la Sorbonne.

Juillet 1983. Pierre Pascal disparaît dans la discrétion. Jamais il n'avait souhaité compter parmi les intellectuels d'un siècle déchiré par les conflits et les idéologies contraires. Posture individualiste d'un moraliste rebelle à entrer dans toute case politique, cette attitude est également un choix. En renonçant, nous verrons à l'issue de quelles épreuves, à témoigner sur son expérience de l'Union soviétique, il a rendu presque invisible son rôle dans cinquante années de combats antitotalitaires. À Moscou, Pascal fut l'âme d'un réseau dissident avant la lettre, avec son beau-frère Victor Serge, ses amis Boris Souvarine, Marcel Body, Nicolas Lazarévitch et bien d'autres. À Paris, il disséqua inlassablement les « retours d'URSS » trop naïfs, proposa à la radio sa vision de la civilisation russe, veilla à la publication de Pasternak et de Soljenitsyne, apporta sa contribution aux actions pour la défense des chrétiens en URSS... Ce livre s'attache à restituer dans toute sa richesse et sa complexité l'itinéraire d'un témoin exceptionnel du tumultueux XXe siècle.

Depuis la déstalinisation, la publication de *L'Archipel du Goulag*, et plus encore depuis l'effondrement de l'URSS entraînant l'ouverture de ses archives, notre siècle préfère aux croyants aveuglés les « désenchantés » du communisme, hommes et femmes inquiets, déchirés, habités par la foi comme par le doute, parfois victimes aussi bien des polices politiques soviétiques que des prisons fascistes. Est-il possible de revenir sereinement sur l'engagement en communisme ? Le regard que nous portons sur le peuple soviétique, comme sur les militants de l'Internationale communiste, n'est désormais ni celui de la condamnation, ni celui de la justification : c'est celui de la compréhension. L'itinéraire de Pierre Pascal, acteur de la construction des communismes français et russe à leurs débuts, premier intellectuel communiste français avant de renier ce rôle, opposant à Staline, nous éclaire sur ces vies placées sous le signe de l'espoir, du choix et de la contrainte.

Le « bolchevik chrétien » ne fut pas le seul à s'engager avec fougue dans la révolution mondiale, et d'autres que lui s'écartèrent du régime soviétique, avec plus ou moins d'éclat. La tension entre intériorité et vie publique, l'acceptation – ou non – de la violence politique, de la discipline, d'une doctrine unique et imposée, la peur ou le courage devant la répression, s'éclairent à l'échelle d'une vie. Elles se comprennent aussi à l'échelle d'un groupe, tant les liens personnels étaient vitaux pour des hommes et des femmes qui ne se reconnaissaient plus dans la structure collective du Parti communiste. Plus tard, opposants à Staline et critiques de l'image idéalisée de l'URSS, ils ne trouveraient guère leur place dans la vie politique française. Le couple formé par « Piotr Karlovitch » Pascal et « Jenny » Roussakova, les amitiés soudées à Moscou, puis à Paris, nous donnent à comprendre que la relation au communisme se lit dans les proclamations politiques, mais aussi dans l'expérience relationnelle.

En publiant son *Journal de Russie* au soir de sa vie, Pascal a voulu livrer lui-même les clés d'une lecture autobiographique : l'adhésion singulière d'un jeune homme à la révolution russe et au christianisme du peuple russe, en un même mouvement. L'échec de sa révolution s'explique par sa déception devant l'abandon d'une utopie de rénovation radicale de la société, fondée sur l'égalité évangélique. Singulière est en effet sa tentative de concilier communisme et christianisme, sa pensée de l'œcuménisme et des relations entre orthodoxie et catholicisme, son rapport à la religion, étouffé en URSS, épanoui en France. Singulière également sa relation avec l'opposition trotskiste, mais aussi avec les milieux libertaires moscovites, entre 1924 et 1933. Pascal mène une réflexion solitaire, ne cherchant guère de dialogue public avec les « ex- »communistes ou les dissidents, moins encore des affiliations politiques. Jamais il ne développera la réflexion, pourtant esquissée dans les années 1920 et 1930, sur la fabrication d'une « nouvelle religion » totalitaire destinée à entraîner le peuple, se refusant à participer au débat sur les idéologies communiste et nazie comme religions séculières. Il contribua ainsi à exclure pour longtemps son propre parcours de la réflexion collective sur le totalitarisme, comme sur la possibilité d'être communiste et catholique à la fois.

Chez Pierre Pascal, la relation avec le communisme se construit indissociablement de l'engagement d'une vie aux côtés du peuple russe. « Écrire sur la Russie avec amour ! » s'exclame l'étudiant dans son premier mémoire universitaire en 1913. L'internationalisme bolchevique n'efface pas l'élan initial. À la fin des années 1920, Pascal renouvelle ce pacte et s'engage clandestinement dans une recherche sur la dissidence religieuse des Vieux-Croyants et de l'archiprêtre martyr Avvakoum au XVIIe siècle. Il s'immerge dans les archives, les bibliothèques moscovites et dans la vie rurale traditionnelle, sur les rives de la Volga. De retour en France, le professeur, traducteur et exégète de Dostoïevski et de Tolstoï, l'historien de la religion et des campagnes de la vieille Russie, fait rayonner la langue et la civilisation russes bien au-delà de l'Université. Comprendre son itinéraire savant permet de mieux expliquer les contradictions des études russes en France, le désir de certains de sauvegarder à tout prix des relations « neutres » avec l'URSS, l'absence d'une « soviétologie » anticommuniste à l'américaine après 1945. Sans s'éloigner de ses amis, opposants à Staline mais toujours marxistes, il trouve une deuxième famille auprès des artistes et écrivains émigrés en Occident, Nicolas Berdiaev, Viatcheslav Ivanov, Alexis Remizov, Marc Chagall… Depuis Pierre le Grand jusqu'à nos jours, la relation entre la Russie et l'Europe, réduite un temps aux rapports géopolitiques Est-Ouest, a fait couler des flots d'encre savante ou littéraire. Par son expérience rare de deux civilisations et de deux langues, Pierre Pascal, citoyen de deux régimes antagonistes, donne vie à la dynamique des circulations entre la France et la Russie, et, plus largement, entre l'Occident et l'URSS.

Je n'ai pas connu personnellement Pierre Pascal : je l'ai rencontré comme lectrice de son *Journal de Russie*, comme historienne du communisme et des relations entre la France et la Russie. Je m'interroge souvent sur ce qu'il aurait pensé de ce livre qui, s'il brouille l'image qu'il avait lui-même construite, rend justice à la richesse d'une personnalité intellectuelle, à un grand témoin de son époque. Je connais sa voix un peu sourde, préservée par les archives de la radio. Je l'ai vu photographié en premier communiant, en soldat des deux guerres, en bolchevik amaigri par la vie dans la Moscou affamée de 1918-1920, en touriste détendu visitant Rome avec sa femme. Je l'ai vu apparaître en vieux maître bienveillant et ironique dans les émissions filmées à la fin de sa vie, à travers les témoignages de ses anciens élèves et amis. Mais si j'ai l'impression de bien le connaître, au point de m'aventurer à expliquer ses choix et à rendre compte de sa pensée, c'est d'abord par l'analyse de ses écrits et des archives le concernant.

La complexité et la dispersion de la documentation que j'ai progressivement constituée en « Archives Pascal » lors de ma recherche m'ont protégée contre la tentation de les considérer comme un réservoir de matériel factuel, dont la seule combinaison narrative formerait une vie. « Une biographie n'est pas seulement la collection de tout ce qu'on peut et tout ce qu'on doit savoir sur un personnage » : la mise en garde de Jacques Le Goff contre le « faux concret » de la biographie, en miroir du « faux abstrait » d'une histoire politique trop confiante dans les catégories affichées, reste valable[1]. Il n'est que d'envisager un instant l'épreuve de l'histoire contrefactuelle, joliment nommée par les Anglo-Saxons la « *what if history* ». Et si... Et si le jeune normalien de retour en France était devenu un universitaire stalinien, ne serions-nous pas tentés de mettre en exergue ses appels enflammés à la révolution mondiale et ses éloges de la Tcheka plutôt que ses doutes ? Comment lirait-on son histoire, si ses correspondances et ses carnets avaient été confisqués ou détruits, en 1933, à la frontière de l'URSS ? Ou si, comme Victor Serge, il avait formulé au sortir des années 1930 sa vision du régime soviétique et du rôle qu'il avait joué à son service, puis comme opposant ? Car Pierre Pascal constitua, de sa jeunesse à sa mort, une « egoarchive » considérable, dont la continuation et la préservation en Union soviétique, puis l'utilisation dans les années 1970, font partie de l'étude même. Le journal intime rédigé d'une petite écriture nette, les correspondances envoyées et reçues, doivent être compris dans une configuration bien particulière de la vie publique et de la vie privée, marquée par le goût du débat et l'importance de l'amitié, mais aussi par la censure, la rareté de l'information, la peur.

Reconstituer autant que possible le corpus de ses ouvrages, articles, préfaces ou comptes rendus, en complétant les deux bibliographies de ses œuvres publiées par la *Revue des études slaves* de son vivant, c'est aussi comprendre les mécanismes d'un processus d'intervention publique. Pierre Pascal joua de la diversité et de la légitimité des genres, vécut de la commande politique ou alimentaire, usa du pseudonyme ou de l'anonymat. Il évolua vers une discrétion telle qu'elle passa *a posteriori* pour un silence, avant de proposer, à la fin de sa vie, une lecture autobiographique en cohérence avec son interprétation

1. Jacques Le Goff, *Saint Louis*, Paris, Gallimard, 1996.

de l'histoire russe. En confrontant ces textes avec les articles ou les mémoires contemporains qui font apparaître la figure du « lieutenant Pascal », on peut réfléchir sur la construction par Pierre Pascal lui-même et par ses contemporains d'une certaine vision du siècle communiste. Qu'on songe aussi à l'image de l'engagement et du désengagement qu'offrent Aragon, Malraux, Serge ou Souvarine.

Pierre Pascal fut l'auteur d'un autre type de textes autobiographiques non publiés, élaborés dans un cadre de contrainte politique et institutionnelle. Ce fut à vingt ans d'écart, en 1920 et en 1942-1943. Dans le premier cas, le Parti communiste bolchevique le convoqua pour qu'il se justifie de son catholicisme. Dans le second, il dut revenir sur son passé communiste pour défendre son couple contre les menaces du gouvernement de Vichy. Les récits de soi alors produits se lisent comme des réponses aux fortes sollicitations d'institutions menaçantes, dans des contextes précis que la lecture des dossiers d'archives consacrés à Pierre Pascal permet de mieux saisir. Le rapprochement de ces deux moments a le mérite de rappeler que les vies du XXe siècle échappèrent rarement aux institutions bureaucratiques. Beaucoup exigeaient des individus concernés de fournir un récit de vie ou un curriculum vitae. L'ordre de la Légion d'honneur, le ministère de l'Éducation nationale, le service des naturalisations du ministère de la Justice, l'armée française, les Renseignements généraux de la préfecture de police de Paris, le Secteur des cadres de l'Internationale communiste dont les archives furent incorporées à celles du Parti communiste d'Union soviétique, puis échurent aux Archives de la Fédération de Russie... : toutes ces institutions accumulèrent des notes et des rapports sur Pierre Pascal, qui éclairent son rôle, son image mais aussi ses réponses aux contraintes institutionnelles choisies ou subies. Le refus qu'essuya ma demande d'accès aux Archives du ministère des Affaires étrangères de la Fédération de Russie, qui s'explique par une méfiance certaine de la lecture occidentale du passé soviétique, laisse ouverte la possibilité de trouver d'autres documents de ce type, auxquels pourrait s'ajouter, s'il existe encore, le dossier de Pierre Pascal, constitué par la police politique soviétique.

L'identité, le sens donné à sa propre vie sont devenus deux problèmes majeurs que la biographie pose aux historiens. Cela s'applique tout particulièrement à ceux qui s'intéressent au régime communiste, si préoccupé d'engendrer et d'encadrer des hommes nouveaux. L'unicité de l'itinéraire de Pierre Pascal place ce dernier en relation avec des individus isolés, plutôt qu'elle ne le situe dans un champ social ou politique, dont on pourrait faire l'objet d'un portrait de groupe. La comparaison de son journal avec d'autres écrits personnels de la période révolutionnaire et soviétique bute sur l'hétérogénéité des héritages russe et français en la matière. Pour autant, nous verrons que la singularité d'une existence, le refus d'être un « intellectuel » parmi d'autres tant en URSS qu'en France, furent aussi une construction. Celle-ci permit tant à Pierre Pascal qu'à ses biographes d'insister sur la fidélité à son choix de 1918 et de mettre en avant la pertinence de sa lecture initiale de la révolution russe. À cette occasion, Boris Souvarine lançait un avertissement que je me suis efforcée d'entendre :

> Il importe de se transporter en esprit dans les conditions de l'époque pour comprendre ce que ce langage avait de convaincant pour des lecteurs de notre âge et de notre sorte. Et l'on ne peut rien comprendre au comportement des uns et des autres, alors et de nos jours, si l'on méconnaît les changements absolus accomplis dans les faits comme dans le sens des paroles au cours du temps écoulé depuis lors[1].

Cette parole de témoin et d'ami était aussi celle d'un historien. Elle a le mérite de mettre en garde le biographe contre la tentation de donner un sens stable et univoque aux mots, aux identités, qu'elles fussent « communiste », « anticommuniste » ou « chrétienne ». Cela ne dispense pas pour autant de replacer à tout moment les choix de Pierre Pascal dans leur espace social, quitte à critiquer, ou plutôt à questionner l'image de lui-même qu'il porta et sut diffuser, incarnant *in fine* une destinée unique, placée sous le signe de la Providence divine. Penser et assumer sa foi chrétienne, entrer au Parti communiste, le quitter, réagir en conscience face aux répressions politiques et à l'intrusion de régimes autoritaires dans les

1. Boris Souvarine, *Souvenirs sur Panaït Istrati, Isaac Babel, Pierre Pascal*, Paris, Éd. G. Lebovici, 1985, p. 104.

vies privées, enseigner et publier dans une université française qui se voulait politiquement neutre, critiquer l'URSS face à un appareil d'influence puissant dédié à diffuser une image « rose » du pays des Soviets dans l'opinion française… Autant de dilemmes propres au XXe siècle, non pas illustrés, mais rendus plus intelligibles par la temporalité particulière d'une vie. En cela, l'homme singulier et attachant que fut Pierre Pascal devient notre « contemporain anachronique[1] ».

1. Jacques Derrida, *L'Écriture et la différence*, 1967, cité par Frédéric Worms, *La Philosophie en France au XXe siècle. Moments*, Paris, Gallimard, 2009, p. 507.

1

Choisir la Russie, vivre la révolution (1890-1917)

« Un jeune intellectuel saisi par la Russie »

Nul ne saurait se figurer combien il est de mots dont le sens est inconnu à un brillant élève de l'École normale.

Pierre Pascal, lettre inachevée
à Marcel Martinet, 1920

Lycéen et normalien

Né le 22 juillet 1890, Pierre Pascal a largement documenté lui-même ses origines familiales, les premières années de sa vie, les solides racines auvergnates d'une généalogie aux branches paternelle et maternelle parentes. Son enfance fut peuplée d'oncles et de cousins dont les professions illustrent jusqu'à la caricature l'appartenance à la bourgeoisie provinciale de la IIIe République – médecin, avocat, ingénieur, commerçant, fonctionnaire des Colonies ou des Ponts et Chaussées –, enseignant, enfin, comme son père. La carrière de professeur de lycée avait mené l'agrégé de grammaire Charles Pascal avec sa famille de Reims à Versailles, puis au lycée Janson-de-Sailly à Paris. Pierre, « fils de professeur nourri parmi les livres[1] », allait au seuil de l'adolescence découvrir une langue vivante peu commune, le russe.

La création d'un éphémère cours de russe à Janson-de-Sailly participait de l'instauration d'une géopolitique des langues et des littératures étrangères[2] qui allait se couler dans la dynamique diplomatique et économique de l'alliance franco-russe. Au lendemain de la visite de l'escadre française à Cronstadt, suivie de la signature d'un accord militaire en 1892, des enseignements furent ouverts à l'initiative du ministère de l'Instruction publique dans quelques lycées provinciaux ou parisiens. L'expérience fit long feu devant la méfiance des slavisants universitaires. Ces derniers, tel Louis Leger, fondateur du cours de russe à l'École des langues orientales et titulaire de la chaire de langue et littérature slaves du Collège de France, demeuraient hostiles à ces enseignants recrutés sans respect des critères académiques. Les ambiguïtés d'une tentative à la fois politique et économique, mais qui, de fait, était réservée aux bons élèves des filières classiques, conduisirent à la fermeture des cours de russe en 1903.

Pierre Pascal, élève de quatrième en 1901-1902, ne bénéficia donc que deux ans de l'initiation proposée. Accusant son jeune professeur d'avoir découragé les élèves devant les difficultés de la langue, Pascal relia avec constance le véritable déclenchement de sa vocation russe à la lecture d'un livre reçu en prix scolaire, *Au pays russe* de Jules Legras. À plusieurs reprises, il souligna combien ce livre avait nourri son besoin de dépaysement,

1. Sur les années de formation, cf. Bibliothèque de documentation internationale contemporaine (BDIC), Archives Pascal, F delta res 883 (1-1) : arbre généalogique, papiers de famille, « Ne pas empiéter sur la Providence... », manuscrit autobiographique sans date ; BDIC F delta res 883 (9-6) : manuscrit français de « Come fui conquistato dalla Russia », conférence de 1975, publiée in *Rassegna sovietica*, vol. 4, 1977, p. 86-94. Note introductive à *Mon journal de Russie, t. 1 (1916-1918)*, Lausanne, L'Âge d'Homme, 1975, p. 13-15, et « Mon père Charles Pascal », *Revue des études slaves, Mélanges Pierre Pascal*, t. 54, n° 1-2, 1982, p. 11-17. Georges Nivat, « La “religion russe” de Pierre Pascal », *Russie-Europe, la fin du schisme. Études littéraires et politiques*, Lausanne, L'Âge d'Homme, 1993, p. 263-278, d'après ses entretiens avec Pierre Pascal.

2. Michel Espagne, *Le Paradigme de l'étranger. Les chaires de littératures étrangères au XIXe siècle*, Paris, Cerf, 1996. Benjamin Guichard, « Parler russe. Un enjeu de l'alliance franco-russe ? », *Bulletin de l'Institut Pierre-Renouvin*, n° 8, 1999.

l'attrait d'une contrée exotique, neuve, vaste et libre. Dès lors, reconnaissant à ses parents « économes » le mérite de lui avoir offert des leçons particulières avec une émigrée, Véra Waltzoff, et à son environnement familial la possibilité de correspondre en russe avec le mari d'une cousine, industriel balte, Pascal n'attribua qu'à sa curiosité personnelle, « assoiffée de choses russes », l'acquisition d'une culture philosophique, littéraire et linguistique dans cette langue rare. L'aîné des quatre fils du professeur Charles Pascal mena cet apprentissage en parallèle avec d'excellentes études classiques. Le travail du jeune élève de classe préparatoire littéraire au lycée Louis-le-Grand se révéla, selon le proviseur, qui donnait son avis à l'inscription au concours, « tout à fait excellent », ses aptitudes « assez marquées », son caractère « le plus sérieux », sa moralité « irréprochable ». Pierre Pascal fut reçu premier des trente-cinq élèves littéraires de la promotion 1910 de l'École normale supérieure, à sa deuxième tentative. Il passa le concours en choisissant l'option d'allemand, attribuant au soir de sa vie à la Providence son excellente note à la dissertation d'histoire sur un sujet russe : « Alexandre Ier. Sa politique intérieure[1] ». Depuis la réforme de la scolarité en 1903, l'internat n'était plus obligatoire pour ces futurs enseignants de la république. Le nouveau normalien choisit de vivre chez ses parents et, comme la plupart des enfants de fonctionnaires (son père étant de surcroît chargé de famille nombreuse), il obtint une bourse de licence qui allait lui permettre de financer ses voyages en Russie.

On n'exigeait alors des normaliens que d'obtenir les diplômes de la Sorbonne. Pierre Pascal utilisa ce « temps béni de liberté », ces « années merveilleuses qui, par la bibliothèque libéralement ouverte à nos curiosités les plus aberrantes, par nos conversations de "thurnes" et de couloirs, par les chocs des enthousiasmes et des idées, nous ont cependant ouvert tant d'horizons et nous ont rendus aptes à tant de possibilités[2] »,

1. Archives nationales, 61 AJ (École normale supérieure) 238 « concours 1910 » et 187 « scolarité 1905-1922 » (les dossiers personnels manquent pour cette période), 16 AJ (Académie de Paris) 2885 « ENS scolarité 1908-1913 ». « Ne pas empiéter sur la Providence… », *op. cit.*

2. Pierre Pascal, « Hommage à André Vaillant », *Revue des études slaves*, t. 40, 1964, p. 7-11.

pour approfondir ses lectures et découvrir le « pays russe ». Il insista toujours sur sa vocation bien plus que sur sa formation. Pour lui, c'est la séduction de la langue qui l'avait conduit à la lecture éclectique et quasi autodidacte des classiques littéraires, de la philosophie, de l'histoire ancienne de la Russie. Jamais il ne mit en avant l'influence intellectuelle d'un professeur ou d'un camarade.

C'est en juillet 1911 qu'il partit à la découverte « du pays et des hommes », « sans autre formalité » que le visa de l'ambassade de Russie, l'un des rares pays à l'époque à exiger ce document. Il était muni des recommandations indispensables au voyageur avant l'invention du tourisme de masse. Le périple de Pierre Pascal le fit entrer dans l'empire des tsars en Ukraine, *via* Vienne et Budapest. Après un mois à Kiev « en pension chez une veuve », il passa par la petite ville de Niejine, connue pour abriter le lycée où Gogol avait fait ses études, puis se rendit à Koursk, Moscou et Saint-Pétersbourg.

1911-1913 : l'amour de la Russie à l'ombre de Joseph de Maistre

Dans ses lettres hebdomadaires à ses parents, le voyageur de vingt ans se voulut rassurant face aux inquiétudes maternelles au sujet de la nourriture et du climat. Il se fit pédagogue, décrivant longuement les mœurs, les fêtes religieuses, les paysages, multipliant les analogies avec l'Auvergne ou Versailles, plus familières à ses proches. Pierre Pascal retrouvait dans ses impressions de voyage l'idée, devenue presque un lieu commun depuis les réformes de Pierre le Grand au début du XVIIIe siècle, de l'opposition entre, d'un côté, la Russie authentique incarnée par Moscou et Kiev, « la plus belle ville du monde », et, de l'autre côté, Saint-Pétersbourg l'européenne, la froide étrangère : « On n'y sent rien de russe. On pourrait se croire dans un Paris dont les places seraient un peu élargies[1]. »

À la marge occidentale de l'empire, Varsovie ne fut guère appréciée. Le jeune homme, qui y passa une journée, y vit surtout une ville juive. Les impressions livrées à sa mère reflètent

1. Pour ce voyage, lettres à sa mère ou à ses parents, juillet-septembre 1911 (Archives Pascal – Jacques Catteau).

un choc culturel, et un antisémitisme inconscient qui mobilise tous les stéréotypes décomplexés de la Belle Époque :

> Ce qu'il aurait fallu photographier, ce sont les Juifs. La Pologne a l'air bien plus à eux qu'aux Polonais ou aux Russes. Ils sont partout, mais surtout dans certains quartiers, où alors toutes les boutiques appartiennent à des Rosenthal, Grünwald, Brown, Schultz et autres. Il faut les voir avec leur casquette noire et leur longue lévite, quel que soit leur âge, tous crasseux, le teint oriental, la barbe noire. Chez nous, on ne voit pas de vrais Juifs en somme, et un Blum ou un Durkheim aurait peine à reconnaître pour compatriote un Rosenbaum de Pologne. J'ai traversé tout le faubourg juif de Varsovie pour gagner la gare de Róvel-Kiev qui est en dehors de la ville. On a l'impression de ne pas être chez soi avec toutes ces enseignes en hébreu et ces journaux qui s'étalent avec leurs ןשפ. Si les membres de l'Action française voyaient cela, ils en tomberaient malades de rage, mais on comprend très bien les quelques pogroms qui ont éclaté.

À Saint-Pétersbourg, Pierre Pascal s'inséra rapidement dans la société universitaire franco-russe, rencontrant professeurs et étudiants en ville et dans leurs datchas, le refuge campagnard des élites aisées. Il assista à une soutenance de thèse, ainsi qu'à l'inauguration de l'Institut français dirigé par l'historien d'art Louis Réau, où enseignait le jeune slavisant André Lirondelle[1]. C'est à la bibliothèque que le jeune homme fit la connaissance d'André Mazon, son aîné de dix ans. Alors secrétaire de l'École des langues orientales, ce dernier achevait ses thèses de doctorat, l'une de linguistique, l'autre d'histoire littéraire[2]. Le voyage du jeune normalien se voulait d'abord studieux. Il ne manqua pas d'informer ses parents de l'avancement de ses recherches pour le diplôme d'études supérieures. Depuis 1894, en effet, la volonté de professionnaliser l'enseignement supérieur avait abouti à la réforme de l'agrégation, désormais précédée d'une année de diplôme qui testait les aptitudes en

---

1. Olga Medvedkova, « "Scientifiques" ou "intellectuels" ? Louis Réau et la création de l'Institut français de Saint-Pétersbourg », *Cahiers du monde russe*, vol. 43, n° 2-3, avril-septembre 2002.

2. Antoine Marès, « André Mazon, un slaviste au XXe siècle », *Revue des études slaves*, t. 82, n° 1, 2011, p. 69-94.

matière de recherche. Or le champ des études de langue et littérature russes demeurait en construction : absence d'agrégation – elle ne serait créée qu'en 1947 –, institutionnalisation universitaire marquée avant tout par le souci de promouvoir les études slaves face à la culture allemande. Suivant les conseils paternels, Pierre Pascal suivit la voie royale des bons élèves vers l'agrégation de lettres classiques, un choix par défaut. Le jeune licencié devait donc élire pour son mémoire de diplôme un sujet français, mais souhaita y introduire un « élément russe ». En toute logique, il choisit comme directeur Émile Haumant, qui avait obtenu en 1902 la première chaire de langue et littérature russes à la Sorbonne. Le « vénérable maître des slavisants[1] » était l'auteur de la première monographie française sur Pouchkine et de la première synthèse consacrée à *La Russie au XVIIIe siècle*. Il mobilisa généreusement son réseau de collègues et d'amis pour loger et recevoir son élève en Russie.

De retour en France en passant par Pskov, Wilno (Vilnius), Varsovie et Berlin début octobre 1911, Pierre Pascal employa l'année universitaire 1911-1912 à son diplôme d'études supérieures. Son objectif était d'étudier la relation nouée avec la Russie par le philosophe et homme politique Joseph de Maistre, qui avait séjourné à Saint-Pétersbourg comme ambassadeur des États de Savoie entre 1803 et 1817. En introduction, le jeune universitaire faisait comme il se devait référence aux œuvres de son directeur de recherche, consacrées aux relations culturelles franco-russes, et notamment au dernier opus de celui-ci, *La Culture française en Russie (1700-1900)*, qui venait de paraître en 1910. Si Émile Haumant était agrégé d'histoire, son travail et celui de son élève révélaient combien les études russes, orientées vers la langue et la littérature, étaient loin de s'insérer dans la réflexion méthodologique critique menée par les historiens depuis la fin du XIXe siècle. Tout en discutant le terme d'« influence », en reconnaissant les difficultés de l'approche biographique et en regrettant d'avoir manqué de temps pour dépouiller des archives, ce qui aurait été « excellent », le jeune homme se plaçait résolument dans une perspective d'histoire romantique. Il fondait sa recherche

1. Nécrologie d'Émile Haumant par André Lirondelle, *Revue des études slaves*, t. 21, 1944, p. 173-176.

biographique sur une observation aiguë des fécondations intellectuelles croisées, à l'appui d'œuvres et de correspondances. « On connaît la pensée rigoureuse et originale de Joseph de Maistre, le fond ardemment mystique de l'âme russe, et la richesse religieuse et morale du règne d'Alexandre Ier : mettre ces éléments en présence, voir ce qu'ils se sont accordé l'un à l'autre, ce qu'ils ont gagné l'un sur l'autre, suivre l'histoire de leur sympathie, de leur amitié, de leur brouille apparente, quoi de plus tentant[1] ? »

Pierre Pascal rejetait toute approche des relations internationales ou d'histoire sociale, moquant une vaine quête du quotidien du diplomate, du « prix dont il payait le beurre », du « nom de son valet de chambre »... Le mémoire se composait de deux parties au parfait équilibre rhétorique : « L'influence de la Russie sur Joseph de Maistre (ses opinions sur la Russie, ce qu'il lui doit) », puis « L'influence de Joseph de Maistre sur la Russie : pédagogique, philosophique, politique ». En conclusion, Pierre Pascal s'affranchit résolument du dialogue avec son maître Haumant, ainsi qu'avec Melchior de Voguë, le grand passeur du « roman russe » en France. Distribuant les points entre slavophiles et occidentalistes (« les deux parts ont tort »), il proposait un long essai sur le dialogue entre Russie et Occident. Ses conclusions toutes personnelles offraient un véritable « programme » de fécondations réciproques, guidées par la pensée catholique.

Dans ses souvenirs, Pierre Pascal assuma comme un choix personnel l'idée de travailler sur de Maistre, personnage catholique et contre-révolutionnaire. Ce sujet politiquement peu en phase avec le républicanisme laïc bon teint de l'Université lui valut les reproches de ses professeurs. Au-delà des références convenues mais vagues aux consultations de « plusieurs savants professeurs », le ton de ce premier travail universitaire marquait la prise de parole d'une personnalité intellectuelle avide de proposer une approche globale du monde russe. « Puissions-nous ne pas nous tromper, et montrer qu'on peut, sans trahir la vérité, écrire sur la Russie avec amour ! » Aux limites de la transgression de l'écriture académique universitaire,

1. BDIC, *Joseph de Maistre et la Russie*. Mémoire pour le diplôme d'études supérieures, manuscrit, 1912, 318 p.

cette dernière phrase de l'introduction annonçait une idée récurrente de son travail, qui allait devenir l'un des fils rouges de la relation entretenue par Pierre Pascal avec la Russie : l'amour du pays, conduisant à la défense militante de son peuple contre les préjugés. Ce militantisme était déjà présent dans les lettres à ses parents. Il se montrait soucieux de lutter contre les idées reçues (« pas de peuple plus doux et plus réellement aimable, même pour les animaux ») et critique de la colonie française : « La plupart viennent chez les Russes pour les exploiter, comme les Juifs. » Le jeune homme se révélait également admirateur des musées, notamment de l'Ermitage à Saint-Pétersbourg : « Il me semble que ça devrait forcer un peu les gens à venir en Russie, et pourtant il n'y a même pas d'Anglais. Il est décidé que la Russie est barbare. »

Après sa soutenance de diplôme, il s'offrit un deuxième voyage en Russie, à l'été 1912, en arrivant cette fois par Strasbourg, Nuremberg, Prague, Cracovie et Kiev où il séjourna de nouveau. Ce furent de « vraies vacances », marquées toutefois dans les correspondances avec son père par la préoccupation du concours à venir. En 1913, Pascal prépara en effet, et réussit au deuxième rang, l'agrégation de lettres, à la veille de son incorporation pour le service militaire.

À l'issue de ces trois ans d'études, le brillant normalien se sentait certes plus proche des études russes que des « lettres classiques ». Déçu par les cours de Louis Leger au Collège de France, il appréciait davantage sa formation à l'École des langues orientales, institution à laquelle allaient le lier des amitiés durables et les premières années de sa carrière dans l'enseignement supérieur. Principal médiateur des relations universitaires franco-russes avant la Première Guerre mondiale, Paul Boyer était depuis 1893 titulaire de la chaire de russe aux Langues orientales, institution dont il était devenu le directeur en 1908. Pierre Pascal l'avait rencontré à Saint-Pétersbourg en 1911, moquant gentiment sa posture professorale : « Il est très aimable parce qu'il fait de la réclame pour son cours. Il me promet une chaire de russe en France, en Angleterre ou en Amérique, comme s'il disposait du monde entier, mais ce ne serait pas encore beaucoup de chaires de russe… » Il attendit sa troisième année de scolarité pour suivre l'enseignement de ce « merveilleux pédagogue » et obtenir sa licence de russe en 1913.

Pierre Pascal se lia assez avec Paul Boyer pour que ce dernier le protégeât avec constance entre 1918 et les années 1940. Outre l'éloge d'une pédagogie rigoureuse de la langue dont Pascal se voulut le continuateur lorsqu'il lui succéda, il reconnut aussi à son maître le mérite de lui avoir donné à lire Anatole Leroy-Beaulieu et fait ainsi pénétrer, avec *L'Empire des tsars et les Russes* (publié à partir de 1881), dans le débat contemporain sur l'évolution de la Russie. Son premier voyage n'avait guère été formateur en ce sens. « Évidemment, je n'avais rien connu de l'essor économique de la Russie, ni de la vie politique, ni même de la nouvelle littérature », écrivit-il en 1975, sentiment que confirment les lettres à ses parents, qui ont été conservées[1]. Le second séjour, à l'été 1912, fut évoqué dans les termes d'une acclimatation culturelle – « je me sentais en Russie comme chez moi » – mais surtout d'une quête spirituelle, menée sous l'influence du cercle de l'abbé Portal.

Le cercle de l'abbé Portal : la convergence russe aux marges du Sillon

Telle que la présenta Pierre Pascal, sa découverte de la culture et de « l'âme russe » ne saurait dissocier appétit intellectuel et formation religieuse. C'est sur ce lien qu'insistèrent durablement ses notes autobiographiques et ses écrits intimes, depuis la première introspection spirituelle conservée dans les Archives Pascal. Le jeune soldat notait en 1915 dans son carnet ses bonnes résolutions de l'Avent, reflétant un christianisme rigoureux et pénitentiel, où lectures et réflexions morales s'alliaient à la recherche de la perfection quotidienne et à la lutte contre la sensualité. Il griffonnait ses réflexions sur les péchés et les commandements, revenant sur son itinéraire religieux : « Service rendu par la Russie. Douceur, non-intellectualisme, charité, pitié, confiance dans la Providence, prière, ascétisme. »

1. Pierre Pascal, « Paul Boyer russisant et professeur », dans *Paul Boyer (1864-1949) chez Tolstoï, avec une introduction par André Mazon, Pierre Pascal, Louis Réau, consacrée à la mémoire de Paul Boyer*, Paris, Bibliothèque de l'Institut d'études slaves, 1950, p. 9-16 et « Come fui conquistato dalla Russia », *op. cit.*

Plus loin : « Dégoût pour la vie bourgeoise. » Plus loin, il évoqua « [s]a naissance à la Foi » : « D'abord ignorance, puis catéchisme peu compris, peu suivi », déclinant ensuite ses années de lycéen, sa première communion suivie d'une « année obscure », puis son « souci plus éveillé » en classe de quatrième (« Je commençai le russe. Le russe éveilla en moi le sentiment religieux, et Bossuet la philosophie, la nécessité, la beauté de l'Église »), en troisième les discussions sur la liberté de conscience. Le jeune Pascal faisait de sa classe de seconde une « année de réflexion et de lecture » : « En même temps croissaient mon amour et ma connaissance de la Russie, pays religieux. Mais je savais par Bossuet et par réflexion que l'Église vraie est cath[olique]. Il fallut bien concilier. » Il évoquait ensuite ses discussions métaphysiques et ses lectures des encycliques en année de philosophie. « Dès lors, c'est le tourment d'être enfin catholique. »

Comme pour le choix du russe et de la Russie, le cheminement personnel semblait premier, distinguant l'enfant et l'adolescent du conformisme des études classiques d'un côté, de l'athéisme familial de l'autre. Cinquante ans après ce premier retour sur soi, Pierre Pascal esquissa un bilan spirituel en réponse à une demande d'hommage à Fernand Portal. « Je me fis ma religion moi-même, probablement par opposition aux vices qui me choquaient, égoïsme et orgueil familial, idolâtrie nationale », écrivait-il dans ce texte inachevé et, semble-t-il, jamais envoyé. Pascal revint à plusieurs reprises sur la critique de ses parents, « bourgeois (...) ancrés dans un anticléricalisme non violent mais foncier », et de leur milieu où la « place de la religion était prise par un patriotisme et un moralisme sans générosité[1] ». Envoyé au catéchisme, il avait fait sa première communion en 1901. Mais il présenta toujours son catholicisme comme une conversion personnelle, loin des convenances extérieures : posture morale d'une part en réaction au milieu familial – les querelles d'héritage, l'anecdote de sa mère maltraitant ses bonnes sont évoquées à plusieurs reprises –, catholicisme « intellectuel » de l'autre. Marqué par ses lectures lycéennes – Bossuet, saint Thomas, le jansénisme

1. BDIC F delta res 883 (11-2), brouillon accompagné d'un extrait de *La Croix*, avril 1975.

de Port-Royal –, puis par les « excursions spirituelles » vers Byzance, grâce aux ressources de la bibliothèque de l'École normale supérieure, enfin par la lecture du philosophe orthodoxe Vladimir Soloviev, Pierre Pascal interpréta ses liens avec l'abbé Portal comme une rencontre plus que comme une influence.

Depuis son année de licence, le jeune homme fréquentait le petit groupe d'étudiants réuni par l'abbé Fernand Portal[1], prêtre lazariste, membre de la congrégation de la Mission fondée par saint Vincent de Paul. Dans sa quête d'une réponse à la crise moderniste et à la sécularisation des sociétés, l'abbé Portal souhaitait développer dans la jeunesse universitaire la réflexion sur le rapprochement des Églises, leur histoire, l'exégèse des doctrines. Or l'intérêt pour le monde russe, voire l'espoir d'une réunion de l'Église orthodoxe avec Rome, avaient trouvé un nouvel élan après la révolution de 1905. Les réformes religieuses, et l'oukase de tolérance qui offrait de nouvelles possibilités au catholicisme oriental, avaient mobilisé l'enthousiasme missionnaire des catholiques occidentaux, tandis que le Vatican tentait de maintenir un juste milieu entre son soutien aux réformes et sa critique du libéralisme[2]. Professeur à l'Institut catholique, animateur depuis 1905 de la Société d'études religieuses, l'abbé Portal, homme de réseaux, se trouvait alors au confluent de deux groupes informels. Proche de catholiques normaliens de différentes générations, il réunissait chez lui, rue de Grenelle, les « talas » (« ceux qui vont-*t-à-la*-messe ») de la rue d'Ulm, et devint leur aumônier au début des années 1910. Son intérêt pour le monde slave l'avait également rapproché d'intellectuels, catholiques libéraux comme Anatole Leroy-Beaulieu, ou non pratiquants, comme Paul Boyer. Il avait incité des prêtres plus jeunes tels les abbés Gustave Morel,

1. Régis Ladous, *Monsieur Portal et les siens, 1855-1926*, Paris, Éditions du Cerf, 1985, et notice « Portal » dans François Laplanche (dir.), *Dictionnaire du monde religieux dans la France contemporaine, t. 9, Les sciences religieuses (1800-1914)*, Paris, Beauchesne, 1996, p. 539-540. Olga Danilova, « Frantsouzskoïe "Slavianofilstvo" kontsa XIX – natchalo XX veka : chkola slavistiki abbata F. Portalia » (La "slavophilie" française, fin du XIXe – début du XXe siècle : l'école de slavistique de l'abbé F. Portal) », *Rossia i Frantsia*, n° 8, 2008.

2. Laura Pettinaroli, « Le Saint-Siège face à la révolution de 1905 », *Cahiers du monde russe*, vol. 48, n° 2-3, août-septembre 2007, p. 449-461.

Albert Gratieux, Charles Quénet, à séjourner en Russie et à en apprendre la langue.

Pierre Pascal n'était pas le seul normalien à fréquenter les réunions du dimanche rue de Grenelle ou les retraites organisées par l'abbé Portal. Mais sa quête œcuménique et son intérêt pour les choses russes le rapprochaient particulièrement de l'abbé Portal et du chanoine Quénet[1]. De sept ans seulement son aîné, celui-ci avait appris le russe et était parti en 1908 vivre en Ukraine, auprès du chapelain de la colonie française de Kiev. De retour à Paris, c'est lui qui recommanda Pascal auprès de « prêtres orthodoxes de tendance libérale[2] ». Il lui conseilla de visiter, lors de son deuxième voyage en Russie à l'été 1912, le monastère d'Optino, près de Kozelsk, et la communauté de l'Exaltation de la Croix, près de Poltava en Ukraine. Le jeune homme entrait ainsi en contact direct avec deux centres spirituels importants de l'orthodoxie russe. Optino, monastère qui datait de la renaissance orthodoxe du XVIIIe siècle, devait sa renommée à ses guides spirituels, les *startsy*. L'ermitage attirait des pèlerins de toutes origines et, sous l'influence du philosophe slavophile Khomiakov, des écrivains tels Gogol, Dostoïevski ou Soloviev. Beaucoup plus récente, la communauté de Vozdvijensk avait été fondée sur son domaine ukrainien en 1884 par un laïc, le prince Nikolaï Neplouiev. Maîtres et élèves partageaient travail et loisirs autour d'une école agronomique à laquelle Neplouiev avait légué ses terres[3].

Créée en 1889 et autorisée par l'Église orthodoxe et l'empereur, la « confrérie ouvrière » de l'Exaltation de la Croix révélait, comme l'écrivit Pascal en 1960, « les possibilités de l'Église ». Elle témoignait avant tout de la quête personnelle de son fondateur, « chef moral de la communauté », de sa spiritualité éclectique, influencée par les populistes russes et curieuse du christianisme social tant en Allemagne qu'en

---

1. André Mazon, nécrologie de l'abbé Quénet, *Revue des études slaves*, t. 23, 1947, p. 279-283.

2. Pierre Pascal, *Mon journal de Russie*, t. 1 (1916-1918), *op. cit.*, 1975, p. 102. Lettres à ses parents, septembre 1912 (Archives Pascal – Jacques Catteau).

3. Régis Ladous, *Un bonheur russe. La communauté slavophile de Nicolas Népluyev*, Lausanne, L'Âge d'Homme, 1997. Pierre Pascal, « L'Église orthodoxe de Russie », *Plamia*, n° 60, octobre 1960, p. 3-21.

France. Neplouiev avait rencontré Albert de Mun et Léon Harmel, et connaissait donc l'expérience communautaire tentée par ce dernier dans sa filature des Ardennes. Il fréquentait l'abbé Portal depuis le début du siècle, et avait accueilli à plusieurs reprises son disciple l'abbé Albert Gratieux, devenu membre de la confrérie avant que sa hiérarchie ne lui interdise de la fréquenter.

La manière dont le jeune Pascal annonça à sa mère sa visite à la « fraternité » (*bratstvo*) est révélatrice de l'image que la communauté agricole et les expérimentations liturgiques de Vozdvijensk, tel le culte célébré en plein air par des participants vêtus de blanc, pouvaient avoir dans une famille bourgeoise française : « Lundi prochain je partirai pour cette société communiste que tu appelais un repaire d'anarchistes et de toqués. D'ailleurs ce n'est pas vrai du tout, c'est là au contraire que je verrai des Russes véritables, et la campagne. » Le contact avec la confrérie ne démentit pas son enthousiasme pour cette « espèce de monastère laïc » : « Ils [les paysans] travaillent aux champs et partout, dans toutes les fonctions nécessaires, et vivent ensemble. Ils ne reçoivent rien, et n'ont rien à eux, mais c'est l'ensemble de la société qui les entretient et les nourrit. Et ils vivent ensemble, dans de grandes maisons, d'une vie très morale et très sévère, mais très gaie et très heureuse, parce qu'ils n'ont pas de soucis. » Expérience fondatrice, incontestablement, pour le jeune homme, que ce premier contact avec le « communisme », terme encore rare à l'époque, comme spiritualité radicale et collective. C'est alors que s'éveille en lui une grande sensibilité au charme puissant de la « vraie plaine » russe, aux voyages de nuit en troïka, aux chants paysans, qui ne le quittera jamais.

Le catholicisme de Pierre Pascal participe de l'espérance de ces « jeunes gens d'aujourd'hui » qui eurent vingt ans en 1910, génération dans laquelle Henri Massis et Alfred de Tarde, auteurs de la célèbre enquête publiée sous le pseudonyme d'Agathon, voyaient, non sans exagération, une « jeune Université travaillée par le catholicisme ». Plus largement, ces années 1905-1915 furent un temps fort des conversions intellectuelles, marqué par des cheminements croisés entre catholicisme, athéisme, judaïsme et orthodoxie, et par une relation distancée avec l'Église[1]. Mais pas plus que Pierre Pascal n'aima à se replacer dans sa génération normalienne, il ne voulut comparer son choix à d'autres itinéraires de conversion catholique. Synthèse personnelle de lectures et de posture morale, son « catholicisme intellectuel » ne se cherchait pas de modèles.

La relation du jeune homme avec le catholicisme social et l'élan collectif du Sillon fut toujours empreinte de cette ambiguïté. L'entrée à la rue d'Ulm coïncidait, pour des jeunes gens de vingt ans, avec leurs premiers pas dans la vie citoyenne. L'image d'une institution attachée aux valeurs républicaines, aux élèves réputés frondeurs, s'était forgée tout au long du XIXe siècle. L'affaire Dreyfus avait été un moment de particulière visibilité des engagements universitaires. En ces années 1910 marquées par les tensions franco-allemandes et l'agitation sociale, l'École normale supérieure n'était plus le « cloître » des premiers temps. Depuis la réforme de 1903, elle s'insérait davantage dans le petit monde des étudiants parisiens, avec sa sociabilité masculine et fortement ritualisée et ses groupements politiques plus ou moins durables[2]. À l'ENS, deux groupes d'inégale dimension se partageaient les engagements organisés. Sous l'influence du bibliothécaire Lucien Herr, le groupe d'études socialistes et la *Revue socialiste* fédéraient des normaliens de différentes générations. Pierre Pascal ne fut assurément pas sensible à l'aura de Lucien Herr, ni véritablement tenté par l'effervescence des nouveaux modes d'interventions dans la vie publique – revues, universités populaires, réflexions sur le lien entre art et politique du socialisme intellectuel, qui caractérisaient aussi le second groupe de normaliens politisés, engagés dans le Sillon.

Fondé à la fin des années 1890 sous forme de revue, puis de cercles d'éducation populaire, le mouvement de l'ancien polytechnicien Marc Sangnier voulait approfondir le ralliement des catholiques à la république, initié par le pape Léon XIII. Par l'idée de démocratie sociale, le Sillon tentait de surmonter

---

1. Frédéric Gugelot, *La Conversion des intellectuels au catholicisme en France (1885-1935)*, Paris, CNRS Éditions, 1998.

2. Pierre Moulinier, *La Naissance de l'étudiant moderne (XIXe siècle)*, Paris, Belin, 2002. Christophe Prochasson, *Les Intellectuels, le socialisme et la guerre (1900-1938)*, Paris, Le Seuil, 1993.

les tensions liées à la séparation de l'Église et de l'État en 1905. La jeunesse étudiante avait été particulièrement sensible à cette spiritualité exigeante, à la recherche d'une filiation entre parole évangélique et démocratie, à cet engagement fort dans une camaraderie entre jeunes gens de classes différentes[1]. Elle formait l'essentiel des deux à trois mille membres du Sillon à l'aube des années 1910. À l'École normale supérieure, les « talas » comptaient une quinzaine de militants sillonnistes actifs. Après la condamnation de cette « fausse doctrine » par le pape Pie X en 1910, ils se regroupèrent autour de l'abbé Portal, et semblèrent suivre les conseils de celui-ci : privilégier l'engagement social plutôt que suivre Marc Sangnier qui se lançait dans la politique en créant le parti de La Jeune République. Pierre Pascal ne semble pas avoir partagé activement cette sociabilité des jeunes élites universitaires démocrates et chrétiennes. Par ses incertitudes mêmes, il illustre « l'errance intellectuelle » de l'esprit des années 1910 et l'effritement du modèle dreyfusard. Cette génération individualiste en quête de renouveau spirituel prêtait l'oreille aux critiques radicales de la démocratie, bien au-delà du rayonnement politique de l'Action française[2].

Les possibilités d'une jeunesse française : « haine de ce monde », quête d'une utopie chrétienne

En l'absence d'engagement public, les bilans autobiographiques de Pierre Pascal permettent de dessiner deux faces d'une même personnalité encore en gestation. Des possibles politiques, sur lesquels Pascal revint à divers moments de sa vie, sans y voir de contradiction majeure. Était-il un bolchevik sans le savoir encore (« au bolchevisme, moi-aussi, j'allais depuis longtemps »), que seul l'événement révolutionnaire allait révéler ? C'est ainsi qu'il se présente lui-même dans une

1. Jean-Marie Mayeur (dir.), *Le Sillon de Marc Sangnier et la démocratie sociale*, Besançon, Presses universitaires de Franche-Comté, 2006. Paul Cohen, « Les élèves catholiques de l'École normale », *Cahiers d'histoire*, vol. 29, 1984, p. 32-46, et « Heroes and Dilettantes : The Action Française, Le Sillon, and the Generation of 1905-1914 », *French Historical Studies*, t. 15, n° 4, 1988, p. 673-687.

2. Christophe Prochasson, Anne Rasmussen, *Au nom de la patrie. Les intellectuels et la Première Guerre mondiale (1910-1919)*, Paris, La Découverte, 1996.

lettre inachevée à Marcel Martinet, rédigée dans la peine et la rature à Moscou en mai 1920, publiée sans commentaires en 1977 en complément au *Journal de Russie*[1]. Pierre Pascal y répondait à deux textes publiés en France : d'un côté, le salut amical de Martinet, son prédécesseur à l'ENS, pacifiste rallié à la révolution bolchevique et rédacteur de la revue *La Vie ouvrière* ; de l'autre côté, son portrait à charge signé par le journaliste Ludovic Naudeau. L'ancien correspondant du *Temps* en Russie publia en 1920 un récit très critique de la révolution bolchevique. Il y livre le portrait d'un Pierre Pascal égaré par son inculture politique et sa formation abstraite :

> On me dit qu'il fut naguère un brillant élève de l'École normale supérieure et cela ne prouve rien ni pour lui, ni contre lui. (...) Nous trouvons en lui un exemple très frappant des lacunes singulières que peut présenter un esprit bien nourri de culture universitaire, mais où manquent la connaissance des hommes, l'instinct psychologique et le sentiment des réalités : le jugement. À ne développer que la mémoire chez l'étudiant, on peut produire parfois de ces dérèglements. L'excuse de M. Pascal c'est d'être jeune, de n'avoir vécu que dans les livres et de ne savoir rien de la vie positive[2].

Dans son brouillon de réponse, Pierre Pascal reconnaît, pour mieux se détacher de son passé, avoir été un « intellectuel incomparablement plus apte à tourner en tous sens des idées abstraites qu'à prendre une décision ». Il se peint en révolté sans doctrine, « ignorant de tout socialisme », rejetant sur l'Université la responsabilité de lui avoir « caché » Marx et Engels : « Nul ne saurait se figurer combien il est de mots dont le sens est inconnu à un brillant élève de l'École normale, pour parler comme M. Naudeau (...). Donc capitalisme, impérialisme, industrie, politique intérieure ou étrangère, classes sociales, révolution, j'avais beau avoir lu cent ouvrages

1. « Lettre au camarade Marcel Martinet en réponse à son article. Moscou, 30 mai 1920 », *Mon journal de Russie, t. 2 (En communisme 1918-1922)*, Lausanne, L'Âge d'Homme, 1977, p. 158-174 ; brouillon manuscrit dans BDIC F delta res 883 (1-9).

2. Ludovic Naudeau, *En prison sous la terreur russe*, Paris, Hachette, 1920, p. 170.

d'histoire et d'économie politique, tout ceci n'était pour moi que des mots, une superficie, un décor que je voyais bien, mais dont j'ignorais les machines. » Pierre Pascal se situe dans une génération incertaine : « Nous avions la haine de ce monde où nous sentions partout la pourriture, nous humions avec avidité les moindres bises d'un air plus frais, plus vivifiant, Péguy, Hervé, Marc Sangnier, l'Anarchie, Jean-Christophe, que sais-je encore ? Mais nous ignorions encore les ressorts, les dessous de la société bourgeoise. »

Il se montre sans parti et, surtout, méfiant envers les socialistes, frères ennemis des communistes de 1920. Pour enraciner la légitimité de son choix communiste, il souligne sa révolte contre la bourgeoisie et ses valeurs (sans préciser les options politiques de ses parents), sa « haine intime, profonde et violente, contre le parlementarisme » et la démocratie bourgeoise. En rupture avec sa famille, sa formation et son identité même d'intellectuel, le jeune homme rencontre ce que les philosophes des années 1930, puis les historiens de la fin du siècle allaient qualifier de « haine de soi » dans les démocraties modernes, cette « capacité infinie à produire des enfants et des hommes qui détestent le régime social et politique dans lequel ils sont nés », déchirure intérieure au nom des valeurs mêmes de sa jeunesse, l'universalisme et l'égalité[1].

Dans cette quête, le Pascal de 1920 concède au Pascal d'avant 1914 une tentation monarchiste, du moins en ce qui concerne la Russie (« le tsarisme me semblait beau en face de cette turpitude »), par hostilité à la démocratie parlementaire. Puis il retrace son évolution vers le communisme marxiste sur le terreau favorable d'une volonté de « révolution sociale ». Avares en remarques politiques, les lettres écrites de Russie lors des deux premiers séjours le montrent critique de son hôte à Moscou, le docteur Bajenov, un ami d'Émile Haumant et fervent partisan du modèle parlementaire britannique. Certaines pièces du puzzle autobiographique construit à la fin de sa vie viennent compléter ce portrait, comme l'anecdote du « sonnet pour le tsar » qu'il aurait rédigé en 1905. La curiosité de l'adolescent pour les journaux « révolutionnaires » russes lus

1. François Furet, *Le Passé d'une illusion. Essai sur l'idée communiste au XXe siècle*, Paris, R. Laffont – Calmann-Lévy, 1995, p. 29-31.

à Paris, qui l'aurait poussé à avertir ses parents de l'échec probable des emprunts russes, n'avait donc pas conduit à son engagement. Il resta en dehors du spectre politique, pourtant fort large, de l'antitsarisme. Il ne rejoignit pas les réseaux qui, des anarchistes aux socialistes et aux républicains modérés, scrutaient avec passion l'évolution russe après la révolution de 1905, et réunissaient des intellectuels français et des émigrés russes pour penser l'avenir d'une autocratie condamnée[1].

Dans le monde des possibles du XXe siècle, c'est sans doute cette image de la conversion marxiste d'un bourgeois en rupture avec sa classe qui aurait prévalu, si Pierre Pascal était demeuré fidèle aux Partis communistes russe et français. Mais ce ne sera pas le cas. D'autres textes autobiographiques, élaborés par Pascal lui-même dès les années 1930, présentent alors un jeune intellectuel sensiblement différent : « Cependant, il y avait à la base de cette activité un malentendu : mon communisme n'était pas celui des dirigeants communistes russes. Le mien était tout inspiré par le christianisme, le leur par le marxisme[2]. » Le récit de soi s'oriente vers une quête spirituelle radicale : « J'étais arrivé en Russie, catholique nourri de Bossuet pour la doctrine et de Port-Royal pour la morale. J'étais seulement, dès lors, séduit par les côtés évangéliques du christianisme russe, et je détestais la mentalité bourgeoise. Ce qui m'intéressait le moins en Russie, c'étaient les doctrines et les mouvements révolutionnaires[3]. » L'appartenance au groupe « tala », la fréquentation des cercles unionistes du père Portal et de la communauté de l'Exaltation de la Croix auraient éveillé l'attrait pour le christianisme social et fraternel du Sillon, menant à l'utopie d'une cité régénérée. L'antiparlementarisme aurait détourné le jeune homme de suivre plus avant Marc Sangnier et les jeunes militants du Sillon qui s'opposaient activement au catholicisme, jugé réactionnaire, de l'Action française. Pascal se serait alors orienté vers un christianisme

1. Gilles Candar, « Les socialistes français et la révolution de 1905 », *Cahiers du monde russe*, vol. 48, n° 2-3, 2007, p. 365-378 ; Wladimir Berelowitch, « La révolution de 1905 dans l'opinion républicaine française », *ibid.*, p. 379-393.

2. BDIC F delta res 883 (3-8), « Annexe au CV de M. Pierre Pascal », 15 octobre 1942, manuscrit et dactylographié.

3. « Le messianisme politico-religieux des poètes russes en 1917-1918 », brouillon manuscrit d'une conférence de 1976, BDIC F delta res 883 (10-4).

monarchiste assez vague. Les lectures de jeunesse ne sont plus, loin s'en faut, condamnées en tant que ferments d'abstraction et d'incompréhension de réalités contemporaines révélées par le marxisme. Elles sont revendiquées comme armature d'une vision durable du monde, ancrée dans la spiritualité, où le communisme n'est plus qu'une parenthèse et un malentendu.

Trois expériences de guerre (1914 – printemps 1917)

Ici nous avons le temps de nous livrer aux impressions les plus variées : mais les plus favorables dominent, car les choses vont en somme bien. Mais on a aussi le temps de réfléchir à l'absurdité de la guerre.

Lettre de Pierre Pascal à sa grand-mère,
31 octobre 1914

L'autoportrait en étudiant proposé par Pierre Pascal à divers moments de sa vie révèle son rejet de la République parlementaire, laïque et bourgeoise. On peut y observer un autre ressort psychologique : la haine de « l'idolâtrie patriotique[1] ». Le registre pacifiste permit à Pascal de donner sens et cohérence au choix de la révolution bolchevique, au moment de son introspection de 1920. C'est au prix d'une lecture sélective des années de guerre que Pierre Pascal, alors membre du Groupe communiste français, se montra pacifiste, antimilitariste et internationaliste. Le jeune État soviétique assumait la paix séparée de Brest-Litovsk, faisait du pacifisme un élément essentiel de son message à l'intention des populations mondiales, et effaçait des mémoires un conflit impérialiste politiquement condamné. Il fallait que le jeune militant se justifiât d'avoir servi deux ans avant de partir en Russie. Ce pacifisme allait être à son tour effacé des autoportraits des années 1930 et 1940, lesquels, au contraire, insisteraient sur les états de service militaire.

1. « Lettre au camarade Marcel Martinet... », *op. cit.*

« Je marchai, comme tant d'autres. » Dans sa lettre à Marcel Martinet, Pierre Pascal revient sur l'entrée en guerre, soulignant son « désespoir métaphysique ». Il se présente comme un pacifiste et même un défaitiste, en dépit « des préjugés du milieu bourgeois », reconnaissant toutefois avoir cédé au bourrage de crâne. Pour justifier la cohérence de son choix communiste de 1918, il affirme également dans ce texte de 1920 avoir fait campagne contre la loi des trois ans à l'École normale supérieure. Déposé en mars 1913, ce projet de loi se voulait une réponse à la réorganisation militaire de l'Allemagne. La prolongation du service militaire obligatoire, fixé en 1905 à deux ans, suscita de vives critiques, notamment de la SFIO qui la jugeait inutilement belliciste. La jeunesse étudiante était concernée au premier chef, puisque les possibilités d'exemption ou de sursis étaient drastiquement réduites. Mobilisation, pétitions et contre-pétitions se multiplièrent, mais les signatures étudiantes étant collectives, on ne peut prouver ni infirmer que Pierre Pascal ait été l'un des 60 élèves de la rue d'Ulm mentionnés par *L'Humanité*[1].

Il est certain en revanche qu'il avait retardé son incorporation en 1910, profitant de la possibilité qui était encore offerte aux élèves officiers normaliens d'effectuer leur service après leurs études, et non de passer une année dans un régiment avant leur entrée à l'École. Le dossier militaire du jeune homme, incorporé en octobre 1913 au 92e régiment d'infanterie de Clermont-Ferrand, ne mentionne pas d'indocilité particulière. À ses parents, il donne les bonnes nouvelles attendues sur sa nourriture et sa santé, sans enthousiasme excessif : « On peut trouver mieux mais il ne faut pourtant pas se plaindre. » Une lettre envoyée à son frère Jacques laisse transparaître des sentiments mitigés. Pris au jeu des manœuvres qu'il raconte en

1. Stéphane Israël, Jean-Philippe Mochon, « Les normaliens et la politique », in Jean-François Sirinelli (dir.), *École normale supérieure, le livre du centenaire*, Paris, PUF, 1994, p. 191-213. *L'Humanité*, 13 mars 1913, « La protestation du pays. Dans l'Université. Chez les étudiants », p. 1, 2 ; 13 avril 1913, « Contre le service de trois ans. La protestation du pays », p. 2.

détail (« tant qu'on n'embroche pas réellement on ne peut pas savoir »), il conclut cependant que « l'uniforme militaire n'est jamais beau[1] ».

Pierre Pascal servait donc déjà sous l'uniforme lorsque la guerre éclata. S'il conserva sa correspondance et ses carnets, il n'exprima jamais par écrit les souvenirs de son expérience de combattant. Sa mémoire fut enfouie dans les années 1920 avec celle des anciens soldats russes, sous la chape de silence qui recouvrait une guerre considérée en URSS comme illégitime. Après son retour de Russie, c'est l'événement révolutionnaire qui polarisa la relation complexe que l'ancien lieutenant entretint avec la notion de témoignage public. Pierre Pascal ne reprit donc pas le fil d'une réflexion amorcée, qui allait pourtant devenir en France un enjeu douloureux pour les militants communistes et les socialistes pacifistes tout au long du XXe siècle : pourquoi avons-nous « marché » ? Lorsque la guerre éclata, confessa-t-il à Marcel Martinet, « je me persuadai aisément que la guerre était juste, "de notre côté" ».

Car il est incontestable que Pierre Pascal « marcha » sans exprimer d'état d'âme. Pour lui qui était déjà élève-officier, la transition de la caserne au champ de bataille fut sans doute un peu moins brutale que pour ses camarades, arrachés au Quartier latin en août 1914. On sait seulement par la lettre reçue d'un ami qui se destinait à la prêtrise que son départ suivit immédiatement une crise personnelle, peut-être religieuse ou sentimentale[2]. Le jeune officier ne laissa pas de témoignages sur l'entrée en guerre, et son carnet de combat, qu'il tient à l'instar de tant de jeunes soldats, s'interrompt en moins d'un mois. Son unité engagée dans la défense contre l'avancée allemande dans les Vosges, avec la bataille de la trouée de Charmes, perdit cinq hommes sous les bombardements au bois de la Grande Coinche, début septembre 1914. Pierre Pascal, promu lieutenant dès le 9 août, fut grièvement atteint d'une balle de shrapnell au poumon. Jamais extraite, celle-ci déclencha une pleuropneumonie. Hospitalisé à Chambéry, le

1. Lettres à sa mère et à son frère Jacques, octobre 1913-avril 1914, Archives Pascal – Jacques Catteau.

2. Institut d'études slaves, Archives Pascal, lettre de Charles Baux, 15 juillet 1914.

jeune officier fut cantonné dans son régiment à Clermont-Ferrand jusqu'en avril 1915[1].

Depuis son lit d'hôpital, le blessé censure comme tant d'autres sa douleur dans ses lettres à sa mère et à sa grand-mère (« je n'ai pour ainsi dire pas souffert : comme un grand coup de poing dans le côté »), mais confie à son frère Roch les « tortures » de la radioscopie. Ses réflexions montrent toute la complexité du consentement à la guerre. Jamais il n'exprime de nationalisme ni de sentiment antiallemand. Les lettres alternent entre le doute – « Elle [Maman] me demande si je suis toujours pacifiste : de plus en plus. Je ne change pas d'opinion selon les circonstances, et si on fait le mal, je ne cesse pas de croire que l'idéal est le bien. La paix ne cesse pas d'être l'idéal » – et la confiance résignée : « Ici nous avons le temps de nous livrer aux impressions les plus variées : mais les plus favorables dominent, car les choses vont en somme bien. Mais on a aussi le temps de réfléchir à l'absurdité de la guerre, en songeant à ces combats si meurtriers du Nord. » Dans le même temps, le grand blessé évoque, surtout dans les lettres à ses frères, son goût pour la camaraderie, l'action et le dépouillement physique de la vie en campagne, sans toits ni toilettes, « assez amusante, et si simple », sentiment qui fut assez bien partagé dans le monde universitaire[2].

Guéri, affecté à sa demande à l'armée d'Orient le 4 mai 1915, au 175e régiment d'infanterie, Pierre Pascal exprime clairement sa satisfaction à commander « une gentille petite compagnie », à partager sous la tente la camaraderie des officiers, à mener une guerre en première ligne, « très exposé » sous le feu constant de l'armée ottomane, qu'il décrit sans fard

1. Service historique de la Défense (ci-après SHD), 7 N 1553, dossier lieutenant Pascal, 8 Ye 12337, dossier d'officier de Pierre Pascal et 26 N 669/1, journal de marche du 92e régiment d'infanterie ; Archives nationales, F 17 27756, dossier de Pierre Pascal au ministère de l'Éducation nationale. Les sources varient sur la date de la blessure : 4, 7 ou 9 septembre 1914.

2. Cf. également *infra* : lettres à ses parents, ses frères, son oncle, septembre 1914-juillet 1915, BDIC et Archives Pascal – Jacques Catteau. Sur ce dernier point, cf. *Un ethnologue dans les tranchées (août 1914-avril 1915). Lettres de Robert Hertz à sa femme Alice*, Paris, CNRS Éditions, 2002, p. 30-31 de la présentation de Christophe Prochasson. Hertz était normalien de la promotion 1900.

à ses frères (« j'ai vu enfin des obus dans leurs courses », « les Turcs la font moins scientifique que les Allemands »). À son oncle et à ses parents auxquels il affirme : « nous menons la guerre prudente des temps modernes », il préfère évoquer son passage par Athènes, la beauté des paysages de la presqu'île de Gallipoli, les monnaies et les vases grecs trouvés dans les tranchées, sa confiance dans le général Gouraud, les espoirs de victoire : « Bientôt on entrera à Sainte-Sophie avec les Russes. D'Issoire aux Dardanelles ! Drôle de vie. »

La « crasse », la chaleur, la poussière des tranchées, l'odeur des chevaux morts par dizaines ne l'empêchent pas de rappeler toujours positivement le souvenir des Dardanelles, que ce soit depuis l'hôpital, ou dans les premiers mois qui suivirent son arrivée en Russie. Dans ses lettres à Paul Boyer, il évoque la séduction des « paysages de Troie ». À l'abbé Portal, il narre « une vie de bureau morose et d'une si indirecte utilité, moi qui avais trouvé tant de charme à la campagne des Dardanelles. Il me semble qu'on est vraiment homme qu'en campagne, et non dans le bien-être de la vie bourgeoise[1] ».

Pierre Pascal, de nouveau blessé à l'épaule le 24 juin 1915 (« j'ai reçu un nouveau plomb dans l'aile »), fut évacué, hospitalisé, puis quitta alors le monde combattant pour entrer dans l'univers des états-majors. Car l'installation de la guerre dans la durée, la perception plus aiguë de l'importance du renseignement et de la propagande, entraînaient un recours plus systématique à l'expertise intellectuelle, en parallèle à la mobilisation des scientifiques et à l'engagement volontaire des universitaires dans la propagande patriotique[2]. Par leurs

---

1. Lettre de Pierre Pascal à sa mère de l'hôpital, du 3 juillet 1915 ; lettre de Petrograd à l'abbé Portal, 28 juillet/10 août 1916, citée par Olga Danilova, « Grouppa abbata F. Portalia i Rossia (1903-1919) » (« Le groupe de l'abbé Portal et la Russie [1903-1919] »), in D. Liechtenhan, A. Tchoubarian (dir.), *La France et les Français dans la vie intellectuelle russe*, Moscou, Olma Press, 2010, p. 268-280. Lettre à Paul Boyer citée dans le *Journal des débats*, 8 juin 1922, « Un illuminé » par Pierre d'Hugues.

2. Michaël Bourlet, « Des normaliens dans les services de renseignement du ministère de la Guerre (1914-1918) », *Revue historique des armées*, vol. 247, 2007, en ligne sur http://rha.revues.org//index1823.html ; Olivier Chaline, « Les Normaliens dans la grande guerre », *Guerres mondiales et conflits contemporains*, 183, octobre 1996, p. 99-110.

voyages d'études en Europe, leur connaissance des langues étrangères, leur capacité attendue à rédiger, synthétiser, traduire rapidement et efficacement, les normaliens formaient un vivier de choix. Les plus jeunes, aptes à combattre au front, n'étaient appelés dans les bureaux qu'après une blessure grave. C'est sur la recommandation de Paul Boyer que le lieutenant fut appelé au grand quartier général à Chantilly. Expertisant les dossiers pour un poste d'interprète de russe, le directeur de l'École des langues orientales souligna que Pascal était désormais « peu apte à faire campagne », et conclut : « Esprit vraiment supérieur, l'un des meilleurs élèves qui soient sortis de mon cours[1]. »

Confiant dans les qualités du jeune officier, le bureau du chiffre le recruta le 21 janvier 1916 pour crypter et décrypter les dépêches… en bulgare. Pierre Pascal ne conserva pas un souvenir très positif de ces trois mois de vie « austère », qui lui rappelaient, écrivit-il à son frère, la préparation de l'agrégation. Sa correspondance et son petit carnet ne manquèrent pas de remarquer la méfiance de l'état-major français envers l'attaché militaire russe Ignatiev, d'égrener les remarques moqueuses sur les élites, agrégés et polytechniciens, qui peuplaient la Section du chiffre, et de noter avec soin ses quelques incursions sur le terrain. À la mi-avril 1916, une première rencontre entre le lieutenant Pascal et les soldats russes fut manquée. Envoyé à Marseille pour y accueillir la brigade russe venue renforcer le front occidental en échange de munitions, il fut rappelé à Paris la veille du débarquement des navires russes, après un long périple qui les avait menés de Vladivostok à la Méditerranée. Croisé à cette occasion, l'officier de liaison Louis Laloy, éminent musicologue de la Sorbonne et polyglotte, esquisserait en 1919 le portrait peu flatteur d'un « jeune homme d'apparence timide », rajustant son lorgnon et embarrassé de son sabre, encombré de « formules scolaires » malgré une « ironie dissimulée, un peu sournoise et assez pénétrante[2] ».

Le jeune combattant avait dû gérer, comme les autres, l'expérience de la violence de guerre, et les deuils qui s'accumulaient. Si Pascal n'évoqua jamais la mort vue de près, son

1. Archives nationales, 62 AJ 69, Papiers Paul Boyer.
2. Louis Laloy, « Le lieutenant Pascal », *Excelsior*, 20 janvier 1919.

journal de 1916 et sa correspondance à sa famille ou à l'abbé Portal égrenèrent la disparition de cousins ou de camarades, qu'il offrit aux prières de ce dernier. Mais contrairement à bien d'autres membres d'une génération décimée, Pierre Pascal ne revint jamais sur les amitiés de jeunesse et leur cruelle interruption par la guerre. Que ce soit dans son journal ou dans l'évocation de son itinéraire en réponse inachevée à Marcel Martinet en 1920, il ne cita avec émotion qu'un seul disparu, son « ami le plus cher », René Duchamp de Lageneste. Pascal avait peut-être rencontré chez Portal ce licencié en lettres à l'Institut catholique de Paris, qui avait quitté l'état-major pour s'engager chez les Zouaves, et tomba en Belgique le 5 avril 1916. Il l'évoqua en pacifiste, parti au front se faire tuer par « désespoir lucide ». Les extraits de la correspondance envoyés en souvenir par sa famille à « l'ami cher au cœur de mon pauvre frère » montraient au contraire un officier chrétien pleinement convaincu de la légitimité de son sacrifice pour la patrie[1]. Les deux amis avaient-ils partagé les inquiétudes qui alternaient parfois, dans ses lettres et ses carnets, avec le consentement ferme à la guerre du lieutenant Pascal ? Celles-ci ne furent jamais exprimées publiquement. Recommandé tant par Paul Boyer que par l'abbé Portal, qui incitait le ministère des Affaires étrangères à favoriser l'envoi en Russie de jeunes soldats catholiques, c'est un officier fiable, compétent et distingué au combat que choisit en avril 1916 le colonel Charles Lavergne, lorsqu'il recruta les éléments de la future Mission militaire française en Russie.

La Mission militaire de Petrograd : « Le mécontentement de faire la guerre du côté du manche »

Pierre Pascal quitta donc la France par un après-midi brumeux, le jour de Pâques 1916, avec cette blessure intime. Ses lettres et son carnet montrent un jeune homme enthousiaste

1. Pierre Pascal, *Mon journal de Russie (1916-1918)*, *op. cit.*, p. 36 et p. 50. Institut d'études slaves, Archives Pascal, lettres de la famille de René Duchamp de Lageneste, avril-juin 1916 et faire-part *in memoriam* avec extraits de ses lettres.

au départ, se préparant sérieusement à sa tâche. Alors que les Allemands occupaient la Pologne et la Lituanie, et que le tsar Nicolas II préparait une vaste contre-offensive avec le général Broussilov, la France donnait un nouvel élan à sa politique russe en installant une Mission militaire permanente. Il s'agissait de conforter militairement, industriellement, logistiquement et politiquement l'allié russe qui, lancé dans la guerre au secours des Serbes après l'attentat de Sarajevo, avait connu depuis 1914 de spectaculaires défaites et d'énormes pertes. La présence française était conçue dans la continuité de la politique menée avant guerre et au début du conflit, pendant lequel plusieurs délégations avaient déjà été envoyées[1]. Elle devait rappeler à la Russie ses devoirs de nation alliée en matière politique et militaire, tout en assurant à la France la place privilégiée qui lui revenait dans le domaine diplomatique et économique face à l'Allemagne, mais aussi face à la Grande-Bretagne. Pierre Pascal prit le bateau en Écosse et accosta le 8 mai à Arkhangelsk. De là, il arriva en train le 11 mai au soir dans la capitale de l'empire russe, Saint-Pétersbourg, tout récemment dotée du nouveau nom moins germanique de Petrograd.

Une lecture croisée des souvenirs, des lettres à sa famille et du journal tenu par le jeune lieutenant sur des carnets ou des feuillets volants permet de détricoter le tissu événementiel de semaines intensément vécues, pour tirer les fils thématiques de sa perception de la relation franco-russe, de l'évolution militaire, sociale et politique de la Russie jusqu'au printemps 1917, mais aussi de l'effervescence religieuse qui le préoccupait si vivement. Ainsi se déploient peu à peu les éléments d'une évolution intérieure marquée par le doute et les contradictions : « J'ai toujours, hélas !, les yeux ouverts sur tous les mondes, les faux et les vrais : nos comptes de divisions, les arrivages de matériel à Arkhangelsk, les affaires de passeports, l'École, l'Église latine, l'Église russe. Et moi-même, que suis-je, que vaux-je[2] ? »

Les notes du jeune lieutenant laissent l'impression d'une vie quotidienne et d'un travail de bureau confortables, mais

1. Cf. Sophie Cœuré, *La Grande Lueur à l'Est. Les Français et l'Union soviétique (1917-1939)*, Paris, Le Seuil, 1999.

2. *Mon journal de Russie (1916-1918)*, *op. cit.*, p. 67, 9 septembre 1916.

vécus dans un certain malaise. Dès son arrivée, il ne se sentit ni véritablement en guerre, ni véritablement en Russie, thème qui allait revenir régulièrement jusqu'au début de 1917. « Ce qui est triste, c'est qu'en somme, je ne suis guère en Russie. (...) Enfin *nitchevo* ! Tout est bien (...). Petrograd ne s'émeut pas extérieurement de la guerre, c'est comme Paris », écrivit-il à sa mère[1]. Profitant du confort de l'hôtel Astoria au cœur de la capitale, tout en regrettant son caractère « trop européen », Pierre Pascal se montra un soldat sérieux, un peu coquet. Il se soucia du cirage de ses bottes, commanda à sa mère un nouveau képi rouge et noir marqué du chiffre de son régiment, le sien étant « trop laid », mais se plut également à porter l'uniforme russe.

Présenté à l'ambassadeur Maurice Paléologue une semaine après son arrivée, le jeune lieutenant déjeuna chez lui début juin 1916. Ses notes montrent qu'il trouva sa place, non sans distance ironique, dans le petit milieu des acteurs de l'influence française : l'ambassade et son responsable de la propagande M. de Chevilly, ancien directeur de banque, l'Institut français dirigé par Jules Patouillet, les envoyés de Paris comme Eugène Petit, chargé par Albert Thomas, alors secrétaire d'État chargé de l'artillerie et de l'équipement militaire, d'une mission économique pour améliorer les relations industrielles et financières entre France et Russie[2]. Le chef de la Mission militaire, le colonel Lavergne, était attaché militaire auprès de l'ambassadeur, il dépendait aussi de l'état-major, d'où de multiples tensions mal vécues par le jeune homme : « Deuxième bureau,

1. Lettres à ses parents et à son frère, 1916-1917, BDIC, Institut d'études slaves et Archives Pascal – Jacques Catteau.

2. Ioannis Sinanoglou, « La mission d'Eugène Petit en Russie. Le parti socialiste français face à la révolution de Février », *Cahiers du monde russe et soviétique*, Paris, vol. 47, n° 2-3, avril-septembre 1976, p. 133-170 ; Sophie Horvat, *La Mission Eugène Petit en Russie de septembre 1916 à mars 1918*, mémoire de maîtrise, Université Paris I, 1992 ; Jacques Delmas, « L'armée russe vue par les officiers français en Russie », in *Les Sociétés européennes et la guerre de 1914-1918*, Université Paris X Nanterre, sous la dir. de Jean-Jacques Becker et Stéphane Audoin-Rouzeau, 1990, p. 375-383. Ioannis Sinanoglou, « Journal de Russie d'Albert Thomas », *Cahiers du monde russe et soviétique*, vol. 14, n° 1-2, p. 86-204. Sophie Horvat, « La Mission Eugène Petit en Russie de septembre 1916 à mars 1918 », *Matériaux pour l'histoire de notre temps*, n° 37-38, janvier-juin 1995, p. 38-41.

propagande Chevilly, propagande Patouillet, Institut français, je n'en sortirai pas vivant. Tous ces gens se détestent d'ailleurs. Mon goût serait le bureau purement militaire. Toutes ces intrigues m'écœurent. Et pourquoi ? Je n'ai pas compris le vrai but de la Propagande. Il vaudrait mieux faire connaître la Russie en France[1]. »

Cela ne l'empêcha pas de se prendre quelque peu au jeu et de noter avec une certaine aigreur l'arrivée de Jules Legras à l'état-major du tsar en janvier 1917[2]. Cet autre normalien, déjà professeur reconnu, s'était engagé à cinquante ans et venait sous l'uniforme russe contribuer au renseignement. Pascal, qui allait dans sa maturité reconnaître toute sa dette envers les ouvrages de Legras, le dépeignit alors comme « important », vaniteux, excessivement sûr de lui, réussissant trop bien auprès des militaires. Pascal n'avait d'ailleurs pas que des amis parmi les officiers de la Mission. Dans ses souvenirs rédigés en 1933, à la lumière bien évidemment des événements ultérieurs, le colonel Henry Olivari le dépeignit philosophant au sujet de l'âme russe, sur le pont du bateau qui les amenait tous en Russie :

> Un homme petit, noir, à grosse tête, avec des yeux fuyants et un gros lorgnon, l'interprète Pascal. J'ai déjà expliqué ailleurs que les Normaliens sont fatalement antimilitaristes. Pascal, qui avait une culture générale étendue, un sens artistique développé, une connaissance profonde de la langue et de la littérature russes, avait été envoyé à Petrograd pour diriger le bureau de la propagande ! On ne pouvait mieux choisir, il était anarchiste et, par-dessus le marché, catholique très convaincu, donc de la catégorie la plus dangereuse puisque sincère[3].

Pierre Pascal, dans ses notes comme dans les lettres de cette première année en Russie, se présente d'abord comme un soldat et multiplie les critiques d'une vie perçue comme trop mondaine. Le lecteur de Bossuet se tint à l'écart de la

---

1. *Mon journal de Russie (1916-1918), op. cit.*, p. 38, 7 juin 1916.
2. Jules Legras, *Mémoires de Russie*, Paris, Payot, 1921.
3. Henry Olivari, *Mission d'un cryptologue français en Russie (1916)*, préface d'Alexandre Avdeev, texte établi par Gilbert Eudes, Paris, L'Harmattan, 2009, p. 47, p. 59.

sociabilité débridée décrite par le colonel Olivari, qui évoqua avec complaisance la facilité de faire une « bombe royale » malgré l'interdiction de l'alcool par le tsar, les nombreuses liaisons des officiers avec les « dames de la Croix-Rouge » russe, et la présence de demi-mondaines au cœur même du « caravansérail » qu'était devenu l'hôtel Astoria. L'activité de bureaucrate paraissait indigne au jeune lieutenant, qui écrivait ainsi en juillet 1916 : « Je promène partout la tristesse intérieure et le mécontentement de faire la guerre du côté du manche. (...) Quelle déchéance et quelle infériorité ! » En octobre 1916, il ironisa sur son travail auprès de son père (« Comme je ne suis spécialiste de rien, je fais à la mission toutes sortes de choses, et je ne sais pas bien quoi »). En janvier 1917, il souhaita à son frère « une vie plus intéressante, des galons et des chevauchées ». Pour autant, il se montra attaché à accomplir sérieusement sa tâche, dans les bureaux de la Mission situés rue Gogol : l'information d'un côté, avec la collecte de données sur l'armée russe et les positions ennemies (notamment auprès des prisonniers alsaciens faits par les Russes), et la rédaction des rapports signés du colonel Lavergne ; de l'autre côté, avec la rédaction d'articles pour le *Novoïe Vremia*, journal conservateur proche du pouvoir et pour le *Journal de Petrograd*, financé par Paris. Envoyé comme courrier diplomatique à Bucarest à la fin du mois de juin 1916, le jeune homme n'apprécie guère sa mission : il voit dans la Roumanie, qui hésitait encore à entrer en guerre avant d'abandonner sa neutralité en août de la même année, un « pays sensuel », marqué par les inégalités sociales et l'absence de patriotisme[1].

La rencontre avec Nicolas II et la vie politique russe

Pascal fut plus enthousiaste pour évoquer ses deux séjours auprès du grand quartier général russe, la *Stavka*, installée à Mohilev (Mahiliow) sur le Dniestr, à vingt heures de train de la capitale. L'empereur y résidait depuis qu'il avait pris personnellement le commandement des armées en septembre 1916, suite aux reculs spectaculaires de l'armée russe. Du 2 au 22 novembre 1916, puis du 15 janvier à fin février 1917, Pierre

1. BDIC F delta res 883 (19-2), Carnet de mission à Kiev et à Bucarest.

Pascal apprécia la ville des confins biélorusses de l'empire, où « les Juifs pullulent ». Une vie « un peu en campagne », la « paillasse », la présence d'une ordonnance, les repas pris en commun lui rappelaient l'armée d'Orient. Chargé de déchiffrer les télégrammes, il venait renforcer la présence française après le départ du général Janin, représentant de l'état-major, qui avait accompagné le général Broussilov sur le front. Dans ses lettres à sa famille, le jeune homme ne manqua pas de mentionner qu'il côtoyait l'entourage de l'empereur, assistant notamment aux représentations du « cinéma impérial » pour la Cour et le jeune tsarévitch.

Le 19 novembre 1916, Nicolas II passant en revue les officiers alliés lui remit la Croix de Sainte Anne « de troisième classe avec glaives et bouffes ». Pierre Pascal lui-même et les officiers français pensèrent un moment que cette décoration décernée à l'improviste l'avait été par confusion avec un capitaine anglais, mais il préféra croire que l'empereur avait suivi « son impression et sa sympathie », s'en félicitant auprès de son plus jeune frère. Son dossier militaire montre d'ailleurs qu'il reçut également l'ordre de Saint Stanislas, et qu'il fut même autorisé à porter ces décorations étrangères... en mars 1919, la Mission militaire alors réfugiée à Arkhangelsk étant sans doute peu au fait de l'évolution des positions politiques du lieutenant. « L'impression de majesté que produit l'empereur ne vient pas de son physique, ni d'aucun apparat, puisqu'il est tout simple, en uniforme de colonel, mais de sa gravité, où l'on sent la conscience de sa responsabilité, de sa divine mission. » Les lignes que Pierre Pascal rédigea au soir de sa remise de décoration entrent en résonance avec « l'accès de loyalisme et d'enthousiasme » évoqué par Ludovic Naudeau : « Nombre de ses anciens camarades m'ont donné sur lui des témoignages concordants : ils l'ont vu, assurent-ils, monarchiste, impérialiste et dévot respectueux du trône, de l'autel, du tsarisme, de ses hauts dignitaires religieux et de ses ministres à poigne[1]. » Le journaliste chargeait évidemment à dessein ce soutien au tsarisme, pour mieux souligner la brutalité d'un retournement politique. Dans sa réponse esquissée à Martinet et à Naudeau en 1920, le bolchevik néophyte assuma

1. Ludovic Naudeau, *En prison sous la terreur russe*, *op. cit.*, p. 170.

d'ailleurs cette tentation monarchiste, préférable selon lui à l'hypocrite démocratie.

Que disent le journal et les lettres, que Pierre Pascal s'efforçait de faire passer par le courrier diplomatique, pour gagner du temps plutôt que pour éviter la censure ? Observateur attentif de la vie politique russe, lecteur des journaux, témoin des rumeurs de complots qui agitent la Cour à Mohilev, curieux des événements comme l'assassinat de Raspoutine en décembre 1916, il manifesta avec constance son « peu de sympathie pour l'opposition parlementaire » (mai 1916), régime qu'il considérait comme un « mal » pour les Russes (11 juillet), défendant le loyalisme envers l'empereur, opposant à plusieurs reprises la *Stavka* « patriarcale et sérieuse » à la vie à Petrograd « où l'on fait de la politique et de la banque » (novembre 1916). Attentif au poids croissant des instances représentatives locales comme les *zemstvos* et des organisations sociales et économiques, il s'enthousiasma pour leur « dévouement » : « Tout cela est grandiose. » En décembre 1916, il écrivit à son père à propos d'un discours de Pavel Milioukov, leader du Parti constitutionnel-démocrate : « Il y a des gens à la Douma qui voudraient bien jouer au Parlement ; j'espère qu'on ne leur permettra pas. » À l'attention du père Portal, il tempérait par sa confiance en l'empereur un diagnostic pessimiste en décembre 1916 : « La Russie est assez inquiète par la faute des agités de gauche, qui pensent surtout à leur politique et considèrent toujours le parlementarisme occidental comme une admirable chose – des maladresses de la droite et du gouvernement, en la personne de certains ministres douteux comme honnêteté, comme patriotisme peut-être – surtout par la faute de la crise des subsistances, et la cherté extraordinaire de la vie. »

Davantage que les analyses politiques, les notes du jeune lieutenant multipliaient les informations sur l'évolution des combats, les pertes, les prisonniers, l'évolution des fronts notamment dans les Balkans, mais aussi sur le sens du conflit. Depuis les Dardanelles, il ne varia pas sur son soutien à l'un des buts de guerre de la Russie, reconnu par les Alliés en mars 1915 : l'annexion de Constantinople, des rives du Bosphore et des Détroits aux dépens de l'empire ottoman. Admirateur à son arrivée de la troupe russe à la manœuvre

(« un groupe d'hommes merveilleusement expressif. Cela atteignait à la beauté[1] »), Pascal ne connaissait que ses plantons et ses ordonnances, mais se montra curieux de l'état d'esprit des soldats. Exprimée en août 1916 à son oncle, l'idée que les Russes « n'ont pas de haine mais seulement le sentiment de la justice de leur cause et de l'injustice de l'adversaire » allait revenir sous sa plume. En septembre, notant une conversation avec Eugène Petit, il revint sur « l'élan admirable » de patriotisme du début de la guerre mais justifia les doutes des soldats, rappelant que le Christ appelle à la paix, « un doute qui doit tourmenter tout homme[2] ». Plus rares sont les notations sur le front occidental. Dans ses lettres d'encouragement à son frère Jacques toujours mobilisé, ou à ses parents, il faut bien entendu faire la part de l'euphémisation des doutes et de l'intériorisation de la censure militaire. Pascal sema ici et là des jugements négatifs sur la vie politique française, homologues de ses critiques sur la Russie. S'il se réjouit en septembre 1916 d'apprendre les percées franco-britanniques de la bataille de la Somme, il ne développa pas davantage que dans sa période combattante d'élans patriotiques, se montrant presque aussi critique envers l'allié anglais qu'envers l'ennemi allemand.

Le jeune homme mit à profit cette première année de séjour à Petrograd pour mettre en place sa réflexion sur la « psychologie russe ». En partant d'une conversation saisie au vol dans la rue ou d'une anecdote personnelle, il accumulait des considérations plus générales où l'on retrouve l'influence de ses lectures, et la conviction partagée de l'existence de « caractères nationaux », scientifiquement définis en mêlant les acquis de la géographie, de l'anthropologie et de l'observation psychologique. Pour Pierre Pascal, qui ne se distinguait guère en cela de ses prédécesseurs, Anatole Leroy-Beaulieu ou Alfred Fouillée, auteur en 1903 de *L'Esquisse psychologique des peuples européens*, « le Russe », « la bonne race russe », « le caractère russe » se distinguaient par la bonté, la simplicité, la modestie, le sentiment de l'absolu, « l'enthousiasme par crises

1. *Mon journal de Russie (1916-1918), op. cit.*, 26 mai 1916, p. 35.

2. Archives Pascal – Jacques Catteau, lettre de Pierre Pascal à son oncle, 19 août 1916 ; *Mon journal de Russie (1916-1918), op. cit.*, 27 septembre 1916, p. 71.

momentanées », le sentimentalisme, une certaine naïveté qui le portait à se laisser facilement exploiter économiquement par les étrangers, en particulier les Français.

Car, de manière constante, l'observation poussait Pierre Pascal à opposer Russes et Français, au détriment de ces derniers présentés comme méprisants, intéressés, matérialistes, irréductiblement étrangers à leurs hôtes (« On leur reproche, au fond, de n'être pas français. On voit tout du point de vue de la France »), incapables même d'apprécier le climat russe[1]. Le sentiment d'une difficile relation entre Français et Russes transparaît dans ses notes, tout comme dans les souvenirs d'Henry Olivari, qui tenta en vain d'établir une collaboration en matière de codes et de déchiffrement et rendit responsables de cet échec tant le commandement à Paris que les « polyglottes » de la Mission[2]. Dans la même posture individualiste qui le portait à ironiser sur ses compatriotes diplomates ou officiers, Pascal se posait en vrai défenseur de l'alliance franco-russe. Ainsi, se félicitant des « copieux hourras » entendus lors d'une conférence sur Verdun par un colonel russe, il écrivit à sa mère : « Les gens qui trouvent que les Russes ne nous aiment pas assez sont difficiles. » De leur côté, ses camarades en France ou en Russie le voyaient de nouveau « attiré » par la Russie, réalisant son « rêve de vivre dans cette Russie que tu aimais tant », voire « complètement russifié », pour s'en réjouir ou s'en amuser.

Se posant explicitement en critique de ses compatriotes, Pierre Pascal développa dans le même temps une sociabilité intellectuelle et spirituelle locale préparée par ses précédents voyages. Il fréquenta les milieux universitaires gravitant autour de l'Institut français, les thés organisés par son directeur Jules Patouillet, vit régulièrement Gustave Welter, interprète comme lui, ou Raoul Labry, agrégé de lettres russisant affecté à l'Institut français. Mais il rencontra bien davantage le philosophe orthodoxe Sergueï Alekseiev, son épouse Élisabeth, tentée par la conversion au catholicisme, et les catholiques de rite oriental comme le père Jean Deubner (ou Deibner), le père Glieb. « Le mouvement religieux russe est comme toujours follement

1. *Mon journal de Russie (1916-1918)*, *op. cit.*, et BDIC, Notes « psychologie russe, psychologie française », sans date.

2. Henry Olivari, *op. cit.*, notamment p. 259-260.

intéressant », écrivit Pierre Pascal au père Portal en août 1916[1]. Lecteur avide des théologiens réformistes (Soloviev, Pavel Florenski), curieux des Vieux-Croyants schismatiques depuis leur refus au XVIIe siècle des réformes du patriarche Nikon (il assista en août 1916 à un de leurs conciles), il correspondit par intermittence avec les prêtres rencontrés avant la guerre. Il saisit toutes les occasions de débattre, ainsi en février 1917 avec le jeune officier philosophe Léon Zander, disciple de Soloviev comme lui. Son journal témoigne d'une pratique assidue des messes matinales. À l'église française Notre-Dame-de-Lourdes, trop mondaine à son goût, où le prêtre quittait l'autel pour saluer l'ambassadeur, le jeune homme préférait Sainte-Catherine, sur la perspective Nevski, ou l'église des Chevaliers-de-Malte dans laquelle il fut « touché jusqu'aux pleurs » par une messe de rite slave qui lui semblait annonciatrice de l'union des Églises[2]. Il goûtait également l'immersion dans la ferveur populaire des grandes liturgies des fêtes orthodoxes.

Révolutions russes, une politisation « par l'expérience »

La Russie est le pays du colossal et de l'imprévu.

Lettre de Pierre Pascal à son père, septembre 1917

À lire ses lettres et ses notes personnelles, le sentiment qui domine est celui d'une distance face à la décomposition politique et militaire russe, observée depuis les cercles dirigeants de la capitale. Pour autant, nulle démonstration de pacifisme chez le jeune lieutenant attaché à effectuer scrupuleusement son travail à la Mission française, toujours perçu comme moins légitime que la vie de combattant. Pierre Pascal ne vit pas venir la révolution et ne s'en vanta d'ailleurs jamais.

---

1. Cf. Antoine Wenger, *Rome et Moscou (1900-1950)*, Paris, Desclée de Brouwer, 1987, p. 57-96, et Laura Pettinaroli, *La Politique russe du Saint-Siège (1905-1939)*, doctorat de l'Université Lyon II, sous la dir. de Claude Prudhomme, 2008.
2. *Mon journal de Russie (1916-1918)*, *op. cit.*, p. 56, 6 août 1916.

La révolution de Février,
un « coup d'État parlementaire »

« Vivre au XIIIe siècle, être un moine savant et pieux, penché sur les *in-folio* théologiques » : ce rêve impossible partagé avec l'étudiant Léon Zander à la veille de la révolution de Février 1917[1] allait être refoulé pendant dix années d'immersion dans l'action politique, avant d'être retrouvé dans les bureaux de l'Institut Marx-Engels à la fin des années 1920. Fantasme éphémère de retrait dans l'étude, cette confession intime dit aussi combien éloigné de l'engagement politique se trouvait alors le lieutenant Pascal. Il garda un souvenir durable de ce détachement, écrivant ainsi en 1976 : « Ce qui m'intéressait le moins en Russie, c'était les doctrines et les mouvements révolutionnaires[2]. » En 1920, dans la réflexion autobiographique qu'il avait prévu d'adresser à Marcel Martinet, il reconnaissait déjà n'avoir guère eu d'avis sur les révolutionnaires russes, partageant seulement avec eux la détestation du parlementarisme du Parti constitutionnel-démocrate, les Cadets. Le jeune bolchevik fit alors de son passage à la Mission militaire le début d'une politisation « par l'expérience », palliant l'absence de formation préalable au socialisme par la découverte au jour le jour du « fonctionnement intérieur du régime capitaliste ».

Comme Pierre Pascal lui-même en 1920, ce n'est toutefois qu'au prix d'une rationalisation *a posteriori* de son cheminement intérieur que nous pourrions interpréter dans le sens d'une « longue éducation » au communisme les traces écrites laissées avant la chute du tsarisme. Si le journal témoigne d'un détachement certain face aux milieux officiels français et à un travail peu attirant, constate la dégradation de la situation intérieure et affirme une vocation de défenseur de la Russie contre ses détracteurs, le lieutenant Pascal maintint d'excellentes relations apparentes avec l'ambassadeur Paléologue et avec son chef le colonel Lavergne. Ce n'est qu'après le changement

1. *Ibid.*, p. 103, 22 février 1917.

2. BDIC, « Le messianisme politico-religieux des poètes russes en 1917-1918 », *op. cit.*

de régime en Russie que se déclencha le processus intime qui allait l'amener à rompre avec son entourage et à proclamer, pour la première fois, un choix politique.

Le ton changea incontestablement avec les notes et les lettres qui suivent le retour de la *Stavka*, fin février 1917. Le « grondement de la révolution », ses premières foules et ses premiers morts parvinrent jusqu'à l'hôtel Astoria. Pierre Pascal les évoqua au soir de sa vie[1], car il interrompit son journal pendant presque deux mois. D'autant plus précieuses sont les quelques correspondances à sa famille, dans lesquelles il communiqua à la fois l'intensité des événements et son peu d'enthousiasme de spectateur des débuts de la « révolution parlementaire ». Dans une lettre à sa mère quelques jours à peine après l'abdication du tsar le 2 mars, il restitua ses impressions dans un présent de narration propre à rendre plus vivant ce passé tout juste vécu :

> On doit déjà connaître à Paris les grands événements de Petrograd. Cela s'est passé jusqu'ici de façon tout à fait extraordinaire. Il y avait eu des grèves, puis des troubles dans la rue, la police reste impuissante, on appelle l'armée, certains régiments tirent sur la Nevski, les autres refusent. Les soldats alors prennent possession de la rue, des armes, des établissements publics. La Douma, quoique dissoute, siège, et s'érige en Comité provisoire. On arrête les gens qu'on déteste, tout ce qui tient à la police. Tout cela au milieu de coups de fusils et de mitrailleuses. Il y a eu beaucoup de carreaux cassés, et pas mal de gens tués, exprès ou non. Mais la grande douceur des Russes s'est encore retrouvée là, et il n'y a pas eu beaucoup de victimes. Maintenant tout est fini peut-être : c'est la révolution bourgeoise, n'y aura-t-il pas ensuite la révolution sociale ? En ce moment, elle a l'air conjurée. Tout cela est très triste. Pour nous rien à redouter, au contraire on est très gentil[2].

Quelques jours plus tard, il tenta de rassurer son frère face à « l'inquiétude que doit donner chez nous la révolution

---

1. *Archives du XXe siècle – Pierre Pascal*, réalisées par Pierre Brissot, réunies par Jean-José Marchand, entretiens entre Pierre Pascal et Georges Nivat, et *Mon journal de Russie (1916-1918), op. cit.*, p. 106-107.

2. Archives Pascal – Jacques Catteau, lettre de Pierre Pascal à sa mère, datée par erreur du 16 mars 1916.

russe », et raconta « un coup d'État parlementaire » vécu avec distance :

(...) Tout s'est fait en peu de jours, avec peu de désordres, sans résistance. Seule la police est restée fidèle à l'Empereur : elle se réfugiait sur les toits et de là tirait sur les révoltés. Tous les autres ont abandonné l'Empereur [,] même ceux qui l'approchaient le plus. Dans tous ces événements j'ai retrouvé le profond scepticisme des Russes, trop intelligents pour croire que quoi que ce soit d'humain est tout à fait bon, et leur esprit très peu individuel, qui les fait marcher comme un bloc où les opinions de chacun sont atténuées à l'extrême dans leur manifestation. Ils ont voulu nous imiter, ils le disent d'ailleurs. Ils verront le résultat. Je suis triste et dégoûté.

Sur le terrain, Pierre Pascal se trouvait donc en phase avec sa famille. Son père lui écrivit ainsi en mai 1917 : « On est ici un peu ahuri de cette révolution, on a été fort inquiet même. La Russie, pour qui on fait la guerre, nous lâcherait-elle ? » Charles Pascal s'empressait d'écarter l'idée même de cette « monstruosité[1] ».

Le jeune lieutenant qui reprit ses notes régulières entre mai et novembre 1917 rendit sensible son sentiment de vivre une histoire bousculée, tandis que sa vie quotidienne contrastait chaque jour davantage avec la routine de l'année précédente. Pierre Pascal tenait à jour ses informations sur les grèves, la désorganisation des transports, les difficultés croissantes du ravitaillement. Début juillet 1917, il quitta l'hôtel Astoria pour s'installer en ville dans une chambre louée par un ancien fonctionnaire de la Cour destitué par la révolution. Il partagea dès lors le quotidien difficile des Pétersbourgeois, le rationnement qui le faisait accueillir en héros quand il apportait du beurre à ses amis russes, l'inflation galopante qui rendait dérisoire une solde touchée en roubles, la peur de la famine, l'insolence des cochers et des garçons de cafés qui doublaient leur prix tout en refusant les pourboires, la « jouissance morbide du contraste » avec les quelques restaurants qui continuaient à accueillir les officiers. Il constata même directement, sans

1. Archives Pascal – Jacques Catteau et Institut d'études slaves, Archives Pascal, lettres à Jacques et à Charles Pascal, mars-mai 1917.

compatir le moins du monde, les effets des troubles sociaux sur la bourgeoisie de l'empire, car sa cousine Marguerite, mariée à un homme d'affaires balte, dut gérer la spoliation sauvage de ses propriétés en Crimée : « Le moment n'est pas agréable pour les *bourjoui* comme on dit ici, d'ailleurs c'est de leur faute et je ne les plains pas. »

Relancer l'alliance franco-russe

S'il préféra *a posteriori* se présenter en spectateur, « témoin de la révolution » de Février, Pierre Pascal n'en continuait pas moins à servir activement à la Mission militaire. Son travail évolua assez sensiblement. À trois reprises, le lieutenant fut requis pour contribuer personnellement aux tentatives du gouvernement français pour relancer l'alliance franco-russe et obtenir une nouvelle offensive à l'Est du gouvernement de coalition dirigé par le prince Lvov, puis du « gouvernement de salut révolutionnaire », formé par Alexandre Kerenski après les manifestations probolcheviques violemment réprimées des « Journées de Juillet ». Le ministre socialiste Albert Thomas avait été tout d'abord envoyé à cet effet en visite à Petrograd en avril 1917. Du 19 mai au 9 juin 1917, Pascal, accompagné d'un soldat, effectua sur le front Nord, autour de Riga, une tournée marquée par une quinzaine de prises de parole devant les régiments. Du 17 au 19 août, il fut envoyé au nord de la Russie, à Vologda, pour représenter la France à la bénédiction d'un étendard. Enfin, le 10 septembre, il effectua sa seconde intervention d'orateur destinée à redresser le moral des troupes auprès d'élèves-officiers, à Gatchina.

Ces premiers contacts concrets avec les troupes russes marquèrent d'autant plus profondément Pascal qu'ils contrastaient avec le délitement de son travail de bureau. La désorganisation des armées russes au front, la difficulté croissante à trouver des interlocuteurs auprès du commandement russe, les conflits et des destitutions successives au plus haut niveau, mais aussi la « pagaye » (*sic*) à Paris rendaient de plus en plus difficile sa tâche de synthèse des informations, toujours transmises au colonel Lavergne. Jusqu'à l'automne 1917, Pierre Pascal consacra l'essentiel de son temps à recevoir des inventeurs venus vendre aux Français des armes ou des procédés militaires, ainsi que les soldats ou les officiers russes qui demandaient à partir continuer leur combat en France. Ces demandes étaient systématiquement repoussées, surtout après juillet 1917 et la mutinerie des soldats russes regroupés au camp de la Courtine. Le journal de Pierre Pascal montre qu'il s'était rapproché du nouveau directeur du *Journal de Petrograd*, René François. Pour autant, la Section de propagande de la Mission militaire, dont il faisait partie, ne fut pas sollicitée pour relancer l'influence française en Russie. Signalé par le jeune lieutenant comme un événement, le remplacement du général Janin par un « général à poigne », Henri Niessel, en septembre 1917, ne sembla pas modifier ce sentiment de déprise de la Mission française par rapport au sort militaire et politique de la Russie[1].

Il n'est guère étonnant que le milieu de sociabilité constitué par la Mission militaire se soit peu à peu dissous, même si des officiers et des soldats continuaient à y être affectés. Ainsi en juin 1917 René Herval débarqua-t-il à la tête d'un groupe d'artillerie lourde ; en septembre arriva l'avocat socialiste Jacques Sadoul, envoyé par Albert Thomas. Le départ de l'ambassadeur Paléologue et l'arrivée de son successeur Joseph Noulens, « doux, peut-être borné », qu'il jugeait trop engagé dans les conflits politiciens français, puis qu'il vit de plus en plus « menteur », ne rapprochèrent pas Pierre Pascal de la colonie française. Éloigné de l'hôtel Astoria, soumis à un rythme de travail moins intense, il nota plus rarement ces discussions entre officiers, qui lui donnaient toujours l'occasion de s'énerver contre les préjugés antirusses : « On s'en est donné contre la Russie pendant l'heure du déjeuner. Rien n'a trouvé grâce, ni hommes, ni actes. Je n'ai pas ouvert la bouche, n'ayant rien à dire contre des gens si sûrs d'eux-mêmes. » Le petit cénacle de l'Institut français lui convenait mieux. Il noua une amitié durable avec son aîné de dix ans Raoul Labry, agrégé de lettres et russisant. Si Pierre Pascal assista parfois, à la demande de sa hiérarchie, à des meetings ou à une séance de la Douma, c'est nettement une curiosité

1. Ioannis Sinanoglou, « Journal de Russie d'Albert Thomas », *op. cit.* *Mon journal de Russie (1916-1918)*, *op. cit.*, p. 206, 22-24 août 1917 et p. 215, 5 septembre 1917.

personnelle qui le fit accumuler les informations sur les bouleversements intérieurs de la Russie. Son talent pour « faire causer », écouter les conversations populaires et bavarder avec les plantons, les cochers de fiacre ou *izvochtchiki*, personnages incontournables de la vie pétersbourgeoise, s'exprime pleinement dans son journal. On comprend en le lisant l'ébullition de paroles et de publications qui saisit la Russie au printemps 1917, la multiplication des rumeurs et des « bruits », l'incertitude des moments les plus tendus.

Les notes prises pendant les manifestations violentes des Journées de Juillet disent de manière saisissante la polyphonie de l'événement combinant impressions directes – les automitrailleuses abandonnées en pleine rue, les « figures inquiétantes » des femmes rassemblées sur la perspective Nevski, le son des fusillades –, ou indirectes, par les récits des amis qui passaient ou téléphonaient, voire les informations transmises par la bonne. Pierre Pascal s'essaya parfois à des analyses politiques dans ses lettres à sa famille, mais son journal n'avait pas pour but une chronique argumentée de l'événement. Contrairement aux témoignages publiés immédiatement après la révolution par René Herval et Raoul Labry, ou plus tardivement par son voisin de bureau à la Mission militaire, l'interprète Gustave Welter[1], il ne s'efforça pas à un récit continu des affrontements au sein du double pouvoir, constitué par le gouvernement et le Soviet des ouvriers et soldats de Petrograd, ni de la succession des offensives militaires de plus en plus désastreuses. Pour autant, c'est bien une « longue éducation » à la politique russe qui s'accéléra au tournant de l'année 1917 pour un jeune homme qui, pour avoir vécu dans un Quartier latin animé des débats sur le socialisme et des bagarres avec les camelots de l'Action française, semblait ne s'être jamais passionné pour la vie politique de la France de la IIIe République. Car la politique était désormais indissociable de ce qui demeurait la préoccupation principale du lieutenant Pascal, l'évolution de la situation militaire. « Heureusement, on

1. René Herval, *Huit mois de révolution russe*, Paris, Hachette, « Mémoires et récits de guerre », 1918. Raoul Labry, *Autour du bolchevisme*, édité chez l'auteur, La Roche-sur-Yon, Cahors, 1921. Gustave Welter, *Histoire de la Russie communiste. 1917-1935*, Payot, « Bibliothèque historique », 1935.

peut se dire que la Russie a suffisamment de forces pour faire à la fois la guerre et une révolution », écrivait-il à son frère en mars 1917. Exprimé l'année précédente, le sentiment de doute envers la légitimité morale de la guerre se conjuguait toujours à une vision du conflit exempte d'élans patriotiques, détachée des enjeux intérieurs d'une France par trop parlementaire, et soucieuse de saisir l'évolution globale du « peuple » russe.

Un « cafard métaphysique » devant l'évolution militaire

Cette vision prenait au fil des défaites russes une tonalité plus sombre[1]. Son « triste séjour » au front en mai 1917 lui fit une profonde impression, nettement atténuée dans le rapport officiel, dans lequel il se contenta de souligner le « caractère très animé, parfois violent » des débats qui suivirent ses interventions destinées à convaincre les soldats russes de la nécessité d'une nouvelle offensive. Tout comme une lettre à sa mère où Pascal déplora le « désordre » et la « bien triste situation » de la « pauvre Russie », le journal soulignait bien davantage une « désastreuse impression » :

> En somme on demande au peuple russe un exploit extraordinaire : les autres peuples ont un commandement, un gouvernement qui ordonne, si l'ordre d'offensive est donné, il faut marcher, sans être bien sûr que cela est raisonnable. Le peuple russe, maintenant, doit lui-même décréter qu'il marchera, son instinct vital se cabre, la lutte est violente et douloureuse entre la nature et la conscience du devoir. Le peuple russe a un sentiment aigu du caractère tragique de cette guerre qu'il ne veut pas, qui est absurde, dont l'humanité ne doit pas vouloir et dont il ne peut se dépêtrer[2].

Entre avril et octobre 1917, les lettres et notes de Pierre Pascal enchaînèrent les constats désabusés de la démoralisation

1. Cf. Ioannis Sinanoglou, « La Russie dans la Première Guerre mondiale. Le témoignage de Pierre Pascal », *Cahiers du monde russe,* vol. 17, n° 4, p. 485-493.

2. *Mon journal de Russie (1916-1918), op. cit.*, p. 127, 19 mai 1917 et F delta res 883 (3-2), carnet Riga avec « et dont il ne peut se dépêtrer » coupé dans la publication. Lettre de Pierre Pascal à sa mère, 10 juin 1917.

des élites. En juillet, la « joie » de l'annonce d'une victoire fut ponctuée d'un « grâce à Dieu » en russe – *Slava Bogou !* – qui serait coupé lors de la publication du journal soixante ans plus tard. Début septembre encore, le jeune homme voulait croire dans le « défensisme du Soviet ». Soulignant un mieux sur le front, il se réjouissait, en parlant devant les élèves-officiers, de les trouver « bien disposés ». « Découragement », « tristesse générale », « sentiment d'impasse », « trouble intérieur et extérieur », « valeur tragique inouïe » des communiqués formaient pourtant une tonalité commune qui imprégnait le débat intérieur du jeune lieutenant sur la question obsédante de la paix. Le mot d'ordre de la paix « sans annexions ni contributions » le plongea dans un désarroi sensible. En juillet, il tenta lors d'une conversation avec le colonel Lavergne une analyse de la « psychologie de la révolution et du refus de la guerre », « chose antinaturelle » selon les mots d'un soldat russe. À plusieurs reprises, il nota son admiration pour les soldats qui ne renonçaient pas à combattre et participaient aux offensives « sans y être forcés ». Début septembre 1917, alors qu'il suivait attentivement la tentative de médiation du pape Benoît XV, il écrivait : « J'ai un certain cafard métaphysique. Il faut la paix et on n'y va pas ainsi. Je ne veux pas l'Alsace-Lorraine mais il faut la libération des envahis et des opprimés. Quel tragique ! On ne peut pas s'en tirer. » À la mi-octobre, assistant à la projection de films de propagande à l'Alliance française, il formulait plus nettement son détachement envers leur « fausseté[1] ».

C'est donc d'abord pour mieux comprendre l'évolution vers la paix ou la reprise des combats aux côtés des Alliés que Pierre Pascal se familiarisa avec les nouveaux acteurs politiques. Le parlementarisme ne l'avait, on l'a vu, jamais intéressé, et il ne regretta pas la disparition des Cadets et de leur leader Milioukov de la scène politique. Plutôt séduit par Kerenski rencontré en mai 1917 sur le front Nord, alors qu'il était ministre de la Guerre, il écrivit fin août à propos de son « admirable discours » : « on sent un homme, et non un politicien », mais nota sans regrets sa baisse rapide de popularité à la veille de

1. *Mon journal de Russie (1916-1918)*, *op. cit.*, p. 174, 25 juillet 1917 ; p. 216, 6 septembre 1917 ; p. 231, 19 octobre 1917.

l'automne. Si son journal le montre lecteur assidu de la presse, des tracts, des affiches, le jeune homme ne se passionna pas pour le débat proprement politique qui faisait rage depuis le retour de Lénine en Russie et la publication des « Thèses d'avril ». Il resta indifférent à la mission des socialistes Ernest Lafont, Marius Moutet et Marcel Cachin en mai 1917, comme aux débats sur la convocation d'une conférence socialiste internationale à Stockholm.

Le socialisme ne séduisait pas Pierre Pascal, le marxisme lui restait étranger. Le bolchevisme, incarné par la figure de Lénine dont il était allé écouter les discours, lui sembla d'abord marginal. Il écrivait ainsi le 29 avril à sa mère, après quelques considérations déprimées sur le bilan d'un an en Russie : « En attendant la révolution suit son cours : le cri du jour est le programme communiste d'un certain Lenin (*sic*). Il faut partager tous les biens et prendre comme idéal la Commune de Paris. On a mis à sa disposition un hôtel d'une demeure en renom autrefois, et du balcon il tient ses discours à la foule. La foule applaudit parce qu'elle applaudit toujours les idées originales ou les fragments d'idées qui ont une apparence de justice. Ce n'est pas très dangereux[1]. » En écho de son analyse de la guerre, le pessimisme dominait son jugement politique et l'appréhension de la montée en puissance des « agitateurs d'extrême gauche ». Il rapporta sans s'offusquer les multiples informations qui accusaient les bolcheviks de recevoir de l'argent allemand ou de s'allier avec les bandes noires « de l'orthodoxie réactionnaire ». Il s'alarma en juillet des mutineries en France et du « réveil violent du mouvement socialiste » qu'il relia, entre autres causes, à l'action des émigrés politiques venus de Russie, notamment les juifs.

L'inquiétude de Pierre Pascal culmina avec les Journées de Juillet, qu'il interpréta ainsi pour son père : « Nous sommes en ce moment dans une de ces crises de la révolution. Le Parti socialiste d'extrême gauche, les bolchevikis (*sic*) ou maximalistes, alliés aux anarchistes, se sont mis en tête de renverser le gouvernement. Ils ont déjà essayé les 10 et 11 juin vieux style, à la manifestation du 18 ils ont encore sorti des étendards

1. Archives Pascal – Jacques Catteau, lettre de Pierre Pascal à sa mère, 29 avril 1917.

subversifs, et cette fois alors ils ont profité de la retraite des ministres cadets pour essayer une nouvelle révolution, massacrer tous les bourgeois, etc. » Déplorant l'échec de l'offensive qui avait « fait du bien », il ajoutait : « La situation qui se prépare pour bientôt est très mauvaise, le mal vient de ce que personne ne travaille plus, on ne laboure plus, on ne répare pas les locomotives usées, on n'extrait plus de charbon. Bien que la Russie soit le pays des surprises, je crois qu'on ne peut pas continuer longtemps ainsi. Le peuple russe vit dans l'absolu, et se désintéresse des contingences pratiques ; il n'y a rien à faire, et il y a bien assez de peuples qui font exactement l'inverse[1]. » En quête d'interprétation (« ce sont les grosses banques qui tiennent les fils de tout cela, mais pourquoi, je ne sais pas »), le jeune lieutenant rassembla les indices du recul des bolcheviks, « plutôt maltraités », dans l'opinion, écrivant fin juillet : « On a raison de dire que la contre-révolution est en l'air. Et pourtant, que ce serait dommage ! » La tentative de prise du pouvoir par le général Kornilov fin août 1917 renforça le sentiment d'incertitude en ces « journées si troubles ». « Hier le colonel a réuni les officiers de la Mission, m'a-t-on dit, pour leur recommander de ne pas exprimer d'opinion », notait-il. Il souligna que ses camarades, comme son logeur, semblaient favorables au rétablissement d'un pouvoir fort, puis se réjouit du retour au calme qu'il sentait précaire. « Le gouvernement est un mythe. L'affaire Kornilov a renforcé les bolcheviks et tout gâté à l'intérieur comme à l'armée. Si c'était ailleurs qu'en Russie ce chaos serait effrayant : ici tout peut s'arranger. La Russie est le pays du colossal et de l'imprévu », confiait-il à son père[2].

L'éducation politique de Pierre Pascal se poursuivait ainsi, toujours tendue vers le désir de comprendre le « peuple russe » opposé aux politiciens et aux puissances d'argent, hostilité qui lui semblait expliquer les manifestations d'antisémitisme populaire ou intellectuel. « On ne sait pas ce que feront les paysans et de quelle façon ils comprendront le mot liberté »,

1. *Ibid.*, lettre de Pierre Pascal à son père, 18 juillet 1917.

2. *Mon journal de Russie (1916-1918), op. cit.*, p. 181, 29 juillet 1917 ; p. 222, 11 septembre 1917 ; Archives Pascal – Jacques Catteau, lettre de Pierre Pascal à son père, 24 septembre 1917.

écrivit-il à son frère Jacques en mars 1917. Trois mois plus tard, il poursuivait sa réflexion sur la difficulté à rétablir l'autorité, « surtout chez les Russes qui aiment cent fois plus que nous la liberté, et qui sont tous anarchistes dans l'âme. On ne peut pas voir l'avenir en rose ici. Après peut-être cette terrible expérience la Russie donnera au moins l'exemple d'un vrai régime juste et libre, mais d'ici là elle aura bien à souffrir[1] ».

C'est dans le caractère national, et non dans les idéologies, que Pierre Pascal recherchait les causes de la révolution – l'idéalisme, la quête de justice, le bon sens, l'attachement évangélique à la vie, d'où le refus de combattre et l'abandon de la peine de mort. « Le peuple russe est au fond très raisonnable. Seulement il veut deux choses très difficiles : la paix et la justice sociale. Ce n'est pas étonnant qu'il n'y soit pas arrivé. On a tout à fait tort en France de faire contre la Russie les manifestations qu'on m'a racontées », écrivit-il à sa mère fin août 1917. La violence, les meurtres de bourgeois ou les lapidations dans les campagnes lui semblaient appartenir au même registre ethnologique, au caractère du « gas (*sic*) de village heureux, pour montrer sa force, de faire des choses énormes, même en les blâmant et pour s'en repentir ensuite peut-être ». Il est vrai que le jeune lieutenant, qui tentait de rassurer sa mère face à l'image de Petrograd « lieu d'épouvante et de brigandage », observait de loin les combats de rue et ne se sentit jamais menacé personnellement, malgré les rumeurs hostiles aux Français et aux Anglais, notamment au moment du putsch manqué de Kornilov.

Le sens religieux de la révolution

En 1920, Pierre Pascal fit son mea-culpa pour avoir servi la bourgeoisie dans sa tournée de propagande sur le front Nord, et effaça d'un trait de plume les doutes si présents dans son journal et dans ses lettres, pour interpréter son soutien à la révolution de Février comme la prémisse d'une « évolution trop lente » vers un ralliement à la révolution bolchevique, sociale et anti-impérialiste : « Ma joie fut alors d'être infailliblement d'accord avec le peuple russe, de penser avec lui,

1. *Ibid.*, lettres à son frère Jacques, 21 mars et 10 juin 1917.

d'évoluer avec lui, avec cette masse réveillée et ardente de soldats avides de construire une société de paix et de justice. » Après son retour d'URSS, il mit bien davantage l'accent sur sa lecture religieuse de la révolution.

Si l'on se rapporte non à ces considérations autobiographiques ultérieures, mais aux notes prises sur le vif, la spiritualité de Pierre Pascal sembla moins participer d'un sentiment d'adhésion heureuse que de tourments intérieurs, liés à la contradiction entre la poursuite d'un conflit légitime d'un côté, et de l'autre la quête de la paix comme impératif moral. Sa pratique régulière des messes matinales catholiques, le cas échéant des cérémonies orthodoxes, continuait à s'accompagner d'un intérêt renouvelé pour l'évolution intérieure de l'Église russe. Or la révolution de Février avait proclamé la liberté de culte et lancé un mouvement de réforme institutionnelle, culminant fin août 1917 avec la réunion du premier concile de l'Église orthodoxe de Russie. Il s'agissait d'une rupture profonde avec la période inaugurée par l'adoption du gouvernement synodal, qui avait rendu au XVIIe siècle l'Église dépendante de l'État. Cette nouvelle situation satisfaisait le Saint-Siège qui multipliait les contacts avec le nouveau gouvernement. Elle avait aussi semblé propice au gouvernement français pour tenter de développer, à l'image de ce qui s'était produit en France, le syncrétisme entre sentiment religieux et sentiment patriotique. Robert de Caix, responsable de la propagande française à l'étranger au Quai d'Orsay, aurait voulu exploiter à cet effet les réseaux de son ami l'abbé Portal et faire de Pierre Pascal, selon l'expression de Régis Ladous, une « sorte d'attaché culturel chargé de la propagande française en milieu chrétien[1] ».

Moins occupé par son travail proprement militaire, le jeune lieutenant s'employa en effet à transmettre à Paris les informations sur l'ébullition institutionnelle et spirituelle de l'Église, collectées par la lecture des nouvelles publications ou au sein du cénacle de débats constitué par son ami le philosophe Alekseiev. Il accueillit avec joie l'arrivée en mai 1917 de

1. Régis Ladous, *Monsieur Portal et les siens*, *op. cit.*, p. 374 *sq.*, d'après les archives Portal. Laura Pettinaroli, *La Politique russe du Saint-Siège (1905-1939)*, *op. cit.*, p. 617-630.

l'abbé Gratieux, disciple comme lui de Portal et envoyé pour trois mois à la demande de ce dernier, malgré la méfiance pour cette « soutane » de l'ambassadeur Noulens, anticlérical résolu. Assistant à une conférence de propagande, il nota son admiration pour l'abbé Gratieux qui faisait « passer des sentiments délicats, comme un éternel refrain de France, l'idée de la guerre rédemptrice des erreurs et des péchés, le relèvement religieux de la France ». Pascal se trouva ainsi en plein accord avec le père Portal, lui confiant l'espoir d'une mission « féconde pour la France », sans oublier un projet qui dépassait le simple œcuménisme : « rendre vraiment la Russie catholique[1] ».

Pour autant, le jeune homme n'avait pas traduit sa lecture de plus en plus morale du conflit mondial en termes de nouvelle croisade. D'accord avec un officier de passage pour diagnostiquer que le « mysticisme » lié à « l'holocauste » de jeunes hommes, qui se développait en France, n'était pas un vrai réveil religieux, il ajoutait : « Je proteste contre la religion de la patrie, qui est une idolâtrie[2]. » Le débat intérieur de Pierre Pascal l'éloignait ainsi de sa mission de propagande. Il se préoccupa surtout de détecter les signes d'un renouveau œcuménique qui irait dans le sens de l'union des Églises, intéressé tant par les Uniates que par la revue des Vieux-Croyants, *Slovo Tserkvy* (*Parole de l'Église*). Soucieux de faire progresser la « connaissance mutuelle » alors que la révolution de Février avait libéré la parole et la pratique des catholiques de Russie, il publia plusieurs articles dans le périodique du groupe catholique de rite oriental *Slovo Istiny* (*Parole de Vérité*)[3].

Pierre Pascal s'engagea aussi plus personnellement dans le débat sur le sens religieux de la révolution. Il s'agissait pour lui d'expliquer l'abandon des combats par l'attachement évangélique des simples soldats à la vie et à la paix. Il voulait aussi proposer des perspectives qui dépasseraient le nihilisme

1. *Mon journal de Russie (1916-1918)*, *op. cit.*, p. 145, 3 juillet 1917 ; p. 206, 21 août 1917. Institut d'études slaves, Archives Pascal, lettre de Fernand Portal à Pierre Pascal, 17 mai 1917.

2. Cf. sur ce point Stéphane Audoin-Rouzeau, Annette Becker, *14-18. Retrouver la guerre*, Paris, Gallimard, 2000, chap. 2, « La croisade ». *Mon journal de Russie (1916-1918)*, *op. cit.*, p. 188, 2 août 1917.

3. *Ibid.*, p. 145, 3 juillet 1917 ; p. 194, 6 août 1917. Régis Ladous, *op. cit.*

apocalyptique qu'il diagnostiquait dans le peuple, avec l'assimilation fréquente entre la révolution, l'arrivée de l'Antéchrist et la fin du monde[1]. Dès le printemps 1917, alors que sa mission sur le front Nord l'avait, on l'a vu, profondément ébranlé, il méditait, en assistant à la messe orthodoxe en compagnie des soldats, sur la possibilité d'un « ordre social chrétien » opposé au « socialisme matérialiste ». Cette réflexion se poursuivit sur quelques thèmes clés, la justice, la propriété, la fraternité, la peine de mort, sans que Pierre Pascal se montrât très sûr de lui (« J'ai vingt livres sur ma table, français, latins, russes. Je ne sais par où commencer pour réaliser mes projets »), si ce n'est sur le fond : « Une seule chose me paraît certaine, c'est que le socialisme n'est vrai et applicable qu'avec le christianisme[2]. » Il se sentit assez proche de ses supérieurs, Chevilly et Lavergne, pour leur communiquer ses projets de brochures sur le sujet, puis voulut faire passer à monseigneur Baudrillart, normalien, historien et recteur de l'Institut catholique de Paris, un rapport sur le christianisme social. Alors que la légitimité de l'engagement russe dans le conflit mondial lui semblait de moins en moins évidente, Pierre Pascal chercha donc refuge dans une quête qui lui « faisait du bien »[3] mais ne lui permit pas de clarifier son propre rôle. Car malgré la sympathie du colonel Lavergne, ni l'ambassadeur, ni les services de propagande, ni le père Amoudru en charge de la communauté catholique de Petrograd ne le considéraient comme un interlocuteur sérieux.

« Égoïsme, bêtise, matérialisme bourgeois... Dans le Soviet, assujettissement de la masse, bonne, convaincue, dévouée, à des meneurs ambitieux, doctrinaires. Pas de christianisme : encore ici, voilà le malheur évident », écrivait-il début août 1917. Sa quête toute personnelle d'un ordre social chrétien propre à la Russie ne le rapprochait pas davantage d'un débat politique toujours plus centré sur le socialisme. Aucune des tendances

---

1. *Ibid.*, p. 228, 11 octobre 1917. Archives Pascal – Jacques Catteau, lettre de Pierre Pascal à sa mère, 29 avril 1917.

2. BDIC, Feuillet manuscrit sans date et inachevé, « Le sens de la révolution russe », *Mon journal de Russie (1916-1918), op. cit.*, p. 129, 2 juin 1917 ; p. 170, 23 juillet 1917.

3. *Ibid.*, p. 147, 5 juillet 1917 ; p. 161, 17 juillet 1917 ; p. 166-167, 21 et 22 juillet 1917.

qui se disputaient le pouvoir ne trouvait grâce à ses yeux : socialistes révolutionnaires, mencheviks, « bolcheviks haineux » incarnés pour lui par « un homme hirsute et aux traits terribles » qu'il vit pourtant avec satisfaction se signer devant une église. Jusqu'au début de l'automne, le journal de Pierre Pascal témoigne de son peu d'intérêt pour les idéologies, méconnaissance d'ailleurs partagée par son ami le père Deubner : « Il me traite de bolchevik moral, parce que j'idéalise la valeur russe[1]. »

En cette fin d'octobre dont il déplorait l'ambiance froide et pluvieuse, c'est dans cet état d'esprit de doute quasi dépressif, nourri d'une lecture assidue de Dostoïevski, que Pierre Pascal vécut la prise du pouvoir par les bolcheviks. Il avait bien perçu leur montée en puissance, notant leur succès au Soviet de Petrograd et les rumeurs de « journées bolchevistes » qui ne lui semblaient cependant pas laisser présager de rupture décisive. « Rien de bien nouveau. La révolution continue. Depuis six mois on dit qu'on est au bord de l'abîme : si bien que personne ne le croit plus », écrivit-il le 6 novembre à sa mère, la veille du coup d'État. Le 7 novembre, il ne vécut « rien de notable », alla chez le coiffeur, apprit la prise de contrôle des bolcheviks sur la capitale sans même la noter dans son carnet. Le soir, il partit vers le front comme courrier, pour une mission qui s'acheva par 40 kilomètres de marche dans la neige, car les voies de chemin de fer avaient été coupées... Pascal en tire dans son journal le récit polyphonique des impressions politiques contradictoires de ses voisins de train. « Journées terribles », écrit-il à son père quelques jours plus tard, cédant cette fois à un certain romantisme révolutionnaire. Il préfère insister sur le « profond scepticisme du peuple », opposé au bolchevisme croissant des soldats qui attendaient la paix :

> Après les premiers jours, où l'on a sérieusement tiré, et de toutes les armes, du revolver à l'artillerie lourde, le calme est revenu complet. On voit dans les rues les patrouilles de « gardes rouges », qui sont les ouvriers armés de fusils et pas tellement sauvages et le soir des foyers au coin des ponts autour desquels des soldats et des ouvriers veillent : la clarté des flammes montre leurs baïonnettes

1. *Ibid.*, p. 192, 5 août 1917 ; p. 178, 27 juillet 1917 ; p. 179, 28 juillet 1917.

dans l'obscurité, c'est pittoresque. (...) Je trouve les Russes de plus en plus admirables. Cette guerre civile qui aurait été acharnée chez nous, a duré deux jours et a été limitée, ici et à Moscou, à deux ou trois sièges. Cependant la vie continuait, on circulait dans les rues plus tranquillement que jamais[1].

À mi-chemin, devant l'événement d'Octobre 1917, entre le Fabrice de Stendhal, qui, à Waterloo, « n'y comprenait rien du tout », et un John Reed fiévreusement engagé dans les « dix jours qui ébranlèrent le monde », Pierre Pascal avait évolué vers un détachement envers la guerre et la quête inaboutie d'un ordre chrétien pour la Russie révolutionnaire. Il n'avait pas, pour autant, trouvé assez de sens politique aux partis et aux idées qui tentaient d'infléchir le sort du nouveau régime russe pour s'engager à leurs côtés. C'est à l'épreuve d'événements décisifs, tant pour la Russie et l'Europe que pour les quelques dizaines de soldats et d'officiers français de la Mission militaire, que s'imposerait, un an plus tard, l'idée de « faire le pas ».

1. Archives Pascal – Jacques Catteau, lettre de Pierre Pascal à sa mère, 6 novembre 1917 ; à son père, 23 novembre 1917. Le carnet « souvenirs 1917 » s'achève le 12 septembre, le carnet 1918 reprend le 1er février. Entretemps, Pierre Pascal prend des notes sur des feuillets que la BDIC conserve partiellement pour la période du 27 septembre au 23 octobre 1917. Cf. aussi Archives INA, « La révolution russe racontée par les témoins », France Inter, 21 février – 9 novembre 1967.

2

L'engagement en communisme (1917-1920)

« Faire le pas »

Petrograd est une scène inouïe en ce moment. Ce qui s'y joue, c'est le duel de deux sociétés, celle d'aujourd'hui et celle de demain. (...) Ce n'est pas un accident, c'est une époque.

Journal, 26 décembre 1917

L'individualisme de Pierre Pascal s'était transformé dans les premiers mois de 1917 en une solitude inquiète. Son journal atteste un isolement des milieux militaires et officiels français auxquels ne le reliaient plus que quelques amitiés. Ses lettres le montrent de plus en plus éloigné du quotidien familial, de la vie politique française et de la guerre qui se poursuivait à l'Ouest. Ses relations avec les milieux chrétiens russes demeuraient solides, mais il n'avait pas trouvé auprès d'eux de réponse à sa quête d'un sens chrétien pour la révolution du peuple. Le sentiment profond d'être engagé dans un événement historique s'imposa à la fin de l'année 1917. Il créa une condition nécessaire, mais non suffisante, à la décision que prit Pierre Pascal à l'automne 1918 de ne pas accompagner les officiers de la Mission militaire qui rentraient en France. Cette bifurcation décisive, à l'intérieur d'une révolution vécue comme un changement « d'époque », fut-elle pour autant un choix mûri, aux conséquences personnelles et professionnelles anticipées ? C'est en suivant les événements denses et les configurations successives qui achevèrent de détacher le lieutenant de la politique menée par la France en Russie que l'on pourra lire ce moment de rupture, saturé d'interprétations déterministes par les contemporains du lieutenant français, puis relu et rationalisé par lui-même à différents moments de sa vie.

Printemps 1918. Pourparlers avec les Soviets et mission auprès de la Légion tchèque : Pascal au cœur de la guerre civile

Dès la prise du pouvoir, le gouvernement bolchevique avait annoncé son intention d'ouvrir des pourparlers avec l'Allemagne pour mettre fin à la guerre. « On serait fou de se brouiller avec la Russie pour cet armistice, et je compte qu'on nous laissera encore ici », écrivait Pierre Pascal à son père le 23 novembre 1917. De fait, alors que le nouveau gouvernement n'était pas reconnu par la France, la présence de la Mission militaire ne fut pas, dans un premier temps, remise en cause mais simplement allégée. Les « préparatifs de départ » regrettés par le jeune homme en février ne concernèrent qu'une partie des hommes. Le gouvernement Clemenceau chercha à obtenir des Soviets qu'ils renoncent à la paix séparée, et envoya au général Niessel des émissaires personnels, comme Charles Dumas, qui avait déjà accompagné la mission socialiste du printemps 1917. Il accepta encore, sur les instances de Paul Boyer, le départ pour la Russie de quelques universitaires dont André Mazon, que Pierre Pascal avait rencontré à Pétersbourg avant guerre, mais retarda jusqu'en octobre 1918 le départ des abbés Quénet et Gratieux, disciples de l'abbé Portal[1]. Le lieutenant Pascal poursuivait son travail d'information et de traduction de la presse russe, chiffrait en cas de besoin les dépêches pour Paris, recevait toujours les officiers russes désireux de partir en France et triait les propositions de service d'« informateurs-conspirateurs » plus ou moins fantaisistes. D'abord spectateur

1. Archives nationales, Archives Paul Boyer 62 AJ 66. Régis Ladous, *Monsieur Portal et les siens*, *op. cit.*

critique des ambiguïtés de la politique française, il en devint également l'acteur malheureux, du fait de son envoi comme négociateur auprès de la Légion tchèque fin mai 1918.

Le général Niessel surmonta ses réticences personnelles, à la demande expresse du maréchal Foch, chef des armées, pour poursuivre par l'intermédiaire de Jacques Sadoul des négociations directes avec Trotski, alors commissaire du peuple aux Affaires étrangères. Il s'agissait d'empêcher la signature d'un traité de paix et d'obtenir une reprise des combats sur le front Est, grâce à une réorganisation de l'Armée rouge avec l'appui allié[1]. Pierre Pascal égrenait dans son journal les informations contradictoires qui se succédaient, parfois dans la même journée : « C'est la guerre, hourrah ! (...) Je suis heureux, on ne signera pas cette paix impossible », puis : « La paix est signée, je ne veux pas le croire ! » réagit-il à chaud le jour même de la conclusion du traité germano-soviétique de Brest-Litovsk, le 2 mars 1918[2].

La Mission militaire demeura en Russie malgré Brest-Litovsk et s'installa dès le 13 mars 1918 à Moscou, devenue la veille la capitale du nouvel État. Pascal logea, en compagnie de la Mission américaine, dans l'hôtel particulier du prince Gortchakov, auquel le nouveau pouvoir avait laissé la disposition d'une aile de son logement, gardé par des soldats rouges contre les incursions des pilleurs. Prenant acte de son échec, le général Niessel rentra en France, confiant le commandement de la mission à Charles Lavergne, promu général. Fin mars 1918 encore, alors que l'ambassadeur Noulens avait précipitamment quitté Petrograd pour la Finlande puis pour Vologda tenue par les Blancs, Pierre Pascal voulut croire à la collaboration des officiers français avec la nouvelle Armée rouge. Donnant à son père, début avril, des nouvelles de la poursuite des combats, il écrivit : « La Russie est toujours le pays

1. Cf. Michael Jabarra Carley, *Revolution and Intervention : the French Government and the Russian Civil War, 1917-1919*, Toronto, McGill-Queen's University Press, 1983 ; Jean Delmas, « La paix de Brest-Litovsk et le maintien en Russie de la mission militaire française », in Jean-Marc Delaunay (dir.), *Aux vents des puissances. Hommage à Jean-Claude Allain*, Paris, Presses de la Sorbonne nouvelle, 2009, p. 209-228.

2. *Mon journal de Russie*, *op. cit.*, p. 259, 2 mars 1918.

des paradoxes et des possibilités infinies[1]. » Début mai 1918, il ne voulut voir qu'un malentendu dans l'arrestation de deux officiers français pour espionnage. Ce fut pour lui l'occasion d'une première négociation, en compagnie de Jacques Sadoul, avec la Commission extraordinaire panrusse pour la répression de la contre-révolution et du sabotage, la Tcheka, créée en décembre 1917, et avec son chef, Felix Dzerjinski[2].

Le lieutenant Pascal exprima à plusieurs reprises son malaise d'officier français à la « capote galonnée » dans des meetings et des rues où toute manifestation des grades était abolie. Apprenant avec désespoir les préparatifs d'intervention des Alliés, il rêva même de se fondre dans la masse des soldats russes : « J'aimerais mieux être, dans ce camion-auto filant vers quelque tâche urgente et méconnue, que j'ai vu ce soir, un de ces soldats en capotes grises anonymes rangés debout dans la machine. Ils sont graves et bons, et nous les trompons. (...) Je suis abruti de sommeil, par le chiffre et par l'impossibilité de comprendre ce qu'il faut à la Russie, où va l'humanité...[3] » Or, malgré la « consommation du sacrifice de la Russie » sur l'autel de la poursuite de la guerre, il demeurait aux ordres du général Lavergne. Celui-ci avait négocié avec Trotski l'embarquement vers la France de plusieurs dizaines de milliers de prisonniers de guerre tchèques et slovaques. L'appui franco-britannique à la naissance d'un État tchécoslovaque émancipé de l'Autriche-Hongrie les avait convaincus de combattre à nouveau sur le front Ouest. Les bolcheviks faisaient donc une entorse au traité de Brest-Litovsk qui prévoyait le retour des prisonniers vers les armées allemande et austro-hongroise. Ils autorisaient ces hommes à traverser la Russie vers les ports sibériens, à condition qu'ils n'interviennent pas dans

1. *Ibid.*, p. 265, 21 mars 1918 et BDIC F delta res 883 (19-4), original du journal où il emploie le terme plus fort de « nerazbiraïous » : « je ne m'y retrouve plus », et p. 269, lettre de Pierre Pascal à son père, original BDIC F delta res 883 (1-7).

2. *Mon journal de Russie*, *op. cit.*, p. 277, 2 mai 1918.

3. BDIC F delta res 883 (19-4), original du journal, corrigé par Pascal lui-même pour la publication en un sens nettement moins personnel : « J'aimerais mieux être dans ce camion-auto filant vers quelle tâche urgente et méconnue, que j'ai vu ce soir *avec* un de ces soldats en capotes grises anonymes rangés debout dans la machine. »

la guerre civile naissante. Dans sa progression épique le long du Transsibérien, la Légion tchèque multiplia les exactions, les pillages et les combats contre l'Armée rouge. Trotski ordonna en vain de les désarmer. Deux représentants des Alliés, Pierre Pascal et le commandant Guinet, furent alors envoyés à Omsk pour négocier et accélérer leur départ[1].

Pierre Pascal décrivit en 1920 cette immersion dans une Russie en pleine guerre civile, du 15 mai au 26 juin 1918, comme l'ouverture d'une « période nouvelle dans [sa] vie personnelle ». Pris dans l'imbroglio des pouvoirs locaux rivaux et témoin de leurs violences mutuelles, il fut ballotté en train et en camion de Petropavlovsk à Omsk, puis à Ekaterinbourg où il fut finalement arrêté par le Soviet local et retenu deux semaines dans un wagon immobilisé sur la voie. Les journalistes Ludovic Naudeau et Claude Anet, l'universitaire André Mazon, vécurent l'expérience de la détention dans les prisons de Petrograd ou de Moscou comme un traumatisme décisif pour leur rejet du régime soviétique. L'officier Pascal la présenta comme un moment de grâce. Libre dans la journée de « canoter », « bronzer », aller « deux fois par jour » au cinéma, il rassura sa mère au retour : « Je n'ai pas été autrement malheureux car les Russes sont les Russes et au moins j'étais en plein milieu russe », sans évoquer dans cette lettre la relation ambiguë, aussi intense qu'éphémère, nouée avec son jeune gardien, le soldat Egor Egorov.

« Fils authentique du peuple de Russie », autodidacte à l'enfance heurtée, épris de justice et étranger à la violence, « pleurant d'émotion sans honte » sur son épaule en voyant un film sur les prisonniers politiques du tsarisme, Egorov lui fit découvrir les poèmes d'Essenine maladroitement recopiés sur son carnet. Libéré au bout de « quinze jours inoubliables » grâce à l'intervention de Trotski et de Sadoul, Pascal obtint que le jeune soldat l'accompagnât. Il vécut l'humiliation, lors

1. Pascal prend des notes jusqu'au 20 mai et à partir du 9 juin, et restitue ses souvenirs dans sa « Lettre au camarade Marcel Martinet en réponse à son article. Moscou, 30 mai 1920 », *Mon journal de Russie*, *op. cit.*, p. 291-294, et *Archives du XXe siècle – Pierre Pascal*. Cf. également Patrice Ville, *Les Groupes communistes français dans la Russie révolutionnaire et la naissance de l'idéologie communiste en France (1916-1921)*, doctorat de l'Université Paris X Nanterre sous la dir. de Jean-Jacques Becker, 1999, sur cet épisode.

de son passage à Vologda, d'une sévère réprimande de Joseph Noulens pour avoir fait « coucher un Russe, quel qu'il soit », dans le propre train de l'ambassadeur, ce qui cristallisa un ressentiment tenace. À Moscou, les jeunes gens se séparèrent, sans se donner apparemment plus de nouvelles[1].

C'est au jeune soldat russe que Pascal dédia sa traduction des poèmes d'Essenine pour la revue *Clarté* en 1922. « Je ressens désespérément mon impuissance à transmettre à d'autres les sentiments qu'il m'inspire », écrivit-il alors.

Pascal hésita moins à tirer une claire leçon politique de cette mission. Reprenant l'interprétation bolchevique de l'équipée de la Légion tchèque, dont une partie s'était ralliée avant son départ à l'amiral blanc Koltchak, il y vit une manifestation de la « contre-révolution ». Le lieutenant français assuma son refus d'être manipulé par l'ambassadeur Noulens auprès des soldats tchèques, « brutes sans idéal » contre les « Rouges » du Soviet, habités par le « bon sens », la « droiture », « l'esprit de justice et d'entente ». Si cette lecture fut formulée *a posteriori*, le journal de Pascal montre qu'il fut sensible après juillet 1918 à l'idée d'imputer à la France la responsabilité de l'abandon des espoirs de collaboration franco-soviétique, bientôt suivi de l'intervention militaire alliée en Sibérie, puis en Ukraine et au Caucase où avançaient les troupes allemandes, autrichiennes et turques. « L'ambassadeur est un criminel », « les événements politiques sont de plus en plus mauvais par la faute de notre gouvernement », « j'aime la Russie et je suis plus que désolé de la politique qu'on a prise envers elle, contre elle », « je serais très heureux si je ne voyais pas les représentants de la France commettre des crimes de droit commun contre la Russie tout entière », écrivit-il[2], tout en continuant à accumuler avec espoir les informations qui semblaient montrer une mobilisation persistante des bolcheviks contre les Allemands ou les Ottomans.

---

1. BDIC F delta res 883 (1-7), lettre de Pierre Pascal à sa mère, 28 juin 1918. *Mon journal de Russie, op. cit.*, p. 294-295, 9, 10 et 21 juin 1918 ; p. 299, 26 juin 1918. « Une âme russe et deux poèmes », *Clarté*, n° 9, 15 mars 1922, rééd. in *Mon journal de Russie, t. 3* (*Mon état d'âme, 1922-1926*), Lausanne, L'Âge d'Homme, 1982, p. 41-42. Joseph Noulens ne mentionne pas cet épisode dans ses Mémoires, *Mon ambassade en Russie soviétique. 1917-1919*, Paris, Plon, 1933.

2. *Mon journal de Russie, op. cit.*, p. 301, 2 juillet 1918 ; p. 306, 22 juillet 1918 ; p. 319, 27 août 1918 ; p. 333, 28 septembre 1918.

Été 1918. L'affirmation hésitante d'un « bolchevisme », l'influence de Jacques Sadoul

Loin d'être une trahison, la paix de Brest-Litovsk et l'abandon des tentatives de collaboration entre la Mission militaire et l'Armée rouge semblèrent de plus en plus, aux yeux de Pascal, une conséquence de la politique des Alliés qui, de surcroît, entamaient une guerre d'agression contre le nouveau régime. Les éléments de lecture de la révolution qu'offrent le journal et la correspondance montrent cependant encore beaucoup d'hésitations. Si Pierre Pascal allait revendiquer dans sa confession inachevée de 1920 une adhésion complète à « une doctrine ferme et scientifique », le marxisme lui restait visiblement étranger en 1917-1918. Sa connaissance des positions de Lénine passait par la presse bolchevique, *Izvestia* ou *Pravda.* Il est frappant de constater que Pierre Pascal s'intéressait aussi peu aux institutions politiques qu'aux écrits marxistes ou léninistes. Ses notes ne mentionnent même pas la dissolution brutale par les bolcheviks le 19 janvier 1918 de l'Assemblée constituante élue au suffrage universel. La situation des campagnes n'allait le passionner que quelques années plus tard. La politique économique et sociale des Soviets fit à peine l'objet de notes éparses, portant sur quelques mesures comme la nationalisation des banques et le nivellement social dont il approuvait les symptômes extérieurs : officiers obligés de travailler, industriels français dépouillés... Ses habits bourgeois ou d'officier le désignaient, note-t-il avec dépit, comme « barine ». Il ne tarda pas à adopter la capote de simple soldat, plus conforme à l'égalitarisme vestimentaire alors en vogue.

Le contraste est total entre son journal et les impressions d'autres témoins contemporains de la révolution. Tous placent au premier plan l'évolution des structures du pouvoir politique et les premières mesures du gouvernement soviétique, qu'ils aient été de plus en plus hostiles au bolchevisme au fil des événements (René Herval, Claude Anet, l'ambassadeur Noulens), ou qu'ils aient été entraînés dans l'enthousiasme par l'événement révolutionnaire à partir d'un engagement socialiste préalable, comme le journaliste américain John Reed ou le Français Jacques Sadoul, correspondant d'Albert Thomas et de Romain Rolland[1]. Composées sous forme de récits des événements et de tableaux réguliers des réformes engagées par les Soviets, les lettres de Sadoul font également place au jugement personnel, en une chronologie qui rencontre celle du journal de Pierre Pascal entre décembre 1917 et l'été 1918 : investissement total dans l'idée de collaboration militaire, puis attribution de la responsabilité de l'échec aux Alliés. La présentation de moins en moins critique de « l'effort prodigieux » du gouvernement ouvrier et paysan ne se voulait pas, chez Sadoul, contradictoire avec le service de la France, puisque les bolcheviks étaient présentés comme antiallemands, au rebours de l'image donnée dans la presse française qui continuait tant bien que mal à parvenir à Moscou.

La question de l'influence sur le lieutenant Pascal de Sadoul, premier officier français ouvertement favorable au bolchevisme, se posa aux contemporains eux-mêmes. Ainsi le commandant Chapouilly, responsable de la Mission militaire après le départ du général Lavergne, écrivit-il dans son rapport sur Pascal en 1919 : « Officier de caractère trop facilement impressionnable – a subi l'ascendant du capitaine Sadoul – dès l'arrivée de ce dernier en Russie. Actuellement tout à fait dévoyé – rallié aux théories internationalistes et antipatriotiques[2]. » Elle fut revendiquée par Sadoul lui-même qui, dans le contexte particulier de sa brouille ultérieure avec le Groupe communiste français, rapporta ainsi sur Pascal : « Était monarchiste à son arrivée en Russie (1916). Faisait encore sous Kerensky des conférences impérialistes dans les casernes et au front. Tempérament passionné mais caractère faible. Subit mon influence à la Mission militaire française. Favorable aux Soviets depuis janvier 1918. Pencha vers les SR de gauche jusqu'en août. Fut entraîné par moi vers le bolchevisme en septembre 1918. Depuis a travaillé

1. Jacques Sadoul, *Vive la République des Soviets !*, Moscou, 1918 ; éd. française : *Notes sur la Révolution bolchevique*, Paris, Éd. de la Sirène, 1919 ; rééd. Paris, Maspero, 1971, et *Notes sur la Révolution bolchevique. Quarante lettres de Jacques Sadoul*, Éd. de la Librairie de l'Humanité, 1922. Cf. Yvonne Sadoul, *Tels qu'en mon souvenir, Renan, Jaurès, Lénine et tant d'autres*, Paris, Grasset, 1978.

2. SHD, Archives de l'armée de terre, 8 Ye 12337, dossier d'officier de Pascal.

activement pour la Révolution. A vécu chez moi jusqu'à mon départ en Ukraine en mars 1919[1]. »

Le rapprochement politique et amical entre le jeune lieutenant et son aîné de neuf ans, déjà expérimenté en politique, auquel les événements avaient permis de devenir l'interlocuteur régulier de Lénine et de Trotski, fut réel. Car le départ de la Mission militaire pour Moscou et les premiers retours vers la France avaient recomposé les réseaux amicaux. Pierre Pascal ne fréquenta plus guère que Jules Patouillet, mais supporta mal l'hostilité déclarée de l'épouse de celui-ci aux Soviets. Son camarade ès études slaves, André Mazon, lui sembla « bouché », « sous l'influence des professeurs », dans son attachement à la cause des Alliés[2]. Fin juillet, Pascal quitta la résidence du prince Gortchakov pour partager le logement de Sadoul. Mais il n'adhérait pas à la lecture de son camarade : une révolution démocratique et sociale sur le modèle français. Il nota en mars 1918 : « Il me semble que Sadoul est socialiste, de tête, pour la justice, et non par amour du petit peuple. Il est trop attaché à ses biens. Seul le chrétien peut avoir cet amour, mais le réaliser...[3] »

Sadoul de son côté partageait avec le jeune lieutenant une certaine image du peuple russe, « peuple profondément bon », charitable, pacifique. Il se disait en revanche persuadé que la religion n'était, en Russie comme en France, qu'un phénomène superficiel appelé à disparaître. Il se méfiait de la propension des Russes à se croire en mission pour un « évangile moderne[4] ». Alors que Trotski accusait les officiers français de dresser les soldats tchécoslovaques contre les Soviets, Sadoul écrivit à Albert Thomas en mai 1918 qu'il en croyait son « ami » incapable :

---

1. Archives d'État russes d'histoire politique et sociale / *Rossiïski gossoudarstvenny arkhiv sotsialno-polititcheskoï istorii* (RGASPI, Moscou), Fonds 17, op. 65, d. 105, lettre manuscrite, 16 décembre 1919 : « Le camarade Sadoul aux camarades membres du Comité central du Parti communiste russe », en français.

2. *Mon journal de Russie, op. cit.*, p. 282, 12 mai 1918.

3. *Ibid.*, p. 267, 28 mars 1918.

4. Jacques Sadoul, *Notes sur la Révolution bolchevique, op. cit.*, p. 296-298, 8 avril 1918 et *Notes sur la Révolution bolchevique. Quarante lettres de Jacques Sadoul, op. cit.*, p. 75, 23 mai 1918 ; p. 108, 21 juillet 1918.

L'admiration de Pascal, catholique tolstoïen, demeurée limitée strictement au domaine spéculatif (Pascal n'a jamais connu aucun bolchevik) pour un mouvement dont il approuve surtout la valeur évangélique, ne le prédispose pas à une action militante contre les Soviets. C'est, en outre, le soldat le plus discipliné et le plus loyal. Je suis bien convaincu que, par soumission aux ordres et par conviction personnelle, il a respecté les instructions de la Mission qui, dans de telles circonstances, ne sont certainement pas de souffler sur le feu, sinon pour l'éteindre[1].

Pierre Pascal ne se voyait ainsi nullement comme un socialiste néophyte, mais s'affirma progressivement comme un « bolchevik ». Il adoptait pour la première fois une identité politique, en même temps qu'il se persuadait du basculement inéluctable du peuple russe. Sceptique en décembre 1917 – « Le peuple russe n'est ni socialiste, ni bolchevik que de nom. (...) Il veut la cessation de l'injustice et du malheur présent sur terre » –, il mettait encore l'accent sur la question de la paix. Ainsi écrivit-il après avoir assisté à une manifestation contre la guerre : « C'est la force du peuple qui passe, d'un peuple à la poursuite d'un idéal pur, aspirant à la justice, à la bonté. Les larmes m'en venaient aux yeux. Oh mon Dieu, faites que tant de bonne volonté, qu'un tel effort ne soit pas vain[2] ! » Dans le même temps, le jeune homme assuma plus que jamais sa posture de défenseur du pays et de son peuple contre les préjugés des Français. Sur place, il se heurta au commandant Chapouilly qui traitait les Russes de « brigands », « déteste les Russes en tant que Russes ». Il polémiqua également à distance, ainsi dans une lettre à sa mère : « Eh bien la Russie n'est pas le pays que représentent les journaux : elle est d'abord l'espoir de l'avenir, son seul tort est de représenter le progrès, et les inventeurs sont toujours malheureux. Plus tard on reconnaîtra que les Russes ont raison et on les glorifiera. (...) » ; « J'admire et j'adore ce fameux *tovarichtch* dont on dit tant de mal. » Au printemps 1918, après avoir assisté au congrès des Soviets, il opposa encore les « meneurs, des intellectuels, souvent ces

1. Jacques Sadoul, *Notes sur la Révolution bolchevique*, *op. cit.*, p. 309, 29 mai 1918.

2. *Mon journal de Russie*, *op. cit.*, p. 247, 26 décembre 1917 ; p. 250, 30 décembre 1917.

mêmes Juifs habillés en soldats », aux « bonnes têtes intelligentes, fines, de bons cœurs qui aspirent à un idéal », mais écrivit le 22 juillet à sa mère : « La masse du peuple, tout en blâmant certains individus ou certaines mesures d'application, est bolchevique[1]. »

Le journaliste Ludovic Naudeau allait cruellement moquer cette « russomanie » dans laquelle il voyait le ressort principal du choix politique du jeune lieutenant :

> Oui, Pascal a été de tout temps l'admirateur, passionné et fasciné du monde russe, dans ses manifestations les plus diverses et les plus contradictoires. L'ampleur colossale de la révolution lui est apparue comme le signe du rôle mondial que le destin allait conférer à la Russie devenue l'initiatrice des peuples. (...) Aujourd'hui M. Pascal consacre à Lénine le culte qu'il vouait naguère au petit père le Tsar. Il était de bonne foi avant 1917 comme il est maintenant sincère. C'est devant le maître absolu de la Russie, c'est devant le principe d'autorité qu'il a fait hier et qu'il fait aujourd'hui la révérence. Il brûle d'un amour mystique pour la Sainte Russie, il la vénère, et même quand elle massacre l'ancien autocrate, il voit en elle l'agent d'exécution des plans de l'Éternel[2].

« Le peuple est révolutionnaire parce que chrétien. » La rencontre avec Ivan Knijnik

Naudeau utilisait les termes de « culte » ou de « mysticisme » comme métaphore d'une adhésion qui prenait les formes extérieures de la foi. De fait, il semblait de plus en plus évident au jeune Pierre Pascal d'approuver le choix de la paix séparée et de critiquer l'intervention alliée en Russie. Dans le même temps, il poursuivait le dialogue intérieur entamé lors de la révolution de Février sur la relation intime entre peuple russe, égalité, justice et christianisme. Face à ce « duel de deux sociétés », il ne se posa jamais la question de défendre l'ancien régime « bourgeois », mais plaça au cœur de ses interrogations

1. *Ibid.*, p. 326, 11 septembre 1918 ; p. 330, 21 septembre 1918 ; lettre de Pierre Pascal à sa mère, p. 273, 27 avril 1918 ; p. 263, 16 mars 1918 ; lettre à sa mère, p. 307, 22 juillet 1918 (les deux lettres également dans BDIC, Archives Pascal).

2. Ludovic Naudeau, *En prison sous la terreur russe*, *op. cit.*, p. 271.

la conciliation possible entre christianisme et socialisme. C'est dans l'observation et l'exemple du peuple qu'il chercha de plus en plus nettement les réponses. Si son journal témoigne d'une fréquentation toujours assidue des messes tant catholiques qu'orthodoxes, il s'éloigna du petit milieu pétersbourgeois militant pour l'union des Églises. Les proches de l'abbé Portal, les abbés Quénet et Gratieux se réfugièrent en Sibérie, et le jeune homme ne trouva pas dans la nouvelle capitale d'interlocuteurs auprès des prêtres français en place. Son rejet de l'abbé Vidal, curé de Saint-Louis-des-Français, et des catholiques français qu'il trouvait trop engagés dans la propagande antiallemande, illustre l'accomplissement du détachement envers « la religion de la patrie[1] ».

Alors que Pascal avait suivi avec intérêt en 1917 les réformes intérieures de l'orthodoxie et la politique pacifiste de Benoît XV, il se désintéressa plus généralement de la politique de l'Église, tant catholique qu'orthodoxe : « Le sacerdoce est conservateur. » Il ne marqua pas, dans ses notes quotidiennes, d'intérêt pour la politique religieuse des Soviets, la séparation de l'Église et de l'État en janvier 1918, la nationalisation des biens ecclésiastiques, la Constitution de juillet 1918 reconnaissant aux citoyens la liberté de conscience et la « liberté de propagande religieuse et antireligieuse ». Les violences révolutionnaires contre les prêtres et les mascarades antireligieuses étaient bien connues de l'abbé Vidal et même du Vatican qui, sans condamner encore d'un point de vue doctrinal le communisme, entama dès l'été 1918 une politique de diplomatie humanitaire. Elles ne semblaient pas faire partie de la société nouvelle observée depuis Moscou par Pierre Pascal[2].

Les observateurs étrangers de la révolution insistaient largement sur la disparition des manifestations publiques de la religion, particulièrement spectaculaire lors des obsèques des victimes de la révolution, que ce fût pour s'en réjouir

1. Cf. notamment sur l'abbé Vidal, *Mon journal de Russie, op. cit.*, p. 313, et abbé Jean-Marie Vidal, *À Moscou durant le premier triennat soviétique (1917-1920)*, Paris, Maison de la Bonne Presse, 1933. Régis Ladous, *Monsieur Portal et les siens, op. cit.*

2. *Mon journal de Russie, op. cit.*, p. 320, 29 août 1918. Laura Pettinaroli, *La Politique russe du Saint-Siège (1905-1939), op. cit.*, p. 721 *sq.*, p. 939 *sq.*

comme John Reed, ou pour le déplorer comme René Herval, Maurice Paléologue ou l'abbé Vidal. À l'inverse, Pierre Pascal collecta avec satisfaction tous les signes d'une foi profonde des Russes, l'affluence aux cérémonies, les chants religieux dans les rues, les soldats avec « leur petite croix autour du cou ». Profondément ému par la messe de Pâques 1918 au Kremlin aux côtés des « soldats de l'armée rouge qui tenaient dans leurs mains des cierges », il en tira une leçon lapidaire : « Le peuple est révolutionnaire parce que chrétien. » Le jeune bolchevik Egorov, portant toujours sa croix, lui sembla incarner ce « peuple de saints par la souffrance », avec lequel il quêtait une communion : « Pauvre et Sainte Russie. Je veux parfois prier pour elle, et je ne peux pas, parce qu'elle est sainte. Dans la souffrance pour le bien[1]. »

C'est dans « le peuple » et non dans l'Église que Pierre Pascal cherchait une lecture spirituelle de la situation politique nouvelle en Russie. Il n'avait pas renoncé pour autant au débat intellectuel. Encore à Petrograd, il fit la connaissance peu après la révolution d'Octobre d'une personnalité en qui il crut trouver la synthèse de l'âme populaire, du christianisme et de l'élan révolutionnaire. Ivan Knijnik-Vietrov (de son vrai nom Israël Blank) lui avait été présenté par le père Deubner. Fils d'un artisan relieur juif, cet étudiant en histoire exclu de l'Université puis mobilisé en Extrême-Orient avait émigré en France entre 1904 et 1909 pour fuir les menaces d'arrestation. Il avait choisi son pseudonyme en hommage à la jeune révolutionnaire Maria Vietrova, suicidée dans la forteresse Pierre-et-Paul en 1897. Anarchiste engagé, converti au catholicisme de rite oriental en 1915, puis membre du Soviet de Petrograd dès juin 1917, il était devenu un collaborateur régulier de la *Pravda*[2].

---

1. *Mon journal de Russie, op. cit.*, p. 278, 5 mai 1918 ; p. 281, 10 mai 1918 ; lettre à Jacques, original in BDIC F delta res 883 (1-7) ; p. 295, 10 juin 1918 ; p. 302, 4 juillet 1918 ; p. 303, 7 juillet 1918 : « Pauvre et Sainte Russie », suite non publiée in BDIC F delta res 883 (19-4-1).

2. « Ivan Sergueevitch Knijnik Vietrov », nécrologie dans *Voprosy Istorii*, vol. 5, 1965, p. 218. Mikhaïl Agursky, *Ivan Knijnik Vietrov. A Millenarian Pilgrim's Progress through the Russian Revolution. Jew, Religious Anarchist, Catholic, Bolshevik, Historian*, Marjorie Mayroc Center for Soviet and East European Research. Université hébraïque de Jérusalem, mars 1989 ; « Knijnik Vietrov

Plus que celle de Sadoul, l'influence de ce quadragénaire au « visage d'homme mûr, avec des marques de souffrances supportées, les cheveux très grisonnants, les yeux très expressifs, sur un corps sans grâce, blouse de soldat sans aucune fantaisie, culottes, bottes grossières », fut peut-être décisive pour permettre au jeune lieutenant de mettre des mots sur une évolution politique en quête de repères autres que négatifs : « Il me demande ce que les Français pensent des événements russes : je me sépare vite de la majorité de mes compatriotes ou de mon gouvernement. » Le portrait qu'il traça de Knijnik insista sur les points de rencontre, l'hostilité commune aux « idoles de la liberté et du parlementarisme », aux « bourgeois corrupteurs ». Des formules – « le bolchevisme convient merveilleusement à l'évolution des masses », « la révolution doit s'accomplir à la fois dans le christianisme et dans le socialisme » – allaient revenir fréquemment dans ses réflexions ultérieures. L'original de ces notes prises début décembre 1917 fait apparaître un élan d'admiration que le Pierre Pascal des années 1970, éditeur du *Journal de Russie*, ne jugea pas bon de conserver : « Quelle belle âme, quelle vie sérieuse, idéaliste, en prison, exil à Paris, soldat, maintenant prêt (*sic*) d'être libéré pour son âge. Quel exemple. Et instruit, et pauvre, et peuple. (...) J'ai honte devant l'âme d'I.S. d'être si bas. La pauvre humanité se débat sur terre pour comprendre, pour être heureuse dans son impuissance. J'aime ces efforts. Je voudrais être dans cette masse du peuple, des soldats russes. I.S. a parlé du tragique de l'histoire, de cette contradiction entre le présent et l'avenir. Oui, il y a bien du tragique[1]. »

Après son départ pour Moscou, le jeune homme demeura en contact épistolaire avec Knijnik, qui lui écrivit en mai 1918 à propos de sa collaboration à la *Pravda* : « Parler ouvertement de l'alliance nécessaire entre chrétiens et bolcheviks, je ne l'ose pas encore. » De fait, la conciliation de ce tolstoïsme

Ivan Sergueevitch », article de ru.wikipedia.org consulté le 9-11-2009. Paul Avrich, *Les Anarchistes russes*, Paris, Maspero, 1979 (1967), p. 125-126.

1. « Ivan Knijnik », BDIC F delta res 883 (19-3-5), feuillet daté du 26 novembre 1917, inséré dans *Mon journal de Russie*, *op. cit.*, p. 245-247 au 9 décembre 1917, et BDIC F delta res 883 (1-7), lettre d'Ivan Knijnik en russe, traduite par Pierre Pascal, 7 mai 1918, publiée in *ibidem*, p. 346-347.

chrétien et libertaire, rebelle à la centralisation et aux partis, avec le bolchevisme au pouvoir allait s'avérer plus que délicate. Pascal fréquenta moins régulièrement la famille Alekseiev qui, comme lui, avait quitté Petrograd pour Moscou. « Soirée chez les Alekseiev : toujours on m'entreprend sur mon bolchevisme, qui est selon eux antichrétien (...). Finalement, Madame Alekseiev admet que le fond du bolchevisme est très bon, mais que les moyens sont détestables. C'est juste, je suis content, voilà qui est très russe », notait-il en février 1918[1]. Dans la nouvelle capitale se multipliaient les débats publics auxquels Pierre Pascal assistait volontiers, ainsi en avril 1918 une réunion de la société Soloviev sur « L'Apocalypse et la Russie », en septembre au Musée polytechnique sur le thème « Christianisme et Internationale ». Il se rendit en pèlerinage sur la tombe de Soloviev et prit contact avec le petit cercle des penseurs orthodoxes qui dialoguaient avec le catholicisme, Nicolas Berdiaev, Viatcheslav Ivanov, Serge Boulgakov. Appréciant les « échanges d'idées sur la guerre, l'avenir de la civilisation, la révolution, l'Église », il se trouvait avec eux de nombreux points communs, sans toutefois y voir des guides pour le sens spirituel du destin russe[2].

C'est dans ce faisceau de lectures et d'influences, parfois contradictoires *a priori* – ainsi d'un Knijnik mystique et d'un Sadoul rationaliste –, qu'il faut chercher une synthèse politique toute personnelle. Elle ne peut être comprise sans la replacer dans un sentiment général de changement des temps, de rupture eschatologique ressentie par les contemporains eux-mêmes. Le jeune homme, qui voyait dans les soldats rouges assistant à la messe de Pâques le signe de « la sainte Russie emportée dans l'avenir », signala à plusieurs reprises les prophéties millénaristes et les rumeurs de l'arrivée de l'Antéchrist.

1. *Mon journal de Russie, op. cit.*, p. 256, 16 février 1918.

2. *Mon journal de Russie, op. cit.*, p. 270, 2 et 8 avril 1918 ; discussion avec Berdiaev et soirée chez Ivanov, cf. également p. 335 sur Ivanov et *Archives du XXe siècle – Pierre Pascal* sur Berdiaev.

Automne 1918.
« Comme ce serait affreux de quitter la Russie »

« Je ne pouvais pas dire que je sympathisais avec les Soviets », nota Pascal dans ses souvenirs sur l'été 1918. Le retour de Sibérie marqua incontestablement une inflexion dans une sensibilité assumée à ce que le général Lavergne nommait « l'atmosphère bolchevique[1] ». La rupture morale et matérielle avec les officiers français allait se concrétiser en quelques mois. La publication par le lieutenant d'un article en russe non signé dans les *Izvestia*, l'organe du Soviet des ouvriers, paysans et soldats dont Jacques Sadoul lui avait présenté le directeur Steklov n'arrangea rien. Pascal y traitait de « la leçon que donne à la Russie soviétique la Révolution française » de 1793, sans émettre d'opinion personnelle mais en traduisant une longue citation de l'*Histoire générale* d'Ernest Lavisse et Alfred Rambaud – manuel bien connu des étudiants français – qui faisait l'éloge de la résistance héroïque des armées de la Convention aux contre-révolutionnaires étrangers. Cette première intervention dans le débat public lui valut, malgré sa prudence, une semonce du général Lavergne : « Vous n'avez pas le droit de juger publiquement la politique de votre pays[2]. »

Or la situation de la Mission militaire devint de plus en plus délicate, surtout après l'attentat manqué contre Lénine le 31 août 1918 par la socialiste-révolutionnaire Fanny Kaplan, et la dénonciation par le gouvernement soviétique d'un « complot des Alliés », qui aurait été dirigé par le consul britannique Bruce Lockart. Plusieurs vagues de perquisitions, de saisies de documents et d'arrestations touchèrent les membres de la « colonie française », officiers, industriels, journalistes, diplomates, professeurs. Pascal lui-même fut brièvement retenu au Soviet de Moscou le 5 août[3]. En septembre-octobre 1918, le

1. *Mon journal de Russie, op. cit.*, p. 284, 14 mai 1918 ; « Lettre au camarade Marcel Martinet », *op. cit.* et *Archives du XXe siècle – Pierre Pascal*, cassette 2, repris en termes presque identiques : « Au fond, j'étais du côté des bolcheviks mais je ne pouvais pas leur dire. »

2. *Izvestia*, 8 août 1918, « Frantsia v 1793 godou » (« La France en 1793 »), signé « P.L. ». *Mon journal de Russie, op. cit.*, p. 310, 9 août 1918.

3. BDIC F delta res 883 (1-6), original du certificat de libération.

départ de la Mission militaire fut décidé à Paris. Les tractations franco-soviétiques permirent l'échange de soldats russes internés en France contre une partie des Français de Russie. Le retour à Moscou du commissaire adjoint aux Affaires étrangères, Maxime Litvinov, qui était retenu à Londres, fut obtenu contre la libération de diplomates français et britanniques et le départ du général Lavergne. La Mission réduite à une quarantaine d'hommes fut confiée au commandant Chapouilly : « Il ne me serre plus la main, je suis bolchevik. »

Isolé parmi les officiers, à l'exception de Sadoul, Pierre Pascal cohabita avec les soldats lorsque, fin septembre 1918, les membres de la Mission furent rassemblés sur ordre dans les bâtiments du collège de jeunes filles Sainte-Catherine, luttant tant bien que mal contre « l'ennui ». C'est là qu'il se lia avec le soldat Marcel Body, arrivé à la Mission en mars 1918, qui allait évoquer ainsi sa première image du lieutenant : « universitaire, grand blessé de guerre, réputé pour ses connaissances en linguistique russe » mais aussi « différent des autres », notamment par l'adoption de l'uniforme et des bottes russes[1]. Alors qu'il était adolescent apprenti typographe, Body avait, expliquerait-il dans ses souvenirs, appris le russe en autodidacte après avoir lu Tolstoï. « Quelle douce causerie avec Marcel Body sur la Russie », nota Pascal début septembre, « bonté, pureté, vérité, générosité, la folie de l'humanité, l'homme pitoyable par sa misère et grand par ses œuvres et ses sentiments, le tragique actuel...[2] »

C'est pendant ces quelques semaines que Pierre Pascal formula de plus en plus nettement pour lui-même son désir de rester : « Comme ce serait affreux de quitter la Russie », écrivit-il fin août. Le conflit de loyauté du soldat entre le nouveau régime et son pays, la France, de plus en plus ennemis, semblait résolu : « On me dit qu'en étant Russe dans le conflit éternel entre la Russie et l'Europe je commets un sacrilège contre la patrie. J'ai répondu que je n'ai pas la religion de la patrie, et

1. Marcel Body, « Petr Karlovitch », in *Mélanges Pierre Pascal, Revue des études slaves,* t. 54, n° 1-2, 1982, p. 19-23.

2. *Journal de Russie, op. cit.*, p. 324, 9 septembre 1918, p. 334, 30 septembre 1918 ; Marcel Body, *Un ouvrier limousin au cœur de la révolution russe,* Paris, Cahiers Spartacus n° 135, 1986 et *Les Groupes communistes français de Russie (1918-1921),* Paris, Éditions Allia, 1988.

que je n'ai qu'une religion[1]. » Son soutien au régime passait ainsi explicitement par l'élan religieux partagé avec le peuple russe. Après l'attentat contre Lénine, il nota : « J'ai prié pour Lenin (*sic*), qui a donné non seulement sa vie, mais son âme à son œuvre pour le peuple. Pour moi, il est en un certain sens l'âme de l'Église[2]. » Mais les contradictions affleurent parfois sous la plume du diariste : « Je suis la doctrine socialiste, elle est belle et vraie, jusqu'au moment où elle nie le christianisme ; et je suis chrétien sans nier le socialisme. » Si fin septembre il confesse : « La messe me donne envie de faire le pas. À fond, quitte à perdre mon âme. Cela aussi est bien », le sentiment de doute et d'angoisse si prégnant au lendemain de la révolution de Février n'a pas disparu. « Malheureux », « triste » devant « l'irréductible opposition christianisme, socialisme », il s'interroge encore début octobre : « Mais moi, comment faire ? Je sens un vide, un abîme. Me sacrifier, et tout d'un coup pour rien, pour n'être pas reçu, pas compris[3] ? »

Ces réflexions progressaient dans un climat de tension dramatique qui atteignit son comble dans les derniers jours d'octobre 1918, avec la dégradation définitive des relations franco-soviétiques à Moscou. Arrêtés par la Tcheka, relâchés après une nuit à la prison de la Loubianka le 12 octobre, Pascal comme Sadoul circulaient librement tandis qu'une partie des officiers et des soldats français se retrouvaient sous surveillance militaire dans les bâtiments de la Mission, placée sous protection consulaire du Danemark. Pascal interrompit son journal le 20 octobre 1918. La veille, Sadoul avait été mis en congé d'office par Chapouilly. Celui-ci confia le commandement du « refuge » français à un officier moins gradé que Pascal, auquel il reprocha son « attitude militaire », le punit le 22 octobre de huit jours d'arrêts, puis le somma – sous la menace d'une arme d'après les souvenirs de Pascal – de quitter la Russie[4].

Pascal refusa. Le pas était fait.

---

1. *Mon journal de Russie*, *op. cit.*, p. 318, 23 août 1918 ; p. 324, 9 septembre 1918.

2. *Ibid.*, p. 320, 31 août 1918.

3. *Ibid.*, p. 322, 5 septembre 1918 ; p. 334, 29 septembre 1918 ; p. 312, 13 août 1918 ; p. 339, 9 octobre 1918.

4. *Ibid.*, p. 343-344. BDIC F delta res 883 (1-6), original de la lettre de Chapouilly.

Le Groupe communiste français de Moscou. L'action et le conflit

Ce sombre fanatique à l'âme d'inquisiteur me traite en ennemi mortel. Il me calomnie et m'attaque sans mesure.

Lettre de Jacques Sadoul sur Pierre Pascal
au Comité central du Parti communiste
bolchevique, 16 décembre 1919

Résolu à marcher du même pas que le peuple russe, Pierre Pascal entrait ainsi « en communisme », pour reprendre sa propre formule, sous le triple paradoxe annoncé d'une foi chrétienne revendiquée, d'une distance affirmée avec l'action politique, et d'un solide individualisme. Dans son dossier de l'Internationale communiste, il data lui-même son entrée au Parti communiste bolchevique en octobre 1918, avec la carte n° 216012[1]. Sans aucune solution de continuité donc, le lieutenant de la Mission militaire française devint un militant, bientôt secrétaire du petit « Groupe communiste français » qui allait disparaître au début de l'année 1920. À la politisation par l'expérience allait succéder une politisation par l'action. Moins propice à l'introspection assidûment pratiquée depuis deux ans dans son journal intime, cet engagement ne mit pas pour autant un terme à la production d'écrits autobiographiques du jeune homme, sommé sur place de se plier à la discipline de parti, et mis en cause depuis la France comme traître à la patrie.

La structuration du Groupe communiste

À la mi-août 1918, Pierre Pascal avait déjà fait connaissance, en plus de Jacques Sadoul, de quelques Français proches du bolchevisme. Le journaliste René Marchand, neveu du directeur du *Figaro* Gaston Calmette, avait trois ans de plus que lui. Il était devenu correspondant de ce journal ainsi que du *Petit*

1. RGASPI, 495-270-6147, dossier de Pierre Pascal. *En communisme, op. cit.*, p. 203, « Billet (*sic*) du parti » pour 1920 (absent des archives BDIC).

Parisien en 1911. Engagé dans l'armée russe, blessé et décoré par le tsar, il travaillait comme traducteur pour l'ambassade. Il présenta lui-même son ralliement à la « révolution sociale » comme un rejet de la politique française, argumentaire mobilisé on l'a vu tant par Sadoul que par Pascal. Celui-ci voyait Marchand « revenu au bon sens » : « Il est religieux, il songe à la Russie, il la voit périr de famine par la faute des Alliés, déchirée par eux, et il trouve cette conduite criminelle. » Bien différente était la « destinée d'une Française », Jeanne Labourbe, également évoquée par Pascal dans son journal sans citer son nom : plus âgée (née en 1877), d'origine très modeste, elle avait quitté l'Allier pour la Pologne russe comme gouvernante, « à dévorer les humiliations ». Expulsée comme membre du Parti social-démocrate, elle avait gagné Moscou en 1917 avec son compagnon le Serbe Voukachine Markovitch. C'est elle qui avait été à l'origine du club « Troisième Internationale » installé dans une chambre de l'hôtel Dresde, puis du « Groupe communiste franco-anglais » dont la première réunion fut annoncée dans la *Pravda* du 30 août 1918.

La Fédération des Groupes communistes étrangers auprès du Comité central du PC avait été fondée en mai 1918 sous la présidence du Hongrois Béla Kun, prisonnier de guerre. Dans le contexte de la guerre civile, de l'intervention, et de la révolution qui semblait pouvoir se propager en Europe, et notamment dans les États issus de l'effondrement des empires centraux, il s'agissait d'utiliser toutes les compétences pour défendre Octobre par les armes, par la production militaire ou par la propagande. Parfois devenus citoyens soviétiques – car le traité de Brest-Litovsk interdisait l'utilisation militaire des Allemands, des Hongrois ou des Autrichiens –, entre 10 000 et 50 000 combattants auraient ainsi participé aux bataillons internationaux de l'Armée rouge[1]. Le rôle des communistes étrangers était également politique. La brève existence des Groupes communistes à Moscou, à Petrograd et en Ukraine fait partie des récits de fondation – officiels ou plus critiques – de la contribution française à l'histoire de l'Internationale communiste et du rayonnement de la Russie soviétique à l'étranger.

1. Ivan Volgyes, « Hungarian prisoners of war in Russia, 1916-1919 », *Cahiers du monde russe et soviétique*, vol. 14, 1973, p. 64-85.

L'ouverture des archives a permis de renouveler le regard sur ce que furent, au quotidien, leur activité et leurs relations avec la direction du Parti communiste bolchevique et le commissariat du peuple aux Affaires étrangères (NKID), qui se partageaient les initiatives pour utiliser les étrangers présents sur le sol russe[1]. Au nombre de deux à cinq millions en 1918, toutes nationalités confondues, cette population était formée de plusieurs strates hétérogènes, toutes représentées dans le Groupe français.

C'est en effet à l'automne 1918 que se forma véritablement le Groupe communiste français[2], autour duquel allait se reconstruire si rapidement la vie de Pierre Pascal. Une partie de ses membres s'était installée en Russie avant guerre : travailleurs manuels comme le menuisier Raoul Chapoan mobilisé à la Mission militaire, employés de banque comme Georges Helfer (ou Guelfer), ingénieurs, journalistes comme René Marchand, gouvernantes ou institutrices comme Jeanne Labourbe, Marie-Louise Jeanniot, Rosalie Barberey, Suzanne Depollier-Girault qui vivait à Odessa. Le sacristain de l'église Saint-Louis-des-Français, Ernest Roullier, vint rejoindre ce petit groupe hétérogène. Une deuxième catégorie, dont faisait partie Pierre Pascal, était arrivée pendant la guerre[3]. Aux membres de la

1. Cf. A.A. Stroutchkov (éd.), « Internatsionalnye grouppy RKP(b) i voïnskie formirovania v sovetskoï Rossii (1918-1920). Dokoumenty » (« Les groupes internationaux du RKPb et leur composition militaire en Russie soviétique [1918-1920]. Documents »), *Istoritcheski Arkhiv*, vol. 4, juillet-août 1957, p. 3-36 ; Ludmila Zak, « Lénine et l'action du Groupe communiste français auprès du Parti bolchevique. 1918-1920 », *Cahiers du communisme*, vol. 7-8, 1970, p. 114-123 et *Des Français dans la révolution d'Octobre*, Paris, Éditions sociales, 1976. Annie Kriegel, Georges Haupt, « Les Groupes communistes étrangers en Russie et la Révolution mondiale (1917-1919). État des travaux », *Revue d'Histoire moderne et contemporaine*, t. 10, octobre-décembre 1963, p. 289-300 ; plus récemment, Kevin McDermott, Jeremy Agnew, *The Comintern. A History of International Communism from Lenin to Stalin*, Basingstoke, Macmillan, 1996 ; Pierre Broué, *Histoire de l'Internationale communiste*, Paris, Fayard, 1997.

2. Patrice Ville a été dans sa belle thèse le premier à consulter les archives à Moscou : *Les Groupes communistes français dans la Russie révolutionnaire et la naissance de l'idéologie communiste en France (1916-1921)*, *op. cit.*, 1999.

3. RGASPI, Fonds 549 (groupes étrangers), op. 1, d. 1, d. 4. Le Rapport d'activité de la Fédération des groupes étrangers du RKP pour 1919 recense 3 336 personnes pour 8 groupes de langues.

Mission militaire française – les officiers Pierre Pascal et Jacques Sadoul, les soldats Marcel Body et Robert Petit – s'ajoutèrent, après l'été 1918, quelques prisonniers faits par l'Armée rouge suite à l'intervention alliée en Sibérie, en Ukraine et dans le Caucase. Enfin, début 1919, la troisième cohorte, beaucoup plus maigre, fut constituée par des militants expérimentés qui traversèrent clandestinement l'Europe en guerre pour participer à la construction du nouveau régime. Henri Guilbeaux, socialiste pacifiste condamné à mort par contumace pour défaitisme et trahison, avait ainsi connu Lénine à Genève où il avait fondé avec Romain Rolland la revue *Demain*. D'autres enfin avaient été expulsés de France ou échangés contre les soldats de la Mission militaire, comme Victor Kibaltchitch, qui n'avait pas encore adopté le pseudonyme de Victor Serge, et Nicolas Lazarévitch, tous deux fils d'émigrés russes en Belgique, tous deux marqués par une éducation politique dans les milieux de l'anarchisme. Ils allaient être engagés respectivement dans les Groupes communistes de Petrograd et d'Ukraine, avant de faire la connaissance de Pierre Pascal au début des années 1920[1]. La configuration du Groupe communiste « français » était linguistique et non nationale. Il était donc également fréquenté par des Belges, des Luxembourgeois, des Roumains francophones, des Russes d'origine française plus ou moins lointaine, ou d'anciens émigrés en Suisse ou en France, comme Naoum Oussikov et Tsoukartzia, tous deux juifs de la partie polonaise de l'empire russe, qui avaient été volontaires pour combattre en Russie.

Une « grande famille » au service de la propagande révolutionnaire

Comment cerner ce que put être, pour un homme de vingt-huit ans inexpérimenté en politique, cette immersion formatrice dans un activisme débordant et conflictuel ? La vie quotidienne de Pascal était désormais centrée sur une nébuleuse militante qui ne dépassa jamais la trentaine de

---

1. Cf. notamment Susan Weissman, *Dissident dans la révolution. Victor Serge, une biographie politique*, Paris, Syllepse, 2006 (2001). *Communisme*, n° 61, L'Âge d'Homme, 1er trimestre 2000, dossier « Nicolas Lazarévitch ».

membres, à la culture politique et à l'implication très inégales. Le Comité central suivait de près leur activité, d'une manière qui illustrait à la fois la stricte centralisation voulue par Lénine et la répartition encore imprécise des compétences. Le Groupe communiste fut en effet d'abord créé comme « Secteur français » ou « Section française » du Département (*otdel*) de propagande du Parti, qui y avait délégué pour le présider – et le contrôler – N. Niourine, bolchevik francophone ancien proche de Lénine en Suisse. Après le VIIIe congrès du Parti communiste bolchevique (PCb) en mars 1919, les groupes étrangers furent officiellement transformés en « divisions de langues » implantées dans les sections régionales ou locales du Parti, le Groupe français dépendant en l'occurrence de la section de Moscou[1]. Mais le Comité central avait aussi dans le Groupe des représentants directs. Ce rôle fut dévolu à deux femmes, membres de longue date du Parti social-démocrate russe puis du Parti bolchevique, toutes deux anciennes émigrées en France, Elena Stassova et Inessa Armand. Celle-ci assurait le lien avec Lénine dont elle était une intime. Enfin, l'Internationale communiste, fondée en mars 1919 (IC ou Komintern) sous la houlette de Grigori Zinoviev, absorba le Département de propagande internationale du Parti et revendiqua la tutelle des groupes étrangers[2]. Également membre du Comité central, Maxime Litvinov suivait de près l'activité du Groupe pour le commissariat du peuple aux Affaires étrangères. C'était aussi le cas, nous le verrons, de Nicolas Boukharine et du patron de la Tcheka Felix Dzerjinski.

La vie quotidienne de Pierre Pascal s'inscrivait désormais dans l'espace resserré du pouvoir soviétique, au centre de Moscou. Lénine s'était installé au Kremlin, tandis qu'hôtels et

1. BDIC, F delta res 883 (1-7), attestations pour Jacques Sadoul et Pierre Pascal, collaborateurs de la Section française du Département de propagande soviétique, en qualité de collaborateurs permanents du journal *Troisième Internationale*, 29 novembre 1918. RGASPI, Fonds 17, op. 65, d. 106, Statuts pour les divisions de propagande et d'agitation du PC russe des minorités nationales sur le territoire de la RSFSR. VIIIe congrès du Parti, en français, sans date.

2. RGASPI, Fonds 495, op. 1, d. 1, Procès-verbal de la réunion du Comité exécutif de l'Internationale communiste du 26 mars 1919.

maisons bourgeoises étaient réquisitionnés pour les nouveaux dirigeants. Le Groupe se réunit à l'hôtel Dresde, puis dans l'ancienne résidence d'un diplomate scandinave, où furent également logés Henri Guilbeaux et son épouse Henriette qui l'avait rejoint en Russie. Sadoul et Pascal s'installèrent ensemble à l'automne 1918 rue Oboukhov, jusqu'au départ de Sadoul et de Body en Ukraine au printemps 1919. Pascal déménagea alors dans une maison du vieux quartier de l'Arbat, *Denejny pereoulok* – la « ruelle de la Monnaie », où s'était créée « une sorte de commune[1] ». Peu à peu dépouillée de ses meubles en bois aussitôt brûlés, la vieille demeure permit à ses habitants, permanents ou temporaires au gré de leurs missions dans le pays, de survivre dans Moscou déserte et affamée des années 1918-1919, où la quête de chauffage, de nourriture ou de chaussures était permanente malgré les privilèges des membres du Parti, bénéficiaires de la précieuse « ration », le *païok*.

« Nous avons formé ensemble, plusieurs années, une grande famille », affirma Pascal dans les années 1970. Cette vie quasi communautaire, ce contexte de pénurie, de suractivité et de fatigue jouèrent leur rôle dans les conflits qui scandèrent la vie du Groupe communiste, entre l'hiver 1918 et la dissolution de la Fédération centrale des groupes étrangers en mars 1920. Un petit noyau, composé de Jeanne Labourbe, Pierre Pascal, Marcel Body, Robert Petit et Jacques Sadoul se distingua d'emblée par son implication dans les réunions et les actions de propagande. Le Groupe défila sur la place Rouge pour le premier anniversaire de la révolution le 7 novembre 1918, les hommes portant l'uniforme français, sous une bannière symboliquement partagée avec les communistes allemands : « Vive la Révolution sociale en France ! » « Nous communions tous dans la même pensée », écrivit Jeanne Labourbe, devenue la première secrétaire du Groupe, en rendant compte de l'événement dans le journal *Troisième Internationale. Organe de la section française du Parti communiste (bolchevique) russe*, dont le premier numéro était daté du 20 octobre 1918.

---

1. Pierre Pascal, *En communisme*, *op. cit.*, p. 18-19 ; Marcel Body, *Les Groupes communistes français de Russie*, *op. cit.*, p. 15.

La mission première du Groupe communiste français était en effet la propagande, comme le proclamait la rédaction du périodique :

> C'est pour faire justice des mensonges stupides, des calomnies abominables accumulées par les gouvernements capitalistes contre la Révolution Sociale Russe, c'est pour faire connaître la vérité sur ce mouvement puissant, c'est pour créer une troisième Internationale, vraiment ouvrière et paysanne, purifiée de tous les éléments opportunistes qui ont livré l'Internationale actuelle aux partis bourgeois, que nous, socialistes de France, après avoir lutté et souffert avec nos camarades russes, nous fondons ce journal pour assurer leur triomphe, qui est celui des travailleurs du monde entier. Vive la Révolution russe ! Vive la 3e Internationale !

L'hebdomadaire de quatre pages, destiné de manière toute théorique « Aux travailleurs de France », fut diffusé autant que possible auprès des troupes françaises en Ukraine et en Sibérie, et connut neuf livraisons en 1918 et deux en 1919, avant de disparaître en février de la même année.

Le Groupe réalisait également des tracts appelant les soldats à se rallier à la révolution universelle, ainsi en janvier 1919 – « La France officielle instigatrice de la contre-révolution russe », « Étoufferont-ils le bolchevisme ? » –, et en mars 1919 : « À bas les guerres entre les peuples ! Guerre à la guerre ! Vive la Révolution ! Vive le Communisme[1] ! » Trouver le papier, puis faire imprimer ces quelques feuillets demandait une énergie considérable. En septembre 1919, Henri Guilbeaux ne parvint à publier qu'un unique numéro de la revue *Demain* qu'il avait animée en Suisse et qu'il « cédait temporairement » aux communistes français de Moscou. Le comité de rédaction, composé des camarades Hélène Blonine (pseudonyme d'Inessa Armand), Guilbeaux et Pascal, y proclamait l'acceptation intégrale du programme du Parti communiste russe et de la IIIe Internationale et « un point de vue strictement marxiste, rigoureusement révolutionnaire, fermement conséquent[2] ».

---

1. RGASPI, Fonds 517, op. 1, d. 4, tracts.
2. *Demain*, 4e année, n° 31, septembre 1919, 40 p., « déclaration », p. 1-2.

Gérer la « colonie française » avec la Tcheka

Il s'agissait en outre de s'adresser aux Français de Moscou, invités aux « réunions contradictoires » du Groupe, régulièrement annoncées dans *Troisième Internationale.* Intermédiaires officieux dans les perquisitions et les arrestations de l'automne 1918, Pascal et Sadoul virent leur rôle se renforcer dès lors que les derniers officiels français quittèrent la Russie soviétique. La Mission militaire fut définitivement fermée entre janvier et novembre 1919, tandis que le consul et le vice-consul de France étaient arrêtés puis expulsés. Dans la première moitié de l'année 1919, plusieurs milliers de Français de Russie furent emprisonnés, retenus dans des « camps de concentration » (selon le vocabulaire de l'époque) ou rassemblés dans des conditions matérielles précaires dans les « refuges » de Petrograd et de Moscou. Ils allaient être progressivement rapatriés après de rudes négociations. Pascal fut sollicité par André Mazon qui le pressa, depuis la prison de Boutyrki, d'intervenir pour lui, « bibliothécaire inoffensif ». Jacques Sadoul servit de médiateur pour la libération du journaliste Ludovic Naudeau, négociée en échange d'une lettre favorable au gouvernement bolchevique[1]. Ces intercessions demeurèrent sélectives. Pascal et Sadoul refusèrent ainsi d'agir pour le transfert du principal notable français de Moscou, « l'horrible » industriel Pierre Darcy, qui, malade, mourut en prison, ou pour le directeur de la chambre de commerce à Petrograd, Théophile Havard-Duclos[2].

Le Groupe fut chargé de mener auprès des Français de Moscou un travail de propagande, multipliant les réunions « internationalistes ». Pascal y joua son rôle, même si, selon les souvenirs d'Henri Guilbeaux, ses piètres dons d'orateur le faisaient bégayer en public[3]. Le retour de Dimitri Manouilski et d'Inessa Armand,

---

1. BDIC F delta res 883 (1-7), lettre d'André Mazon à Pierre Pascal, 9 octobre 1918 ; André Mazon, « Prisons russes », *Revue de Paris*, 15 juin et 1er juillet 1919. Ludovic Naudeau, *En prison sous la terreur russe, op. cit.*

2. Sur Darcy et Havard-Duclos, nombreuses occurrences dans le journal de Pierre Pascal ; cf. notamment *En Russie rouge, op. cit.*, p. 231, 19 octobre 1917 ; *En communisme, op. cit.*, p. 135, 21 janvier 1920 et « Lettre à Marcel Martinet », p. 168.

3. Henri Guilbeaux, *Du Kremlin au Cherche-Midi*, Paris, Gallimard, 1933, p. 218-221.

chargés de négocier à Paris au nom de la Croix-Rouge soviétique le rapatriement des Français contre le retour de soldats ou d'exilés politiques russes, fut ainsi l'occasion d'un meeting à l'issue duquel les Français de Moscou, « petits bourgeois », furent amenés à voter « un ordre du jour flétrissant violemment la politique du gouvernement français vis-à-vis des masses travailleuses d'Allemagne et de Russie[1] ». Le Groupe communiste obtint également, début 1919, un pouvoir plus concret sur la « Commune de travail » française, négociant le ravitaillement, gérant les biens du consulat, obtenant la libération de prisonniers français des troupes d'intervention, puis supervisant les listes de départs pour la France.

Maurice Parijanine (pseudonyme de Maurice Donzel), qui vivait à Moscou depuis 1907 et avait été embauché par le commissariat à l'Instruction publique (*Narkpompros*) sans appartenir au Parti communiste, donne dans ses souvenirs un tableau saisissant de la vie quotidienne de la colonie française de Moscou. Il y évoque de « pauvres créatures » marquées par la famine, ballottées entre convocations nocturnes, incertitude du lendemain et conflits internes, contraintes de se constituer en « soviet » à la demande d'Henri Guilbeaux. Celui-ci était, selon Parijanine toujours, haï par ses compatriotes comme « sale bolchevik[2] ». Cette position d'intermédiaire avec le nouveau pouvoir ne fut pas plus confortable pour Pascal. En témoigne une brève correspondance avec l'officier interprète Beaulieu qui, tout juste libéré de prison en juin 1919, tenta de renouer un lien amical. Il reconnut à son camarade qui avait changé de camp « la noblesse et le désintéressement des mobiles qui déterminent [ses] actes », mais manifesta son incompréhension devant « l'idée de patrie jetée par-dessus bord comme un préjugé depuis longtemps », la défense du « crime » de

1. Pierre Pascal, « Rapport sur le Groupe communiste français de Moscou », *Demain*, n° 31, septembre 1919, p. 32-37, publié à l'identique dans *Bulletin communiste* (Organe du comité de la IIIe Internationale), n° 3, 1er avril 1920, cité partiellement in *En communisme, op. cit.*, p. 153-154, 1er avril 1920.

2. Maurice Parijanine, *Des Français en Russie. Quelques souvenirs sur la Révolution russe (1919-1920) et sur notre ami Henri Guilbeaux*, Paris, Les Humbles, 1931. Cf. également sur la gestion de la colonie française par le Groupe communiste, abbé Jean-Marie Vidal, *À Moscou durant le premier triennat soviétique (1917-1920), op. cit.*, p. 70-80.

Brest-Litovsk, la rupture avec son passé et avec ses camarades. « Ce que je condamne en vous, ce n'est pas votre conscience, mais votre jugement », affirma Beaulieu à Pascal[1].

Pierre Pascal n'avait donc pas complètement rompu avec les officiers français sur le départ. Ceux-ci espéraient-ils regagner à leur cause un élément de valeur, voire l'utiliser pour le renseignement ? Rien ne le montre dans son dossier. En ce même printemps 1919, il choisit nettement son camp en travaillant plus directement avec la Tcheka de Moscou. Proclamant la nécessité de « l'élimination des indésirables » et l'expulsion des « intrigants et saboteurs », une commission de « spécialistes et traducteurs » composée de Pascal, Guilbeaux, Chapoan et Marchand s'était portée volontaire pour demander la communication des « dossiers des contre-révolutionnaires français », « étudier les dits dossiers et documents au point de vue politique dans un but de propagande », « afin de l'aider dans l'enquête juridique faite sur les agissements des personnes arrêtées[2] ». Si un Français né en Russie, Delafarre (ou De la Fare) mena les arrestations, et si Raoul Chapoan, embauché par la police politique, fut l'interlocuteur principal pour désigner les « Français bourgeois ou les personnes collaborant avec le gouvernement français », Pascal n'en participa pas moins à l'établissement de listes et à quelques interrogatoires. C'est ce que consigna le rapport rédigé par une dirigeante de la Tcheka de Moscou, Natalia Roslavets, en janvier 1920[3]. Elle ne semble pas l'avoir rémunéré autrement qu'en lui permettant de grappiller une paire de bottes ou un repas chaud. Dans « la bonne tiédeur de la Tcheka », le réfectoire distribua « un hareng frit » en l'honneur de la nouvelle année 1920... Pascal fit ainsi l'expérience brève d'un pouvoir policier, vécu au quotidien, du côté de

---

1. Institut d'études slaves, Archives Pascal, lettres de Beaulieu, 1er et 7 juin 1919.

2. RGASPI, Fonds 17, op. 65, d. 105, Note à l'adresse de la M-Tch-K par le Groupe communiste français de Moscou, juillet 1919, en russe, et d. 106 rapport de Guilbeaux, sans date. Cf. aussi BDIC F delta res 883 (19-5-1 et 5-4), carnet 1919 et liste de Français arrêtés en juin 1919 avec leurs biographies, leurs opinions, leurs garants.

3. RGASPI, Fonds 17, op. 65, d. 106, rapport de Natalia Roslavets à la camarade Stassova, 2-I-1920, en russe.

la répression. « Nous ne fîmes arrêter personne », affirma-t-il dans les années 1970, assumant non sans malaise sa relation à la Terreur rouge[1].

Conflits, exclusions, règlements de comptes : la fin du Groupe communiste

L'occasion ne lui fut pas donnée d'être affronté à des choix plus délicats. L'évolution de la configuration politique et humaine se révéla en effet très rapide dès février-mars 1919. Alors que le gouvernement soviétique d'Ukraine dirigé par Christian Rakovski était combattu par les armées blanches, Jeanne Labourbe fut envoyée en renfort auprès du Groupe communiste français de Kiev. Violée et exécutée à Odessa le 2 mars 1919 par « un groupe d'officiers français et russes », elle devint la première martyre des communistes français. Le fils de Rosalie Barberey, un jeune homme de dix-huit ans, tomba quelques jours plus tard[2]. Au même moment s'ouvrit à Moscou le congrès fondateur de la IIIe Internationale. Retardé une première fois en raison de la difficulté des contacts entre Moscou et le reste du monde, il se tint malgré tout dans la logique de rupture radicale avec l'Internationale socialiste voulue par Lénine. Les signataires de la lettre d'invitation étaient tous membres des Groupes communistes étrangers, à l'exception de Trotski et de Lénine. Arrivé le dernier jour, Henri Guilbeaux obtint une voix délibérative, tandis que Jacques Sadoul n'avait qu'une voix consultative, parmi les 51 délégués représentant 22 pays[3]. C'est pourtant Sadoul qui prononça le rapport sur la France, rendant hommage au rôle de Lénine et de Trotski à la tête du prolétariat mondial. Pascal fut spectateur de débats qualifiés dans ses souvenirs « d'un maigre intérêt ».

1. Cf. *infra* chap. 4, « Face à la Terreur rouge, une relecture autobiographique tardive ».

2. Nécrologie de Jeanne Labourbe in Pierre Pascal, « Rapport sur le Groupe communiste français de Moscou », *Demain*, 1919. Ludmila Zak, *Des Français dans la révolution d'Octobre, op. cit.*

3. *En communisme, op. cit.*, p. 28-34. John Riddell (éd.), *Founding the Communist International. Proceedings and Documents of the First Congress, March 1919*, New York, Anchor Foundation, 1987.

Grigori Zinoviev prit la tête de la nouvelle organisation et chargea Victor Serge, tout juste arrivé à Petrograd, de créer une revue théorique, *L'Internationale communiste.* Le Komintern fonda également un « Bureau du sud » pour organiser la propagande auprès des marins français acheminés en mer Noire, touchés par un mouvement de mutineries au printemps 1919. Il y délégua Sadoul et Body, qui animèrent le journal *Le Drapeau rouge* et tentèrent d'encourager la fraternisation entre les marins français et les bolcheviks. À Moscou, le Groupe admit Guilbeaux comme membre, se réunissant désormais chez lui. Pascal en devint le nouveau secrétaire, non sans tensions internes. Dès avril, le bureau de l'Internationale communiste dut en effet attirer l'attention des camarades de la « Section française » sur « l'indispensable travail discipliné de tous les groupes ». « Nous nous réunissons toutes les semaines », écrivit Pierre Pascal à Sadoul en mai 1919, tout en soulignant les difficultés à obtenir l'impression des publications. Il ajouta : « Vous savez qu'on a l'impression que vous nous avez complètement oubliés et que cela fait le plus désastreux effet sur tous les membres. De plus, vous vous souvenez de la peine qu'on a eue à remettre sur pied ce groupe ; s'il y avait une liaison avec vous, la chose serait très facilitée[1]. » Ce vœu ne fut pas entendu : le Groupe communiste français alla de conflits en conflits.

Dès la fin juin 1919, Niourine récusa auprès de ses camarades les accusations de « tendance à la domination » et demanda au Comité central à être relevé de « l'exercice de fonctions de direction quelque peu fictives ». Dans un long rapport, il énuméra les dysfonctionnements du « collège de rédaction » composé de Pascal, Guilbeaux et lui-même : multiplication désordonnée des projets, retards, désaccords sur les corrections, frictions internes[2]. Le 1er août 1919, une déclaration commune regretta des « incidents personnels »

1. RGASPI, Fonds 495, op. 1, d. 1, Procès-verbal de la réunion du Bureau de l'IC du 5 avril 1919, point 1. Fonds 17, op. 65, d. 105, lettre manuscrite de Pascal à Sadoul, 10 mai 1919 (en français).

2. Lettre de Niourine au bureau du Groupe communiste français, 1er juillet 1919, publiée in *En communisme, op. cit.*, p. 33, original BDIC en français. RGASPI, Fonds 495, op. 1, d. 1, Rapport sur le groupe français. Moscou, 27 juin 1919. Pour le Bureau de l'Internationale communiste, signé Niourine, en russe.

et blâma des « tentatives divisionnistes » au sein du Groupe, affirmant pour conclure : « Le Groupe continuera en dépit de tout la lutte révolutionnaire conséquente. » En octobre 1919, Sadoul était de retour à Moscou. Sous le coup d'une inculpation pour haute trahison en France, il accepta de présenter à distance sa candidature pour la SFIO aux élections législatives de novembre 1919, dans la circonscription de la Seine. Aussitôt, le Groupe communiste lui reprocha d'avoir « enfreint la discipline » et Guilbeaux écrivit directement à Zinoviev pour dénoncer cet « opportuniste qui s'est glissé subrepticement dans les rangs du communisme ».

Le calme rétabli par une commission de conciliation comprenant Inessa Armand fut très provisoire[1]. Apprenant par Marcel Body que le Groupe avait reçu 650 000 roubles saisis dans les postes diplomatiques français, ainsi que du platine acheté par la Mission militaire et destiné à l'industrie de guerre française, Jacques Sadoul le signala à la Tcheka. Il fut immédiatement accusé par ses camarades de « dénonciation calomnieuse ». Dzerjinski lui-même, saisi de l'affaire, signa un rapport blanchissant Pascal et ses camarades de toute malhonnêteté[2]. Le 15 décembre 1919, le « citoyen Jacques Sadoul » fut exclu par ses camarades, avec une longue liste de griefs. Le Comité central du Parti annula l'exclusion, mais, par la plume de Pascal, le Groupe français dénia au Comité central le droit de l'obliger à conserver un membre « ayant commis des faits abominables ». Une série de lettres fut échangée en accusation et en défense. Sadoul dénonça notamment ce « groupement artificiel qui n'est en fin de compte qu'un instrument docile et commode entre les mains de Guilbeaux et de Pascal » et évoqua leur « œuvre calomniatrice[3] ».

Le journal que Pierre Pascal reprit irrégulièrement à partir du 1er janvier 1920 le montre plongé dans cette atmosphère

1. RGASPI, Fonds 17, op. 65, d. 105 ; Fonds 517, op. 1, d. 4 ; Fonds 17, op. 65, d. 105. Cf. également sur ces conflits Marcel Body, *Un ouvrier limousin au cœur de la révolution russe*, *op. cit.*, p. 134-143.

2. RGASPI, Fonds 17, op. 65, d. 105, Rapport du camarade Dzerjinski au Comité central du Parti communiste bolchevique au sujet du dossier du Groupe communiste français, 14 décembre 1919.

3. RGASPI, Fonds 17, op. 65, d. 105, résolutions, correspondances, rapports de Pierre Pascal au CC du PC russe.

conflictuelle. À la peur de l'arrestation vint s'ajouter l'humiliation, suite à la convocation de chacun des membres du Groupe pour un entretien individuel le 2 janvier, en présence d'Elena Stassova et de Nicolas Boukharine. De deux ans seulement plus âgé que Pascal, celui-ci était membre du Politburo du Comité central, directeur de la *Pravda*, et s'imposait comme le théoricien du Parti, mais aussi comme un intermédiaire privilégié avec les communistes étrangers[1]. Dix jours plus tard, le bureau du Groupe dut obtempérer à une nouvelle convocation de Stassova qui revint sur le passé de certains membres, accusés d'avoir dénoncé leurs camarades comme bolcheviks à la Mission militaire, et sur « l'attitude négative » de Pascal envers Sadoul[2]. Les versions contradictoires données après coup par Marcel Body, Maurice Parijanine ou Henri Guilbeaux témoignent d'un climat de confusion et de grande tension. En publiant son journal, Pascal atténua le passage où il traitait Sadoul de « cochon sensuel » pour ne conserver que l'épithète : « le sensuel, intéressé et vaniteux, qui n'a jamais vu dans le communisme que le moyen d'arriver[3] ».

Alors que les perspectives de révolution immédiate en Europe s'éloignaient et que la plupart des prisonniers étrangers capturés pendant le conflit mondial ou durant l'intervention alliée étaient rapatriés, l'existence de Groupes communistes étrangers ne se justifiait plus. De plus, l'Internationale communiste mettait en place son propre réseau de contacts et de courriers qui allait permettre la convocation du IIe congrès, décisif pour la création de partis communistes hors de Russie. Dissous, puis reconstitué début février 1920, le Groupe communiste français connut encore quelques mois d'existence mais n'allait plus, dès lors, jouer qu'un rôle mineur d'accueil pour les délégués français en Russie soviétique. Lors de la dernière réunion, dont un procès-verbal de réunion fut conservé dans les archives, le 1er mars 1920, il intégra un nouveau membre, en la personne de l'institutrice

---

1. Cf. Stephen Cohen, *Nicolas Boukharine. La vie d'un bolchevik*, Paris, Maspero, 1979 (édition originale américaine : 1971).

2. *En communisme*, *op. cit.*, p. 113, 2 janvier ; p. 127, 13 janvier 1920.

3. *Ibid.*, p. 146, 30 janvier 1920, et BDIC F delta res 883 (19-5-3), Carnet 1er janvier-17 avril 1920.

Suzanne Depollier-Girault, arrivée à Moscou en provenance d'Ukraine, où repartit à l'inverse Sadoul, tandis que Marcel Body fut envoyé à Petrograd. Quelques jours plus tôt, Pierre Pascal avait été de nouveau élu au bureau du Groupe par ses camarades, mais il en avait été aussitôt écarté sur décision du Comité central : « La camarade Stassova explique qu'il ne convient pas de confier un poste responsable au camarade Pascal, étant donné que celui-ci est catholique[1]. »

Pascal, le communisme et le catholicisme : une « kacha mentale » ?

J'estime donc que c'est par suite d'un malentendu que la plupart des catholiques et la plupart des communistes se croient foncièrement et nécessairement ennemis les uns des autres.

Pierre Pascal, « Ce que je crois », janvier 1920

Rivalités personnelles et discipline communiste

La violence du ton (ainsi Sadoul traitant Pascal de « sombre fanatique à l'âme d'inquisiteur[2] ») et l'enjeu proclamé – rien moins que la révolution mondiale et la lutte contre « l'opportunisme » – contrastent de manière presque caricaturale avec la responsabilité réelle des acteurs. Pour comprendre, il faut d'abord faire la part de la difficile vie quotidienne des années 1918-1920 dans les grandes villes russes. Pouvoir et survie étaient souvent étroitement liés. Pierre Pascal ne manque pas dans son journal de noter les conflits au sujet du ravitaillement, de la course au bois de chauffage, des vols de vêtements dans les logements partagés. Il est plus elliptique sur les « affaires domestiques » qui accélérèrent la rupture entre

1. RGASPI, Fonds 17, op. 65, d. 106, Procès-verbaux des séances des 16 février, 23 février et 1er mars 1920, en français.

2. RGASPI, Fonds 17, op. 65, Le camarade Sadoul aux camarades membres du Comité central du Parti communiste russe, 16 décembre 1919 (en français).

Body et Sadoul et les « histoires de femmes » au sein d'un groupe où certains s'étaient établis en couple (Robert Petit et Marie-Louise Jeanniot dite « Malou », Raoul Chapoan avec « Jeanne »). Henri Guilbeaux avait gagné Moscou avec son épouse Henriette. Jacques Sadoul, qui avait laissé en France sa femme Yvonne et son fils Ary, s'engagea quant à lui dans une liaison avec une jeune femme russe, Maria Fedorovna Matassova. Celle-ci mourut du typhus peu après avoir donné naissance à une petite fille[1].

Au-delà de l'anecdote, la dégradation des relations personnelles dans la petite communauté est contemporaine, en cet hiver 1919-1920 de froid et de famine, d'une rivalité pour la direction du Groupe communiste français. Or cette émigration, que Marx lui-même qualifiait dans une lettre à Engels en 1851 « d'institution qui transforme inévitablement un homme en fou[2] », n'impliquait nulle homogénéité du groupe. Le syndicaliste Alfred Rosmer, qui s'était lié avant guerre avec Léon Trotski et Solomon Lozovski exilés à Paris, et fut envoyé au congrès du Komintern par le Comité de la IIIe Internationale, laissa dans ses souvenirs l'évocation d'une des dernières réunions du Groupe, en juin 1920 :

> Quand nous pénétrâmes, Losovsky (*sic*) et moi, dans la salle de réunion, l'atmosphère nous parut si tendue, les visages étaient si crispés qu'il n'était pas difficile d'imaginer que la discussion, ce soir-là, n'était rien moins que cordiale. Losovsky fit aussitôt demi-tour, disant : « Les histoires de l'émigration... Je connais ça ! Bonsoir. » Je devais rester ; la soirée fut pénible. La différence des tempéraments, sans parler des conceptions politiques, était telle que la simple cohabitation était impossible ; tout était prétexte à ranimer une vieille querelle, à mettre Pascal en accusation pour son catholicisme. Très digne, Pascal se bornait alors à donner lecture d'un texte qu'il considérait comme sa profession de foi. Le conflit avait été porté devant le Comité central du Parti

1. *En communisme, op. cit.*, p. 117, 5 janvier 1920, p. 118-119, 7 et 8 janvier 1920, sur la rupture Body-Sadoul, et p. 145, 29 janvier 1920. Yvonne Sadoul, *op. cit.*

2. Cité par Jukka Paastela, *Finnish Communism under Soviet Totalitarianism. Oppositions within the Finnish Communist Party in Soviet Russia, 1918-1935*, Helsinki, Kikimora Publications, 2003, p. 16.

communiste russe ; le compromis élaboré pour le trancher, ou au moins l'apaiser, se révélait, à l'usage, inopérant[1].

Pierre Pascal joua sa partie dans cette lutte sourde pour le pouvoir. Il souligna dans un rapport au Comité central que la réorganisation était précisément destinée à lutter contre les « intrigants », Niourine et Guilbeaux, notant avec dépit dans son journal l'accès privilégié de celui-ci aux dirigeants de l'Internationale communiste. Il marqua à plusieurs reprises dans son journal son irritation envers les ambitions de Jacques Sadoul, candidat à la députation en France, proche des leaders bolcheviques, toujours bien placé dans les meetings internationaux à Moscou : « C'est énervant de le rencontrer toujours et partout. J'ai été prendre une interview au bureau des camps de travail de Moscou. Le directeur : "Vous êtes du Groupe français. Votre président, c'est Sadoul ? Je l'ai entendu hier[2]." "Il n'est que membre. Notre bureau, c'est Guilbeaux, le camarade et moi…" », répondit Pascal. Les souvenirs publiés après coup donnent une image contrastée des personnalités en jeu dans ces « haines sournoises » (Maurice Parijanine). Guilbeaux fut le perdant de ces portraits croisés et conserva, y compris dans l'historiographie, l'image durable d'avoir été le responsable de l'implosion du Groupe. Mauricius (Maurice Vandamme), délégué au IIe congrès du Komintern, le décrivit ainsi comme un « être chafouin, tortueux et sournois ». « Pascal dans ses souliers troués se sent heureux, mais Sadoul, malgré ses belles bottes, rêve à la France où son ambition voudrait bien jouer un rôle », poursuivit-il. Marcel Body montra Sadoul préoccupé de conserver « le monopole de la représentation du "prolétariat français" auprès du Parti bolchevique », et campa Guilbeaux en « dénigreur systématique et fielleux[3] ».

1. Alfred Rosmer, *Moscou sous Lénine. Les origines du communisme*, Paris, Horay, 1953 (daté de 1949), rééd. Maspero, 1970, p. 180.

2. RGASPI, Fonds 17, op. 65, d. 105 ; *En communisme*, *op. cit.*, p. 134, 21 janvier 1920.

3. Maurice Parijanine, *Des Français en Russie. Quelques souvenirs sur la Révolution russe (1919-1920) et sur notre ami Henri Guilbeaux*, *op. cit.*, p. 37. Mauricius, *Au Pays des Soviets. Neuf mois d'aventures*, Paris, Figuières, 1922, p. 194 et 198. Marcel Body, *Les Groupes communistes français de Russie (1918-1921)*, *op. cit.*, p. 41.

Jacques Sadoul rédigea pour le PC russe une autobiographie reconstruisant l'histoire du Groupe communiste « aggloméré autour de lui », faisant de Jeanne Labourbe sa « plus fidèle collaboratrice ». Il dénonça alors en Guilbeaux un provocateur, « aventurier anarchisant » à l'influence néfaste[1]. Sadoul accusa Pascal de le traiter en « ennemi mortel », voire de nourrir des projets d'assassinat. Ce dernier nota en retour une confession de Sadoul rapportée par Body : « Si j'apprenais la mort de Guilbeaux ou de Pascal, ce serait ma plus grande joie[2]. » Guilbeaux à son tour distribua les rôles : Pascal « dont l'apparente modestie cachait une vanité folle » se voyant déjà « représentant diplomatique de la France » lorsque la révolution serait faite, Marchand « équivoque et cancanier », Sadoul ne supportant pas les critiques de ceux qu'il avait « menés ou cru mener au bolchevisme[3] ».

Le petit groupe de communistes français émigrés était conscient de l'importance stratégique qu'allaient prendre, pour l'avenir politique personnel de chacun, les bonnes relations avec les dirigeants bolcheviques. La maîtrise du russe avantageait Pascal par rapport à Sadoul et à Guilbeaux. En revanche, ceux-ci partageaient une culture politique socialiste que n'avait pas leur rival. Tous assimilaient dans le même temps le code de conduite du bon bolchevik. La « Feuille d'admission au Groupe communiste français du Parti communiste russe » stipulait ainsi : « Je prends l'engagement qu'à n'importe quel moment et sans tenir compte des conditions personnelles, je me mettrai à la disposition du Parti et s'il le faut je prendrai les armes pour la défense de la Révolution[4]. » La discipline, la lutte contre les ambitions personnelles furent réaffirmées à plusieurs reprises. En août 1919, la lettre collective, qui proclamait que « les camarades soussignés en séance extraordinaire, à la suite d'incidents personnels, constatent que le Groupe communiste s'est toujours tenu et se tiendra

---

1. RGASPI, Fonds 495, op. 270, d. 2134 (2), « Vieilles pages de ou sur J. Sadoul, toutes éditions épuisées », 199 p. dact.

2. *En communisme, op. cit.*, p. 116, 5 janvier 1920 ; p. 139, 24 janvier 1920.

3. Henri Guilbeaux, *Du Kremlin au Cherche-Midi, op. cit.*, p. 218-224. Sur Guilbeaux, notice Maitron et Pierre Broué, *Histoire de l'Internationale communiste, op. cit.*, p. 56.

4. RGASPI, Fonds 17, op. 65, d. 106, sans date.

toujours sur le terrain des idées », rappelait que « seuls les idées, le travail collectif comptent », blâmait les « tentatives divisionnistes » et concluait : « Le Groupe continuera en dépit de tout la lutte révolutionnaire conséquente sans se préoccuper d'arguments d'ordre opportuniste et petit-bourgeois. » Lors de l'exclusion de Jacques Sadoul en décembre 1919, le Groupe réfuta de nouveau soigneusement l'idée que la décision ait pu être la conséquence de rivalités personnelles et affirma : « Nous sommes guidés uniquement par le souci du communisme révolutionnaire[1]. »

Formés par des expériences politiques et militantes très diverses, Pascal et ses camarades expérimentaient ainsi une socialisation politique qui allait prendre au cours des années 1920 et 1930 une dimension systématique et extrême. C'est précisément au début de 1920, au IXe congrès du PCb, que triompha la notion léniniste de « centralisme bureaucratique » dans un Parti qui tolérait encore le débat entre « fractions ». Une idéologie faisant bloc, le refus de l'altérité incarnée par le système parlementariste et individuellement qualifiée de « déviation » entraînèrent des pratiques de direction centralisées, bureaucratiques et inquisitoriales[2]. Si l'interaction entre les options politiques et les pratiques de parti était loin d'être totalement figée à l'intérieur même du Parti bolchevique, un certain nombre de notions clés figuraient déjà dans les fondamentaux de l'identité communiste en construction. Au premier rang de ceux-ci se plaçait la nécessité d'une discipline collective, particulièrement importante au moment où le Parti gérait avec parcimonie le passage d'une organisation d'avant-garde à une organisation de masse, sans posséder encore de structures de formation pour ses cadres.

---

1. RGASPI, Fonds 17, op. 65, d. 105, Résolution du Groupe communiste français excluant Sadoul, 15 décembre 1919 ; lettre de Jacques Sadoul, 16 décembre 1919, « Le camarade Sadoul aux camarades membres du Comité central du Parti communiste russe ».

2. Dominique Colas, *Le Léninisme. Philosophie et sociologie politiques du léninisme*, Paris, PUF, « Quadrige », 1998.

Modèle léniniste et direction du communisme français

La courte vie du Groupe communiste français montre qu'il était courant de faire coïncider des rivalités personnelles avec des accusations de déviation entraînant l'exclusion. Pascal confia à son journal ses sentiments sur Jacques Sadoul qu'il considérait comme matériellement intéressé – il demandait ainsi à toucher un traitement analogue à celui des membres du Comité central – et ambitieux, mais ne semble pas avoir transmis cette analyse à la direction du Parti. Dans une lettre écrite directement à Zinoviev, Henri Guilbeaux alla plus loin. Il insista sur les manquements à la « discipline » de Jacques Sadoul, « opportuniste », « conciliateur », « politicien » récemment rallié, entré au PC pour « le corrompre », et conclut : « Je vous prie de croire que c'est pour des questions de principes que je m'exprime de la sorte et que je manifeste mon grand étonnement. Je pense que vous qui fûtes si sévère contre certains zimmerwaldiens, vous ne me reprocherez pas mon intolérance à l'égard d'un opportuniste qui s'est glissé subrepticement dans les rangs du communisme. Recevez, je vous prie, mes bien fraternelles salutations communistes. »

De son côté, Sadoul relia pour sa défense les querelles internes à des enjeux plus larges : « Il est temps de mettre fin par une mesure radicale à une campagne qui prend les proportions d'un scandale international. Guilbeaux, Pascal, entraînés par la haine ou l'ambition et peu soucieux de sauvegarder les intérêts de la Révolution, n'interrompront pas leur œuvre calomniatrice s'ils n'y sont pas contraints et forcés par le Parti. » Dans une « lettre de Russie » publiée en France en août 1920, « avec six mois de retard » précisait la rédaction, il affirma avoir renoncé à travailler avec le Groupe communiste français et avec les « petits groupements d'étrangers constitués ici, mêlés d'éléments disparates et indésirables, ouvriers de la onzième heure venus au socialisme et à la révolution après la victoire », indignes d'un parti, « garde d'honneur de la révolution »[1].

---

1. RGASPI, Fonds 517, op. 1, d. 4, lettre de Guilbeaux à Zinoviev, 8 octobre 1919, « Lettre de Russie par Sadoul », *Bulletin communiste*, n° 22, 5 août 1920.

Les réunions tardives voire nocturnes, les longues attentes pour atteindre les dirigeants (Pascal patienta ainsi plus de quatre heures pour voir Lev Kamenev, alors à la tête du Soviet de Moscou), la fraternité proclamée entre camarades constituaient une expérience partagée avec les communistes russes. C'était aussi le cas de la violence du ton. Les étrangers de Moscou occupaient cependant une place particulière. Au tournant des années 1919 et 1920, il était encore d'actualité de penser que les Groupes communistes seraient l'armature des futurs partis communistes européens. Pascal rapporta ainsi une conversation entre Guilbeaux et Boukharine : « Celui-ci a protesté que le Comité central était sévère pour le Groupe parce qu'il le voulait parfait pour son action ultérieure en France, comme le Groupe hongrois. Nous aurions dû insister davantage sur l'éducation communiste des nouveaux membres[1]. »

Les Français de Moscou étaient fort mal informés, et avec beaucoup de retard, de l'évolution politique du socialisme français, avec lequel ils réaffirmaient cependant un dialogue constant sous forme de lettres ouvertes publiées dans le journal *Troisième Internationale* ou de tracts « aux travailleurs de France ». En novembre 1918, sous la plume de « P. Veyrières », pseudonyme utilisé par Pierre Pascal qui reprenait le nom de jeune fille de sa mère, un article consacré à la « levée révolutionnaire mondiale » appelait à l'action : « Nos frères d'Occident, nos camarades de France le comprendront, ils renverseront d'un coup impitoyable le gouvernement qui osera attenter aux droits de la révolution[2]. » En mars 1919, une proclamation collective traduite en russe et en allemand affirmait : « Le Groupe se propose de montrer au peuple français la nécessité actuelle de remplacement de la forme démocratique bourgeoise de l'État par la forme Soviétiste. » Le rapport signé par Pascal en septembre 1919 afficha une conviction sans faille au sujet du rôle futur du Groupe : « Nous n'avons qu'un seul et ferme espoir, c'est que la revue *Demain* transportée de Genève à Moscou sera bientôt transportée à Paris ; ainsi ses

1. *En communisme, op. cit.*, p. 116, 4 janvier 1920.

2. P. Veyrières, « Le bolchevisme dans le monde », *Troisième Internationale. Organe de la section française du Parti communiste (bolchevique)*, n° 4, 20 novembre 1918.

cadres s'élargiront et notre organe remplira une fonction plus universelle et infiniment plus utile[1]. »

L'histoire du Groupe communiste français se place ainsi aux sources de l'exportation du modèle léniniste et du contrôle du communisme européen par Moscou, transfert d'idéologies et de pratiques vers les partis et les cultures nationales[2]. Avant la naissance de l'Internationale communiste, les dirigeants du Parti communiste bolchevique prirent au sérieux le petit Groupe communiste français, alors qu'ils assumaient par ailleurs de lourdes tâches dans le jeune gouvernement soviétique en pleine guerre civile et dans des conditions économiques dramatiques. Le suivi régulier de la vie du Groupe par le Comité central et Lénine lui-même, la délégation d'enquêtes à des leaders haut placés s'accompagnèrent malgré tout d'une certaine exaspération devant une conflictualité que Dzerjinski qualifia en décembre 1919 de « *poustiak* », de bêtise, de futilité[3]. Les attendus de la dissolution du Groupe par le Comité central avant son éphémère reconstitution, cités par un Pierre Pascal ulcéré, montrèrent la déception des dirigeants devant ces étrangers qui n'avaient ni la puissance théorique du Finlandais Otto Kuusinen, ni la fiabilité à toute épreuve du Hongrois Béla Kun : « Étant donné que certains membres du Groupe sont complètement ignorants des principes les plus élémentaires du communisme, que certains en outre sont en butte à des accusations d'une nature telle qu'elles les rendent indignes du nom de communiste et de révolutionnaire…[4] » Conscients de maîtriser les décisions et les codes d'un mouvement qu'ils espéraient mondial, les chefs bolcheviques pouvaient cependant encore faire passer par l'ironie le message aux communistes étrangers. Alfred Rosmer rapporta ainsi un mot de Zinoviev aux délégués à

1. RGASPI, Fonds 17, op. 1, d. 4 ; Pierre Pascal, « Rapport sur le Groupe communiste français de Moscou », *Demain*, *op. cit.*

2. Voir pour la France Romain Ducoulombier, *Camarade ! La naissance du Parti communiste en France*, Paris, Perrin, 2010 ; pour l'Allemagne, Bert Hoppe, « Iron Revolutionaries and Salon Socialists : Bolsheviks and German Communists in the 1920s and 1930s », *Kritika*, vol. 10, n° 3, été 2009, p. 499-526.

3. RGASPI, Fonds 17, op. 65, d. 105.

4. *En communisme*, *op. cit.*, p 147, 30 janvier 1920.

peine débarqués pour assister au IIe congrès de l'Internationale et peu tentés par le bol de soupe offert : « Il faut manger, c'est la discipline[1]. »

« Concilier les inconciliables » :
la foi à l'épreuve d'un tribunal de parti

Pierre Pascal fut quant à lui moqué par Boukharine pour une confusion politique atteignant à une « kacha » – c'est-à-dire une bouillie de céréales – mentale, « cherchant à concilier les inconciliables » : la *Somme Théologique* de saint Thomas d'Aquin et *Le Capital* de Marx[2] ! La rupture du jeune lieutenant avec la Mission militaire n'avait en effet pas entraîné d'inflexion brutale de sa quête d'un sens spirituel de la révolution. Il n'attribua qu'à la fatigue ou à la « paresse » un certain relâchement de sa fréquentation assumée des messes dominicales. Henri Guilbeaux évoqua ainsi Pascal et Robert Petit : « Chaque dimanche, Pascal assistait à la messe accompagné de son secrétaire dactylographe ! », tandis que Maurice Parijanine le portraitura en ces termes : « Pascal était un curieux homme. Capitaine de la Mission militaire française, il s'était entièrement donné à la cause bolchevique. Communiste déclaré, mais toujours catholique pratiquant, il avait étudié le russe chez M. Boyer, à l'École des langues orientales de Paris. À ses rares moments de loisir, il rédigeait une sorte de thèse mystique. Il étudiait de près certains philosophes religieux comme Soloviev et son disciple Berdiaev[3]. » Dans l'effervescence intellectuelle et artistique du Moscou des années 1918-1920, la question religieuse passionnait toujours un jeune homme peu enclin à fréquenter les cafés littéraires, les expositions, ou les manifestations artistiques.

Mais dès janvier 1920, le néobolchevik dut faire face à la mise en cause publique de son catholicisme.

---

1. Alfred Rosmer, *Moscou sous Lénine. Les origines du communisme*, *op. cit.*, p. 54.

2. *En communisme*, *op. cit.*, 4 janvier 1920. Expression attribuée à Lénine par Pascal lui-même dans sa lettre à Marcel Martinet, *op. cit.*

3. Henri Guilbeaux, *Du Kremlin au Cherche-Midi*, *op. cit.*, p. 219 ; Maurice Parijanine, *Des Français en Russie*, *op. cit.*, p. 10.

Lénine, hostile à la religion, « opium du peuple », et à l'Église comme institution, avait cependant affirmé en 1905 que « l'unité dans la lutte révolutionnaire de la classe opprimée pour la création du paradis sur terre est plus importante pour nous que l'unité de l'opinion prolétarienne sur le paradis au ciel[1] ». Il laissa se poursuivre le débat et les « disputes religieuses » régulièrement fréquentées par Pierre Pascal depuis 1918, mais encouragea la propagande athée et insista pour que les statuts du Parti bolchevique mentionnent l'incompatibilité avec une pratique religieuse. La convocation du secrétaire du Groupe communiste français devant les représentants du Comité central l'amena à produire un texte théorique justifiant publiquement sa position face au christianisme. La première campagne générale de « contrôle idéologique » du Parti, dans laquelle la religion fut fréquemment invoquée comme un motif d'exclusion, se combinait avec les conflits à l'intérieur du Groupe français. L'enjeu clé était celui du consentement à la discipline, dans cette appropriation difficile des idées et des pratiques du bolchevisme par les communistes étrangers.

Pascal lui-même fit de Sadoul « l'accusateur ». De fait, à la suite de son exclusion par le Groupe en décembre 1919, Jacques Sadoul, qui ne montrait que mépris pour la « culture primaire » de Marcel Body et de Robert Petit, mit en cause son ancien ami auprès du Comité central, non seulement pour sa foi, mais pour son allégeance au Vatican :

> Jusqu'en juillet 1919, m'a parlé, écrit, traité en ami. Fin juillet 1919, rupture à la suite de vives discussions au sujet desquelles nous nous étions fréquemment heurtés : les questions religieuses. Intelligent et instruit. Pascal est par-dessus tout un catholique, pratiquant avec ferveur, acceptant sans réserve tous les dogmes de l'Église de Rome, aveuglément soumis au pape. Son but, celui de tous les catholiques militants, est de travailler à la construction de l'Église universelle, d'assurer la domination temporelle et spirituelle du pape sur l'Univers. Ses moyens, les moyens jésuites, l'accommodation au siècle. Pascal s'adapta aisément au

1. *En communisme, op. cit.*, p. 127, 13 janvier 1920. Lénine, *Socialisme et religion*, cité par David McLellan, *Marxism and Religion. A Description and Assessment of the Marxist Critique of Christianity*, New York, Harper and Row Publishers, 1987, p. 98.

communisme qui lui apparut comme la Résurrection et la modernisation de la communauté chrétienne primitive. J'avais espéré qu'une activité révolutionnaire prolongée le détacherait des préjugés religieux ; qu'il comprendrait l'irréductible contradiction qui oppose le matérialisme de Marx à la doctrine catholique, qu'il serait acculé à choisir et choisirait le marxisme. Je ne le crois plus[1].

L'accusation de Sadoul était doublement grave : non seulement Pascal persistait à pratiquer, malgré les statuts du Parti, mais il était un « papalin », agent infiltré des intérêts de Rome. Marcel Body vint quelques jours plus tard témoigner en défense :

> Pascal, ex-officier de la Mission militaire française, est un catholique pratiquant. Il ne s'en est jamais caché. Il n'en accepte pas moins les théories marxistes matérialistes. Il les soutient même avec une intelligence rare et une profonde conviction. Je connais Pascal depuis longtemps. Je dois dire que, sauf les réserves que je peux faire sur ses convictions religieuses, c'est l'homme pour lequel j'ai ici le plus de vénération. Pascal est d'une valeur morale rare en ce monde. Pascal est profondément communiste dans ses actions ; comme dans sa vie, comme dans ses idées. C'est un homme fidèlement dévoué à la Révolution, à laquelle il consacre toutes ses forces intellectuelles et morales et toute son énergie et c'est un homme capable d'aller jusqu'au sacrifice[2].

Entre ces deux portraits contradictoires dans leurs conclusions mais convergents sur l'importance de la foi pour Pierre Pascal, celui-ci avait surmonté l'épreuve de son passage devant un véritable tribunal interne. Le cérémonial annonçait les pratiques des purges et des autocritiques mises en œuvre systématiquement à l'intérieur du Parti bolchevique dans les années 1920. Il est typique de ce tout début du régime soviétique, où la répression se mêlait indissociablement au goût du débat. Ainsi, quelques semaines plus tard, Nicolas Berdiaev, arrêté et détenu un mois pour sa complicité supposée avec l'Armée

1. RGASPI, Fonds 17, op. 65, d. 106, p. 25, lettre de Sadoul du 16 décembre 1919, *op. cit.*

2. RGASPI, Fonds 17, op. 65, d. 106, p. 4, 15 janvier 1920, lettre de Body au « cher camarade Boukharine », en français.

blanche, pourrait développer les raisons morales et religieuses de son opposition au communisme lors d'une véritable conférence durant près d'une heure, devant Kamenev et les tchékistes Dzerjinski et Menjinski[1]. Tous les membres du Groupe communiste furent convoqués le 2 janvier 1920, mais seuls les membres du bureau eurent droit à un entretien d'une heure, dont aucune trace ne semble avoir été conservée dans les dossiers du Parti, ni du Komintern. Henri Guilbeaux, dans ses souvenirs publiés treize ans plus tard, insista sur son propre rôle d'intermédiaire avec Lénine et évoqua une commission composée d'Elena Stassova, René Marchand et lui-même (sans mentionner Boukharine), devant laquelle Pascal aurait, « réponse ahurissante », proclamé sa soumission au pape en cas d'encyclique contre le bolchevisme[2].

L'ex-lieutenant fit dans son journal un bref compte rendu de cette comparution, citant quant à lui uniquement Boukharine et Stassova. Il en fit apparaître tous les enjeux : enjeu interne au Groupe communiste, puisqu'il y voyait une « manœuvre de Sadoul », mais aussi enjeu représenté par l'orgueil blessé et le doute séminal qui germait dans un engagement si récent :

> Je suis indigné parce que les camarades russes agissent contre leur conscience : ils savent que nous sommes communistes, cent fois plus que Sadoul, et malgré cela ils veulent nous donner tort. Leur jugement est fait d'avance, et ils font semblant de le former. C'est de la politique et non du communisme. Je perds toute envie de travailler. Qu'on trouve des communistes comme moi par milliers. Si on ne veut plus que je le sois, tant pis, je ne m'obstinerai pas. Peut-être serai-je exclu un de ces jours : tant mieux. Mais non, il faut tenir[3].

Enfin, il y avait l'enjeu de fond, au-delà de la procédure humiliante du passage au « confessionnal » et de l'ironie blessante des attaques portées par Boukharine et Stassova contre

1. Nicolas Berdiaev, *Samopoznanie. Opyt filosofskoï avtobiografii* (*Connaissance de soi. Essai d'autobiographie philosophique*), Paris, YMCA Press, 1949, 2e édition, 1983, p. 278-279.

2. Henri Guilbeaux, *Du Kremlin au Cherche-Midi*, *op. cit.*, p. 227. Sur cette séance, cf. Marcel Body, *Un ouvrier limousin au cœur de la révolution russe*, *op. cit.*, p. 143.

3. *En communisme*, *op. cit.*, p. 114, 2 janvier 1920.

les « bigots » et les « papistes ». Si Marcel Body ne conserva de cette séance que le souvenir d'un « examen », suivi de la remise d'une nouvelle carte, Pascal prit au sérieux cette mise en cause de sa foi. Davantage que le simple soldat catholique Robert Petit, il était en position intellectuelle et institutionnelle d'argumenter. Il saisit cette occasion et rédigea puis dactylographia une « déclaration lue au Comité central du Parti communiste de Russie », publiée dans son *Journal de Russie* en tête de l'année 1919, sous le titre de « Ce que je crois ». La déclaration circula et fut notamment évoquée par Henri Guilbeaux comme un « document d'un intérêt psychologique extrême ». Cet « exposé didactique de [ses] conceptions philosophiques » en huit points, dont les nombreuses ratures du brouillon témoignent que les termes furent soigneusement pesés, donne aux déchirements intérieurs semés çà et là dans le journal une forme marquée par la rhétorique du jeune bolchevik agrégé de lettres. À une double profession de foi dont l'ordre n'est pas indifférent : « je suis catholique » – puis « je suis communiste », argumentée « consciemment » et en réfutant les « analogies superficielles », succédait l'examen théorique, puis pratique, de la compatibilité des « enseignements de l'Église et de ceux du communisme ». Pierre Pascal développait dans ce dernier point une conception toute personnelle de « l'enseignement authentique actuel du catholicisme », qui impliquait le renversement par la force des gouvernements nuisibles aux peuples et prônait « l'activité positive et virile », « supérieure à l'humilité inerte[1] ».

Ce rappel public à la discipline n'eut pas de conséquences graves dans l'immédiat. Pierre Pascal put camper sur ses positions sans être exclu du Parti. Il fut certes écarté de la direction du Groupe français, mais quelques semaines à peine avant la dissolution de ce dernier. « Depuis les affaires du Groupe, j'ai une espèce de nostalgie du monde intellectuel, rechute ? Retour au vomissement ? C'est aussi un peu la faute de Boukharine, qui m'a mis sur le terrain religieux », écrivit-il le 8 janvier 1920. Pascal continua d'aller épisodiquement à la messe et de fréquenter les « disputes religieuses » débattant de

1. *En communisme, op. cit.*, p. 45-47 et BDIC F delta res 883 (19-5-4) pour le brouillon.

l'avenir incertain de la Russie entre slavophilisme et occidentalisme, mais aussi d'occultisme, de mysticisme, de millénarisme. Deux petits cercles d'intellectuels chrétiens se distinguaient à ses yeux dans le Moscou de 1920. Outre les réunions plus intimes autour de ses vieux amis les Alekseiev, il visita épisodiquement « sans crainte » le « salon » où Nicolas Berdiaev rassemblait philosophes, prêtres et intellectuels non communistes[1]. Son journal témoignait toujours de la quête d'un lien profond, quoique informulé par les acteurs eux-mêmes, entre socialisme et christianisme populaire, accumulant les observations qui lui semblaient montrer le « côté spécifiquement russe où l'inconscient chrétien joue un si grand rôle[2] ». Il partagea un sentiment général et angoissé de bouleversement des temps, sans adhérer à « l'incorrigible point de vue apocalyptique », ressenti même par les élites[3].

Après l'échec de sa dispute théorique, Pierre Pascal laissa à un futur saint Thomas le soin d'écrire « la Somme de notre époque (...) pour faire la synthèse de la pensée et de l'action de ce temps ». Il se contenta de se réjouir de chacun des signaux de tolérance dans la presse soviétique, d'autant plus qu'ils exaspéraient ses camarades athées. Pascal assista aussi comme les années précédentes aux conférences données par Anatoli Lounatcharski, sans toutefois sembler intéressé par la polémique, déjà ancienne, entre l'auteur de *Socialisme et religion* et Lénine, qui lui avait sévèrement répondu en 1908 avec *Matérialisme et empirocriticisme.* Pour lui, le lien entre christianisme et communisme n'était ni analogie ni transposition. Contrairement à ce qu'écrirait l'historienne soviétique Ludmila Zak, avide de catégoriser *a posteriori* les « déviations » des années 1920, Pierre Pascal ne chercha nullement à s'inscrire dans le courant des « constructeurs de Dieu », qui appelaient à une transposition des symboles chrétiens vers une religion prolétarienne, susceptible d'entraîner les masses plus aisément qu'un

1. Cf. Christian Gottlieb, *Dilemmas of reaction in Leninist Russia. The Christian response to the revolution in the works of N.A. Berdyaev (1917-1924)*, University Press of Southern Denmark, 2003, et Nicolas Berdiaev, *Samopoznanie, op. cit.*, p. 260-285, « La révolution russe et le monde communiste ».

2. *En communisme, op. cit.*, p. 115, 3 janvier 1920.

3. *Ibid.*, p. 115, 4 janvier 1920, à propos de Sergueï Alekseiev.

marxisme trop abstrait[1], ni d'ailleurs à dialoguer publiquement avec lui. Il ne poursuivit pas davantage le débat public avec Boukharine, sans doute l'un des bolcheviks les plus intéressés par la question religieuse.

« Être Russe dans le conflit éternel entre la Russie et l'Europe » : la position affirmée en septembre 1918 face aux officiers français ne fit pas pour autant de Pierre Pascal un slavophile adhérant aux thèses d'un Soloviev ou d'un Berdiaev, même si, comme l'a souligné Olga Danilova[2], son adhésion plus émotionnelle et intellectuelle qu'idéologique le rapprochait des philosophes chrétiens russes fréquentés à Petrograd et à Moscou. Sa quête existentielle avait été bouleversée par l'événement révolutionnaire. Ses notes et ses lettres permettent de suivre sa réflexion sur le lien entre la religion, le communisme et la Russie. Elles nous laissent au bord de l'évolution intime d'un jeune homme qui n'avait connu que des univers bien encadrés – famille, classe préparatoire, « cloître » de l'École normale supérieure, armée. Les années 1917-1920 furent visiblement marquées par la recherche de repères affectifs, par l'influence d'aînés et quasi-mentors – Knijnik puis Sadoul –, par une relation avec le soldat Egorov où affleurait l'érotisme homosexuel, puis par une vie communautaire dédiée à la politique, mais envahie et débordée par les affects. Devenu bolchevique sans rien connaître du marxisme ni avoir fréquenté aucun bolchevik, le lieutenant de la Mission française semblait avoir résolument rejeté les liens familiaux, sans pour autant nouer de relation sentimentale. Brutalement engagé dans une action politique qui lui servit de formation expresse, il éprouva en moins de deux ans la brutalité d'un appareil

1. Ludmila Zak, et *Des Français dans la révolution d'Octobre, op. cit.*, p. 203. Cf. Jutta Scherrer, « La crise de l'intelligentsia marxiste avant 1914 : A.V. Lunacharskii et le bogostroitelstvo », *Revue des études slaves*, t. 51, n° 1-2, 1979, p. 207-215, « V poiskakh "khristianskogo sotsializma" v Rossii », *Voprosy filosofii*, 12, 2000, p. 88-137. Tristan Landry, *La Valeur de la vie humaine en Russie, 1836-1936 : construction d'une esthétique politique de fin du monde*, Paris, L'Harmattan, 2001.

2. Cf. sur ce point Olga Danilova, *Frantsouzskoïe « Slavianofilstvo » kontsa XIX – natchalo XX veka* (*La « slavophilie » française, fin du XIXe – début du XXe siècle*), thèse de l'Université d'État de l'Oural, 2005.

bureaucratique et inquisitorial en construction, d'abord du côté des accusateurs, puis du côté des accusés, sans toutefois faire lui-même le lien entre son expérience à la Tcheka et son passage devant la commission du Comité central. S'il ne fut pas contraint à l'autocritique, les pénibles querelles du Groupe communiste et la mise en cause publique de sa foi le fragilisèrent amicalement et politiquement. Ulcéré par l'utilisation de sa correspondance privée à Sadoul par un Comité central « politicien et policier », Pierre Pascal n'avait pas renoncé à trouver une place dans ce parti dirigé par des militants expérimentés surchargés de responsabilités, théoriciens marxistes rompus à la joute verbale et écrite, qui bâtissaient, en même temps que le régime soviétique, des règles d'engagement d'un type nouveau. Il conclut en retournant contre ses accusateurs la métaphore religieuse : « Le Comité central est bien ridicule avec ses exigences formelles. Il faut, à mon avis, non seulement prêcher, mais vivre le communisme[1]. »

1. *En communisme, op. cit.*, p. 133, 20 janvier 1920.

3

Au service des Soviets (1919-1924)

Fonctionnaire et militant

Pascal, en parlant des Russes, dit : nous, Russes...

Marcel Cachin, *Carnets*, juin 1920

Surmontant en janvier 1920 la tentation « d'abandonner toute fonction touchant à l'activité politique[1] », Pierre Pascal vécut dans la négociation constante entre sa volonté de donner un sens à la fois personnel et existentiel au communisme bolchevique, et une « vie épuisante » de fonctionnaire, de militant et de propagandiste. L'engagement fut bien plus intense et durable qu'il ne voulut l'évoquer dans ses souvenirs, rédigés à partir de sources personnelles discontinues. La confession au journal intime se fit en effet intermittente de la part d'un militant à l'emploi du temps surchargé par cet engagement appelant à l'oubli de soi au profit de la société. La conversation épistolaire du jeune homme en rupture de ban familial fut également compliquée par les aléas de la communication avec la France. Dans le même temps, la multiplication de ses publications, son rôle comme médiateur avec les voyageurs français

1. *En communisme*, *op. cit.*, p. 147, 30 janvier 1920.

en URSS transformèrent Pierre Pascal en un personnage public, tandis que, plus souterrainement, le Parti communiste bolchevique ouvrait un dossier sur ce militant atypique.

Au commissariat du peuple aux Affaires étrangères : traducteur et plume de Tchitcherine

Par son choix de l'automne 1918, Pierre Pascal abandonnait une double appartenance institutionnelle – l'université et l'armée françaises – pour d'autres loyautés et d'autres pratiques collectives au sein de l'Internationale communiste et du gouvernement soviétique. Il fut rapidement repéré par les dirigeants moscovites pour des compétences qui le distinguaient singulièrement de ses camarades communistes étrangers. Après les terribles années de pénuries du « communisme de guerre » en 1918-1921, la situation matérielle de l'ancien officier français se stabilisa et s'améliora progressivement, au rythme d'une Nouvelle politique économique (NEP) qui ressuscitait le commerce et profitait aux habitants des grandes villes. Dans leurs souvenirs, ses contemporains venus de France évoquèrent Pierre Pascal « en 1919, la tête rasée, une grosse moustache de cosaque, de bons yeux toujours souriants, habillé d'une blouse de paysan et s'en allant nu-pieds par la ville » (Victor Serge) ; en 1920-1921, « un homme habillé en soldat russe, de la joie sur le visage, la main tendue et les yeux tendres » (Albert Londres), « maigre, émacié, austère » (Charles-André Julien), « visage rond, teint basané, noir de poil, vêtu à la russe – sarrau de toile, ceinture de cuir, bottes montantes jusqu'à mi-cuisses » (Louis-Oscar Frossard), « sans pardessus, les orteils sortant de ses chaussures vétustes » (Mauricius)[1].

Début 1920, il quitta la vaste maison du *Denejny pereoulok* pour l'ancien hôtel Lux, situé tout près, rue Tverskaïa, et réquisitionné pour les collaborateurs de l'Internationale communiste.

1. Victor Serge, *Mémoires d'un révolutionnaire et autres écrits politiques*, Paris, Le Seuil, 1951 (édition utilisée), p. 160, rééd. Laffont, coll. « Bouquins », 2001. Charles-André Julien, « Souvenirs de Russie », *Le Mouvement social*, janvier-mars 1970, p. 5-24. Louis-Oscar Frossard, *De Jaurès à Lénine. Notes et souvenirs d'un militant*, Paris, Éditions de la Nouvelle revue socialiste, 1930, p. 57. Mauricius, *Au Pays des Soviets*, *op. cit.*, p. 202.

Il data son transfert à l'été 1921, au IIIe congrès du Komintern ; pour faire place aux nouveaux arrivants, il déménagea dans une chambre de l'ancien hôtel Petit-Paris (*Maly Parij*), à quelques centaines de mètres à peine, au numéro 16 du *Leontevsky pereoulok*[1]. C'est là, en plein centre de Moscou, qu'il allait vivre jusqu'en 1933. Pascal émargeait alors comme tant d'autres auprès de plusieurs administrations, même s'il refusa toujours de reconnaître avoir fait partie de « la nouvelle classe supérieure » du régime. Fin 1919, les derniers représentants de la Mission militaire avaient quitté Moscou, interrompant tout lien administratif et financier avec la France pour ceux qui avaient choisi de rester. En avril 1920, alors qu'il notait qu'une « sagène » de bois (2 mètres cubes) coûtait 4 522 roubles, c'était donc grâce au double salaire versé par l'Internationale communiste et le commissariat du peuple aux Affaires étrangères qu'il gagnait 7 120 roubles mensuels.

Georges Tchitcherine avait succédé à Trotski à la tête de la politique extérieure soviétique en mai 1918. Début 1919, probablement en février, il recruta ce transfuge aux compétences linguistiques et rédactionnelles précieuses[2]. Le gouvernement bolchevique avait compris que l'information et la propagande seraient indispensables à un régime qui se trouvait à la fois en posture défensive – avec l'intervention franco-britannique jusqu'à la fin 1920 et la nécessité d'accepter l'aide internationale face à la terrible famine de 1921-1922 – et offensive. Menant la guerre contre le nouvel État polonais, sécurisant leurs frontières et cherchant des alliés parmi les vaincus de la Grande Guerre, les commissaires du peuple ne renoncèrent que lentement à s'appuyer sur une contagion révolutionnaire européenne. Sadoul ne se disait pas « séduit » par Tchitcherine, ancien menchevik d'origine aristocratique, cultivé et polyglotte, formé aux us et coutumes des affaires étrangères sous le tsar avant son émigration politique après 1905. Pascal s'enthousiasma publiquement quant à lui, en novembre 1918, pour le

1. *Mon état d'âme*, *op. cit.*, p. 18, et BDIC Archives Pascal, chronologie établie par Pierre Pascal pour l'édition du Journal.

2. Pierre Pascal signale pour la première fois son travail au NKID en février 1919 (*En communisme*, *op. cit.*, p. 27). Cf. aussi son dossier personnel de collaborateur du Komintern, RGASPI, Fonds 495, op. 270.

style nouveau du commissaire du peuple et la note « franche et spirituelle, pleine de faits et allant droit au but, combien éloignée du style volontairement vague et obscur des diplomates bourgeois », dans laquelle Tchitcherine dénonçait les positions sur la Russie du président américain Wilson. Il traça plus tard le portrait élogieux d'un dirigeant « respecté » et même « aimé[1] ».

Quelques centaines de mètres le séparaient de l'ancien hôtel Métropole où les Affaires étrangères (*Narkomindel* ou NKID) avaient établi leurs bureaux. Il s'agissait tout d'abord de traduire des documents diplomatiques pour le commissaire du peuple, qui consultait aussi l'agrégé pour la rédaction des notes lorsqu'il écrivait directement en français : « Tchitcherine me déclara un jour qu'il appréciait vivement le "style de la rue d'Ulm" de Pierre Pascal », témoigna Charles-André Julien, délégué du PCF au IIIe congrès de l'Internationale. « Un travail épouvantable », « je traduis à en avoir la tête cassée », notait Pascal[2]. Le service exigeait une disponibilité constante, y compris nocturne, avec la seule aide de Robert Petit qui assurait la dactylographie « dix-huit heures par jour à ses côtés[3] ». Enfin, il rédigeait les radiotélégrammes d'information envoyés vers la France *via* le récepteur de la tour Eiffel. Ainsi, en février 1920, il fut chargé de démentir l'enrôlement de soldats allemands dans l'Armée rouge, et pour ce faire reçut l'autorisation de collecter des informations auprès du Conseil révolutionnaire de la guerre, le *Revvoïensoviet.* En août 1921, un communiqué « revu avec notre brave ami Pascal » fut livré en mains propres par Tchitcherine à André Morizet, délégué au congrès de l'Internationale communiste, puis publié dans *L'Humanité*[4].

1. Jacques Sadoul, *Notes sur la révolution bolchevique*, 1919, *op. cit.*, p. 216 ; Pierre Pascal, « La Russie rouge et Washington », *Troisième Internationale. Organe de la section française du Parti communiste (bolchevique) russe*, n° 3, 9 novembre 1918. *En communisme, op. cit.*, p. 23, 25.

2. *En communisme, op. cit.*, p. 125, 11 janvier 1920 ; p. 130, 16 janvier 1920.

3. Mauricius, *Au Pays des Soviets, op. cit.*, p. 202.

4. André Morizet, *Chez Lénine et Trotski*, Paris, La Renaissance du livre, 1922, p. 138. BDIC F delta res 883 (11 b-3), lettre témoignage de Charles-André Julien le 6 juin 1929 et copies des radios du 4 août 1921 au 19 mars 1922.

Interprète aux conférences diplomatiques

Le NKID utilisa également les compétences de l'ancien journaliste René Marchand, que Pierre Pascal avait évalué en mai 1919 comme un militant faible pour le « travail actif » mais précieux pour les « publications de propagande ». Ce dernier s'employa à dépouiller les archives diplomatiques concernant l'alliance franco-russe et la marche à la guerre, pour en tirer un *Livre noir* publié en 1922[1]. Quant à Pierre Pascal, il ne resta pas cantonné aux travaux de plume. Une première participation comme interprète aux négociations turco-soviétiques est évoquée dans ses souvenirs. Toutes deux isolées sur le plan international, la Turquie de Mustapha Kemal et l'URSS de Lénine allaient s'entendre sur le tracé de leurs frontières et signer le traité de Moscou du 16 mars 1921, qui ouvrait la voie à la reconnaissance par la Turquie de l'Arménie soviétique.

L'année suivante, Tchitcherine montra la confiance qu'il portait à cet ancien officier français en l'associant à la conférence de Gênes, qui marqua du 10 avril au 19 mai 1922 l'entrée de l'État soviétique et de l'Allemagne, exclus des traités de paix, dans les discussions économiques européennes. S'il figura sur la photographie officielle, Pascal souligna dans ses souvenirs son rôle mineur dans la délégation. Il traduisit et fit imprimer le volume des positions soviétiques, *Les Réclamations de la Russie aux États responsables de l'intervention et du blocus*. C'est aussi lui qui traduisit sur-le-champ le traité de Rapallo, alliance négociée parallèlement entre l'URSS et l'Allemagne, qui marqua le premier succès de la diplomatie soviétique[2]. Pierre Pascal accompagna de nouveau les diplomates soviétiques à La Haye en juillet 1922. Les négociations étaient cette fois dirigées par Maxime Litvinov, l'adjoint de Tchitcherine, qui échoua à obtenir un accord financier, bloquant notamment

---

1. RGASPI, Fonds 17, op. 65, d. 105, lettre manuscrite de Pascal à Sadoul, 10 mai 1919, en français ; René Marchand, *Un livre noir, diplomatie d'avant guerre d'après les documents des archives russes, novembre 1910 – juillet 1914*, Paris, Librairie du Travail, 1922.

2. *En communisme*, *op. cit.*, p. 24, et *Mon état d'âme*, *op. cit.*, p. 13 sur l'accord soviéto-turc ; *Mon état d'âme*, *op. cit.*, p. 49-60 sur Gênes, p. 64-67 sur La Haye, p. 81-82 sur Lausanne, p. 113-114 sur Berlin.

avec la France sur la question des « emprunts russes » dénoncés en 1918. Il effectua enfin un passage à Lausanne, pour la conférence consacrée aux frontières turques et grecques en décembre 1922, puis un dernier voyage à Berlin *via* Varsovie, fort peu documenté.

Le travail de Pierre Pascal pour le commissariat du peuple aux Affaires étrangères cessa au début de l'année 1923. Les archives manquent pour suivre la décision d'une administration qui se professionnalisait et employait désormais des interprètes et des rédacteurs à plein temps. Pierre Pascal évoque aussi dans ses souvenirs un certain détachement de sa part, alors que tous les témoignages contemporains ou postérieurs soulignent son engagement dans les premiers mois de travail, au péril parfois de sa santé. Déçu par une diplomatie qui « obéit aux usages traditionnels », dans ses pratiques hiérarchiques et bureaucratiques comme dans ses objectifs, il dédaigna fin 1920 l'inauguration du club des collaborateurs du commissariat aux Affaires étrangères.

Le Secteur de presse : en marge de la politique française du Komintern

Alors que l'Internationale communiste se construisait dans une collaboration sans confiance avec les Affaires étrangères, Pierre Pascal dut gérer pendant quelques années son appartenance aux deux institutions[1]. On a vu combien la configuration propre au Groupe communiste français, décisive dans son choix de rester à Moscou comme dans les crises surmontées, avait été enchâssée dans celle du Parti communiste bolchevique et surveillée de près par le Comité central. Contrairement à Jacques Sadoul ou à Henri Guilbeaux, Pascal ne fut jamais l'interlocuteur direct des plus hauts dirigeants du Parti. Cela ne l'empêcha pas d'exprimer pour eux dans

1. Cf. G.M. Alibekov (dir.), *Politbiouro CK RKP(b) – VKP(b) i Komintern (1919-1943). Dokoumenty*, Moscou, Rosspen, 2004. Sur les structures de direction et les relations avec le NKID, cf. Serge Wolikow, « L'Internationale communiste. Jalons », in José Gotovitch, Mikhaïl Narinski *et al.*, *Komintern. L'histoire et les hommes. Dictionnaire biographique de l'Internationale communiste*, Paris, Éd. de l'Atelier, 2001, et Aleksandr Vatlin, *Komintern : ideï, rechenia, soudby*, Moscou, Rosspen, 2009.

son journal une admiration qui perdura après sa convocation disciplinaire. Approchant avec révérence au Kremlin « le cabinet dans lequel reçoit Lénine » (« Lui, doit être derrière cette porte »), il revint à l'occasion du troisième anniversaire de la révolution sur la direction du Parti : « Ce sont des génies à la tête : pas un faux coup de barre, pas un instant de doute. (...) Le Comité central du Parti, qui mène la haute politique, est un gouvernement d'élite comme jamais il n'en a existé. » Le militant fraîchement recruté affirmait dans ces lignes son adhésion aux principes militants : « (...) il faut qu'il y ait une doctrine, assez positive, assez scientifiquement fondée, pour donner des directives presque indiscutables presque dans chaque cas concret. Pour cela, il faut ensuite des hommes qui sacrifient sans réserve leur individu (pas d'histoires de femmes, pas d'ambitions, pas de paresses...) à la cause. Ceux-là seuls sont les chefs capables et suivis. S'en trouvera-t-il en France ? Je l'espère[1] ».

Par ces allusions transparentes aux conflits récents, l'ancien secrétaire du Groupe communiste prenait acte de l'échec collectif à se conformer à l'idéal des « chefs », comme à assumer le rôle clé, un temps envisagé par les membres les plus actifs, de premiers dirigeants du communisme français en gestation. Selon son dossier personnel, Pierre Pascal fut employé par le Komintern dès la création de cette institution politique d'un type nouveau en mars 1919, après avoir été considéré comme un collaborateur du Secteur de propagande du Parti, en tant que membre du Groupe communiste. Traducteur et rédacteur auprès du Secteur de presse du Comité exécutif de l'IC, il fut invité au titre de « collaborateur » à assister à quelques séances du Bureau du Comité exécutif, consacrées à l'action de propagande des étrangers[2]. Pour autant, il ne fut jamais associé à la politique par laquelle Moscou influait, par l'intermédiaire d'émissaires ou de courriers, sur l'évolution intérieure du mouvement socialiste français et la création d'un Parti communiste. « Mettant à profit l'expérience politique et sociale que nous

1. *En communisme, op. cit.*, p. 128, 15 janvier 1920 ; p. 211, 11 novembre 1920.

2. RGASPI, Fonds 495, op. 270, dossier de Pascal. Fonds 495, op. 1, d. 1, réunions du CE de l'IC.

avons acquise dans un pays où l'on a commencé la pratique du communisme et la réalisation du marxisme, sans aucune prétention de notre part, nous tenons pour certain que nous pourrons influencer dans un sens heureux tous nos camarades français habitant la France » : la confiance en soi affichée par la revue *Demain* en septembre 1919 demeura vide de conséquences.

Le manque de contacts et d'informations rendait très difficile en pratique l'intervention dans le débat sur l'avenir de l'Internationale socialiste. En France, les dirigeants et militants socialistes, les syndicalistes, les intellectuels pacifistes du groupe Clarté se montraient profondément divisés entre « reconstruction » et adhésion à la nouvelle Internationale communiste. Tout en affirmant que le Groupe n'avait pas « la prétention à donner de Moscou des leçons aux camarades qui sont sur place et savent mieux que nous la situation », Pascal prit position contre l'entrée du futur Parti communiste français au Parlement, en un vibrant plaidoyer pour la nécessité « d'intensifier la lutte contre le préjugé démocratique[1] ». Jacques Sadoul, familier de la SFIO avant guerre, tenta avec persévérance de maintenir le dialogue avec les camarades parisiens et de préserver par là même la possibilité de jouer un rôle de premier plan dans l'appareil dirigeant du socialisme français. En janvier 1920, il demanda par exemple à Fernand Loriot, secrétaire du Comité de la IIIe Internationale, qui militait pour le ralliement à Moscou, « d'excuser des erreurs d'appréciation entraînées par une connaissance incomplète des événements en France », insistant dans la même lettre sur la « confiance des camarades russes en (sa) faveur » malgré les « intrigues » de Guilbeaux et de Pascal[2].

Pascal n'avait ni le bagage doctrinal, ni la culture militante qui lui auraient permis de continuer à se positionner dans ces

1. *Demain*, n° 31, septembre 1919, « Thèses sur l'utilisation du parlementarisme bourgeois en France. Thèses adverses », p. 17 (signé P.P.) et « radiotélégramme » du 2 août 1919 signé Robert Deymes, Henri Guilbeaux, Pierre Pascal, Robert Petit pour le bureau du Groupe communiste.

2. Lettre de Jacques Sadoul à Fernand Loriot, Moscou, 30 janvier 1920, Archives nationales, dossier Sadoul dans le Fonds « Panthéon », citée par Romain Ducoulombier, *Régénérer le socialisme. Aux origines du communisme en France (1905-1925)*, doctorat de l'Institut d'études politiques de Paris sous la direction de Marc Lazar, 2007, p. 914.

débats. Mais le voulait-il, et le pouvait-il après janvier 1920 ? Le Comité central du Parti avait certes statué au printemps 1921 sur la compatibilité entre foi personnelle et appartenance au Parti de militants expérimentés, à condition qu'ils tentent de se débarrasser de leurs « superstitions[1] ». Mais si, à la fin 1919, cet « ancien officier de la Mission militaire, qui, du conservatisme, est allé au communisme », selon une formule de Guilbeaux, avait acquis la confiance personnelle de Tchitcherine, il restait bien éloigné de Lénine, Boukharine, Trotski et Kamenev qui bâtissaient tout à la fois l'État soviétique et l'Internationale communiste.

Parmi les Kominterniens. Des rencontres décisives :
Victor Serge, Evguenia Roussakova, Boris Souvarine

Avec la convocation rapide d'un IIe, puis d'un IIIe congrès de l'Internationale socialiste à Moscou en 1920 et 1921 se construisait un appareil permanent de direction et d'organisation du Komintern, essentiel dans la conception léniniste du Parti et de la future révolution prolétarienne. Suite à ces deux assemblées de militants, le réseau amical de Pierre Pascal fut profondément et durablement reconfiguré. Depuis le départ de la Mission militaire, les seuls visages français nouveaux croisés à Moscou avaient été, en 1919, Henri Guilbeaux et Victor Taratouta, dit aussi Kemerer. Membre du Parti bolchevique depuis 1903, ce dernier avait rencontré les socialistes français en émigration à Paris pendant la guerre, ce qui lui avait valu d'être chargé des affaires françaises au Komintern de retour en Russie. Il fut fort mal accueilli par Pascal qui le décrivit comme « ambitieux et sans scrupule », se méfiant tant de ses bonnes relations avec Sadoul que de sa position en France[2]. Pascal se lia en revanche rapidement avec Victor Serge. Depuis son arrivée à Petrograd début 1919 parmi les révolutionnaires échangés avec les officiers français de Russie, l'ancien anarchiste avait rempli « une foule de fonctions » : employé au

1. Mikhaïl Agursky, *Ivan Knijnik Vietrov, op. cit.*, p. 59-60.
2. *En communisme, op. cit.*, p. 112, 1er janvier 1920. Branko Lazitch (dir.), *Biographical Dictionary of the Comintern*, Hoover Institution Press, 1973, p. 397 sur Taratouta.

secrétariat de Grigori Zinoviev où il avait créé les Éditions de l'Internationale communiste, mais aussi responsable des archives de l'ancienne police politique, et même chargé de la contrebande d'armes pour l'état-major de l'Armée rouge, alors que la ville était encerclée par les Blancs[1]. S'il évoqua une première rencontre avec Pascal dès 1919, c'est plus certainement lors de son séjour à Moscou pour le IIe congrès de l'IC qu'il s'en rapprocha durablement.

Le congrès s'ouvrit dans la capitale en juin 1920, après une séance inaugurale à grand spectacle, tenue à Petrograd. À cette occasion, une première vague importante de voyageurs français atteignit la capitale soviétique, reflétant dans sa composition la tactique subtile des dirigeants bolcheviques, encore engagés dans la guerre en Pologne et en Ukraine[2]. Elle comprenait tout d'abord les délégués officiellement convoqués comme représentants du communisme français. Les syndicalistes de *La Vie ouvrière* Marcel Vergeat, Jules Lepetit, et Alfred Rosmer (Alfred Griot), arrivé le premier à Moscou comme délégué permanent, représentaient le Comité pour l'adhésion à la IIIe Internationale, tandis que le jeune écrivain Raymond Lefebvre portait la parole de l'Opposition de gauche du Parti socialiste. Le premier « Parti communiste » fondé à Paris sans la caution de Moscou avait délégué l'anarchiste pacifiste Mauricius (Maurice Vandamme). Seuls à ne pas voyager clandestinement, en tant que parlementaires, Marcel Cachin et Louis-Oscar Frossard étaient mandatés par la SFIO en mission d'information. D'autres voyageurs avaient un statut plus incertain aux marges du congrès, telle l'institutrice Hélène Brion, révoquée de l'Éducation nationale après sa condamnation en 1919 pour propagande défaitiste[3].

Si l'idée de conjuguer les négociations politiques avec la visite des premières réalisations économiques, sociales et

---

1. Victor Serge, *Mémoires d'un révolutionnaire, op. cit.*, p. 101 *sq.*

2. Cf. Annie Kriegel, *Aux origines du communisme français, 1914-1920. Contribution à l'histoire du mouvement ouvrier français*, Paris-La Haye, Mouton et Co., 1964.

3. Sur ces premiers délégués, cf. Fred Kupferman, *Au Pays des Soviets. Le voyage français en Union soviétique (1917-1939)*, Paris, Gallimard, coll. « Archives », 1979 ; Rachel Mazuy, *Croire plutôt que voir. Voyages français en Russie soviétique (1917-1939)*, Paris, Odile Jacob, 2002.

culturelles du jeune État s'était très vite imposée, les structures de l'accueil des étrangers en Russie soviétique étaient alors balbutiantes. Faute de guides ou d'interprètes spécialisés, les militants francophones furent chargés de piloter les visiteurs français[1]. Sans avoir été précisé par une quelconque lettre de mission, le rôle dévolu à Pierre Pascal semble clair. Sans mandat au congrès, il servit de contact sur place aux premiers « pèlerins » de Moscou, logés soit à l'hôtel *Dielovoï Dvor*, soit à l'hôtel Lux, plus confortable, pour les « seigneurs » (Hélène Brion) du mouvement communiste naissant.

C'est dans sa chambre du Lux que Pascal accueillit Hélène Brion, qu'il décrivit comme séduite par « un paradis en formation ». Ces premiers contacts avec les envoyés désignés ou autoproclamés du jeune communisme français, « mouvement de gestation chaotique » selon Mauricius en décembre 1920, ne furent pas plus apaisés que la vie interne du Groupe communiste de Moscou[2]. Pierre Pascal s'était lié avec Mauricius qui, écarté comme « anarchiste » et dénoncé comme agent de la police française, garda un souvenir ému de l'intervention en sa faveur du secrétaire du Groupe français. Il écrivit à Pascal à la veille de quitter Moscou : « Permettez-moi de vous exprimer combien votre cordialité et votre sympathie m'ont touché au milieu de toutes ces intrigues et de cette atmosphère de suspicion et d'hypocrisie. (...) Dans Moscou où tout me semblait hostile, cette petite chambre du Commissariat où je savais vous trouver me paraissait un havre, une oasis où je pouvais dire toute ma pensée devant des amis chers et oublier ma peine[3]. » Exclu du congrès puis autorisé à regagner la France par Odessa au terme d'une épique traversée de la Russie et de l'Ukraine

1. Berthold Unfried, « Les passants de l'hôtel Lux », in Catherine Gousseff (dir.), *Moscou 1918-1941, De « l'homme nouveau » au bonheur totalitaire*, Autrement, série Mémoires, n° 26-27, 1993.

2. *En communisme, op. cit.*, p. 176-179 sur le IIe congrès, p. 201, 2 novembre 1920. Sophie Cœuré, « Hélène Brion en "Russie rouge" (1920-1922). Une passagère du communisme », *Le Mouvement Social*, n° 205, octobre-décembre 2003, p. 9-20.

3. *Ibid.*, p. 179-180. BDIC F delta res 883 (1-9), copies des lettres de défense de Mauricius. Institut d'études slaves, Archives Pascal, copie d'une lettre à Guilbeaux et lettres de Mauricius à Pascal, 25 octobre 1920 et 9 décembre 1920.

en pleine guerre civile, Mauricius confia à Pascal son ressentiment : « Je maudis 1 000 fois les Rosmer et les Guilbeaux dont les intrigues misérables nous ont conduits à supporter tout cela. » Dans le cadre de ses dernières réunions, le Groupe communiste français avait en effet reçu Alfred Rosmer, ainsi que Marcel Cachin et Louis-Oscar Frossard. Ces représentants de la SFIO, accueillis à Moscou avec un mélange de méfiance et d'égards, furent convoqués par le Groupe le 17 juin 1920 pour un « examen sévère », deux jours avant de comparaître devant Lénine et le Comité exécutif de l'Internationale, qui les invita à assister au congrès. Leur ralliement aux « 21 conditions » d'adhésion à l'Internationale communiste, élaborées par une commission où figuraient Guilbeaux et Raymond Lefebvre, était crucial pour l'avenir du socialisme français.

« Au fond, je ne me sentais pas grand-chose de commun avec des politiciens, des chefs de parti, de plus foncièrement étrangers au pays russe », écrirait Pierre Pascal en 1977. En novembre 1920, esquissant un bilan du IIe congrès de l'Internationale, il se montra plus proche des syndicalistes que des « politiciens » comme Sadoul ou du « littérateur » Guilbeaux, et sembla partager les reproches des « Russes autorisés » contre les Français, « leur peur de l'illégalisme, leur inconsistance doctrinale, leur manque de discipline et d'organisation interne, leurs préoccupations personnelles », leur « sentimentalisme traditionnel »[1]. Collaborateur comme Sadoul et Guilbeaux du *Bulletin communiste*, l'organe du Comité de la IIIe Internationale, dès le troisième numéro daté d'avril 1920, l'ancien secrétaire du Groupe communiste consacra un article à la mémoire de Vergeat, Lepetit et Lefebvre. Il loua tant leur « amour profond et actif » pour la Russie que leur abandon doctrinal d'un « rêve anarcho-syndicaliste » en faveur du « communisme pur et simple ». « Nous comptions sur eux pour opérer ce grand rapprochement des syndicalistes révolutionnaires et du Parti socialiste, transformé désormais en vrai Parti communiste, d'où sortira bientôt la Révolution Prolétarienne. Puisse leur tâche commencée être reprise par beaucoup d'autres ! » conclut Pascal[2]. Mais si Pierre Pascal revint

1. *En communisme, op. cit.*, p. 202, 3 novembre 1920 ; p. 204, 5 novembre 1920.
2. *Bulletin communiste*, 17 février 1921, n° 7, « Lepetit, Vergeat et Lefebvre en Russie soviétiste », signé Pierre Pascal.

dans le *Bulletin communiste* comme dans ses souvenirs sur l'amitié sans nuages ébauchée avec Vergeat, Lepetit et Lefebvre, au cours de longues conversations partagées avec Victor Serge (encore nommé à l'époque « Kibaltchitch »), ce fut aussi à la lumière tragique de leur disparition au large de Mourmansk, lors de leur retour clandestin vers la France. Visages martyrs du premier communisme français, les trois hommes échappaient aux tableaux amers des affrontements politiques et des rivalités personnelles des Français de Moscou à l'été 1920.

« Notre vie aurait pu être qualifiée de mondaine si nous n'avions été en Russie bolchevique », écrivit dans ses Mémoires Yvonne Sadoul, qui avait finalement rejoint son mari à Moscou. De nombreux souvenirs souvent nostalgiques des espoirs héroïques des premiers temps de l'Internationale évoquent la vie au « caravansérail » des hôtels du Komintern comme un temps de camaraderie, de discussions ouvertes et passionnées, de contacts encore possibles avec les grands dirigeants de la révolution. Plus froidement, Alfred Rosmer, qui avait été au grand dam de Sadoul le seul Français à être coopté au Comité exécutif de l'IC, décrivit un séjour « désagréable » au Lux[1]. De fait, le milieu des « Kominterniens », terme qui apparut à l'époque, se divisait en microsociétés, conjugaison d'affinités personnelles et politiques. Cachin et Frossard préférèrent ainsi frayer avec Sadoul et Kemerer, déjà connus en France, et qui les accompagnèrent dans leurs rencontres avec Lénine, Trotski, Kamenev ou Zinoviev. Frossard évoqua dans son journal Pascal comme une « figure curieuse et attachante ». Cachin le considéra comme l'un des deux « agents essentiels » des Français communistes de Moscou, l'autre étant Sadoul, mais sembla reprendre à son compte la manière dont ce dernier le « débinait » : « Quant à Pascal, c'est un mystique catholique et papiste pratiquant. Il rêve de réunir l'orthodoxie grecque et l'Église romaine, sous l'égide du communisme. Depuis que Lénine est au courant de ces faits, on a réduit le rôle de Pascal qui n'a plus qu'une besogne, traduire en français les télégrammes et les radiotélégraphies en France. » Après son audition « inutile » au Groupe communiste qu'il considérait

1. Alfred Rosmer, *Moscou sous Lénine*, *op. cit.*, p. 156, p. 180. Yvonne Sadoul, *Tels qu'en mon souvenir*, *op. cit.*, p. 138.

comme « quasi fictif », Cachin nota : « Kemerer nous affirme qu'ils sont tous ici fixés sur le compte de Guilbeaux et de Pascal. Ils prennent Pascal pour un illuminé, Guilbeaux est aussi jugé sévèrement par eux[1]. » Cela ne l'empêcha pas de noter très soigneusement les explications que lui fournit Pascal sur le nouveau régime. Pascal défendait l'idée d'un « pouvoir fort » désormais accepté tant par les intellectuels que par les paysans, « plus heureux en Russie aujourd'hui que jadis ».

Le IIIe congrès de l'Internationale communiste, et le congrès fondateur de l'Internationale syndicale rouge (Profintern) en juin et juillet 1921 furent pour Pierre Pascal l'occasion de rencontres plus décisives. Pour renforcer son personnel en cette période chargée, le Komintern avait embauché comme dactylo une jeune Française d'origine russe de dix-sept ans, Evguenia Roussakova. Son père Alexandre Josselewicz avait comme beaucoup de juifs de l'empire russe changé de patronyme. Il portait comme toute sa famille le nom de son épouse Olga Roussakova, peut-être depuis les pogroms qui, tout autant que son engagement révolutionnaire, l'avaient chassé de Rostov en 1905. L'ouvrier socialiste d'Odessa émigré à Marseille avait marqué nettement ses sympathies envers le jeune régime bolchevique, menant une propagande active auprès des marins russes[2]. Il fut expulsé en 1919, lors d'échanges avec des soldats français. Sur le bateau, la deuxième fille de la famille, Lioubov (dite Liouba ou Bluma), rencontra Victor Serge qui devint son compagnon. Celui-ci fit faire à sa femme et à sa belle-sœur leurs premières armes de « dactylos » au secrétariat de l'Internationale à Petrograd, puis recommanda Evguenia au Secteur de presse à Moscou, où elle arriva en mai 1921. « Je fis sa connaissance. Il ne me fallut pas longtemps pour apprécier sa gentillesse, sa bonne humeur, son intelligence, sa générosité, son courage au travail et dans la vie en général.

1. Marcel Cachin, *Carnets, tome 2 (1917-1920)*, sous la dir. de Denis Peschanski, éd. par Gilles Candar, Brigitte Studer, Nicolas Werth, Paris, CNRS Éditions, 1993, p. 441, 16 juin 1920 ; p. 448, 17 juin 1920 ; p. 613, 28 juillet 1920 sur le Comité exécutif. Louis-Oscar Frossard, *Mon journal de voyage en Russie (5 juin-30 juillet 1920)*, Paris, L'Internationale, 1921, 16-VI-1920, p. 29.

2. BDIC F delta res 883 (2-8), « Histoire d'une famille, les Roussakov et Victor Serge », 6 mai 1933, par Pierre Pascal. Victor Serge, *Mémoires d'un révolutionnaire, op. cit.*

Nous fîmes amitié. » Ainsi Pascal décrivit-il pudiquement sa rencontre au Petit-Paris avec celle qui allait devenir la compagne de sa vie, son « petit crocodile », « cher *Krokodilionok* », encore vouvoyée en 1923. « Genia », « Jenia » ou « Jenny », qui arborait sur la photo de son dossier du Komintern le béret d'une petite Française, rédigea plus tard à la demande de son compagnon un vivant récit autobiographique de son arrivée et de ses premières impressions de la Russie des Soviets[1].

Logés au Petit-Paris ou à l'hôtel Lux, les Français communistes de Moscou étaient nécessairement amenés à se croiser. Né à Kiev en 1895, Boris Lifschitz avait suivi ses parents dans leur émigration parisienne. Jeune militant socialiste marqué par l'expérience de la guerre où son frère avait perdu la vie, journaliste au *Populaire* sous le pseudonyme de Souvarine, emprunté au *Germinal* de Zola, il avait rejoint le Comité de la IIIe Internationale et milité pour le ralliement à Moscou, fondant notamment le *Bulletin communiste.* Son emprisonnement pour « complot » au printemps 1920 l'avait maintenu à Paris lors du IIe congrès[2]. Délégué au IIIe congrès par le jeune Parti communiste français, il décrivit dans ses souvenirs Evguenia, la « secrétaire si gentille et dévouée », et une amitié tôt nouée avec Pierre Pascal. Ce dernier se souvint d'avoir d'autres visiteurs, venus avec ou sans mandat : les syndicalistes espagnols Andrès Nin et Joaquin Maurin, mais aussi, plus âgés, le journaliste et critique d'art Jacques Mesnil (Jean-Jacques Dwelshauver) et sa femme Clara Mesnil, « intellectuels raffinés » ; les socialistes Charles-André Julien et André Morizet, maire de Boulogne. Celui-ci rendit hommage en 1922 à Pascal et à Marchand, « mentors infatigables » : « Nous aurions en vain cherché des guides plus instruits de la langue et des institutions, plus avertis des êtres et du milieu, d'une culture plus affinée, d'un jugement plus sain[3]. » Malgré un réveillon partagé à l'aube de

1. Evguenia Roussakova-Pascal, « Tribulations d'une famille », *En communisme, op. cit.*, p. 49-104. Manuscrit « inachevé » qui n'a pas été conservé dans les archives de Pascal. RGASPI, Fonds 495, op. 65a, d. 11016, dossier personnel d'Evguenia Alexandrovna Roussakova.

2. Boris Souvarine, *Souvenirs sur Panaït Istrati, Isaac Babel, Pierre Pascal, op. cit.* Jean-Louis Panné, *Boris Souvarine. Le premier désenchanté du communisme*, Paris, Robert Laffont, 1993, chap. 10, « Délégué au Komintern ».

3. André Morizet, *Chez Lénine et Trotski, op. cit.*, p. 11.

l'année 1922, Pascal n'évoque jamais son cadet d'une année, le pasteur suisse Jules Humbert-Droz. L'itinéraire de cet intellectuel pacifiste, passé « du tolstoïsme au communisme », qui avait intitulé sa thèse de licence en théologie *Le Christianisme et le socialisme : leurs oppositions et leurs rapports*, était riche de rencontres possibles avec Pierre Pascal, mais l'étincelle amicale ne se produisit pas, alors qu'Humbert-Droz s'installa au Lux avec son épouse Jenny et son fils pour l'hiver 1921-1922[1].

Humbert-Droz entama comme Souvarine, promu lui aussi membre du « Petit bureau » (devenu Praesidium en 1921) et du Secrétariat, qui assuraient la direction politique effective de l'Internationale, une vie nomade et semi-clandestine, entre Moscou et les divers « pays latins ». L'organisation progressive de l'Internationale et du gouvernement entraîna d'autres nominations, qui disloquèrent progressivement l'ancien Groupe communiste français. Marcel Body, marié lui aussi à une « dactylo » francophone du Komintern, Evguenia Oranovskaïa, la fille d'une aristocrate populiste qui avait élevé ses enfants en France, fut nommé secrétaire de l'ambassadeur soviétique en Norvège. Jacques Sadoul puis Henri Guilbeaux rejoignirent Berlin, respectivement pour les services économiques de l'ambassade et comme correspondant de *L'Humanité*. Robert Petit et Victor Serge s'installèrent aussi en Allemagne pour s'occuper de l'organe officiel du Komintern, *Correspondance internationale* ou *Inprekor*, Serge étant également journaliste dans la presse communiste allemande. Raoul Chapoan entra au ministère de l'Agriculture mais sa compagne Jeanne fut expulsée par la Tcheka pour « espionnage ».

Éloigné de l'organisation de l'Internationale après le IIIe congrès, Pierre Pascal demeura un homme de confiance, assurant à Gênes la liaison avec l'avocat communiste André Berthon, sollicité par *L'Humanité* pour cautionner la ligne du Parti[2]. Il continua à recevoir occasionnellement la visite

1. *Ibidem* et Jules Humbert-Droz, *Mémoires*, t. 1 (*Mon évolution du tolstoïsme au communisme, 1891-1921*) et t. 2 (*De Lénine à Staline, dix ans au service de l'Internationale communiste, 1921-1931*), Neuchâtel, La Baconnière, 1969 et 1971.

2. *L'Humanité*, 27 janvier 1923, « Quelques lignes de Pierre Pascal ». Institut d'études slaves, Archives Pascal, lettre d'André Berthon, 27 avril 1922.

des délégués français, comme Marcel Cachin en 1922 puis en 1924[1]. Début 1924, Paul Vaillant-Couturier, alors en campagne électorale pour les listes communistes du département de la Seine pour les élections législatives, lui recommanda, en utilisant le tutoiement chaleureux des camarades, « l'un de nos sympathisants », l'Américain Leslie Hotston qui s'intéressait au théâtre russe pendant la révolution[2]. Comme tous les ans depuis 1919, l'ancien secrétaire du Groupe communiste français défila encore sur la place Rouge avec les autres membres du Komintern, le 1er mai 1923. À la fin de cette même année, il fut chargé comme « représentant du PCF », parrain de l'unité, de remettre un drapeau à la première Division des cosaques rouges de Proskourov (aujourd'hui Khmelnitskiï) en Ukraine. Le commandant Schmidt lui dédicaça une photo souvenir, sur laquelle le Français posa en manteau de cuir, hautes bottes et bonnet de fourrure, au milieu des officiers cosaques[3].

Diffuser une image de la révolution russe : la « parole d'un témoin oculaire »

Ma qualité de communiste ne doit aucunement vous porter à suspecter ma parole de témoin oculaire, puisque c'est précisément par dévouement à la vérité que j'ai adhéré à ce parti.

En Russie rouge, 1920

Dans le mouvement communiste international, Pierre Pascal se trouva donc aux marges des organes de décision, tout en bénéficiant de la confiance du mouvement. L'Internationale communiste le recadra dans des fonctions de « traducteur et

1. Marcel Cachin, *Carnets, t. 3 (1921-1933)*, éd. par Jacques Girault et Serge Wolikow, Paris, CNRS Éditions, 1998, p. 109, 16 février 1922. BDIC F delta res 883 (1-2), lettre de Marcel Cachin à Paul Bastid, 19 octobre 1924.

2. Institut d'études slaves, Archives Pascal, lettre de Paul Vaillant-Couturier « au camarade Pascal », 18 février 1924, et mot au crayon de Leslie Hotston.

3. Récit du défilé du 1er mai dans « Le mois en Russie. 15 avril-15 mai », *Correspondance internationale*, vol. 41, n° 23, mai 1923, rééd. in *Mon état d'âme*, *op. cit.*, p. 91. Marcel Cachin, *Carnets*, t. 3, *op. cit.*, p. 452 et 456 sur la visite par Cachin de cette même division en août 1928 et le rappel du geste de Pascal.

rédacteur » et dans un rôle plus informel de pédagogie et d'accompagnement auprès des militants français de passage à Moscou. Les nombreuses possibilités de publication ainsi offertes pouvaient alors, en cette première moitié des années 1920, s'alimenter aux sources d'informations fournies par sa position privilégiée au commissariat du peuple aux Affaires étrangères.

Initiative et commande dans les publications

En 1918 dans le journal du Groupe communiste, *Troisième Internationale. Organe de la section française du Parti communiste (bolchevique) russe*, parurent huit articles signés de Pascal ou de son pseudonyme, « Veyrières ». Pascal contribua largement à l'unique numéro de la revue *Demain* que Guilbeaux tentait de transférer de Suisse en Russie comme « Organe du Groupe communiste français de Moscou » en 1919. En 1920, il devint également l'un des « collaborateurs français » du *Bulletin communiste*, publié par le Comité pour la IIIe Internationale puis, à partir de 1922, par le Parti communiste (SFIC) et dirigé jusqu'en 1924 par Boris Souvarine. C'était donc à destination du public français, ou du moins francophone, que l'ancien secrétaire du Groupe communiste français y signait un article en 1920, quatre en 1921, aucun en 1922 (mais il apparaissait en couverture le 6 avril avec la photographie des « premiers Français de Russie ralliés au bolchevisme »), six en 1923. Pour *Correspondance internationale*, l'hebdomadaire du Komintern lancé en octobre 1921 en quatre langues pour alimenter en informations et en documents les partis communistes, Pascal signa six articles en 1922, onze en 1923 (dont cinq repris à l'identique du *Bulletin communiste*), un en 1924 à l'occasion de la mort de Lénine. En 1922, il publiait également quatre articles dans *Clarté*, la revue d'intellectuels née du mouvement pacifiste du même nom lancé en 1919 par Raymond Lefebvre et Henri Barbusse, et devenu fin 1921 un bimensuel rallié au « communisme international » tout en restant indépendant du Parti[1]. Enfin, Pascal fut l'auteur de deux brochures en 1921,

1. Nicole Racine, « Une revue d'intellectuels communistes dans les années vingt : *Clarté* (1921-1928) », *Revue française de sciences politiques*, vol. XVII, n° 3, juin 1967, p. 484-519.

En Russie rouge et *Les Résultats moraux de l'État soviétiste*, d'une préface à la traduction russe de l'ouvrage de Francis Delaisi, *La Démocratie et les financiers*, publiée en 1924, et de quelques articles et préfaces en russe. Son activité principale demeura toutefois la rédaction et la traduction en français d'articles des dirigeants soviétiques ou de publications de documents, à destination des Français de Russie puis des pays « bourgeois » francophones, le plus souvent sans doute non signés.

Faute d'indications précises sur cet employeur d'un type nouveau qu'était le Komintern, il est parfois difficile de faire le tri entre la commande et la production spontanée dans le rythme de parution et le contenu des écrits de Pierre Pascal. En juin 1919 avait été créé, plus ou moins formellement, un « Collège de Rédaction composé de trois camarades responsables : Guilbeaux, Pascal et Niourine, afin de collecter ensemble les matériaux devant être transcrits en français pour des publications originales et utilisées sur les indications du Bureau ». Dans le rapport où il prenait acte des dysfonctionnements du Groupe communiste, Niourine dressait le bilan d'une activité débordante. Marcel Body et René Marchand étaient aussi mobilisés pour traduire en français le programme du Parti, des brochures de Lénine ou de Boukharine, auxquels on peut ajouter les tracts destinés à la propagande auprès des soldats de l'Intervention française en Russie du Sud[1].

Le représentant du Parti bolchevique dans le Groupe communiste mentionnait également les idées plus personnelles de Pascal : « Un grand projet d'Encyclopédie de la Construction communiste en Russie, et un projet d'édition commentée des décrets les plus importants de la RSFSR. Pour cette dernière publication, la Section a préparé et présenté au cam[arade] Pascal tout un choix préparatoire pour la traduction des décrets. » À la fin de l'année 1919, Pascal revint à la charge dans un petit mot adressé au Bureau : « Chers camarades, j'ai l'intention d'écrire un petit ouvrage intitulé : les conducteurs de la Révolution bolchevique et les constructeurs de la

1. RGASPI, Fonds 495, op. 1, d. 1, Rapport sur le groupe français. Moscou, 27 juin 1919. Pour le Bureau de l'Internationale communiste, signé Niourine, en russe.

République des Soviets de Russie », soulignant son utilité pour la propagande[1].

Faire connaître à l'étranger ses programmes et ses réalisations était un enjeu parfaitement perçu par le jeune régime soviétique, alors que la contagion révolutionnaire semblait toujours possible en Europe et que la curiosité ne faiblissait pas de l'autre côté de la « muraille de Chine » du mensonge bourgeois, dénoncé par Lénine. Pascal s'inscrivait avec énergie dans ce prosélytisme. Son passage au « confessionnal » du Parti et sa mise à l'écart du secrétariat du Groupe communiste ne le découragèrent pas. Peut-être avait-il compris au contraire que son destin immédiat n'était pas de progresser rapidement dans la hiérarchie bolchevique ? Début janvier 1920, il conjuguait en effet le désir de propagande et d'humilité : « Plusieurs rêves : faire une lettre aux camarades de France sur la Russie soviétique, une cinquantaine de pages, circonstanciées. Me faire inscrire à l'école de travail socialiste, y suivre le plus possible la vie des étudiants, pour connaître encore des âmes de paysans et d'ouvriers de toutes les provinces. »

En réalité, le militant surchargé de travail par sa double fonction aux Affaires étrangères et au Komintern, largement coupé de ses anciennes relations russes au profit des cercles de l'exil internationaliste, n'eut presque aucune occasion de découvrir le peuple russe. Il s'engagea dans une défense ferme et pédagogique des réalisations de la révolution à partir de nombreuses lectures et d'une collecte active d'informations, avec l'appui des autorités. Dès la fin de 1918, c'est en qualité de collaborateur du journal *Troisième Internationale*, mais aussi de « privat-docent de l'Université de Paris », qu'il reçut les autorisations pour collecter « le matériau d'information des institutions soviétiques », notamment sur les réformes scolaires. En 1919 et 1920, il enquêta dans les administrations, ainsi la Direction de la statistique, et visita un camp de prisonniers sur la recommandation de Tchitcherine et de Kamenev[2].

---

1. RGASPI, Fonds 1, op. 1, d. 1. Fonds 517, op. 1, d. 4, Moscou, 28 novembre 1919, « Aux camarades du bureau de la IIIe Internationale », signé Pierre Pascal, en français.

2. *En communisme*, *op. cit.*, p. 119, 8 janvier 1920 ; p. 128, 15 janvier 1920. BDIC F delta res 883 (1-7), attestations des 13 et 18 novembre 1918.

« La vérité sur la Russie soviétiste » : politique extérieure, société, « programme moral »

Sans véritables responsabilités rédactionnelles, et malgré l'échec de ses projets encyclopédiques ambitieux, Pascal endossa la posture du témoin. La brochure *En Russie rouge* parut à Moscou en 1920, à Paris en 1921. La préface datée de Moscou le 9 février 1920 réaffirmait la nécessité de propager « la vérité sur la Russie soviétiste » contre les « absurdes calomnies » et les « légendes les plus fantastiques ».

La démarche était présentée comme personnelle :

> Voilà la vérité vraie, et j'ai pensé que je devais profiter de mon séjour ininterrompu de bientôt quatre années au cœur de la Russie, et des observations constantes qu'il m'a été donné de poursuivre pendant tout ce temps sur le développement social, politique, économique et moral du pays, pour tâcher de la découvrir enfin à mes amis de France. Vous savez les circonstances exceptionnellement favorables dans lesquelles j'ai été placé pour une semblable étude, vous connaissez mon caractère et ma préparation scientifique précédente : vous devez donc avoir confiance dans l'exactitude des descriptions impartiales que, grâce à l'aimable autorisation des autorités russes, je vous enverrai par radio. Ma qualité de communiste ne doit aucunement vous porter à suspecter ma parole de témoin oculaire, puisque c'est précisément par dévouement à la vérité que j'ai adhéré à ce parti. Je me bornerai d'ailleurs à raconter, à constater, à exposer et à expliquer les faits.

Le parti pris formel adopté pour *En Russie rouge*, présenté comme des notes de journal prises entre février et avril 1920, venait renforcer l'impression de vérité : « Je voudrais, par ce récit aussi impersonnel, aussi photographique que possible, vous faire participer à mon bonheur profond, à ma joie chaque jour renaissante, de vivre à Moscou, au cœur de la Russie soviétiste. L'Occident capitaliste et bourgeois tombe en décomposition, le fait est patent, les gazettes l'avouent et son relent de mort nous arrive jusqu'ici[1]. »

---

1. *En Russie rouge*, Moscou, Les Éditions de l'Internationale communiste, 1920, rééd. Paris, Librairie de l'Humanité, 1921, p. 7-8, p. 43. Le journal

Les articles que Pascal publia dans la presse communiste s'embarrassaient moins à développer ces justifications, mais s'appuyaient eux aussi sur la qualité d'observateur engagé de leur auteur. Il n'hésitait pas à ajouter des avis personnels et des narrations vécues aux citations de données soviétiques. Contrairement à Victor Serge qui se spécialisa rapidement dans des articles traitant de la vie intellectuelle et artistique ou de l'histoire récente de la révolution, Pierre Pascal aborda des thèmes variés, et eut même, à deux reprises, l'ambition d'une chronique globale. En 1918, il lança dans *Troisième Internationale* la rubrique « Une année de travail soviétiste[1] » qui ne connut que trois livraisons, toutes consacrées à la politique agricole. En 1923, la page « Le mois en Russie soviétiste » s'installa plus durablement dans *Correspondance internationale* et dans le *Bulletin communiste*.

Enjeu important pour la survie même du régime bolchevique, la politique extérieure permettait de mobiliser l'expérience personnelle du collaborateur de Tchitcherine. Dès 1918, dans la dynamique du Groupe communiste français, il se chargeait de suivre « les éphémérides fantastiques de cette décade historique », appelant notamment à la solidarité des travailleurs du monde contre les « exploiteurs », en Ukraine, en Autriche et en Allemagne[2]. *En Russie rouge* s'attacha à démontrer la volonté de paix des Soviets et à démentir comme « légendes ridicules » leur germanophilie. Dans *Clarté*, Pascal faisait partager ses « impressions de séance » de la conférence de Gênes et concluait sur un « succès éclatant pour la Russie soviétiste ». La ligne de l'Internationale fut scrupuleusement suivie jusqu'à la fin des contributions de Pierre Pascal à la presse communiste

---

est interrompu le 20 octobre 1918 et reprend le 1er janvier 1920 jusqu'en avril, puis, en novembre-décembre 1920, deux carnets originaux dans BDIC F delta res 883 (19-5-3) permettent de comparer. En 19-5-1, feuillets 1919 non publiés dans le t. 2 du Journal.

1. Pierre Veyrières, « Une année de travail soviétiste », *Troisième Internationale. Organe de la section française du Parti communiste (bolchevique) russe*, n° 5, 27 novembre 1918.

2. Pierre Veyrières, « Le bolchevisme dans le monde. La révolution en Allemagne », *Troisième Internationale. Organe de la section française du Parti communiste (bolchevique) russe*, n° 4, 20 novembre 1918 ; Pierre Veyrières, « Le bolchevisme dans le monde. La révolution en Ukraine », *ibid.*, n° 6, 4 décembre 1918 ; Pierre Pascal, « La Révolution en Autriche », *ibid.*, n° 8, 20 décembre 1918.

internationale. Ainsi profita-t-il de son passage à Varsovie en 1922 pour témoigner de l'antisémitisme de la « Pologne bourgeoise et militariste », dont le rapprochement avec la France dans la Petite Entente inquiétait l'URSS. Au printemps 1923, il contribua à la dénonciation des violences de l'occupation franco-belge de la Ruhr, en s'appuyant, pour une fois, sur son passé d'ancien combattant : « Nous tous qui avons fait la guerre, nous savons ce qu'officiers et soldats avaient l'intention de faire en Allemagne si jamais ils y entraient : vider les maisons et les caves, violer les femmes et fusiller[1]. » À la fin de l'été 1923, la promesse de révolution en Allemagne suite aux grèves et aux insurrections soutenues par le Komintern nourrissait une campagne de presse, en URSS comme en France. Pascal y contribua par un nouvel appel à la mobilisation des « travailleurs d'Occident » : « La Russie on le sait aura un devoir impérieux, nourrir la révolution à tout prix[2]. »

C'est dans un contexte international plus apaisé que parut sa préface à la traduction russe d'un ouvrage de Francis Delaisi, publié en français en 1911 : *La Démocratie et l'oligarchie financière.* Regrettant que l'auteur, journaliste syndicaliste proche de l'aile gauche du socialisme avant guerre, ait évolué vers le « libéralisme bourgeois », Pierre Pascal actualisait pour le lecteur soviétique le contexte initial de publication du livre. Le ton n'était pas celui des négociations diplomatiques pour la reconnaissance de l'URSS par le Cartel des Gauches, mais bien celui du Komintern et du PCF, hostile aux républicains, radicaux socialistes et socialistes tout autant qu'à Poincaré. Dénonçant les « requins de l'industrie et de la finance », la presse corrompue, les élections manipulées, Pierre Pascal ajoutait : « La démocratie bourgeoise n'est qu'un attrape-nigauds. Nous savons qu'à l'époque actuelle il n'y a pas de milieu entre la dictature du capital et la dictature du prolétariat », pour

1. *En Russie rouge, op. cit.*, « La Politique extérieure du pouvoir des Soviets, 31 mars 1920 », p. 74. *Clarté*, n° 13, 15 mai 1922, « Réflexions sur la conférence ». *Correspondance internationale*, « La conférence de Gênes, le prolétariat et La Haye », n° 47/17, juin 1922 ; « Un épisode de fascisme en Pologne », n° 97, 16 décembre 1922 ; « Militarisme boche... civilisation française », n° 28/13, 7 avril 1923.

2. *Correspondance internationale*, « Le mois en Russie. 15 août-15 septembre », n° 77, 28 septembre 1923.

conclure en appelant les « travailleurs organisés » de France à se libérer « en même temps de l'illusion démocratique et du joug de leurs exploiteurs[1] ».

La situation économique et sociale donna lieu, à l'usage des lecteurs du *Bulletin communiste* et de *Correspondance internationale*, à des analyses générales, comme celle de la législation « réfléchie et prudente » adoptée en 1923[2], et à des présentations thématiques consacrées essentiellement aux campagnes. Pascal s'essayait à une pédagogie des politiques agraires successives. « La correspondance étonnante des solutions réclamées spontanément par le peuple, c'est-à-dire exigées par la force des choses, avec celles que proposaient le programme socialiste et la tactique bolchevique prouve avec évidence, une fois de plus, la vérité de ce programme et de cette tactique », écrivit-il en 1918. En 1922-1923, ses articles prirent un ton plus défensif d'explication des difficultés rencontrées : famine, mécontentement paysan face à l'impôt et aux réquisitions, crise « des ciseaux », liée à la NEP, entre prix agricoles à la baisse et prix industriels en hausse vertigineuse[3]. Pierre Pascal aborda le thème de la politique éducative et scientifique des Soviets en s'appuyant également sur les données officielles et les formules attendues : éloge de la presse soviétique, des actions pour « élever l'initiative des masses », des « efforts admirables et féconds » des instituteurs, de la riche « pâture intellectuelle » offerte au peuple. Davantage que pour les campagnes, il pouvait solliciter les expériences vécues, prenant pour exemple d'un pays où « la terre s'illumine d'écoles » le « Palais de l'enfance » du commissariat aux Voies de communication, dirigé par sa vieille amie Élisabeth Alekseiev[4].

1. F. Delezi (Francis Delaisi), *Demokratia i finansovaïa oligarkhia vo Frantsii, perevod s frantsouzskogo I. Markel s predisloviem P. Paskalia*, Moscou, Novaïa Moskva, 1924. Introduction, p. III-XX.

2. « Le mois en Russie. 15 juin-15 juillet », *Correspondance internationale*, n° 60, 27 juillet 1923.

3. *Troisième Internationale. Organe de la section française du Parti communiste (bolchevique) russe*, « Une année de travail soviétiste. I – la question agraire », n° 5, 27 novembre 1918 ; « II – L'application de la réforme agraire », n° 7, 12 décembre 1918 ; « III – Les communes agricoles », n° 8, 20 décembre 1918 (signé Pierre Veyrières). *Correspondance internationale*, « Le mois en Russie », *passim*.

4. *Correspondance internationale*, « Le mois en Russie. 15 mars-15 avril 1923 », 27 avril 1923, « Le mois en Russie. 15 avril-15 mai », n° 41/23,

C'est en abordant la question de l'homme nouveau dans *Les Résultats moraux de l'État soviétiste*, contribution datée d'août 1920 et parue en France dans les *Cahiers du travail*, que Pierre Pascal tint les propos les plus personnels. Non que le thème en lui-même lui fût propre. Il traversait le débat politique intérieur à la gauche révolutionnaire, en écho au débat qui agitait l'Europe et l'Amérique sur le renversement des valeurs à l'œuvre en Russie, barbarie pour les uns, « forme de civilisation entièrement nouvelle » pour les autres, selon la formule de John Reed. Pascal présenta résolument le communisme soviétique comme un « humanisme » :

> Le communisme, n'en déplaise à quiconque, et sans que le mot y soit, possède un programme moral : la suppression des classes et de l'inégalité économique, la réalisation la plus complète possible dans chaque individu de l'idéal humain, l'intégration consciente et active de chaque travailleur dans la grande solidarité universelle, l'éducation dans chaque homme des qualités requises à cet effet : honnêteté, franchise, désintéressement, endurance, courage actif, ardeur au travail et à la lutte, constance, dévouement, héroïsme, tout cela au plus haut degré, dans tous les domaines, à tous les instants, malgré tous les obstacles, n'est-ce pas un programme moral ?

Il déclinait ensuite d'une manière plus classique pour l'époque les réalisations du régime pour une « Russie régénérée ». « L'immense révolution morale » réalisée en faveur des paysans désormais détenteurs de la terre, l'égalité, mais sans « rien du nivellement utopiste de certains anarchistes », l'abolition des classes, étaient abordées en s'appuyant *a contrario* sur son expérience vécue parmi les officiers de la Mission militaire. S'il évitait d'aborder la question de la religion, l'idée du salut apparaissait en filigrane dans son appel à l'Occident bourgeois : « Comment tous les hommes sincères n'ont-ils pas fait le saut obligatoire du royaume des morts au royaume de régénération ? » Le bilan pessimiste de cette « révolution morale » fut proposé par Pierre Pascal trois ans plus tard dans

---

mai 1923. *En communisme*, *op. cit.*, p. 125, 10 janvier 1920 ; p. 152, 29 mars 1920 ; et *En Russie rouge*, *op. cit.*, visite de l'Institut de physique, p. 51 ; « Un jardin d'enfants à Moscou. 12 avril 1920 », p. 79.

le cadre d'un article qui faisait le point sur la NEP. Faisant allusion à sa propre brochure, il écrivait : « Hélas ! La "nouvelle" politique a montré que ces "résultats" étaient provisoires et superficiels : les problèmes qui semblaient écartés se reposent, les fléaux de la société bourgeoise reparaissent[1]. »

Insistant sur l'absence de dogmatisme du Parti bolchevique quand il en présentait les congrès en tant que spectateur, Pierre Pascal utilisait Lénine comme seule référence théorique précise, au-delà de quelques allusions au marxisme. Il s'en faisait le passeur auprès du public français, publiant une lettre du 8 octobre 1917 dans *Clarté*. La réédition d'une brochure de 1894 découverte dans les archives de la police tsariste fut l'occasion d'un éloge du léninisme « désormais érigé en théorie » et de son enseignement, « encore valable pour tous les partis communistes ». « Le Parti n'a plus pour le guider l'intuition géniale de Vladimir Ilitch [Lénine] », déplora-t-il après la première attaque cérébrale qui avait éloigné celui-ci du gouvernement[2]. Son dernier article pour *Correspondance internationale* fut un hommage au leader disparu, présenté comme le fossoyeur du « vague socialisme sentimental » à la française. L'article abordait sa relation aux travailleurs français qui « pleureront comme à la mort d'un être proche », mais aussi un mode plus personnel. « Lénine a dirigé personnellement les premiers pas du communisme français. Petit groupe de Français réunis à Moscou en 1918, nous publiions vers l'automne de cette année un petit journal hebdomadaire de propagande et d'information intitulé *Troisième Internationale*, destiné aux soldats des corps d'occupation et aux ouvriers français. Lénine était l'inspirateur de cette feuille. » « En France comme partout, les travailleurs simplement et naïvement dévoués au communisme pleureront comme à la mort d'un être proche. Les autres, et

1. *Les Résultats moraux de l'État soviétiste*, in *Deux conséquences de la Révolution russe*, Paris, *Cahiers du travail* 1-3, 1er avril 1921, Éditions de la bibliothèque du travail, rééd. in *En communisme*, *op. cit.*, p. 182. « Le mois en Russie. 15 juillet-15 août », *Correspondance internationale*, n° 67, 24 août 1923 ; « Le mois en Russie. 15 août-15 septembre », *Correspondance internationale*, n° 77, 28 septembre 1923.

2. « Conseils d'un spectateur », *Clarté*, n° 27-30, décembre 1922. « Une œuvre inédite de Lénine », *Bulletin communiste*, n° 25, 21 juin 1923, et *Correspondance internationale*, n° 42, 29 juin 1923. *Ibid.*, n° 34, 27 avril 1923.

tout le Parti communiste, privés de celui qu'ils consultaient et écoutaient comme un maître, s'efforceront d'étudier sa théorie, sa méthode et son exemple comme exprimant le mieux le rôle actuel du prolétariat et comme les plus propres à hâter sa victoire », concluait l'article. Il fut publié aussitôt en russe avec un titre plus imagé, « L'arme de l'émancipation est forgée », dans une compilation d'articles nécrologiques, Pierre Pascal signant toujours comme membre du Parti communiste français[1].

Le ton général de ces publications, que nous aurons à confronter avec les écrits privés de leur auteur, demeurait celui d'une défense de la politique menée par la « nouvelle Russie » contre l'ancienne. L'idéal n'était pas abandonné, affirmait-il en 1921. Le « cadre hideux de la NEP, c'est-à-dire du capitalisme renaissant, mais réfréné », demeurait nécessaire pour atteindre le but révolutionnaire, expliquait-il en 1923 : les « contrastes douloureux » d'une société plus inégale s'expliquaient par la « période de transition » : « En dehors de cette voie, y a-t-il autre chose que l'anarchisme, qui est un bel idéal mais pas une politique ? Il faut bien que la révolution triomphe, devienne pouvoir pour créer du nouveau. » S'il reconnaissait, à la suite de la presse soviétique, les difficultés rencontrées, les bilans restaient positifs : « larges possibilités de relèvement et de progrès » au sortir de la famine en 1922, « enrichissement des campagnes » grâce à la NEP et au retour de la paix à l'été 1923[2]. À plusieurs reprises, Pierre Pascal insista également sur le redressement démographique, l'enracinement durable du régime et l'adhésion du peuple à ses principes et à ses dirigeants.

1. « Lénine et les travailleurs français », *Correspondance internationale*, n° 9, 6 février 1924, rééd. in *Mon état d'âme*, *op. cit.*, p. 123. Traduction russe : « Oroujie osvobojdenia vykovano » (« L'arme de l'émancipation est forgée »), in M.G. Rafes (éd.), *Ou velikoï moguily*, Izd. Gazety Krasnaïa Zvezda, 1924, p. 38.

2. *Bulletin communiste*, n° 21-22, 26 mai 1921, « La nouvelle politique économique du gouvernement soviétique » ; n° 24, 9 juin, « La vie économique en Russie : la campagne d'ensemencement ». *Correspondance internationale*, n° 56, 29 juillet 1922 ; n° 27, 4 avril 1923 ; n° 35, 5 mai 1923 ; n° 52, 29 juin 1923 ; n° 58, août 1923.

L'analyse de l'attitude des intellectuels ou des écrivains était attendue en France de la part du normalien agrégé. Or Pascal se montra assez peu concerné par l'effervescence culturelle russe. *En Russie rouge* évoque cependant « une soirée chez les contre-révolutionnaires ». Ce récit d'une visite au salon de Nicolas Berdiaev fut sensiblement corrigé par rapport aux notes prises le soir même de ce dernier contact avec le philosophe, le 8 janvier 1920. Alors que le carnet signalait une discussion « intéressante » dans la bonne tiédeur d'un intérieur bourgeois, malgré « l'impuissance de ces gens se battant avec le vide », la brochure destinée au public français fut nettement orientée vers la critique de « ces intellectuels reluisant de bien-être » : « leur race est condamnée par l'histoire », « dégoût et mépris pour les bavards que je venais d'entendre ». Le journal proposait un jugement nuancé sur le philosophe russe : « Il [Berdiaev] s'étonne de ce que le bolchevisme a réalisé le rêve de la Troisième Rome en s'installant à Moscou. (...) Il brûle, il approche de la vérité, que ne va-t-il jusqu'au bout au lieu de trouver la chose seulement risible. » *En Russie rouge* présenta au lecteur occidental le tableau beaucoup plus négatif d'intellectuels décadents, acceptant leur défaite devant une « force essentielle et fondamentale », un « phénomène humain universel » dans son renversement même des valeurs[1].

Pour *Clarté*, Pierre Pascal se fit ponctuellement le passeur de la poésie révolutionnaire de février 1917, par deux articles en 1922. Accompagnant la traduction du poème « Les Douze », la nécrologie d'Alexandre Blok par « notre camarade Pierre Pascal », publiée avec un retard attribué à la censure française, fit l'éloge d'une « œuvre géniale » mais s'acheva sur une réserve : « Malheureusement, cet esprit génial qui savait voir l'idéal dans la boue inévitable, qui reconnaissait la vraie victoire dans la défaite brutale, appartenait à cet ancien monde dont il chantait l'écroulement, il manqua de courage pour suivre la révolution dans ses tribulations créatrices comme dans le parti auquel allait

---

1. *En communisme*, *op. cit.*, p. 119-121, 8 janvier 1920. *En Russie rouge*, *op. cit.*, « Une soirée chez les contre-révolutionnaires, 19 mars 1920 », p. 37-42.

sa sympathie[1]. » Quant à la présentation de deux poèmes de Serge Essenine, elle devint le prétexte d'une évocation plus personnelle de la rencontre de l'auteur avec « une âme russe », le jeune soldat Egorov[2]. Ces deux envois se font davantage l'écho d'une commande que d'une vraie rencontre avec la revue d'Henri Barbusse, qu'il avait classée en novembre 1921 dans un « bolchevisme qui n'est que du décadentisme[3] ». La création littéraire et artistique soviétique n'allait du reste jamais passionner vraiment Pascal, devenu plus tard infatigable traducteur et analyste de Dostoïevski ou de Tolstoï. En 1970, les questions posées par Georges Nivat révèlent un décalage saisissant entre l'image positive du bouillonnement moderniste de la jeune Russie soviétique chez l'ancien élève de Pascal, devenu spécialiste de premier plan de la littérature russe, et le désintérêt durable du témoin. C'est avant tout le « spiritualisme » de Blok ou d'Essenine qui l'attirait, souligne-t-il. Quant à son amitié avec Boris Pilniak, il la relie au caractère « débrouillard et gai » de celui-ci, et à son rôle de guide des visiteurs étrangers à Moscou[4].

Pierre Pascal et la France : la première figure d'intellectuel communiste

> *Il a renoncé à sa famille, à son bonheur, à sa classe.*
> *Il portait des costumes modernes, il est en bottes de moujik ; il fumait, il ne fume plus ; il aimait le vin, il n'en boit plus.*
> *On l'a presque appelé traître, il est heureux, il a vu Dieu : Karl Marx lui a parlé.*
>
> Albert Londres, *Excelsior*, mai 1920

Cet ensemble de publications faisait de l'ancien officier, devenu militant communiste et fonctionnaire d'un système

1. Radio en hommage à Alexandre Blok, *Clarté*, n° 4, 11 janvier 1922, rééd. in *Mon état d'âme*, *op. cit.*, p. 21.
2. « Une âme russe et deux poèmes », *Clarté*, n° 9, 15 mars 1922, rééd. in *Mon état d'âme*, *op. cit.*, p. 41.
3. *En communisme*, *op. cit.*, p. 25, 25 novembre 1921.
4. *Archives du XX*e *siècle – Pierre Pascal*, *op. cit.*

de propagande et d'information encore en construction, un personnage qui s'exposait volontairement à la publicité dans son pays natal. Il suivit d'ailleurs autant que possible, étant donné l'état des communications, la manière dont on parlait de lui en France. Ses apparitions dans la presse (avec un intérêt concentré en deux temps, en 1919-1920 puis au moment de la conférence de Gênes en 1922), les témoignages plus échelonnés des Français rapatriés de Moscou, des premiers journalistes en reportage, puis des militants en rupture du Parti communiste, construisirent dans l'entre-deux-guerres la première image médiatique d'un intellectuel communiste français.

La mobilisation ambiguë des intellectuels étrangers

Cette image était-elle souhaitée par Moscou ? En ces années où dominait encore l'idée d'une élite communiste collective, les dirigeants du Parti commençaient à être présentés, un par un, dans une pédagogie à destination des militants, mais ce n'était le cas d'aucun cadre du rang plus subalterne qu'occupait Pascal. C'est dans un portrait de groupe des « premiers Français de Russie ralliés au bolchevisme » qu'il apparut en couverture du *Bulletin communiste* en 1922. À l'intérieur du Groupe communiste français, Pierre Pascal avait la particularité d'appartenir, comme René Marchand et Henri Guilbeaux, à une profession intellectuelle. En 1976, l'historienne Ludmila Zak vit dans ce petit groupe le noyau fondateur du « progressisme ». Pour elle, le ralliement des « intellectuels et petits-bourgeois » au bolchevisme se développait dans le même temps en France même, avec Romain Rolland, Raymond Lefebvre ou le groupe Clarté et s'inscrivait dans la tradition des Lumières. À la recherche d'une téléologie de la révolution, l'historiographie soviétique inscrivit ainsi rétrospectivement Pierre Pascal dans la généalogie des compagnons de route, même s'il s'était « écarté de la voie ». Or le terme même de compagnon de route (*popoutchik*) ne serait utilisé par Trotski dans *Littérature et Révolution*, à propos des écrivains russes encore hésitants, qu'en 1923, et se répandrait en Occident dans les années 1930 seulement[1].

1. David Caute, *Le Communisme et les intellectuels français, 1914-1966*, Paris, Gallimard, 1966.

Si l'on ne peut suivre cette rationalisation *a posteriori*, appuyée sur une hiérarchisation par classes sociales des soutiens de la révolution russe à l'étranger, l'analyse de Ludmila Zak éclaire l'ambiguïté fondamentale du rôle joué par Pierre Pascal à Moscou, et plus encore de son image en France. À partir de la deuxième moitié des années 1920, les compagnons de route allaient être traités avec distance, même s'ils devenaient membres d'organisations encadrées par le Komintern comme l'Association internationale des écrivains révolutionnaires ou, par exception – les plus notables étant Henri Barbusse puis Louis Aragon –, membres du Parti communiste. Or le cas Pascal montre bien que ce doute séminal sur le rôle des intellectuels – ni combattants ni militants, plus utiles à l'extérieur qu'à l'intérieur du Parti – fut présent dès les premiers mois de la révolution. Parmi les étrangers, journalistes pour la plupart, qui se mobilisèrent pour défendre par leurs écrits la jeune révolution, les Britanniques Morgan Philips Price et Arthur Ransome restèrent à distance des institutions soviétiques, officiellement du moins pour le second, qui avait peut-être été recruté par les services secrets[1]. Quant à l'Américain John Reed, devenu icône de l'internationalisme après sa mort tragique du typhus en 1920 lors du congrès des peuples de l'Orient à Bakou, et le succès rapide de son témoignage sur Octobre 1917, *Dix jours qui ébranlèrent le monde*, il n'avait connu qu'une courte carrière au service des Soviets, démissionnant de sa fonction du Comité exécutif de l'Internationale quelques semaines après y avoir été coopté, après un heurt sur l'indépendance syndicale, pendant lequel Karl Radek le qualifia sans appel de « petit-bourgeois[2] ».

---

1. Roland Chambers, *The Last Englishman : the Double Life of Arthur Ransome*, Londres, Fabers, 2009. Arthur Ransome, *Pour la Russie. Lettre à l'Amérique*, Paris, La vie ouvrière, s.d. Morgan Philips Price, *La vérité sur l'intervention des Alliés en Russie : comment les gouvernants anglais sont en train d'étrangler la révolution russe*, Berne, 1918, et *War and Revolution in Asiatic Russia*, Londres, Allen and Unwin, 1918.

2. John Reed, *Dix jours qui ébranlèrent le monde*, Moscou, 1919, Paris, ESI, 1927, rééd. Éditions sociales, 1974. Robert Rosenstone, *John Reed, le romantisme révolutionnaire*, Paris, Maspero, 1977 (1975). Albert Rhys Williams, *À travers la révolution russe*, Paris, Gallimard, 1930 (1921), et *Journey into Revolution*, Petrograd, 1917-1918, New York, Quadrangle Books, 1969.

Pierre Pascal faisait-il vraiment partie de ces intellectuels mobilisés pour la révolution ? C'est du moins l'image qu'en donna son mentor de 1918, l'ancien anarchiste devenu chrétien et bolchevique, Ivan Knijnik. Dans un compte rendu de la brochure *En Russie rouge* publié dans la revue *Kniga i revolioutsii* (*Le livre et la révolution*) en 1921, sous le titre de « Un intellectuel français sur la Révolution russe », Knijnik relata sa rencontre trois ans auparavant dans le « cercle bourgeois » de la Mission militaire avec un jeune homme cultivé, parlant le russe, féru de littérature et de philosophie. Il avait vu la révolution comme une libération du peuple face au joug de la bourgeoisie, écrivait Knijnik, « et pourtant je ne m'attendais pas à ce que Pascal se fasse communiste ». Il rendit hommage à un retournement spirituel (« *douchevny perevorot* »), véritable conversion dont peu étaient capables à l'âge adulte. Pour lui, le récit de la soirée chez Berdiaev montrait bien que « la rupture pleine et définitive d'un intellectuel avec sa classe est possible ». Pour autant, Pascal était présenté comme un ancien catholique, un intellectuel « sympathisant avec le Parti communiste mais sans en intégrer les principes ». Il pouvait tout de même, concluait Knijnik, « servir les objectifs grandioses de notre révolution en extirpant de lui-même la mystique savante », d'autant plus que « ce type d'intellectuel va au combat de toute son âme pour un nouvel objectif[1] ».

Or ce portrait ne fut nullement revendiqué par Pascal lui-même, loin s'en faut. S'il assuma le rôle du propagandiste et du témoin, c'était comme militant du Parti bolchevique, antithèse de ce « monde fini » où, à l'instar du salon de Berdiaev, « on byzantinise autour de tasses de thé et de pâtisseries[2] ». Les notes prises au jour le jour étaient parcourues d'un anti-intellectualisme qui faisait écho au port ostensible de la capote et des bottes du soldat russe. Loin de le choquer, le climat général de violences et de spoliations contre le « *bourjouï* », c'est-à-dire de toute personne ayant l'air aisée ou éduquée, rencontrait la relecture critique de son passé et le rejet du milieu français dans lequel il avait vécu entre 1916 et 1918. Ainsi fut-il tout

1. Ivan Knijnik, « Frantsouzski intelliguent o Sovetskoï Rossii », *Kniga i revolioutsii*, 10-11, 1921, p. 12-15, photocopie dans BDIC F delta res 883 (2-1).
2. *En communisme*, *op. cit.*, p. 119-121, 8 janvier 1920.

« joyeux », en avril 1920, de ne pas être reconnu comme « intellectuel » lors d'un déblayage collectif de la neige. Habité par ses scrupules à faire partie des intellectuels qui « conduisent », « vivent sur le dos du peuple », Pascal se fit critique du « caractère bourgeois et intellectuel » des dirigeants bolcheviques et de leur « marxisme sec et sans cœur ». Il voulut se distinguer d'Alexandre Blok, qui n'avait pas eu le courage d'entrer au Parti, ou d'Henri Guilbeaux, « littérateur », « de la race des poètes décadents[1] ». Reprenant à son compte une distinction qui s'était rapidement imposée en Russie soviétique, il voulut s'éloigner de la « citadelle des spécialistes », coupés du peuple et dénigrant la Russie, même s'ils la servaient de leur mieux. Maurice Parijanine, embauché lui aussi par une administration soviétique et très actif dans la revue *Clarté* à son retour en France, fit d'ailleurs crédit à Pascal de ne pas avoir été comme lui-même un « *spetz* », c'est-à-dire un bourgeois mettant ses compétences de « spécialiste » au service du nouveau régime[2].

Si Pierre Pascal s'informait des publications françaises, citant dans *Les Résultats moraux du régime soviétiste* Romain Rolland d'après les *Izvestia* et critiquant les considérations de Georges Sorel sur Lénine, ce n'était donc pas en tant qu'intellectuel qu'il souhaitait intervenir dans le débat. Cette volonté ne put influer sur son image hors de Moscou. Au contraire, la rupture avec sa patrie, « avec son passé et avec ses camarades » comme lui avait écrit l'officier Beaulieu, sembla d'autant plus spectaculaire qu'elle provenait d'un intellectuel. C'est bien ainsi que le présenta la presse lorsqu'elle s'empara en 1919 de « l'énigme de l'affaire Sadoul-Pascal ». Sadoul aurait été plus volontiers placé sur l'avant de la scène par les Soviétiques : une personnalité bien connue des dirigeants du nouvel État, mais surtout un homme qui incarnait, comme ancien officier français et ancien socialiste, le triomphe de l'internationalisme sur le chauvinisme, et de la IIIe Internationale sur la IIe. Mais les médias français s'intéressèrent tout autant à la figure de Pierre Pascal. C'est vers lui que convergèrent les premiers reporters

1. *Ibid.*, p. 155, 2 avril 1920 ; p. 148, 2 février 1920 ; p. 132, 18 janvier 1920 ; p. 202, 6 novembre 1920.

2. *Ibid.*, p. 125, 10 janvier 1920, et Maurice Parijanine, *Des Français en Russie, op. cit.*, p. 23.

en Russie des Soviets, comme Jacques Marsillac et Albert Londres en 1920, Louise Weiss et Odette Keun en 1921. Son engagement posait question. Contrairement à celui de Sadoul ou de Cachin, le communisme de Pascal semblait s'être imposé indépendamment des dissensions du socialisme français ; il ne s'enracinait pas non plus ouvertement dans le pacifisme de guerre proclamé par un Guilbeaux, un Raymond Lefebvre, et plus tard par Henri Barbusse.

« Dans la géhenne politique ».
Un traître à la France, un contact du Vatican ?

La première question qui se posa fut celle de sa rupture avec la Mission militaire, et plus largement avec sa patrie. L'officier qui avait abandonné son uniforme en octobre 1918 était-il un traître ? Le cas de Jacques Sadoul et de Pierre Pascal apparut sur la scène française dans les colonnes du *Matin.* L'actualité hésitait entre une nouvelle crue de la Seine, les combats de la révolution spartakiste en Allemagne et la progression du « danger », de la « tyrannie », de la « contagion » bolchevique menaçant « d'infester » l'Europe. Le quotidien avait annoncé début janvier 1919 la mort de l'industriel Pierre Darcy, « éminent Français victime des bolcheviks », puis repris les propos de l'ancien ambassadeur du Danemark en Russie, Harald Scavenius, auquel le consul Grenard avait confié les intérêts de la France à son départ. Scavenius accusa Sadoul et Pascal d'avoir dénoncé des Français emprisonnés, et d'être responsables de la mort de l'ancien président de la chambre de commerce de Petrograd. Il s'ensuivit une salve d'articles sollicitant les témoignages contradictoires des Français de Russie sur le « groupe bolchevique » de Moscou. L'avocat Fernand Corcos se dressa dans *Le Matin* en défense de Sadoul, article suivi d'un portrait de Pierre Pascal par René François, son ancien ami de Petrograd : « excellent officier deux fois blessé à la guerre, intelligent, discipliné, studieux, très cultivé, doux et modeste ». Il insista sur son amour de la Russie et sa défense des « idées larges et généreuses » mais aussi sur son patriotisme intact et sa loyauté[1].

1. *Le Matin*, 3 janvier 1919 « Un éminent Français victime des bolcheviks », 4 janvier 1919 « Nouveau crime bolchevique », 10 janvier 1919 « L'affaire

Henri Guilbeaux avait été condamné à mort par contumace pour défaitisme et intelligence avec l'ennemi en février 1919, par le troisième conseil de guerre. Une instruction fut également ouverte contre Sadoul. Inculpé pour désertion, intelligence avec l'ennemi, « embauchage pour l'ennemi » et incitation de militaires français à la désobéissance (pour avoir tenté de recruter des soldats français pour l'Armée rouge à Odessa en 1918), il fut condamné par contumace à la mort et à la dégradation le 8 novembre 1919, puis radié du barreau. Pascal, qualifié par *Le Figaro* d'« agent et auxiliaire des bolcheviks », fut à son tour poursuivi, tout en étant, en parallèle, tout à fait normalement démobilisé le 23 octobre 1919. Son cas et celui du collaborateur de la Tcheka, Delafarre, furent disjoints de celui de Sadoul, dont les défenseurs dénoncèrent un procès politique hâtif déclenché alors même qu'il se présentait comme candidat aux législatives[1].

Il reste que dans un contexte marqué par de nombreuses affaires de trahison ou de désertion pendant la guerre et par la désignation des dirigeants soviétiques comme agents allemands, « bocho-bolcheviks » après la traversée de l'Allemagne en « wagon plombé » en 1917 et la « paix honteuse » de Brest-Litovsk, cette campagne de presse et ces poursuites pouvaient ajouter, au stigmate du ralliement au communisme, celui de la trahison. Comme l'écrivait *Le Petit Parisien* : « La gravité de leur

---

Sadoul. Les accusations qui pèsent sur le capitaine français doivent être élucidées », 14 janvier 1919 « L'affaire Sadoul », 15 janvier 1919 « Des officiers chez les bolcheviks. L'énigme de l'affaire Sadoul-Pascal » par Fernand Corcos. *Le Figaro*, 10 janvier 1919 « Le bolchevisme selon M. Scavenius » ; 2 mars 1919 « L'affaire Sadoul ». *L'Humanité*, 11 et 12 janvier 1919, « Il n'y a pas d'affaire Sadoul », 13 janvier 1919 « *Le Matin* récidive contre le capitaine Sadoul ». *Le Petit Parisien*, 11 janvier 1919 « M. de Scavenius ministre du Danemark chez les bolcheviks partisan d'une intervention en Russie », 16 janvier 1919 « Une affaire à élucider. Les bolcheviks français de Moscou ».

1. SHD, 7 N 1553 Mission Russie, officiers M-P, dossier lieutenant Pascal, 24 décembre 1920. 2e conseil de guerre, « Le commandant Goupil, rapporteur près le 2e conseil de guerre de Paris, à M. le commandant en chef du service des missions, 2e bureau, EMA ». 8 Ye 12337, dossier d'officier de Pierre Pascal, livret matricule d'officier. *En communisme*, *op. cit.*, p. 116. Il n'y a pas de dossier Pascal aux archives des conseils de guerre selon le SHD. Antonio Coen, *La Vérité sur l'affaire Sadoul*, Paris, Éditions du Comité pour la défense de Jacques Sadoul, s.d.

cas ne réside pas – semble-t-il – dans le fait que ces Français, qui heureusement ne sont même pas dix, sont devenus bolchevistes. Elle consiste surtout dans cette circonstance qu'étant sous l'uniforme militaire, en pleine guerre, ils sont accusés d'avoir fait passer les intérêts d'un parti politique avant ceux de leur pays[1]. »

L'opprobre atteignit à vif la famille de Pierre Pascal. « Tout ce qu'on raconte de toi, est-ce vrai ? Est-il vrai que, dans ton amour exagéré pour la Russie, tu en oublies que tu es avant tout français et officier français ? Cela nous ne pouvons le croire », écrivit douloureusement son père Charles Pascal en avril 1919[2]. Il s'efforça tout à la fois de s'informer, et de mobiliser des témoins d'honorabilité en défense de son fils, dont il constituait la liste potentielle : René François, qui avait écrit pour lui au *Matin*, Paul Boyer son maître, Jules Patouillet, Raoul Labry, François Denjean, universitaires rentrés de Russie, le docteur Marcou, ancien directeur de l'hôpital français de Petrograd, Paul Dupuy, secrétaire général de l'ENS... Paul Bastid, normalien de la même promotion que Pascal, entré au cabinet du ministre de la Guerre, écrivit, aussitôt connues les « attaques » de la presse, pour témoigner de son « absolue sincérité intellectuelle et morale ». Le père du jeune lieutenant n'hésita pas à solliciter l'ancien supérieur de son fils le colonel Lavergne et prit rendez-vous avec le diplomate Scavenius, qui avait déclenché l'affaire par son témoignage[3].

Si Charles Pascal, malgré son incompréhension, mit à profit sa position sociale pour défendre son fils, l'attitude de sa mère fut plus en retrait, voire hostile : « Mon cher Pierre. Te voilà dans la géhenne politique, je ne t'en fais pas mon compliment. Avec toute ton intelligence tu as réussi à perdre ta carrière, à briser ta vie et à éloigner de toi et de nous tous les honnêtes gens. Que dire d'un soldat français qui ne sert pas la France, tu sais comment on qualifie ces gens-là », écrivait-elle

1. *Le Petit Parisien*, 16 janvier 1919 « Une affaire à élucider. Les bolcheviks français de Moscou ».

2. Institut d'études slaves, Archives Pascal, lettre de Charles Pascal, avril 1919.

3. BDIC F delta res 883 (1-8) et (2-1), 9 janvier 1919, lettre de Paul Bastid et lettres de Charles Pascal à Lavergne, Denjean, Scavenius ; note de Charles Pascal sans date.

en avril 1919[1]. Encore ne savait-elle pas que celui-ci utilisait ironiquement le patronyme maternel pour signer ses articles dans *Troisième Internationale*... Yvonne Sadoul évoqua dans ses Mémoires une visite à madame Pascal au moment de la condamnation de son mari. Défendant le choix de Sadoul et de Pascal, elle aurait été fort mal reçue : « c'est épouvantable », « mon fils a des frères et j'ai honte pour eux[2] ».

Les parents de Pierre Pascal maintenaient cependant autant que possible le contact, notamment par l'intermédiaire de Charles-André Julien, qui transmettait lettres et nouvelles : « Je suis comme lui fils d'universitaire, comme lui agrégé, comme lui communiste : nous nous sommes bien compris », affirma-t-il à Charles Pascal[3]. En 1921, le récit qu'il fit à son ami de la visite à la famille de l'exilé montre une évolution certaine depuis le passage d'Yvonne Sadoul :

> Je ne vous étonnerai pas en vous disant à quel point vos parents sont loin de partager vos impressions ou vos idées, parfois même de les comprendre. L'opinion publique qui vous juge sévèrement et le bel avenir que vous avez sacrifié plaident, à leurs yeux, contre le bolchevisme. Je crains que Madame votre Mère ne juge dans (*sic*) votre adhésion au communisme d'une façon aussi sommaire qu'elle me paraît expliquer votre ralliement au catholicisme. Votre père me paraît davantage saisir tout ce qu'il y a de profond dans le changement qui s'est opéré en vous et de captivant dans la vie nouvelle que vous menez[4].

Si l'actualité du Groupe communiste français en janvier 1919 fut rapidement éclipsée par l'ouverture de la conférence de la paix, l'ancien membre de la Mission militaire passé au communisme était donc devenu un personnage public. Yvonne Sadoul raconta avoir reçu fin 1919 la visite du jeune journaliste de *L'Œuvre*, Robert de Jouvenel, se faisant passer pour le frère

1. Institut d'études slaves, Archives Pascal, lettre de Lydie Pascal, avril 1919.
2. Yvonne Sadoul, *Tels qu'en mon souvenir*, *op. cit.*, p. 98-100. *Mon état d'âme*, *op. cit.*, p. 26, 1er décembre 1921.
3. BDIC F delta res 883 (2-1), lettres de Charles-André Julien à Charles Pascal, 7 mars 1921 et 31 août 1921.
4. Institut d'études slaves, Archives Pascal, lettre de Charles-André Julien à Pierre Pascal, 23 novembre 1921.

du meilleur ami de Pascal, avant de lui avouer qu'il voulait « faire la pige à la police », suite aux rumeurs de son retour clandestin. Pierre Pascal apparut de nouveau dans la presse au moment de sa participation à la conférence de Gênes en 1922. « Chose curieuse, j'étais souvent abordé par des journalistes plus ou moins au courant de mon histoire », évoqua-t-il en publiant son journal, signalant les nombreuses visites reçues à cette occasion et rendant compte des courriers qu'il avait soigneusement conservés. Son ancien secrétaire et ami à la Mission militaire puis au Groupe communiste Robert Petit lui écrivit ironiquement de Berlin : « Permets-moi de te féliciter de ta popularité. C'est touchant vraiment de voir le nombre de gens qui veulent encore compter au nombre de tes amis[1]. » Le secrétaire général de l'ENS, Paul Dupuy, ses anciens camarades de l'École normale ou de la Mission militaire comme Gustave Welter, des connaissances faites à Moscou tels Mauricius ou André Morizet, voire des correspondants inconnus demandaient des nouvelles, envoyaient leurs publications, communiquaient leurs jugements sur la politique soviétique, cherchaient à le contacter. Charles Pascal se rendit à Gênes avec le frère de Pierre, Jacques, et « ne montra aucun mécontentement de [sa] conduite », selon les souvenirs de Pierre Pascal[2].

L'Humanité avait envoyé sur place le journaliste Bernard Lecache. « Celui-ci, comment ne pas le considérer immédiatement comme un ami cher et déjà connu », écrivit Lecache après sa rencontre avec Pierre Pascal. « Il m'a semblé, bien que je visse Pascal pour la première fois, retrouver Pierre Pascal, savoir déjà tout de lui. Ce petit homme trapu, au crâne rasé, à la moustache forte, au doux rire, à l'œil puéril et jeune, je vous demande s'il est possible de n'être pas, d'emblée, féru de son amitié qui doit être précieuse et sûre. » Lecache louait son « esprit clair » et « son érudition forte », mettant en avant le rôle de cet « ex-citoyen français, actuellement citoyen russe » auprès de Tchitcherine[3].

1. *Ibid.*, lettre de « Bob » à Pierre Pascal adressée à Gênes, 4 mai 1922.

2. BDIC, F delta res 883 (2-2), documents et correspondances sur Gênes. *Mon état d'âme*, *op. cit.*, p. 52-56.

3. « *L'Humanité* à Rapallo. À L'Impérial avec nos amis russes », par Bernard Lecache, *L'Humanité*, 15 avril 1922.

L'enjeu, pour une partie de la presse, n'était pas seulement la participation de l'ancien officier français à la délégation soviétique, mais son rôle supposé dans les négociations entre le Vatican et Moscou, engagées à propos de l'envoi d'une mission humanitaire pour lutter contre la famine, et poursuivies en réponse au vœu du pape de prendre en compte les questions morales, et non seulement économiques, dans le règlement de la paix européenne. Le toast entre monseigneur Signori, l'archevêque de Gênes, et Tchitcherine suscita indignation et commentaires, et Pie XI reprit aussitôt la main en appelant à la liberté religieuse en Russie. « Les Soviets au Vatican. C'est un déserteur français qui leur sert d'intermédiaire auprès de Pie XI », titra *Le Journal* en mai 1922, au cœur d'une presse s'interrogeant sur la signature d'un nouveau concordat et le rôle du lieutenant comme « plénipotentiaire des Soviets ». Ces affirmations, « dues à l'imagination fantaisiste d'un journaliste » pour *L'Humanité*, furent démenties comme « légende » dans les souvenirs de Pascal, et ne trouvent en effet aucun écho dans les archives[1].

« Saint » ou « salopiot » ? Le paradoxe du normalien communiste, entre folie, immaturité et foi fanatique

Un portrait polyphonique se dessina donc en quelques années, à partir des rencontres directes avec Pascal, des témoignages de ceux qui l'avaient croisé et, pour ceux qui y avaient accès, des lectures de ses publications en français, essentiellement *En Russie rouge*. Il s'agissait d'élucider un itinéraire encore inédit dans la vie politique française : un intellectuel, au sens pris par cette notion depuis l'affaire Dreyfus – c'est-à-dire un savant ayant une position institutionnelle –, se mettait au service d'un régime qui proclamait des valeurs opposées à

1. Laura Pettinaroli, *La Politique russe du Saint-Siège (1905-1939)*, *op. cit.* *Le Journal*, 2 mai 1922, « Les Soviets au Vatican. C'est un déserteur français qui leur sert d'intermédiaire auprès de Pie XI », par Édouard Helsey (conservé par Pierre Pascal). *L'Écho de Paris*, 11 mai 1922, « Une réponse intransigeante des Soviets était en route » ; 13 mai 1922, « Le Vatican et les Soviets ». *L'Humanité*, 5 mai 1922, « La situation est exceptionnellement grave dit-on à Gênes ».

celles de la République française – antiparlementarisme, internationalisme, remise en cause radicale de la propriété privée et des élites. La presse de 1919 et de 1922 comme les témoignages « retour de Russie » insistèrent sur ce paradoxe, en mettant en avant systématiquement le parcours brillant du « fils d'un professeur de lycée », « premier d'agrégation », « cacique de Normale ». À la question des idées, que l'on s'attendait à trouver plus modérées chez un futur universitaire que chez un jeune poète ou écrivain, s'ajouta donc celle du renoncement à une belle carrière annoncée, pour l'engagement dans un parti et un régime d'un type nouveau.

Loin du terreau socialiste d'un Jacques Sadoul ou d'un Marcel Cachin, loin des petits cercles pacifistes de littérateurs, auxquels appartenaient Romain Rolland, Henri Guilbeaux ou Raymond Lefebvre, comment expliquer le choix radical d'un jeune officier deux fois blessé ? Pierre Pascal cite une lettre envoyée à son oncle maternel en janvier 1919 par un ami, visiblement ancien soldat en Roumanie, qui crut voir en lui un militaire infiltré pour surveiller les bolcheviks et gagner leur confiance… René François laissa quant à lui la question ouverte, reconnaissant à son ancien camarade le droit d'avoir ses opinions, mais s'interrogeant : « Ainsi cet officier français jusqu'alors brave, loyal, honnête, serait tout à coup devenu lâche, ignoble, félon. J'ai peine vraiment à le croire, ou bien il faudrait annoncer en même temps que le lieutenant Pascal est subitement devenu fou[1]. » Si la folie n'était ici évoquée que par prétérition, l'immaturité d'un jeune homme sous influence s'imposa comme un premier élément d'explication. Le commandant Chapouilly le qualifia, on l'a vu, d'« officier de caractère trop facilement impressionnable », sous la coupe de Sadoul. Exprimant une sympathie paternelle persistante envers son jeune subordonné sans savoir encore que Pierre Pascal avait refusé son rapatriement, le général Lavergne écrivit à Charles Pascal, à peine arrivé en France, fin 1918, pour louer ses qualités d'intelligence, d'observation, de caractère mêlé de modestie. Il le disait sincère, désintéressé, généreux

1. *En communisme*, *op. cit.*, lettre de Félix Veyrières, p. 21. Lettre de René François publiée par Fernand Corcos, *Le Matin*, 15 janvier 1919, « L'énigme de l'affaire Sadoul-Pascal ».

mais « prévenu » et refusant toute discussion : « Vous pourrez sans doute avoir sur lui l'influence que j'aurais aimé exercer. À son âge, les grandes impressions peuvent donner à une vie son orientation définitive. Il ne faut pas qu'il la prenne sans avoir réfléchi dans le calme et profité des conseils de votre expérience. » L'année suivante, Charles Lavergne motiva ainsi son refus d'élever son subordonné au grade de capitaine : « Officier d'une rare intelligence sérieux dévoué et modeste. Parle très bien le russe. Serait parfait s'il avait eu un peu plus de maturité et d'autorité. Ne pourra acquérir ces qualités qu'en repassant dans la troupe[1]. »

Pascal fut sensible à ces considérations. Il assuma son choix dans une lettre à son père en mars 1919 : « Je sais que vous avez eu de mes nouvelles par une voie inattendue, les journaux. Mais comme elles ne sont peut-être pas complètes, j'ajoute que je vais très bien et suis très heureux dans la bonne Russie. (...) Après tout ce qui a été entrepris en général et ici en particulier contre la Russie par les gouvernements alliés, je ne peux pas faire autrement, ou bien il faudrait cesser d'avoir une idée à soi et devenir une brute bonne à exécuter[2]. » Celui que la presse française nommait parfois « le contumax » parvint même à envoyer à Paul Boyer un « radiotélégramme », communiqué au quotidien *Le Temps* comme provenant « d'un Français fort instruit qui vit à Moscou comme Sadoul et qui est devenu un apôtre du bolchevisme ». C'est dans ce contexte que Pascal rédigea, on l'a vu, sans toutefois l'envoyer en France, sa première autobiographie intellectuelle dans laquelle, en réponse à Ludovic Naudeau et à Marcel Martinet, il reconnaissait avoir vécu dans l'abstraction avant sa découverte des réalités révolutionnaires[3].

Le choix radical d'un officier de vingt-huit ans fut perçu comme celui d'un intellectuel immature, poussé à l'erreur par

1. SHD, 7 N 1553, dossier lieutenant Pascal, mémoire de proposition au grade de capitaine, avis du général attaché militaire Lavergne, 3 novembre 1918. Décision ajournée en 1918 et en 1919. BDIC F delta res 883 (1-7), lettre de Lavergne à Charles Pascal, 29 octobre 1918.

2. *Ibid.*, lettre à ses parents, 14 mars 1919.

3. *Le Temps*, 22 février 1920, « L'énigme du bolchevisme ». « Radio » cité par Marcel Martinet mais absent des Archives Pascal et Boyer. Pierre Pascal, « Lettre à Marcel Martinet », *op. cit.*

une passion idéaliste. Les garde-fous de modération érigés par la formation universitaire française s'effondraient, à l'instar de l'évolution de Lénine et de Trotski, « vieux étudiants imbus d'un fanatisme amer[1] » selon Louis Laloy. « La révolution russe lui a semblé être un mouvement de libération de la nation russe, et peut-être même de tous les peuples de l'oppression bourgeoise. En cela, son cœur a certainement obscurci sa raison », écrivait le général Lavergne en octobre 1918. Les portraits du néobolchevik tentaient tous de faire la part du sentiment religieux et de l'influence russe, composantes d'un « idéal » bien différent du pacifisme ou du socialisme prôné par d'autres soutiens intellectuels de la révolution. Ludovic Naudeau fut le seul à pencher pour un simple transfert de « russomanie » du tsar à Lénine. La « mystique », par allusion peut-être à Péguy, n'était pour lui qu'une métaphore de la soumission de Pascal et de Sadoul, « naïfs, crédules beaucoup plus que malfaisants », aux « illuminés bolchevikis[2] ». Plus brutalement, l'un des oncles maternels du jeune homme, insistant lui aussi sur son immaturité (« ces cerveaux-là ne sont jamais modifiés que par l'âge »), compara son choix à sa conversion de jeunesse au catholicisme, « idiote dévotion ». Mauricius évoqua le jugement d'Angel Pestaña, anarcho-syndicaliste espagnol présent au congrès de l'Internationale syndicale rouge en 1921, à propos de la défense de la Tcheka par Pascal : « Ton Pascal est un illuminé qui voit les choses du point de vue idéaliste. Tout homme qui détient l'autorité en abuse, et si Pascal est un saint, les tchékistes, eux, sont des hommes comme les autres, c'est-à-dire des salopiots. » « Nous ne nous doutions pas à cette époque que le dénommé Pascal jouerait plus tard son rôle aux côtés du capitaine Sadoul, mais quand nous le sûmes, nous ne fûmes pas étonnés que cet illuminé se soit rallié à la Révolution », affirma pour sa part l'ancien membre de la Mission militaire Henry Olivari au début des années 1930[3].

De quel idéal s'agissait-il ? La presse communiste et syndicaliste ne voyait naturellement nulle religion dans l'adhésion à une révolution ouvertement athée. Ainsi s'explique peut-être

1. Louis Laloy, « Le lieutenant Pascal », *op. cit.*
2. Ludovic Naudeau, *op. cit.*, p. 170.
3. Mauricius, *op. cit.*, p. 106. Henry Olivari, *op. cit.*, p. 59.

la relative réserve de *L'Humanité* sur le cas Pascal. Le journal communiste mit plus largement en avant la défense du capitaine Sadoul, bien connu de ses rédacteurs et de ses lecteurs. Il lança certes en 1923 une campagne de publicité pour *En Russie rouge*, « contre-poison tout indiqué contre les calomnies des réactionnaires, des bourgeois, des dissidents, des résistants, de tous les ennemis de la révolution », et pour son auteur qui n'était « pas seulement un témoin, mais un participant[1] » ; il se trouva cependant toujours en porte-à-faux avec cette figure catholique. Les métaphores religieuses s'étaient multipliées aux lendemains de la révolution russe sous la plume des intellectuels ralliés exprimant leur enthousiasme. Dans son adresse à son camarade normalien, « conscience droite » parmi les « universitaires les plus nigauds », « homme loyal et pur », Marcel Martinet s'écria : « Je voudrais que vous appreniez que vous nous avez aidé à garder notre foi et notre espérance. Vous arriviez de loin, et il fallait que cette lumière fût haute pour que vous vous sentiez appelé par elle. Il a fallu qu'elle fût aussi pure que nous l'avions rêvée pour qu'elle vous ait gardé[2]. » Mais les allusions à la religion disparurent peu à peu. En 1922, Jacques Mesnil retrouva à La Haye Pascal, rencontré l'année précédente à Moscou, et récusa fermement le portrait d'un intellectuel catholique : « Ce "mystique", cet "illuminé" que les journaux bourgeois s'efforcent de faire de lui pour ramoindrir la valeur de son témoignage est en réalité l'un des esprits les plus sobres, les plus sains, les mieux équilibrés et les moins exaltés que je connaisse[3]. » La plupart des commentateurs de gauche mirent pourtant en avant la foi de Pascal, non sans malaise parfois. Morizet se contenta de signaler son catholicisme, et Parijanine, toujours proche du PCF, de mentionner que Pascal était communiste « mais toujours catholique pratiquant », sans plus de commentaires.

Plus nombreux furent les portraits qui franchirent un pas supplémentaire en passant de la forme religieuse de l'adhésion

---

1. *L'Humanité*, 27 mars 1923, « En Russie rouge ! » ; 4 mars 1923, « En Russie rouge ! » ; 5 mars 1923, « En Russie rouge ! » (avec une photo de Pierre Pascal).

2. *La Vie ouvrière*, 5 mars 1920, cité dans *En communisme*, *op. cit.*, p. 157-158.

3. *L'Humanité*, 21 juillet 1922, « La Russie et l'Europe. En causant avec Pierre Pascal à La Haye », par Jacques Mesnil.

à son contenu même, s'interrogeant sur la conjonction entre l'amour de la Russie et la lecture chrétienne de la révolution. « Pascal est un sincère, sur qui l'idéalisme russe a eu trop d'influence », affirma *Le Petit Parisien*, qui vit en lui un « théoricien évangélique soutenant que le Christ est le premier des bolcheviks. (...) Fermant obstinément les yeux sur la réalité, le lieutenant Pascal, versé dans l'histoire du mouvement religieux "vieux-croyant", a estimé que le mouvement social actuel n'était, à un certain degré, que le retour à la simplicité et à l'égalité que prêche l'Évangile[1] ». En 1922, *Le Journal* vit en ce « catholique pratiquant » un « exalté » et une « âme mystique ». Pour Mauricius, « ancien élève des Jésuites, ancien élève de l'École normale supérieure, l'ex-lieutenant Pierre Pascal est le dernier chrétien d'une race qui disparaît ». Reprenant une idée également développée dans les lettres de Sadoul, il ajouta :

> C'est un mystique. L'âme de Tolstoï vit en lui. Pascal a vu dans la révolution le rêve éternel de Jésus : la rédemption des hommes, l'élan prodigieux de tout un peuple vers l'idéal de fraternité et de justice. Le reste : les fautes, les erreurs, les crimes sont des détails sans importance, le sang qui coule des plaies du Sauveur est nécessaire au rachat de l'humanité. (...) Esprit en plein ciel, Pierre Pascal est probablement le seul Occidental qui ne regrette pas l'Occident. Sa mystique naturelle s'est exaltée au contact de la mystique russe et l'âme de la révolution chante dans son cerveau[2].

La même année 1922, le journaliste Pierre d'Hugues de retour de la conférence de Gênes s'interrogea sur le rôle controversé « de ce Français lettré, religieux, dogmatique et courageux » dans le gouvernement de Lénine. Pour décrire cet « illuminé », cette « personnalité énigmatique », « étrange figure que celle de ce jeune homme dont la ferveur catholique ne s'est jamais démentie et dont le courage et la foi sont attestés par des hommes fort éloignés de ses conceptions sociales », il utilisa le témoignage de Paul Boyer sur sa russophilie et son « héroïsme de soldat », pour conclure lui aussi que Pascal avait été « entraîné au mysticisme bolcheviste par son

1. *Le Petit Parisien*, 16 janvier 1919, « Une affaire à élucider. Les bolcheviks français de Moscou ».

2. Mauricius, *op. cit.*, p. 202-203.

mysticisme catholique[1] ». Gustave Welter, ancien interprète à la Mission militaire, le qualifia quant à lui en 1935 de « mystique catholique qui avait été éclairé de la grâce marxiste ». Alfred Rosmer évoqua ainsi dans ses souvenirs son ancien camarade à l'hôtel Lux : « Le lieutenant Pierre Pascal, catholique fervent et pratiquant, passé du côté de la Révolution non malgré son catholicisme mais à cause de lui – ce qui suffit à faire comprendre qu'il n'est pas un catholique ordinaire[2]. »

C'est après Gênes qu'émergea l'image d'un Pascal militant de l'union des Églises, peut-être alimentée par des témoignages oraux sur le passage du jeune normalien dans le cercle de l'abbé Portal. La journaliste Louise Weiss, présente à la conférence, évoqua ses tentatives pour « la réconciliation de l'Église orthodoxe avec l'Église romaine. À Gênes, la religion ne lui semblait plus l'opium du peuple, ce à quoi Tchitcherine se gardait d'attacher de l'importance, les contacts catholiques de cet intellectuel si gentiment absurde ne pouvant, en l'occurrence, que servir les Soviets[3] ». Louis-Oscar Frossard écrivit en 1930, reprenant ses notes de 1921 : « C'est un personnage curieux que cet officier français, ancien élève de l'École normale supérieure, catholique pratiquant et militant, qui s'est donné au communisme dans un grand élan mystique et qui rêve, affirme-t-on, de réconcilier l'Église orthodoxe et l'Église romaine sous l'autorité du Pape[4]. » Ainsi, la figure du premier communiste français catholique s'imposa-t-elle comme complexe et surtout singulière : le temps n'était pas venu d'un débat sur les relations entre christianisme et catholicisme.

L'idée du communisme bolchevique comme foi nouvelle connut en revanche un premier moment dans le débat européen en ce tout début des années 1920. Le thème était moins visible sans doute qu'il ne le deviendrait dans les années 1930, lorsque s'imposerait la controverse sur les « religions séculières », nourrie de la comparaison entre fascisme et communisme. Les formes du sacré n'étaient pas encore complètes :

---

1. *Journal des débats*, 8 juin 1922, « Un illuminé », par Pierre d'Hugues.
2. Gustave Welter, *op. cit.*, p. 115. Alfred Rosmer, *op. cit.*, p. 177.
3. Louise Weiss, *Combats pour l'Europe (1919-1934)*, Paris, Payot, 1969, rééd. Albin Michel, 1979, p. 164.
4. Louis-Oscar Frossard, *op. cit.*, p. 57.

pas de culte d'un chef devenu divinité terrestre, pas de liturgies de masse transformant le Parti en nouvelle Église[1]. Mais l'idée d'une sacralisation de la politique entraînant les foules russes dans un nouveau dogme messianique était bien présente. Au niveau des individus, la traduction semblait en être l'apparition d'un type politique nouveau, de dirigeants et de militants fanatisés par le projet utopique, et prêts au don de soi jusqu'au sacrifice.

Les portraits de Pierre Pascal déclinent cette incarnation d'une ascèse avec une remarquable constance de 1919 aux années 1980. En reportage pour *Excelsior* en 1920, Albert Londres demanda à rencontrer ce Français de Moscou, devenu une figure publique l'année précédente :

> Il a souffert le froid cet hiver, à en mourir. Il ne connaît plus, depuis deux ans, que le hareng saur et le millet. (...) Il a renoncé à sa famille, à son bonheur, à sa classe. Il portait des costumes modernes, il est en bottes de moujik ; il fumait, il ne fume plus ; il aimait le vin, il n'en boit plus. On l'a presque appelé traître, il est heureux, il a vu Dieu : Karl Marx lui a parlé. (...) Nous avions compris : nous nous trouvions en face d'un croyant. Il avait été touché par la foi. Il avait revêtu la robe de bure, sacrifié ses cheveux, fait vœu de pauvreté. Ayant, un jour, au-dessus de tous les bruits humains, entendu parler sa conscience, il n'avait plus écouté qu'elle. « Entre à la Trappe, lui avait-elle dit, ainsi tu sauveras le genre humain. » Et il était devenu un saint[2].

La métaphore monastique, voire christique, sembla s'imposer : trappiste pour Albert Londres, « moine laïc » pour Pierre d'Hugues, Pascal donna « l'impression d'un bénédictin communiste » lors de sa première rencontre avec Charles-André Julien. Marcel Body évoqua sa « vie monacale » et ses plaies aux pieds dues à ses bottes trouées. L'austérité sacrificielle traversa les descriptions de la vie quotidienne de l'ancien officier français. Mauricius citait Body – « c'est un saint laïque » –, et le montra vivant pauvrement, refusant de demander un repas à

1. Cf. Emilio Gentile, *Les Religions de la politique. Entre démocraties et totalitarismes*, Paris, Le Seuil, 2005 (2001), p. 20 et p. 93-103.

2. Albert Londres, *Dans la Russie des Soviets*, Paris, Arlea, 2008 (articles d'*Excelsior*, mai 1920), p. 62.

Tchitcherine. « Pascal occupait une pauvre petite chambre où l'on ne voyait qu'un bureau et un lit de camp sur lequel était jetée une miséreuse capote de soldat russe », écrivit Maurice Parijanine à propos du « petit phalanstère français » des débuts du Groupe communiste. Pour Alfred Rosmer, insistant sur son refus de se plaindre après avoir été oublié dans la distribution des cartes pour les repas et le décrivant même « pieds nus », « le caractère spartiate du régime était précisément ce qu'il aimait ». « Cet officier français, ancien élève de Normale supérieure, connaissait parfaitement le russe ; il accomplit depuis des années anonymement un travail considérable (...) évitant toute publicité, se contentant de la vie la plus simple (...) il prit parti pour ce qu'il croyait être le côté des pauvres », se souviendra Robert Guiheneuf dans les années 1980[1].

L'oubli de soi s'expliquait non par une quête spirituelle personnelle, mais par une vie toute dévouée à la révolution, y compris dans les tâches les plus humbles qu'illustrait l'enthousiasme de Pierre Pascal pour les « *soubbotniki* », ces samedis communistes dédiés au travail manuel bénévole. L'immersion dans l'action collective, la débauche de travail chez Tchitcherine et au Komintern semblèrent alors exclure toute vie sentimentale ou sexuelle. Les premières évocations de Pierre Pascal n'alimentèrent pas les anecdotes sur les relations nouées entre communistes étrangers et jeunes femmes soviétiques libérées, si présentes dans les récits des premiers visiteurs. L'image qui dominait était celle du bolchevik vivant en communauté et, comme le notait Mauricius, « chaste, pauvre et bon », « étranger à l'ambition, l'orgueil, l'intérêt, l'amour du bien-être, la jalousie, la conquête de la femme ». « Pascal ? C'est une vierge ! » reprit plus méchamment Ludovic Naudeau, s'abritant derrière le témoignage de « plusieurs personnes qui l'ont bien connu », tandis que Jacques Marsillac ironisait : « Et d'une chasteté physique ! Un vrai saint laïc ![2] »

---

1. Charles-André Julien, « Souvenirs de Russie », *op. cit.* ; Marcel Body, « Petr Karlovic », *op. cit.* ; Mauricius, *op. cit.*, p. 203 ; Maurice Parijanine, *op. cit.*, p. 11 ; Alfred Rosmer, *op. cit.*, p. 177 ; Hervé Guiheneuf, *Dix ans en URSS (1923-1933), l'itinéraire d'Yvon*, Nantes, Ouest Éditions, 2004, p. 48.

2. Louis-Oscar Frossard, *op. cit.*, p. 83 ; Marcel Cachin, *op. cit.*, p. 448 ; Mauricius, *op. cit.*, p. 203 ; Ludovic Naudeau, *op. cit.*, p. 170.

Des qualités humaines en adéquation avec la nouvelle morale théorisée par Pascal lui-même dans *Les Résultats moraux de l'État soviétiste* furent reconnues même par ses critiques les plus acerbes, tel Ludovic Naudeau qui le peignit « doux, modeste, compatissant et réellement inoffensif » et écrivait plus loin : « Je ne doute pas de ses sentiments altruistes et de son désintéressement et je ne saurais supposer qu'il soit un homme méchant. » Dans un tableau très noir de la Russie bolchevique en proie à la misère et à la terreur, Albert Londres présenta sa rencontre avec Pascal « éclairé doux » comme un moment de civilisation française retrouvée. Seul Henri Guilbeaux vint, plus tardivement, dénoncer la « vanité folle[1] » de son ancien camarade. Pour autant, cet engagement compris comme une conversion ne paraissait pas sans dangers à nombre de commentateurs. Au mieux, Pascal fut accusé d'aveuglement par naïveté sous influence – ainsi par *Le Journal des débats* qui souligna sa « conviction désintéressée » : « Les descriptions iréniques qu'il fait des institutions russes révèlent quelque naïveté. »

Mais ce dogmatisme sembla lourd de danger à ceux qui s'inquiétaient du nouveau fanatisme communiste. *Le Temps* cita la reprise par le disciple de Lénine de la dénonciation du « cadavre en putréfaction de la bourgeoisie » et conclut : « Ce n'est pas le langage d'un révolutionnaire apprivoisé. » Albert Londres souligna pour les lecteurs d'*Excelsior* son indifférence face à la répression : « Que l'on gémisse de faim à ses pieds, que l'on incarcère sous ses yeux, que l'on fusille sous ses fenêtres, que dans toute l'immensité d'un immense pays le râle ait remplacé le rire, tout cela est bien, puisque tout cela est pour Dieu, c'est-à-dire pour le communisme ; car Pascal, le normalien, Pascal, l'ex-lieutenant d'infanterie de France, Pascal n'est plus un homme, n'est plus un civilisé, n'est plus un Français (du moins il le croit) : c'est un communiste. »

Louise Weiss proposa elle aussi dans ses souvenirs un portrait critique de « l'apôtre » Pascal, portrait qu'elle n'avait pas inclus en 1921 dans son reportage en Russie pour la revue *L'Europe nouvelle* : « Après m'avoir expliqué Karl Marx à sa façon – chaque marxiste avait la sienne – il critiqua les communistes français, ces pauvres d'esprit, ces bigots éblouis par la pourpre

1. Henri Guilbeaux, *op. cit.*, p. 218.

de la propagande soviétique et qui s'employaient à applaudir la Révolution au lieu d'y réfléchir. J'avais abondé en son sens et nous nous étions quittés en convenant de nous revoir bientôt », écrivit-elle, mais elle enchaîna sur la description d'un Pascal agonisant d'injures une malheureuse institutrice française venue quêter sa protection : « Je me moque du malheur de vos aristocrates, petite-bourgeoise idiote ! Parasite du système capitaliste ! Éducatrice hostile à la pénétration du socialisme dans les repaires antirévolutionnaires de la féodalité ! Vous avez la vie sauve. Que voulez-vous de plus ? Vipère, déblayez mon plancher ! (...) Les individus ne m'intéressent pas, les masses seules m'importent[1]. »

Quelle influence de « l'apôtre Pascal » ?

Cette conversion d'un intellectuel, qu'elle prenne seulement les formes de la foi « illuminée » ou qu'elle allie authentiquement catholicisme et communisme, devenait dès lors un contre-exemple d'égarement dogmatique pour la presse hostile à la révolution russe. Si l'on ne peut qu'extrapoler sur les réactions des lecteurs du *Matin*, du *Petit Parisien* ou le témoignage de Ludovic Naudeau, plus nombreuses sont les traces conservées d'une réception positive du personnage Pascal. Dès 1921, Charles-André Julien lui écrivit : « Vous serait-il trop long de me fixer, de façon très large, la manière dont vous concevez la synthèse possible de la religion (particulièrement du catholicisme) et du communisme ? Ne voyez pas là une pure curiosité mais je connais des milieux religieux où votre attitude soulève une curiosité sympathique et où l'on se pose des questions auxquelles je ne puis répondre que de façon assez vague[2]. » La correspondance reçue lors de la conférence de Gênes témoigne également l'écho de la dimension chrétienne de cet engagement. Quarante-cinq ans plus tard, le poète et essayiste Stanislas Fumet se souvient dans la revue catholique *La Table ronde* d'avoir écrit à Pierre Pascal alors que, jeune infirmier militaire tout juste démobilisé, il éprouvait une « sympathie ingénue » pour la révolution russe. À l'occasion d'un débat organisé pour l'anniversaire d'Octobre, il ajouta :

1. Louise Weiss, *Combats pour l'Europe*, *op. cit.* et sur cet épisode, Célia Bertin, *Louise Weiss*, Paris, Albin Michel, 1999, p. 147-148.
2. Institut d'études slaves, Archives Pascal, 23 novembre 1921.

> Nous nous rappelons, nous, les Français, que son nom nous avait frappés : ce jeune professeur chrétien, Pierre Pascal, qui n'était pas contre les bolcheviks... Cela nous avait énormément intéressés, surtout ceux qui n'étaient pas à proprement parler socialistes, mais qui étaient prêts à lutter contre le capitalisme. Et je dis moi-même qu'il y a eu un « mythe Pierre Pascal », surtout pour les chrétiens qui savaient qu'un croyant était resté là-bas, qu'il y était considéré et qu'il avait suivi le mouvement révolutionnaire avec une grande sympathie, si je ne me trompe[1].

Les communistes français de Moscou jouèrent-ils pour autant le rôle de passeurs pour ceux qui se tournaient vers le communisme à partir du socialisme, du syndicalisme ou de l'anarchisme français ? Boris Souvarine revint ainsi au soir de sa vie sur le rôle joué par Pierre Pascal dans son propre chemin vers le communisme, et l'importance de la « préoccupation morale » présente dans *En Russie rouge. L'Humanité, La Vie ouvrière*, le *Bulletin communiste, Clarté* avaient fait mention du destin de l'officier devenu bolchevique. La Librairie de l'Humanité avait publié en France *En Russie rouge* et le quotidien l'avait recommandé à tous les « militants sérieux », affirmant en avoir vendu 1 000 exemplaires la première semaine de sa réédition[2]. Mais *Troisième Internationale* et *Demain* publiés à Moscou ne furent connus en France que par la dénonciation qu'en fit l'ambassadeur Scavenius. La question fut posée par l'historiographie du mouvement ouvrier dans le cadre du regain d'intérêt pour la période révolutionnaire, avec la déstalinisation puis la célébration du cinquantième anniversaire d'Octobre. Annie Kriegel et Georges Haupt conclurent à la faible influence de Groupes communistes étrangers peu fournis et hétérogènes, malgré leur rôle dans une propagande autoréalisatrice : « Le miracle léniniste (s'il y a miracle) c'est d'avoir à plusieurs reprises réussi à ce que le déclaratif

1. *La Table ronde*, n° 233, juin 1967, dossier « La Russie retrouve son âme », introduction par S. Fumet, p. 8 ; n° 237-238, octobre-novembre 1967, dossier « Octobre 1917. La Révolution russe et son destin », débat Pierre Pascal, S. Fumet, J. Bruhat, P. Sorlin, « La Ligne Générale a-t-elle été brisée ? », p. 23-80.

2. *L'Humanité*, 12 mars 1923, « Mille exemplaires ! » Boris Souvarine, *Souvenirs sur Panaït Istrati, Isaac Babel, Pierre Pascal, op. cit.*

d'aujourd'hui devienne la réalité de demain[1]. » L'historienne soviétique Ludmila Zak, tout en regrettant que certains de ses membres aient « quitté le chemin tracé », décerna un satisfecit convenu au Groupe communiste français de Moscou, « trait d'union entre la France révolutionnaire et les Soviets, (qui) avait grandement contribué au renforcement de la solidarité avec le peuple soviétique et à la lutte pour la paix[2] ».

Les historiens des années 1990-2000 proposent une autre approche. « Son personnage fait bien comprendre à quel point le bolchevisme de cette époque rassemble à son profit des émotions et des traditions qu'il a dû combattre pour se constituer : l'égalitarisme des pauvres, le socialisme utopique, l'esprit chrétien de communauté », écrit François Furet[3]. Romain Ducoulombier a montré de son côté la rencontre de la recomposition russe du marxisme avec un « ascétisme sacrificiel » lié à la tradition du syndicalisme révolutionnaire. L'aura de Lénine, l'admiration pour l'engagement total des dirigeants bolcheviques et le prestige des combattants révolutionnaires de Petrograd jouèrent un rôle clé dans les débuts du communisme, alors que le programme soviétique était fort mal connu. L'aspiration à la régénération du mouvement ouvrier après la faillite et la corruption du socialisme parlementaire pendant la guerre fut particulièrement forte chez les jeunes gens du Comité de la IIIe Internationale et du groupe Clarté. Au moment où Pierre Pascal, à la suite des dirigeants bolcheviques, moquait le « sentimentalisme » des socialistes français en visite à Moscou, ses écrits et notamment *Les Résultats moraux de l'État soviétiste* purent alors ajouter à l'aspect politique et social du communisme une dimension ascétique et morale, voire une réponse spirituelle à l'angoisse et à la culpabilité nées de la guerre[4].

À l'aube des années 1920, le premier débat public sur l'engagement d'un intellectuel communiste portait ainsi en

1. Annie Kriegel, Georges Haupt, « Les Groupes communistes étrangers en Russie et la Révolution mondiale (1917-1919). État des travaux », *op. cit.*

2. Ludmila Zak, *Des Français dans la révolution d'Octobre, op. cit.*

3. François Furet, *Le Passé d'une illusion, op. cit.*

4. Romain Ducoulombier, *Camarades !, op. cit.* Patrice Ville, *Les Groupes communistes français, op. cit.*

germe les interrogations réélaborées plus tardivement, à la lumière de la comparaison des totalitarismes. Parallèlement aux considérations de doctrine, aux analyses géopolitiques sur l'Union soviétique, aux études de la situation intérieure russe, le communisme était interrogé comme une nouvelle religion. Alors que la révolution russe affirmait sa vocation à s'exporter comme modèle, la question de la compatibilité de ce nouveau type de régime, voire de « civilisation », avec la vie républicaine française affleurait dans toutes les analyses. La vulnérabilité de jeunes universitaires plus idéalistes que marxistes et la question de la rencontre avec le christianisme étaient aussi posées. Quels que fussent les jugements portés, aucun portrait de Pierre Pascal ne mettait alors en doute l'absolue conviction de ce militant d'un genre inédit, premier modèle de converti au communisme.

Ce débat fondateur construisit une image qui allait être reprise, en l'altérant légèrement, par celle que Pierre Pascal souhaiterait donner de lui-même au soir de sa vie, et qui serait relayée par nombre de ses biographes. François Furet le proposa ainsi en exemple des intellectuels qui « vivent la révolution comme un choix pur, ou encore, si on préfère, une croyance séparée de leur expérience sociale, une négation d'eux-mêmes destinée à l'accomplissement d'eux-mêmes, sur le mode d'une ascèse religieuse ». L'image d'un révolutionnaire catholique et russophile, jamais véritablement convaincu des préceptes marxistes-léninistes, communiste malgré lui en quelque sorte, à l'issue de l'expérience spirituelle de l'immersion révolutionnaire et par communion avec le peuple russe, s'imposera[1]. Or l'étude précise du rôle dirigeant de Pierre Pascal dans le Groupe communiste français et à la Tcheka, puis au service du NKID et du Komintern, vient pour le moins nuancer l'idée d'un refus réaffirmé de devenir un « politicien », en montrant une appropriation rapide et prosélyte des idées et des pratiques du bolchevisme. Il faut désormais comprendre comment l'expression dogmatique et enthousiaste des années 1918-1924 coexista avec les doutes, et par quel processus ceux-ci prirent peu à peu le dessus pour aboutir à une rupture avec le régime.

---

1. Cf. *infra* chapitre 7.

4

Le retrait (1919-1925)

L'acceptation de la répression politique et religieuse

De la part de l'État, la peine de mort et la guerre sont des moyens nécessaires dans certains cas.

Pierre Pascal au Comité central
du Parti communiste, janvier 1920

Les grands principes, où sont-ils ? – Je ne veux pas être utopiste.

Journal de Pierre Pascal, janvier 1922

Intellectuel français en exil politique par choix, poursuivi dans sa patrie pour haute trahison, Pierre Pascal était devenu un militant du Parti communiste russe et un fonctionnaire de la haute administration soviétique. Il allait, comme tant d'autres, ne plus se reconnaître dans le régime né de la révolution. L'évolution intérieure de l'Union soviétique joua un rôle clé dans son éloignement. En ces années marquées par la mort de Lénine, les conflits pour le pouvoir dans le Parti s'entremêlaient avec de profondes divergences sur les lignes politiques et économiques, pour aboutir à la défaite de « l'Opposition de gauche » devant Staline à la fin de la décennie. Mais Pierre Pascal ne prit plus seulement position en fonction de l'avenir de l'Europe, de la Russie et de son peuple. Son expérience personnelle, son réseau familial et amical de plus en plus menacé, furent décisifs.

Dans la préface au troisième tome de son *Journal de Russie*, Pierre Pascal explique sa décision de rester en Russie par sa fidélité à ses amitiés et au peuple russe, continuant seulement à suivre les « péripéties politiques » après sa rupture morale avec le Parti bolchevique. Il donne honnêtement au lecteur la possibilité de comprendre les tensions entre ses publications dans la presse communiste et un retrait critique privé de plus en plus affirmé, tout en entremêlant les articles republiés avec des souvenirs, voire des développements sur des points d'histoire non abordés à l'époque. Il demeure de fait très elliptique sur sa vie professionnelle entre 1921 et 1925, cette première carrière de militant et de fonctionnaire soviétique que nous avons présentée dans le chapitre précédent. Il s'agira ici non pas de dissocier une façade engagée pour mieux découvrir une vie intérieure critique, mais de modifier en quelque sorte l'angle d'étude, de reprendre cette période à la lumière d'autres sources – écrits personnels, correspondances, archives – et d'autres questions. Une attitude disciplinée, des publications conformes, une confiance envers le Parti réaffirmée publiquement de part et d'autre jusqu'en 1925 coexistent en effet, dès 1919, avec des considérations critiques dans les notes et correspondances privées de Pierre Pascal. C'est précisément ce moment de combinaison entre engagement et retrait chez le même homme qu'il faut comprendre.

Face à la Terreur rouge : une relecture autobiographique tardive

Dans les souvenirs qu'il publia quelques mois à peine après son retour en France au printemps 1919, le journaliste Ludovic Naudeau avertit en ces termes Jacques Sadoul et Pierre Pascal, ces « déracinés », « égarés, enlisés dans les aberrations moscovites » : « Leur punition, leur punition terrible est aujourd'hui de ne plus pouvoir s'arracher à ces flots de poix et de soufre et, à l'instant où leur pensée, malgré tout fidèle, s'attendrit au souvenir de la France, de se sentir entraînés par des courants en combustion, par des vagues de sang, vers un inconnu insondable, vers des océans inexplorés où souffle seulement l'infini de la terreur[1]. »

Depuis les années 1970 se déploient le débat sur la répression et le Goulag en URSS, puis la controverse sur la dimension totalitaire et criminelle du communisme dans son ensemble. Il semble dès lors évident de poser la question de la violence aux témoins de la révolution russe. Pierre Pascal aurait pu devenir un témoin privilégié de la controverse au sujet de la répression qui s'était abattue sur la religion et les intellectuels. Or, de son vivant, il écarte avec constance cette problématique de son itinéraire personnel. La période de la révolution puis de la guerre civile ne suscita guère de commentaires critiques de sa part en ce sens. Si l'on revient aux carnets eux-mêmes, ils sont marqués par une vision générale du peuple russe comme naturellement doux et pacifique. Épargné on l'a vu par l'expérience directe de la violence révolutionnaire, le jeune lieutenant nota sans commentaires particuliers l'assassinat de deux anciens ministres cadets par des marins rouges dans une prison début 1918[2]. Le sort du tsar, dont il avait tant admiré la « majesté » et la « divine mission » au soir de sa remise de décoration, lui devint indifférent. Questionné par Georges Nivat, il éluda la question, tout en reconnaissant avoir observé la « maison Ipatiev », lors de son passage à Ekaterinbourg, et « entendu parler » des événements des jours précédents, c'est-à-dire de l'exécution de Nicolas II, de la tsarine et de leurs enfants en juillet 1918. C'est sans animosité envers Tchitcherine qu'il évoqua le souvenir de la réponse macabre et ironique du commissaire du peuple au pape, qui intervenait en faveur des femmes de la famille impériale et des grands-ducs, en réalité déjà exécutés : « Ils sont dans un endroit avec lequel nous n'avons pas de relations diplomatiques...[3] »

Relisant en août 1918 « Le Mont des Oliviers » d'Alfred de Vigny et méditant sur les souffrances du Christ, Pierre

1. Ludovic Naudeau, *En prison sous la terreur russe*, 1920, *op. cit.*, p. 172-173.

2. *Mon journal de Russie*, *op. cit.*, p. 251, 28 janvier 1918.

3. *En communisme*, *op. cit.*, p. 24 ; *Archives du XX*ᵉ *siècle – Pierre Pascal*, entretien avec Georges Nivat, *op. cit.*, cassette 3.

Pascal jeta dans son journal ces notes ambiguës : « Comme Notre-Seigneur devant la Croix, ce vil supplice, il ne faut pas craindre le mépris et les châtiments réservés d'ordinaire aux coupables, pour créer une justice nouvelle[1]. » Quelques mois plus tard, il se trouvait du côté d'un pouvoir qui avait proclamé en février 1918 « la patrie socialiste en danger » et avait mis en septembre 1918 la Terreur rouge à l'ordre du jour. Le principe général de la répression des contre-révolutionnaires, conçu comme une défense dans le contexte de la guerre civile et de la guerre d'intervention, fut repris à son compte par l'ancien membre de la Mission militaire. Après avoir été arrêté à trois reprises sous l'uniforme français, il collabora avec la Tcheka sans confesser à son carnet le moindre état d'âme au sujet du sort des « bourgeois » de la colonie française, transformés en prisonniers impuissants. Dans l'unique numéro de la revue *Demain* publié en 1919, le secrétaire du Groupe communiste français se montra tout à la fois menaçant et rassurant. Il assuma clairement son camp :

> Si nous voulons montrer aux travailleurs de langue française que le pouvoir des Soviets est réellement le pouvoir des travailleurs établi pour le bien, tout le monde sait d'autre part qu'à la moindre tentative de contre-révolution ou de spéculation, nous serons les premiers à demander à la terrible commission extraordinaire une sévérité implacable. Ce n'est pas au moment où partout on fusille sans jugement les communistes que nous devons trahir la révolution sous prétexte de compatriotisme. Mais la terrible commission est en fait la plus bénigne personne qui se puisse imaginer, et la Terreur rouge proclamée en Russie étonnerait véritablement tout bourgeois français qui serait à même d'en observer l'application[2].

Début 1920, Pierre Pascal enquêta au bureau des camps de travail de Moscou. « Admirablement reçu » sur recommandation de Tchitcherine et de Kamenev, il en sortit « merveilleusement documenté ». Les notes prises après sa visite du « camp de concentration » d'Ivanovo en compagnie de Robert Petit concordent avec la restitution qu'il en fit dans la brochure *En Russie rouge.* Le fait qu'un ancien monastère situé à quelques

1. *En Russie rouge, op. cit.*, p. 310, 8 août 1918.
2. *Demain,* n° 31, septembre 1919, p. 37.

kilomètres de Moscou ait été transformé en prison le gênait un peu, mais, justifiait-il, c'était déjà un lieu de détention pour les femmes « folles » sous l'Ancien Régime. Il soulignait la « propreté et l'humanité intelligente », « le zèle merveilleux des directeurs » et du commandant, sévère mais bon enfant. Les détenus de cette « villégiature » pour contre-révolutionnaires, ex-ministres, vieux généraux, ou l'ancien directeur de la chambre de commerce française Havard-Duclos, « toujours visqueux », ne faisaient l'objet, affirmait-il, d'aucun mauvais traitement. « Une soirée sous la terreur ! S'il y avait la moindre ombre de terreur ! » nota Pascal en sortant de l'appartement de Nicolas Berdiaev. « La terreur est finie. À vrai dire, elle n'a jamais existé », écrivit-il dans *En Russie rouge.*

La dénégation privée rencontrait là encore la prise de position publique, dans un affrontement de propagande et de contre-propagande, auquel le collaborateur de Tchitcherine avait accès par ses dépouillements réguliers de la presse française. Des statistiques lui avaient été remises par Martin Latsis, commandant de la Tcheka en Ukraine et membre de son collège de direction. Pascal notait 9 600 fusillés en 1918 et 1919, dont 1 555 « contre-révolutionnaires », chiffre qui devint dans la brochure 7 018 exécutions de « conjurés, espions, organisateurs de soulèvements et autres contre-révolutionnaires actifs[1] ». Publiées dans la presse soviétique, ces statistiques furent reprises avec confiance par Pierre Pascal comme elles l'avaient été par John Reed, convaincu que la Tcheka n'agissait que contre les traîtres[2]. Le principe de répression défensive, l'absence d'informations sur les exécutions sommaires et les arrestations en masse par les Tchekas locales, l'adhésion au principe nouveau des camps de travail isolant les ennemis de classe, tout cela semblait se conjuguer aisément avec l'expérience personnelle du Français devenu fonctionnaire soviétique.

Le collaborateur de Tchitcherine et du Komintern avait défendu fin 1918 les « communes » comme le « mode d'exploitation purement socialiste destiné à être celui de l'avenir ». Il demeura

1. *En communisme, op. cit.*, p. 133, 21 janvier 1920 ; p. 135-136, 22 janvier 1920. *En Russie rouge, op. cit.*, « Un camp de concentration », daté de mars 1920.

2. Robert Rosenstone, *John Reed, op. cit.*, p. 563, d'après les carnets de Reed.

tributaire de la presse soviétique pour connaître l'évolution des campagnes, marquée par la répression sans merci des soulèvements paysans face aux réquisitions forcées, et à l'instauration autoritaire de fermes collectives. Ses interventions sur la question de la famine qui ravageait la région de la Volga depuis le printemps et l'été 1921 le placèrent sur la ligne officielle. Éludant la question des causes – la famine était officiellement imputée à la sécheresse conjuguée à l'arriération tsariste, au blocus et aux sabotages capitalistes –, il fit l'éloge de la politique du gouvernement et des paysans « héroïques » qui se sacrifiaient pour ne pas manger leurs semences. À l'automne 1921, il rédigea un texte qui, à la suite de la presse soviétique, attaquait violemment la nomination de l'ancien ambassadeur Joseph Noulens, « massacreur », « fomenteur de complots », à la tête de la Commission française de secours à la Russie. Dans un projet de lettre au quotidien conservateur *L'Écho de Paris*, il prit l'initiative d'en appeler à la charité chrétienne, « pour tenter une chance dernière pour que le catholicisme, que j'aime, n'apparaisse pas comme inerte en face de ce grand fait social de la famine », en des termes vibrants qui le montraient touché par les informations affluant sur le sort tragique des paysans affamés[1].

Dans les faits, Pierre Pascal ne fut associé qu'à la marge aux initiatives tardivement prises depuis Moscou pour solliciter l'aide internationale. Le premier Comité panrusse d'aide aux affamés avait été créé à l'initiative de la Société d'agriculture avec l'appui de Gorki en juillet 1921 et avait abouti à la création d'un Comité international de secours à la Russie, qui regroupait vingt-deux associations de secours, des syndicats et des partis de gauche. Mais alors que le commissariat du peuple aux Affaires étrangères acceptait l'intervention de l'American Relief Association d'Herbert Hoover sur le territoire soviétique et signait une convention avec le Comité international, le Comité panrusse devenait inutile au pouvoir. Il fut

1. *Troisième Internationale*, n° 5, 27 novembre 1918, « Une année de travail soviétiste. Pierre Veyrières. II. L'application de la réforme agraire ». *Mon état d'âme, op. cit.*, p. 33-35 et BDIC F delta res 883 (2-1), texte du « défi à la Russie » contre Noulens. Lettre à *L'Écho de Paris* non conservée. « La famine en Russie », *Correspondance internationale*, n° 56, 29 juillet 1922, rééd. in *Mon état d'âme, op. cit.*, p. 72.

brutalement dissous, et apparut dans l'historiographie soviétique comme une initiative pour utiliser la famine à des fins contre-révolutionnaires. Ses membres, professeurs, agronomes ou écrivains, que Pascal qualifia plus tard de « remarquable échantillon de l'élite russe active et libérale », furent arrêtés, en butte à une violente campagne de presse les qualifiant de « gardes blancs ». Parallèlement, à l'initiative du Comité exécutif de l'Internationale communiste, était fondé à Berlin en septembre 1921 le Secours ouvrier international, ou *Mejrabpom*. Destiné au départ à liquider la famine, restaurer et développer l'économie soviétique, il devint une organisation « de masse », diffusant notamment à l'étranger l'image de l'URSS par le cinéma. Sans être associé à cette jeune organisation, Pierre Pascal servit ponctuellement de guide aux délégués qui distribuaient l'aide aux campagnes, accompagnant début 1922 Marguerite Rosmer et Madeleine Pelletier[1].

L'anti-intellectualisme résolu de Pierre Pascal, le rejet de son ancien milieu social et familial peuvent contribuer à expliquer son indifférence apparente face à la répression qui touchait les élites artistiques et universitaires. Il ne partageait en rien les positions d'un Gorki qui, face à l'échec de ses espoirs de socialisme humaniste et démocratique et de ses tentatives pour servir d'intermédiaire entre le Kremlin et l'intelligentsia, quitta la Russie à l'automne 1921. Dans l'éloge funèbre publié dans *Clarté*, Pierre Pascal souligna nettement qu'Alexandre Blok, silencieux depuis son élan révolutionnaire de 1918, mort en août 1921 alors qu'on lui refusait l'autorisation de partir se soigner à l'étranger, « appartenait à cet ancien monde dont il chantait l'écroulement ». C'est seulement dans les années 1970 qu'il revint sur l'exécution, en ce même été 1921, de Nicolas Goumilev, accusé de participation à un complot contre-révolutionnaire. Pascal affirma alors ne pas avoir connu l'œuvre ni le destin du poète. L'événement ne l'avait touché que par personne interposée, disait-il en évoquant le désespoir de Leonid Sobolev, ce « jeune ami », « généreux et passionnément épris de ce qui sur cette terre est passionnément bon et beau », de retour en Russie après ses études à Paris. Sobolev

1. *Ibid.*, p. 31 sur le Comité, p. 39, 28 janvier 1922 sur la venue de Marguerite Rosmer pour le SOI.

quitta à cette occasion son travail au Komintern avant d'être réembauché sur recommandation de Pascal puis de disparaître tragiquement en 1927, peut-être par suicide[1].

C'est également après coup que Pierre Pascal inséra dans son journal, pour l'année 1922, trois pages consacrées au bannissement spectaculaire de plusieurs centaines d'« idéologues bourgeois », « idéalistes » et « contre-révolutionnaires », suite à une décision de Lénine en personne et d'une campagne de la *Pravda* consacrée aux nécessaires « mesures d'assainissement[2] ». Nombre de ces personnalités avaient été membres du Comité panrusse de secours aux affamés, l'éphémère organisme d'intellectuels indépendant du pouvoir soviétique, qui avait notamment commis l'erreur de faire appel à l'Église orthodoxe. Un groupe important d'économistes, d'historiens, de mathématiciens ou de philosophes reçurent leur avis d'expulsion du GPU, la Direction politique d'État qui venait de succéder à la Tcheka, et prirent le bateau ou le train pour l'Allemagne à l'automne 1922. Parmi eux figuraient le père Serge Boulgakov, dont le lieutenant Pascal avait lu et commenté les réflexions sur l'union des Églises et fréquenté les « mardis » à Petrograd, mais aussi le père Abrikosov, rencontré chez Nicolas Berdiaev, ainsi que Berdiaev lui-même.

Celui-ci avait réaffirmé lors de ses interrogatoires sa foi dans une société chrétienne. Le témoignage ultérieur de la belle-sœur du philosophe rendit Pierre Pascal – ou plutôt « P. » – partiellement responsable de sa première arrestation, qu'elle relia à la dénonciation publique du confort bourgeois et des discussions critiques du salon de Berdiaev, parue dans *En Russie rouge*. Elle le présentait comme un jeune homme « naïf et si convaincu du

1. *Ibid.*, p. 22 et *Archives du XX*e *siècle – Pierre Pascal*, entretien avec Georges Nivat, *op. cit.*, cassette 3 pour les souvenirs sur Sobolev ; *Russie 1927*, *op. cit.*, p. 162, p. 171-172 sur la mort tragique et peut-être suicidaire de Sobolev.

2. *Ibid.*, p. 78-80, pages de Pierre Pascal inspirées par Michel Heller, « Premier avertissement : un coup de fouet. L'histoire de l'expulsion des personnalités intellectuelles hors de l'Union soviétique en 1922 », *Cahiers du monde russe et soviétique*, vol. 20, n° 2, avril-juin 1979, p. 131-172. Lettre de Lénine ordonnant le bannissement, publiée dans Richard Pipes, *The Unknown Lenin. From the Secret Archive*, New Haven, Yale University Press, 1996, p. 168-170. Biographie de Léon Zander sur le site de l'Action chrétienne des étudiants russes : http://www.acer-mjo.org/.

merveilleux mythe communiste qu'il ne se rendait pas compte que cet article menaçait N.A. [Nicolas Alexandrovitch Berdiaev] de la prison dans le meilleur des cas ». Peut-être, ajoutait-elle, le même « P. » était-il l'auteur d'un article des *Izvestia* dénonçant les amis de Berdiaev qui débattaient pour savoir si Lénine était l'Antéchrist[1] ? Aucune source disponible n'atteste ce lien de causalité, pas plus d'ailleurs, *a contrario*, qu'une quelconque tentative de Pierre Pascal pour intervenir en quoi que ce soit en faveur des intellectuels expulsés qu'il connaissait.

Depuis l'insurrection de Cronstadt en mars 1921, il était impossible d'ignorer que la répression touchait désormais des partisans et acteurs tout récents de la révolution. La garnison mutinée réclama la liberté de parole pour les anarchistes et les socialistes de gauche, l'élection des Soviets au bulletin secret, la liberté de production pour les artisans et paysans n'employant pas de salariés. Pierre Pascal en fut informé par Victor Serge, qui circulait entre Petrograd et Moscou, et par les collaborateurs de Tchitcherine. « Notre sympathie allait aux marins », écrivit-il en publiant son journal – dans lequel l'épisode ne figurait pas –, soulignant la « férocité » de la répression, son « infinie tristesse ». Si Pascal évoqua *a posteriori* la répression de Cronstadt comme un « coup de tonnerre », Boris Souvarine le montra de son côté dans ses souvenirs « très réservé », ne laissant entendre qu'implicitement ses désillusions[2]. De même, Pascal ne semblait pas directement concerné par la répression qui se durcissait en 1921-1922 contre les anarchistes, les sociaux-démocrates mencheviques, les socialistes-révolutionnaires dont les échos dans les campagnes menaçaient le pouvoir soviétique. Or dans le même temps où était décidée l'expulsion des intellectuels, et en partie sous l'impulsion des mêmes hommes, notamment Iakov Agranov, collaborateur de Dzerjinski, Pierre Pascal fut directement engagé dans le premier « procès de Moscou », procès spectacle d'opposants au régime destiné à éliminer définitivement de la scène politique le parti socialiste-révolutionnaire.

1. Nicolas Berdiaev, *Samopoznanie, op. cit.*, note d'Evguenia Rapp, p. 273. Sur l'arrestation de Berdiaev en 1922 d'après les dossiers du GPU, cf. Alexandre Vadimov, *Jizn Berdiaeva*, Berkeley Slavic Specialities, 1993.

2. *En communisme, op. cit.*, p. 215-220 ; *Mon état d'âme, op. cit.*, p. 17. Boris Souvarine, *Souvenirs sur Panaït Istrati, Isaac Babel, Pierre Pascal, op. cit.*, p. 106.

« La conscience inflexible d'accomplir son devoir » : Pascal témoin au procès des socialistes-révolutionnaires en juin 1922

Le jeune lieutenant français avait un peu fréquenté les socialistes-révolutionnaires à Moscou en 1918 par l'intermédiaire de son amie Élisabeth Alekseiev, rencontrée à Petrograd en 1917 dans les cercles chrétiens proches du catholicisme. C'est elle qui l'avait convié à une soirée littéraire du commissariat aux Voies de communication, lors de laquelle il avait assisté à une lecture poétique de Serge Essenine[1]. Il est possible que Pascal, comme l'indiqua Jacques Sadoul dans sa lettre à charge au Comité central du Parti, ait « penché vers les SR de gauche jusqu'en août [1918] ». Son journal le montre cependant favorable dès l'année suivante à la critique politique que le gouvernement soviétique développait en réponse au rôle joué par les SR dans l'organisation de l'opposition paysanne. « Dans mon ignorance, j'ai longtemps cru, comme les socialistes révolutionnaires de gauche, que c'était une erreur, même un acte de démagogie criminelle et d'ailleurs vaine, de chercher à créer dans les campagnes une différenciation et une lutte des classes ne reposant sur rien », nota-t-il en août 1919, pour mieux reconnaître cette nécessité « touchée du doigt » lors d'une conversation avec un soldat. Il ne voyait alors dans le programme des SR de droite, « négatif et protestataire », que le « vieil instinct anarchiste du peuple russe[2] ». En novembre 1920, il regretta que les ouvriers se soient laissé séduire par les « beaux discours » de ces « agents de l'Entente », et relia ce qu'il venait d'apprendre dans la presse sur le « complot socialiste-révolutionnaire » de Nijni Novgorod à une critique sévère des Blancs, « pourriture à l'état endémique ». Un an plus tard, au sortir d'un meeting

1. *Archives du XXe siècle – Pierre Pascal, op. cit.*, entretien n° 3, 1970. « Essenine, poète de la campagne russe », *Revue des études slaves*, t. 38, 1961, p. 55-71. « Une âme russe et deux poèmes », *Clarté*, n° 9, 15 mars 1922, rééd. in *Mon état d'âme, op. cit.*, p. 41. *Mon journal de Russie, op. cit.*, 5 mai 1918, p. 278 sur Blok.

2. *En communisme, op. cit.*, p. 37, « Journal d'un Moscovite », août 1919 ; p. 38, 19 août 1919.

socialiste-révolutionnaire, il y vit seulement « ce qu'a toujours de touchant une secte qui n'est pas au pouvoir[1] ».

Pourquoi dès lors Pierre Pascal fut-il mobilisé dans le procès qui s'ouvrit le 8 juin 1922 pour six semaines ? L'événement avait été soigneusement préparé et mettait en scène un premier groupe de vingt-deux accusés, poursuivis pour lutte armée contre le pouvoir soviétique, actes terroristes, activité subversive en liaison avec les Alliés et réception de financements de leur part en 1918. Douze hommes et femmes formaient un second groupe qui reconnaissait ses erreurs et dénonçait ses coaccusés. Il s'agissait pour Lénine d'organiser un événement « éducatif », propre à éliminer l'opposition socialiste en médiatisant le procès, tant sur la scène intérieure qu'internationale. L'appel bolchevique à la « justice révolutionnaire », les pressions sur les témoins et les accusés, l'organisation d'une campagne de presse, les manifestations populaires hostiles aux accusés dans les rues, les usines et jusque dans l'enceinte du tribunal firent écho aux pétitions des socialistes et intellectuels européens. L'enjeu était de démontrer aux masses russes comme au socialisme international que la NEP ne signifiait nulle ouverture face à une quelconque alternative politique. Une préparation soigneuse six mois à l'avance avait réuni pour le GPU Felix Dzerjinski, mais aussi des représentants du commissariat du peuple à la Justice, une commission d'Agitprop du Comité central, une commission du Komintern et des responsables de haut niveau comme Anatoli Lounatcharski, ministre de l'Instruction publique, ou Clara Zetkin[2].

De chaque côté, presse, brochures et meetings cherchèrent à mobiliser les opinions. En France, en Belgique, en Allemagne, la SFIO, la Ligue des droits de l'homme et les organisations SR émigrées s'opposèrent au jeune PCF et à sa presse[3]. Au congrès

1. *Ibid.*, p. 212, 12 novembre 1920 ; *Mon état d'âme, op. cit.*, p. 27, 4 décembre 1921.

2. Cf. d'après les archives SR en Occident, Marc Jansen, *A show trial under Lenin : the trial of the Socialist Revolutionaries. Moscow, 1922*, La Haye, M. Nijhoff, 1982 ; d'après les archives présidentielles, du RGASPI, du GARF et du MVD, A. Krasilnikov, K.N. Morozov, I.V. Tchoubykin, *Soudebny protsess nad sotsialistami-revolioutsioneram (ïoun-avgoust 1922) : podgotovka, provedenie, itogui. Sbornik dokoumentov*, Moscou, Rosspen, 2002.

3. Cf. notamment W. Woïntinsky, *Les Douze Condamnés à mort (le procès des socialistes-révolutionnaires de Moscou)*, préf. de K. Kautsky, Berlin, Délégation

des Internationales socialistes et communistes tenu à Berlin, les représentants du Komintern s'étaient engagés à ce que des défenseurs socialistes soient présents, concession que Lénine avait aussitôt regrettée dans la *Pravda*. Les organisateurs du procès avaient donc autorisé des personnalités étrangères à défendre le premier groupe. Cinq personnalités du mouvement social-démocrate européen, les Belges Émile Vandervelde et Joseph Wauters, les Allemands Karl Rosenfeld et Theodor Liebknecht, le Français Marius Moutet choisirent de dénoncer spectaculairement les irrégularités de la procédure, dont les moindres n'étaient pas le mépris de l'amnistie de 1919 et l'application du code pénal de juin 1922 pour juger des événements antérieurs. Systématiquement hués par la salle et la rue moscovites, ils quittèrent Moscou le 19 juin. Jacques Sadoul plaida de son côté en faveur des repentis aux côtés de Boukharine. Ses interventions furent aussitôt publiées en Russie comme en France.

Parmi les communistes étrangers sollicités comme témoins, les anciens membres de la Mission militaire étaient particulièrement importants car ils alimentaient l'accusation en faits précis sur l'aide apportée par les diplomates et les officiers français en 1918 à l'action « contre-révolutionnaire » des SR. Ils venaient accréditer le lien créé entre l'opposition politique (qu'une partie des accusés assumaient haut et fort) et la complicité avec la bourgeoisie internationale (que tous récusaient). René Marchand et Pierre Pascal furent ainsi appelés en mars 1922 à déposer devant un haut fonctionnaire du GPU, Iakov Agranov, qui instruisait dans le même temps l'affaire de l'expulsion des intellectuels. Dans sa déposition, Marchand confirma les liens de la Mission française avec les SR et les mencheviks, mais aussi les relations entre la France et l'opposition libérale des Cadets par l'intermédiaire des « cercles professoraux » d'André Mazon. Évoquant un « projet subversif » de destruction des ponts et chemins de fer autour de Petrograd, qui aurait été dirigé par un

des SR à l'étranger, 1922 ; rééd. in Jacques Baynac, *La Terreur sous Lénine*, Paris, Le Sagittaire, 1975, p. 185-259. E. Vandervelde, J. Wauters, *Le Procès des socialistes-révolutionnaires à Moscou*, Bruxelles, 1922. Jacques Sadoul, *Les S.-R. et Vandervelde*, Paris, Librairie de l'Humanité, 1922. *Protsess Eserov*, Moscou, Izdatelstvo Krasnaïa Nov, 1922. Julie Cassiday, *The Enemy on trial. Early Soviet courts on stage and screen*, Northern Illinois University Press, 2000.

capitaine français avec la complicité du socialiste Charles Dumas et des missions américaine et britannique, il en appela aux témoins Helfer et Pascal. Le même jour, Agranov recueillit un premier procès-verbal de déposition du témoin « Paskal Piotr Karlovitch », membre du Parti. Le court procès-verbal revint sur la liaison entre les socialistes-révolutionnaires et les Français, « l'organisation de recrutement d'agents et d'espions » de ces derniers à Kazan et à Samara notamment, la préparation d'attentats par « l'approvisionnement en grenades et en bombes[1] ».

La déposition au procès du « camarade Pierre Pascal, membre du Parti communiste russe, collaborateur de l'Internationale communiste et du commissariat aux Affaires étrangères », occupa toute la matinée du 19 juin 1922. Le compte rendu en fut publié dans la *Pravda* et immédiatement traduit dans un supplément spécial de *Correspondance internationale*. Légitimé par son rôle de chargé du chiffre pour les télégrammes des généraux Niessel et Lavergne, le témoin Pascal dénonça en détail « l'état-major de contre-révolution » formé par l'ambassadeur Noulens, et les « intérêts de classe de la bourgeoisie française » guidant la politique extérieure de la République. L'insurrection SR de Iaroslavl et l'épopée de la Légion tchécoslovaque étaient présentées comme les éléments d'un vaste plan destiné à isoler et affamer Moscou. Il affirma également avoir eu « l'impression très nette » du rôle du général Lavergne et du consul britannique Bruce Lockart dans l'attentat de Fanny Kaplan contre Lénine. Il répéta que, par l'intermédiaire d'Albert Thomas et d'Eugène Petit, la Mission militaire française « subsidiait abondamment les organisations contre-révolutionnaires » et leurs « projets terroristes[2] ».

Plusieurs récits ultérieurs – Jacques Sadoul, Alfred Rosmer[3] – insistèrent sur l'importance du témoignage de l'ex-lieutenant dans ce procès, présenté par la presse communiste comme la défaite politique et idéologique du socialisme non bolchevique.

---

1. A. Krasilnikov, K.N. Morozov, I.V. Tchoubykin, *Soudebny protsess nad sotsialistami-revolioutsioneram, op. cit.*, p. 422-423.

2. « La déposition de Pierre Pascal », *Correspondance internationale*, supplément consacré au procès des SR, n° 15, 23 juin 1922, p. 1-2. Cf. aussi suppléments des 10, 12, 13, 19 et 20 juin 1922.

3. Alfred Rosmer, *Moscou sous Lénine, op. cit.* Jacques Sadoul, *Naissance de l'URSS. De la nuit féodale à l'aube socialiste*, Paris, Charlot, 1946, p. 360.

Amédée Dunois, alors membre du Bureau politique du PCF, justifia dans le *Bulletin communiste* la mobilisation des anciens du Groupe communiste par la nécessité d'éliminer les contre-révolutionnaires, qui ne pouvaient être uniquement combattus devant le « Tribunal de l'histoire » : « Quand on a, comme nous l'avons, la certitude profonde que le procès de Moscou est, par-dessus la tête de quelques comparses, le procès de tout un socialisme, de tout un internationalisme, de toute une tradition de compromissions pratiques et de déviations doctrinales, c'est avec la conscience inflexible d'accomplir son devoir envers le prolétariat qu'on se range, comme l'ont fait à Moscou les Marchand, les Pascal, les Sadoul, du côté de l'accusation[1]. » Les effets attendus ne furent d'ailleurs pas totalement obtenus. Si Lénine rejeta ainsi dans la clandestinité la principale opposition marxiste non bolchevique, l'image romantique de la révolution russe en fut écornée, car on n'était plus là sous la pression de la guerre civile.

Une violence légitime : la guerre, la peine de mort, la politique antireligieuse

On comprend bien que Pierre Pascal n'ait eu aucune indulgence pour ses anciens supérieurs. Mais était-ce par « devoir » ou par conviction qu'il alimenta les accusations fabriquées de « complot contre-révolutionnaire » ? Ses tentatives pour nuancer son propos en s'appuyant sur des « impressions » plutôt que des faits sont sensibles dans le compte rendu officiel. Il ne désigna nommément comme responsables aucun des accusés russes du « premier groupe », préférant charger des Français qui avaient quitté la Russie. Il n'en avait pas moins expérimenté la violence de l'atmosphère du tribunal et contribué au mécanisme accusatoire. Douze hommes et femmes furent condamnés à mort, puis leur peine commuée en emprisonnement.

Or la question du rétablissement de la peine de mort par les bolcheviks en juin 1918, après son abolition par le gouvernement provisoire, avait été posée très vite par les officiers de la Mission militaire. Pascal reconnut alors leur dénonciation de cette mesure comme « sensée », alors même qu'il ironisait

1. *Bulletin communiste*, n° 31, 27 juillet 1922, numéro consacré au procès des SR.

sur leur peur du « massacre des bourgeois ». Il montra début 1920 davantage d'hésitation sur ce point. Dans la profession de foi rédigée pour sa défense à l'attention du Comité central du Parti, il affirma clairement : « De la part de l'État, la peine de mort et la guerre sont des moyens nécessaires dans certains cas. » Mais, quelques jours plus tard, il consigna favorablement « l'événement » qu'était la suppression de la peine capitale infligée par la Tcheka, se proposant même d'en faire immédiatement un « radio » de propagande[1]. Dans la même semaine, il se dit « médusé » par la condamnation à mort, commuée en travaux forcés à perpétuité, de Kouznetsov, un professeur de droit canon et d'histoire ecclésiastique : « C'est bien là le plus vif symbole du tragique malentendu. Peut-être a-t-il été amené à tremper dans quelque organisation malsaine ? Mais il comprenait si bien le pouvoir des Soviets[2]. » La question de la peine de mort, essentielle pour un chrétien, ne fut plus jamais abordée publiquement par Pierre Pascal.

Son acceptation de la violence légitime s'étendit à la question de la guerre. Alors que le pacifisme, ou du moins le ralliement à la paix séparée par sensibilité au désir de paix du peuple russe, avait joué un rôle si important dans son choix de 1917, l'ancien lieutenant s'engageait sans doutes apparents dans la défense de la politique étrangère d'un régime qui, menant la guerre en Pologne et dans le Caucase, mobilisait par millions les paysans dans l'Armée rouge et réprimait impitoyablement les communautés tolstoïennes qui refusaient le service militaire. Lui-même en avait été dispensé comme étranger, selon son dossier du Komintern. Notant à grand renfort de points d'exclamation en janvier 1922 son indignation face aux possibles rapprochements avec « le grand capitalisme étranger », face aux « marchandages avec l'Allemagne », aux projets de discussion avec l'Entente lors d'une rencontre où « ceux qui se traitaient d'assassins se serrent la main », il participa quelques mois plus tard à cette même conférence de Gênes, traduisit le traité de Rapallo, se fit photographier en uniforme fin 1923[3].

1. *En communisme, op. cit.*, p. 128, 15 janvier 1920 ; p. 149, publication d'un extrait de la *Pravda* sur le sujet.

2. *Ibid.*, p. 133, 20 janvier 1920.

3. *Mon état d'âme, op. cit.*, p. 38-39, 7 et 9 janvier 1922.

Acteur d'un procès qui ne frappait pas des milieux politiquement et personnellement proches, et lui permettait de solder en public son passé d'officier français, Pierre Pascal pouvait être davantage touché par la répression des milieux chrétiens qu'il avait fréquentés de 1916 à 1920. « Le peuple est révolutionnaire parce que chrétien », avait-il écrit en 1917. En dissociant le peuple russe de son Église, en cherchant les signes de tolérance et de persistance des pratiques, il avait évité une réflexion de fond sur la manière dont la foi populaire pouvait être choquée par un régime athée. Il semblait adhérer à l'image officielle d'une Église orthodoxe accusée de prendre systématiquement le parti des « Blancs ». Les notes éparses conservées pour la période suivante montrent que sa réflexion sur la relation entre communisme et christianisme ne s'était pourtant pas interrompue avec le coup de semonce de sa convocation par le Comité central. Lisant une brochure d'Henri Barbusse en défense de la révolution russe en novembre 1921, il prit acte du « paragraphe où il reconnaît que le christianisme peut comprendre (renfermer) le communisme mais non l'inverse ». À la sortie d'une conférence sur « Orthodoxie et société scientifique », il constata la qualité de l'orateur mais déplora « le plus plat anticléricalisme[1] ». Début 1922, son bilan pessimiste des années écoulées aboutit à une impasse : « Avec le socialisme, moyen matériel d'exécution, il faut le christianisme. Mais il n'y a pas de christianisme sans l'Église, et l'Église, pourquoi est-elle avec les forces de réaction ? Comment vivre, pour notre frère pensant[2] ? »

Or, au printemps 1922, la politique antireligieuse quitta le terrain de la simple propagande. L'État soviétique saisit l'occasion de la lutte contre la famine pour ordonner la réquisition des objets précieux consacrés. Les tentatives de négociations du patriarche Tikhon, élu par le concile de l'Église orthodoxe en novembre 1917, échouèrent. Il fut bientôt emprisonné, des prêtres furent publiquement condamnés à mort pour « recel d'objets du culte », des milliers de fidèles arrêtés. Dans ses instructions à Dzerjinski en mai 1922, Lénine mettait en avant une triple logique de « lutte systématique contre l'idéologie

1. *Ibid.*, p. 25, 26 novembre 1921 ; p. 28, 15 décembre 1921.
2. *Ibid.*, p. 38, 7 janvier 1922.

bourgeoise, contre la réaction philosophique, contre toute espèce d'idéalisme et de mysticisme ». Entre 1922 et 1923, les cercles de la pensée orthodoxe, la Société pour l'union des Églises, les prêtres catholiques de Russie, si proches de Pierre Pascal dans les années précédentes, furent entraînés à l'apostasie, poussés au départ ou frappés par la répression officielle. Le GPU expulsa les intellectuels, arrêta les religieux, spolia les églises de leurs biens. Les procès touchèrent les catholiques de rite latin, avec la condamnation à mort pour « trahison » envers la Pologne de l'archevêque Cieplak et du curé de l'église Sainte-Catherine de Petrograd, Mgr Boudkevitch. Le premier fut exilé, le second exécuté le dimanche de Pâques 1923. Les catholiques de rite oriental furent également visés. La rédaction de *Slovo Istiny* fut décimée. En novembre 1923, un groupe de religieux et de sœurs dominicaines, dont le père Jean Deubner, l'ancien ami de Pascal, fut accusé de former une « organisation contre-révolutionnaire d'espionnage » en liaison illicite avec Rome, et de complicité dans la mort de Vorovski, le chargé des relations commerciales entre l'URSS et l'Italie, assassiné par un Russe blanc. Deubner fut condamné en mai 1924 à quinze ans de réclusion dans la prison « isolateur » de Souzdal[1].

Pierre Pascal avait apparemment résolu son cas personnel par son passage devant la commission du Comité central. Il s'éloigna des milieux fréquentés dans un passé pourtant récent. La lecture de la revue *Smena Vekh, Changement de jalons*, publiée à Prague par des intellectuels ralliés au régime, lui inspira cette remarque distante : « Cela me remet sur le vieux terrain des Berdiaev, des Boulgakov, des Troubetskoï[2]. » Ivan Knijnik, avec lequel le jeune lieutenant avait cru trouver la formule idéale – « la révolution doit s'accomplir à la fois dans le christianisme et dans le socialisme » –, avait également disparu de son horizon. L'ancien anarchiste converti avait cherché aux côtés des anciens « constructeurs de Dieu »

1. Instructions de Lénine citées par Michel Heller, *op. cit.* ; Antoine Wenger, *Catholiques en Russie, d'après les archives du KGB (1920-1960)*, Paris, Desclée de Brouwer, 1998, p. 29-37.

2. *Mon état d'âme, op. cit.*, p. 23, 23 novembre 1921 ; p. 28, 25 novembre 1921.

Lounatcharski et Bogdanov le chemin d'une culture prolétarienne en travaillant pour le « Proletkult » et s'était lié avec Gorki. Devenu directeur de l'Institut d'État pour l'étude du livre de Moscou, il dut signer à la fin de l'année 1921 une déclaration d'acceptation pleine et entière du marxisme, puis multiplia les articles athées[1]. Lounatcharski renia lui aussi publiquement en 1923 ses tentatives pour rapprocher marxisme et christianisme.

La visite de la ville historique d'Ouglitch sur les bords de la Volga, effectuée en 1921 ou 1922, donna à Pierre Pascal l'occasion de constater concrètement les effets de la lutte contre l'Église orthodoxe. Le voyageur nota que des marins de passage au musée de la ville commentaient « à forte voix, avec sympathie » les photographies de cérémonies religieuses. Mais il signala aussi l'exil en Sibérie des meneurs de la protestation contre la transformation d'une église en « maison d'accouchement », les églises « désaffectées », « enlevées au culte »[2]. Pascal n'eut évidemment pas connaissance de la lettre secrète de mars 1922 par laquelle Lénine saisit l'occasion de la famine pour « écraser » le clergé, lettre qu'il tint plus tard à publier en complément du tome trois de son journal[3]. Mais ce lecteur assidu de la presse soviétique était nécessairement informé de la campagne de saisie des objets du culte et des procès publics des membres du clergé, dont celui des catholiques de Petrograd, même si le sort précis de son ancien ami, le père Jean, lui restait inconnu.

En 1923, ses publications pour le Parti et l'Internationale laissent deviner un malaise certain de la part de l'ancien disciple du père Portal. Les critiques portaient non sur le fond, mais sur les formes prises par la propagande antireligieuse « tapageuse », « démonstrative » et inefficace auprès de paysans traditionnellement peu respectueux du clergé. « Le succès semble grand. Il n'en est rien au fond », écrivit-il à propos des moqueries des « Sans-Dieu ». Le chroniqueur de *Correspondance internationale* reconnaissait qu'une partie des ecclésiastiques avait rejoint le schisme de « l'Église vivante », qui s'était ralliée

---

1. Mikhaïl Agursky, *Ivan Knijnik Vietrov, op. cit.*, p. 59-61.
2. *Mon état d'âme, op. cit.*, p. 108-112 et agenda 1921 (et non 1922).
3. *Ibid.*, p. 45-47, lettre de Lénine publiée par N. Struve en 1970.

au pouvoir à l'été 1922 et tenait son premier concile[1]. Mais il se montra réservé envers la nouvelle institution. Si l'Église vivante avait pu séduire certains partisans d'un christianisme plus social inspiré du Sillon français, ce n'était donc pas la voie choisie par Pascal. Un peu plus tard, il se contenta d'évoquer sans commentaires « les questions religieuses qui ont pris ces temps-ci une place énorme », puis cessa de s'exprimer sur la question[2].

La répression des intellectuels et la politique antireligieuse ne suscitèrent ainsi, dans la première moitié des années 1920, que quelques critiques prudentes de Pierre Pascal. Ni interventions auprès du Parti, ni indignation privée ne nous sont parvenues. Cette attitude, qui choqua quelques-uns des visiteurs « bourgeois » de l'URSS, Louise Weiss ou Albert Londres, contribua à l'image d'un intellectuel fanatique. Plus indulgent envers son « cher Pascal » Mauricius n'en souligna pas moins son refus de discuter des exactions de la Tcheka, « histoires de croquemitaines qui courent en Occident ». Il le montra en 1920 inébranlablement confiant dans « la discipline de fer des commissaires », refusant de croire les témoignages, recueillis par Mauricius lui-même à Odessa, sur une Armée rouge qui dépouillait les moujiks[3]. Mal à l'aise face au souvenir de sa collaboration avec la Tcheka, reconnaissant s'être « acharné » à démontrer l'innocuité de la Terreur rouge, Pierre Pascal opta lui-même, entre fanatisme et naïveté, pour le second principe d'explication. Dans ses souvenirs, il qualifia ses publications de l'époque bolchevique de « petites choses très optimistes, un peu naïves[4] ».

Il ne fit jamais le lien entre le procès des socialistes-révolutionnaires et son attachement, revendiqué à la fin de sa vie, pour ces « spiritualistes de la révolution ». Symbole de « l'époque où révolution et christianisme semblent se recouvrir », le programme des SR de gauche apparut en

1. « La propagande antireligieuse », in « Le mois en Russie. 15 mars-15 avril 1923 », *Correspondance internationale*, n° 34 (16 de l'édition hebdomadaire), 27 avril 1923.

2. « Le mois en Russie. 15 juillet-15 août », *Ibid.*, n° 67, 24 août 1923.

3. Mauricius, *op. cit.*, p. 106, p. 246.

4. *En communisme, op. cit.*, p. 20 ; *Archives du XXe siècle – Pierre Pascal, op. cit.*, entretien n° 3, 1970.

effet, *a posteriori*, comme le plus à même de séduire un homme fasciné par les valeurs de la Russie paysanne profonde. Mais dans ses souvenirs, il ne consacra à l'événement de 1922 que quelques lignes réticentes qui mettaient en avant la contrainte : « Je fus appelé à témoigner », écrivit-il, insistant sur le rôle de René Marchand auquel il était « impossible de refuser » une intervention qui lui « déplaisait fort[1] ». Les articles publiés à cette occasion dans la presse communiste sont absents de *Mon état d'âme*. Pascal n'avait visiblement pas mené de nouvelles recherches à la lumière de l'historiographie des années 1970, comme il l'avait fait pour la répression. Cinquante années plus tard, l'ajout à son journal de passages sur les soulèvements paysans, l'expulsion de 1922, la violence antireligieuse et la « haine des intellectuels » de Lénine montrèrent sa volonté de rééquilibrer la perspective sur son passé bolchevique, sans aller jusqu'à une autocritique explicite sur ces questions. Pour expliquer son processus de détachement du régime, Pierre Pascal ne mit jamais en avant la critique de la répression, mais la fin d'un idéal moral et politique.

Pascal, Souvarine, Body, Petit et Serge : cinq amis en quête d'une solution personnelle et politique

> *Ta lettre est peu gaie. Tu n'as pas l'air d'un homme réjoui. Je crois en effet sans peine que la vie qu'on voudrait te faire mener n'est pas celle dont tu aurais pu rêver. Et comme je sais également que tu n'as aucune aptitude pour une assimilation rapide dans ce milieu...*
>
> Lettre de Robert Petit à Pierre Pascal, mai 1922

Pascal avait « sauté le pas », rappelons-le, en octobre 1918, dans le trouble et le rejet personnel du petit milieu des officiers de la Mission militaire et de la colonie française de Moscou. Justice et égalité, sentiment et idéal lui avaient semblé être

1. *Mon état d'âme*, *op. cit.*, p. 63.

au cœur des aspirations du peuple russe en révolution, bien davantage que le socialisme marxiste dans son projet rationnel. Mais aussi peu politisé qu'il ait été avant son arrivée en Russie, l'expérience vécue de l'instauration d'un nouveau régime, l'exercice d'une parcelle de pouvoir sur la « colonie » française de Moscou puis dans deux administrations soviétiques ne purent que le familiariser avec la problématique du principe de réalité. La formulation politique d'un échec du régime s'imposa alors progressivement.

Formuler un échec :
l'abandon de l'idéal égalitaire

Dès août 1919, Pierre Pascal avança de timides réserves. Revenant sur « l'enthousiasme révolutionnaire des masses », leur « idéal que le pouvoir des Soviets cherche à réaliser », sur « la volonté de créer ce nouveau monde rêvé de bien-être universel, de justice et d'immense fraternité des hommes », il ajouta : « Je craignais cette fatigue, il me semblait voir l'élan révolutionnaire d'antan s'enliser dans les institutions bureaucratiques et dans la recherche torturante du pain quotidien : quelle erreur[1] ! » Dans sa brochure, datée d'août 1920, il plaça l'égalité en tête des « résultats moraux » du régime : « Il faut vivre au pays des Soviets pour sentir tout le charme de la vraie égalité[2]. » En novembre 1920, il croqua sur le vif pour lui-même, à l'ancien hôtel Métropole, les « bourgeoises », « vieilles communistes, dégénérées, oh combien ! », mais sauva les nouveaux administrateurs venus du peuple et « le pur idéal » de la jeunesse[3]. L'année suivante, le bilan de trois années de révolution équilibrait également les critiques et les raisons d'espérer : « J'enrage de cette lenteur. Elle est manifeste partout : ce bureaucratisme, cette course frénétique après les traitements et les rations, cet embourgeoisement cynique des dirigeants, cet embrigadement des masses qui doivent obéissance à l'État, aux spécialistes, aux chefs comme aux patrons d'antan. » « Mais il

1. BDIC F delta res 883 (1-7), lettre de Pierre Pascal à son père, 14 mars 1919, publiée in *En communisme, op. cit.*, p. 29 ; *Ibid.*, 18 août 1919, p. 35.
2. *Les Résultats moraux de l'État soviétiste, op. cit.*
3. *En communisme, op. cit.*, p. 206, 7 novembre 1920.

est vrai aussi qu'on avance », concluait ce bilan : « Gloire au chef et aux chefs qui mènent sans faiblesse et sans erreur la colonne : il leur faut un amer courage pour accepter la longueur des étapes qui mènent à leur idéal. Gloire au peuple entier qui suit, déblaye la voie, chasse les ennemis et se dévoue chaque jour plus consciemment au but qu'on lui montre, si lointain soit-il[1] ! »

En éditant son journal, Pierre Pascal data significativement du début de l'année 1921 ses amères « réflexions sur la révolution », substantielle remise en forme de notes éparses prises sur un carnet en réalité non daté. « Nous sombrons dans la pourriture », « l'abîme est absolu entre les espoirs et la réalité », la morale communiste est « sur son déclin[2] ». Il attribua l'interruption de ses notes entre novembre 1920 et novembre 1921, puis de nouveau à partir de la fin janvier 1922, au « découragement ». Il est vrai qu'en une année l'éloge des « génies » à la tête du pays fit place à des notations plus amères. De sa chambre du Petit-Paris en juin 1921, l'employé du Komintern se plaça en spectateur de cet « autre monde » : un Moscou embourgeoisé, aux inégalités sociales choquantes. En publiant ce feuillet isolé, il le mit significativement en regard avec les souvenirs rédigés plus tardivement par Evguenia Roussakova. À propos de son arrivée dans la capitale en mai 1921, sa compagne évoquait la « hideuse plaie des nouveaux riches », la rage des « belles toilettes », l'étourdissement d'une joie de vivre retrouvée pour les *nepmen* et les « grands du régime[3] ».

« Ce rêve que nous avions semble s'effondrer », « cette Nouvelle Politique permet de vivre, mais elle nous écarte du socialisme », « Que faisons-nous ici ? Notre travail est vain. Nous exploitons le peuple. Que je voudrais faire quelque chose d'utile ! » écrivit Pascal en novembre 1921, tout en réaffirmant la priorité : lutter contre « l'effroyable inégalité ». La nouvelle année 1922, « épouvantable passage », fut l'occasion d'un long bilan pétri de doutes : « la situation empire de jour en jour »,

1. *Ibid.*, 9 novembre 1920, p. 210.

2. *Ibid.*, 9 novembre 1920, p. 209, « Réflexions sur la révolution », p. 14-15 et original des notes, BDIC F delta res 883 (19-6).

3. *Mon état d'âme*, *op. cit.*, p. 10-12.

« c'est l'échec complet. Je veux espérer, toujours, admettre les perspectives présentées, la doctrine officielle enfin. J'affirme les deux possibilités comme existant à peu près à égalité : la reprise du communisme et le triomphe de plus en plus complet du capitalisme. Mais je suis presque sûr, au fond, que c'est le capitalisme qui l'emportera[1] ». Le débat intérieur déployait ses arguments et contre-arguments : « Les grands principes, où sont-ils ? – Je ne veux pas être utopiste. Je sais que les bolcheviks sont le parti socialiste qui ne veut pas être l'éternel battu, qui veut réussir, réaliser. Mais pourtant, si nous consentons l'asservissement de la Russie au grand capitalisme étranger, l'asservissement des ouvriers aux petits capitalistes nationaux, n'est-ce pas le cas d'appliquer l'expression : *propter vitam, vitae perdere causas*[2] ? »

« Pour vivre, perdre la raison de vivre » : Pierre Pascal mobilisait ainsi Juvénal et sa culture latine de jeune homme pour tenter de penser les contradictions observées au quotidien. Il partagea avec Boris Souvarine le sentiment de « scandale » après un coûteux banquet offert aux délégués de l'Internationale syndicale et constata : « Les bourgeois tiennent le haut du pavé[3]. » L'austérité ostensible de la vie quotidienne du fonctionnaire soviétique, interprétée par ses camarades et par les journalistes étrangers comme le signe d'un engagement quasi monacal, peut donc également être lue à l'aune d'une réaction contre la naissance d'une nouvelle catégorie de privilégiés. À l'été 1923, tout en développant une critique autorisée des nouvelles mœurs de la NEP, présente par ailleurs dans les journaux satiriques du régime, le chroniqueur de *Correspondance internationale* se fit, sur la ligne proposée par Lénine, le défenseur résigné d'un changement d'état d'esprit : « Le "communisme", dans l'ère où nous sommes maintenant, cesse d'être l'action même téméraire, le dévouement enthousiaste, l'obtention coûte que coûte des buts sans égards à la dépense pour devenir l'étude minutieuse, le lent progrès matériel, l'économie quotidienne des ressources, des efforts et du temps. » Pascal n'en conclut pas moins sur un rappel

1. *Ibid.*, p. 22, 19 novembre 1921 ; p. 23, 20 novembre 1921.
2. *Ibid.*, p. 37, 7 janvier 1922.
3. *Ibid.*, p. 11-12 ; p. 22, 24 novembre 1921 ; p. 37, 7 janvier 1922.

plus impertinent au mot d'ordre de 1917 : « approfondir la révolution[1] ».

Son malaise à servir une diplomatie soviétique qui se normalisait et adoptait le costume et les mœurs policés de ses ennemis d'hier participa de la même logique. Victor Serge qualifia ironiquement son ami, alors présent à la conférence de Gênes en 1922, d'« homme infortuné » de travailler parmi « le faux luxe et l'imbécillité phénoménale de ce qu'on appelle la diplomatie », mais d'homme « heureux » de vivre un moment près de la mer, du soleil et des montagnes à l'horizon[2]. L'année suivante, écrivant à Evguenia Roussakova qui était dans sa famille à Petrograd, Pascal souligna son mal-être général, malgré les « discussions politiques » avec Souvarine, et son incompréhension devant l'évolution de Marcel Body, devenu diplomate en Norvège. Alors même que celui-ci ne cessait dans ses lettres de se démarquer des « relents de bourgeoisie » propres à sa fonction, Pascal nota : « Il ne quitte plus sa chemise empesée. (...) Je n'ose pas le chiner. (...) Il me fait de la peine. (...) Pour les autres, moi par exemple, je m'occupe de l'impérialisme français et je rédige des traductions. J'en ai marre, mille fois marre. Tout me dégoûte. Hier, au K.I., j'avais envie de casser quelque chose. J'ai poussé des cris qui ont alarmé Revo (enfin arrivé). Mais ça ne fait rien[3]. »

Configuration amicale et réponses à la crise morale

C'est bien l'abandon d'un projet de rénovation radicale de la société basé sur l'égalité, seul porteur de sens pour l'avenir du peuple russe, que les quelques notes conservées placent au cœur du processus de déception. Le sentiment de crise

1. « Le mois en Russie. 15 juillet-15 août », *Correspondance internationale*, n° 67, 24 août 1923, rééd. in *Mon état d'âme*, *op. cit.*, p. 99.

2. Institut d'études slaves, Archives Pascal, lettre de Victor Serge à Pierre Pascal, 11 mai 1922.

3. K.I. : initiales russes pour Internationale communiste. Revo : pseudonyme d'Otto Maschl ou Lucien Laurat, alors âgé de 25 ans, membre fondateur du Parti communiste autrichien, correspondant de *L'Humanité* puis appelé par Souvarine comme traducteur au bureau de presse de l'IC à Moscou en 1923. Institut d'études slaves, Archives Pascal, lettre de Marcel Body à Pierre Pascal, 30 décembre 1921 ; lettre de Pierre Pascal à Evguenia Roussakova, 27 juillet (1923, daté d'après le texte).

morale, de « désarroi », dont Victor Serge se fit l'écho dans ses Mémoires, n'était pas propre à l'ancien secrétaire du Groupe communiste. La réflexion sur l'échec de la révolution internationale, sur le mode de construction d'une société socialiste qui semblait mettre fin à une période héroïque de rupture radicale, divisait le Parti. Boukharine diagnostiqua en 1924 une « dépression psychologique » liée à la NEP, à son « cortège de confusions », puis à la disparition de Lénine. Réorganisée sur le modèle des structures du Parti bolchevique, la direction de l'Internationale communiste fut, elle aussi, traversée par ces tensions qui mêlaient l'idéologique et l'affectif[1]. Une lecture personnelle du régime se combinait ainsi avec la difficulté à conserver une place légitime dans un milieu politique dont les règles du jeu évoluaient aux dépens des militants étrangers. Dès lors qu'ils contestaient le Parti russe, ceux-ci se voyaient renvoyés à leur passé : bourgeois et réactionnaire pour Pascal, anarchiste pour Serge. L'articulation entre l'expression d'une critique politique et les actes des militants et des fonctionnaires soviétiques n'était pas aisée, et remettait en cause les relations de chacun avec le pouvoir et le Parti.

C'est donc en analysant la configuration relationnelle et politique dans laquelle évolua Pierre Pascal entre 1919 et 1924 que nous pouvons mieux apprécier la singularité de son évolution. Dans les correspondances qui ont été conservées, un quintette amical se dessine et les échanges entre Pascal, Souvarine, Body, Petit et Serge montrent tout d'abord que les contradictions entre des doutes privés et une discipline publiquement réaffirmée furent bien partagées, même si la posture autobiographique tendit à les effacer en mettant en avant les éléments de critique précoce d'un « régime de bureaucratie et de mensonge[2] ». Pierre Pascal évoqua dans ses souvenirs l'Opposition ouvrière qui s'était organisée fin 1920 autour d'Alexandra Kollontaï et de dirigeants syndicaux comme Alexandre Chliapnikov, « restés fidèles aux buts originels de la révolution », contre un Trotski « autoritaire[3] ».

1. Victor Serge, *Mémoires d'un révolutionnaire*, *op. cit.*, p. 171. Stephen Cohen, *Nicolas Boukharine*, *op. cit.*, p. 137, p. 220-221.

2. *Archives du XXe siècle – Pierre Pascal*, *op. cit.*, entretien n° 3, 1970.

3. *En communisme*, *op. cit.*, p. 215-220 ; *Mon état d'âme*, *op. cit.*, p. 17.

Se faisant l'écho de la protestation croissante contre les inégalités au sein même du Parti, ces derniers proposaient de rééquilibrer le pouvoir dans l'industrie au profit des syndicats. Zinoviev de son côté défendait le retour du « principe électif » dans la démocratie ouvrière et paysanne, alors que Trotski souhaitait une centralisation accrue et une fusion des syndicats dans l'État. Si, au printemps 1921, Pierre Pascal traduisit en français la brochure d'Alexandra Kollontaï, *L'Opposition ouvrière*, et communiqua l'un de ses deux exemplaires russes à Boris Souvarine, à peine arrivé à Moscou pour le IIIe congrès de l'Internationale communiste[1], il signa au même moment dans le *Bulletin communiste* une ferme défense de la « poigne de fer » de la discipline, et de l'action du Parti dans l'intérêt des masses russes, encore incapables de l'exercer directement. Contre les protestations des socialistes européens, il montra une démocratie ouvrière en marche, l'implication croissante du peuple dans l'administration politique et économique : « La vraie démocratie n'est pas toute faite, comme celle qui n'est que mots. » « L'idéal n'est pas abandonné », écrivit-il dans le numéro suivant à propos de la NEP, décidée « dans l'intérêt de la Révolution et du communisme[2] ».

Les lettres conservées témoignent ainsi de doutes échangés, mais la fidélité au Parti, la défense de la révolution demeurèrent des fondamentaux partagés. Victor Serge se confia en janvier 1922 à sa belle-sœur Evguenia Roussakova : « Ce que vous me racontez de Moscou m'afflige sans me surprendre. J'avais vu cela venir de loin. Nous verrons des choses encore moins réjouissantes et il faut en prendre son parti. On se faisait trop d'illusions en s'imaginant qu'une révolution peut vaincre tout de suite. Je pense seulement avec satisfaction que nous sortons tous de la période la plus mouvementée aussi pauvres que nous y étions entrés, et j'espère que c'est le cas de la majorité des communistes – ou des révolutionnaires. »

1. *Mon état d'âme*, *op. cit.*, p. 17. Alexandra Kollontaï, *L'Opposition ouvrière*, traduction de Pierre Pascal, introduction de Jean-Maurice Gélinet, postface d'Anne Valh, Paris, Le Seuil, Bibliothèque politique, 1974 (d'après l'exemplaire de la traduction conservé par Pierre Monatte).

2. *Bulletin communiste*, n° 18, 5 mai 1921, « La Démocratie ouvrière » ; n° 21-22, 26 mai, « La nouvelle politique économique du gouvernement soviétique ».

« La Russie va remonter la pente, tandis qu'ici on la descend et sans savoir jusqu'où on ira », ajouta-t-il[1].

Marcel Body, recevant de Pascal une lettre « triste et empreinte d'amertume que je partage », lui confia quelques semaines plus tard des sentiments analogues : « Je suis, comme toi, parfois bien abattu par le dénouement d'une révolution en qui nous avions placé tant d'espérances. » Depuis Oslo il disait garder l'espoir, loin de la Russie et de cette « bourgeoisie d'affaires que tu me décris plus rapace et plus cynique que celle d'hier », et chargea son ami avec insistance de gérer son « réenregistrement » au Parti de Moscou. Pascal lui répondit depuis la conférence de La Haye en se réjouissant de meilleures récoltes, ajoutant : « « Mais toute cette amélioration est obtenue par quels moyens ? Qui gouverne ? Qui profite ? Promène-toi un peu sur *Kouznetski most* pour voir. On a l'impression de n'être plus chez soi. Aucune théorie ne peut me faire fermer les yeux. Ici, qu'allons-nous faire[2] ? »

Boris Souvarine de son côté ne répugna pas aux incartades, telle sa visite non autorisée de la prison de Boutyrki pour enquêter sur les arrestations d'anarchistes. Absous de cette indiscipline, chargé de travail et de responsabilités, il demeura complètement engagé dans les relations conflictuelles entre les partis communistes européens et Moscou. Les enjeux de pouvoir personnels, les conflits d'organisation et le débat doctrinal s'entremêlaient. Leader de la « gauche » du Parti, héritière de l'ancien Comité de la IIIe Internationale, Souvarine combattit résolument les nostalgiques de la SFIO et tenta d'obtenir l'appui de la direction du Komintern. En 1921-1922, il ne remettait nullement en question la centralisation, la discipline et l'intervention croissante de Moscou dans des partis en voie de « bolchevisation », défendant loyalement la ligne de « Front unique », c'est-à-dire l'alliance tactique avec une partie de la gauche non communiste[3].

---

1. Institut d'études slaves, lettre de Victor Serge à Evguenia Roussakova, 27 janvier 1922.

2. *Ibid.*, Archives Pascal, carton 3, lettre de Marcel Body, 20 février 1922, BDIC F delta res 883 (2-2), copie d'une réponse de Pierre Pascal, 1er juillet 1922, publiée dans *Mon état d'âme, op. cit.*, p. 66.

3. Jean-Louis Panné, *Boris Souvarine, op. cit.*, p. 102-114. Alexandre Vatlin, *Komintern : ideï, rechenia, soudby, op. cit.*, sur le consensus au sujet de la gouvernance des partis.

Victor Serge justifia lui aussi dans ses écrits de la première moitié des années 1920 le monopole du pouvoir par un parti d'élite, et la légitimité de la répression face à une contre-révolution toujours menaçante. Son insistance dans ses Mémoires sur ses tentatives de médiation au moment de la Commune de Cronstadt, ses interventions en faveur des anarchistes ou de victimes de l'arbitraire de la Tcheka, son angoisse face à « l'étouffement catégorique de toute démocratie » peuvent aussi être lues comme des rationalisations *a posteriori*. Sa correspondance avec Pascal en 1921 et 1922 le montre très hostile face à la « dégénérescence anarchiste ». En novembre 1924, il se dit d'accord avec Pascal sur « l'excès de centralisation et d'étatisme » mais réaffirma contre celui-ci : « L'État est une machine de guerre dont on aura besoin tant qu'il y aura l'ennemi intérieur et l'ennemi extérieur[1]. »

La Commune de Yalta, un refuge

Le Parti bolchevique avait interdit en 1921 les fractions en son sein. L'Opposition ouvrière fut condamnée comme « déviation anarchiste petite-bourgeoise ». Pierre Pascal renonça clairement aux espoirs, exprimés publiquement en 1918 et 1919, de jouer un rôle dans le communisme français. En novembre 1921, il exprima dans son journal son « dégoût des intrigues politiques » et jugea sévèrement le PCF. « Voilà le Parti : des questions de personnes entre quelques intellectuels », écrivit-il, tout en reconnaissant au « groupe Souvarine » davantage de consistance dans le lien entre doctrine et action. Dans la chambre de Boris, il se fit l'observateur moqueur des délégués français et de la « main parfumée » d'un dirigeant du PCF, constatant à la suite d'un débat : « C'est intéressant de les voir se disputer ainsi, mais triste[2]. »

1. Victor Serge, *Mémoires d'un révolutionnaire*, *op. cit.*, p. 151. Cf. Peter Sedgwick, « The Unhappy Elitist. Victor Serge's Early Bolshevism », *History Workshop Journal*, vol. 17, n° 1, 1984, p. 150-156, et, pour une analyse plus proche des souvenirs de Victor Serge, Susan Weissman, *Dissident dans la révolution. Victor Serge, une biographie politique*, *op. cit.* Institut d'études slaves, Archives Pascal, correspondance de Victor Serge, notamment lettres des 18 novembre et 4 décembre 1921 ; 25 novembre 1924.

2. *Mon état d'âme*, *op. cit.*, p. 26, 30 novembre et 3 décembre 1921.

Fallait-il alors quitter la patrie de la révolution, qui devenait en 1922 l'Union des républiques soviétiques socialistes ? La question se posa à tous. Victor Serge exprima en arrivant à Berlin son sentiment de culpabilité en quittant « la souffrance, le cauchemar de là-bas ». Le soulagement était tant politique et moral que matériel au demeurant, car il signalait que, même dans l'Allemagne de Weimar en pleine crise économique, sa femme Liouba et son nouveau-né Vladimir retrouvaient de bonnes joues. Serge alimenta en chaussures, vêtements ou morceaux de savon ses proches demeurés en Russie. « Parfois on est bien las, mon cher Pascal. Que faire, que devenir ? Quelle est la tâche, le devoir intérieur, "l'impératif catégorique" du révolutionnaire ou simplement de l'homme qui ne veut pas être de ce vieux monde-ci ? Voilà le problème qui me hante de nouveau l'esprit », nota-t-il en décembre 1921[1].

Non engagé dans les débats politiques publics sur la ligne du Parti, Pierre Pascal aurait pu prendre du champ et quitter Moscou, malgré l'hypothèque des poursuites pour désertion dont il faisait l'objet en France. Ce fut un temps l'espoir de Marcel Body, fort bien informé des divisions en « clans » du communisme et du syndicalisme français, tant par la nouvelle ambassadrice Alexandra Kollontaï, écartée de Moscou en même temps que l'Opposition ouvrière était interdite, que par la presse française qui lui parvenait en Norvège. Il partagea avec son ami les dénonciations répétées de la vanité, des ambitions, des faiblesses des « saliveurs » de congrès. « Je compte bien que nous rentrerons ensemble en France et tous les trois, avec Bob [Petit], nous pourrons peut-être faire œuvre utile » ; « Je crois que c'est pour nous un devoir d'aller travailler en France et de faire bénéficier les ouvriers des enseignements que nous avons acquis pendant la Révolution », écrivit Body en janvier 1922, avant de renoncer à ses espoirs d'amnistie au printemps de la même année. Victor Serge proposa de son côté à son ami de le rejoindre à la rédaction de *Correspondance internationale* à Berlin, dans des « conditions de collaboration tout à fait appropriées à votre tempérament intellectuel pour

1. Institut d'études slaves, lettres de Serge à Pascal, 11 octobre, 20 octobre, 4 décembre 1921.

prendre en charge les rubriques "vie économique" et "révolution d'Octobre" : tout ce que vous feriez serait très bien accueilli, publié avec soin et utile[1] ». Mais Pascal rejeta l'idée de poursuivre son activité à l'extérieur de la Russie soviétique, à l'instar de ses amis, dont le départ lui avait donné « bêtement envie de pleurer » : « Que prêcherais-je là-bas ? » nota-t-il en janvier 1922[2].

Faute « d'action possible » à l'étranger, Pierre Pascal se repliait ainsi peu à peu sur une sociabilité choisie, élisant le cercle amical comme lieu d'expression de ses doutes sur l'évolution du régime. Un débat parallèle à celui qui déchirait publiquement les partis russe et français se déploya dans une véritable boulimie de correspondance. Souvarine, Petit, Body et Serge échangeaient avec le Petit-Paris jusqu'à deux ou trois lettres par semaine. Chacun se livrait et tentait de suivre l'évolution intérieure de ses amis. Cette liberté de ton les montre inégalement atteints par la crainte de la surveillance, même si Marcel Body s'indigna, début 1922, de ce que ses lettres fussent retenues « par mes propres camarades, par mes frères de classe » d'un côté, par « la bourgeoisie française et allemande » de l'autre. Pascal affirma en juillet ne pouvoir parler que de « vive voix » des « choses sérieuses[3] ». En janvier 1922, Charles-André Julien vint alimenter les critiques envers le PCF, la « cuisine innommable pour exécuter Souvarine », la « voltige » de Louis-Oscar Frossard, et pensa deviner l'état d'esprit de son ami : « Je crois que, bien souvent, vous devez penser avec mélancolie aux heures dures de 1919. Mon cher ami, il est des moments où vous me manquez particulièrement car vous êtes le seul avec qui, il me semble, je puisse causer à cœur ouvert sans que mes jugements soient faussés[4]. » En avril 1922, Body se montra plus optimiste que Pascal, mais inquiet : « Le mal dont tu souffres a fini par me

1. Institut d'études slaves, Archives Pascal, lettres de Marcel Body à Pierre Pascal de Christiania, décembre 1921-mai 1922, notamment 16 et 21 janvier 1922 sur les projets de départ en France ; lettre de Victor Serge à Pierre Pascal de Berlin, 5 février 1922.

2. *Mon état d'âme*, *op. cit.*, p. 22, 19 novembre 1921 ; p. 40, 30 janvier 1922.

3. *Ibid.*, lettres de Body à Pascal, 9 janvier 1922. Lettre de Pascal à Body citée, 1er juillet 1922, publiée dans *Mon état d'âme*, *op. cit.*, p. 66.

4. *Ibid.*, lettre de Charles-André Julien, Montpellier, 9 janvier 1922.

gagner. Je suis extrêmement troublé et je voudrais bien te voir[1]. »

Depuis Berlin, Robert Petit, que Body signalait « profondément déprimé », se supposa à l'inverse plus critique du régime que Pierre Pascal. Il lui confia n'avoir aucune envie de rentrer à Moscou : « J'ai à cela mes raisons et la principale est que je vois d'un œil différent du tien le paradis qui t'est si cher. Le dernier tour que l'on vient de me jouer (mon départ à G.[ênes]) me prouve une fois de plus que les intrigues et l'hypocrisie règnent en maîtresses. J'aime encore mieux la saloperie d'Occident. C'est plus franc. » Amer de ne pas avoir pu se joindre à la délégation soviétique à Gênes, « Bob » regrettait les silences de son ami qu'il n'espérait pas « fâché » et proposait une interprétation de sa prise de distance : « Ta lettre est peu gaie. Tu n'as pas l'air d'un homme réjoui. Je crois en effet sans peine que la vie qu'on voudrait te faire mener n'est pas celle dont tu aurais pu rêver. Et comme je sais également que tu n'as aucune aptitude pour une assimilation rapide dans ce milieu… » Quant à Victor Serge, il signala à sa « sœurette » Evguenia Roussakova à l'été 1922 : « Pascal écrit de La Haye des lettres imprégnées d'un ennui sinistre et d'un écœurement à froid dont il doit passablement souffrir[2]. »

Pierre Pascal se lia alors avec des hommes plus éloignés du pouvoir, dont beaucoup n'étaient pas membres du Parti. En 1921, il rencontra Nicolas Lazarévitch, qu'il décrivit, dans l'hommage qu'il lui consacra, comme « un ouvrier, mais qui était en même temps très différent, sans ressembler aucunement aux politiciens que je voyais évoluer autour du Komintern[3] ». Engagé dans le Groupe communiste français de Kiev à son arrivée de Belgique, Nicolas Lazarévitch y avait fait la connaissance de Marcel Body, qui évoqua à son tour une « flamme intérieure peu commune ». Un tour d'Europe l'avait ensuite mené en Roumanie, en Italie et en Allemagne, puis

1. BDIC F delta res 883 (2-2), lettre d'André Morizet à « mon vieux Pascal » à Gênes, sans date. Institut d'études slaves, Archives Pascal, lettres de Body à Pascal, 20 avril 1922 et 3 mai 1922.

2. *Ibid.*, lettre de « Bob » Petit à Pascal, 4 mai 1922 ; lettre de Victor Serge à Evguenia Roussakova, 12 juillet 1922.

3. Pierre Pascal, *Pages d'amitié, 1921-1928*, Éditions Allia, 1987, p. 7. BDIC F delta res 889-2 (1-2-3), brouillons et dactylographies de *Pages d'amitié.*

à Moscou. Il travaillait comme ouvrier électricien et, d'après les souvenirs de Pascal, il aurait été écarté de la fonction de traducteur pour le IIIe congrès de l'IC pour s'être déclaré « anarchiste syndicaliste[1] ». Chez Lazarévitch, ou peut-être dans les couloirs de l'Internationale, Pascal croisa deux anarchistes italiens fuyant Mussolini, Tito Scarcelli et Francesco Ghezzi. Né en 1893, ce dernier s'était engagé dans la lutte anarchiste et pacifiste à l'âge de seize ans. Délégué anarcho-syndicaliste au congrès fondateur de l'Internationale syndicale rouge en 1921, arrêté à Berlin en 1922, condamné à mort par contumace en Italie, il était revenu en URSS sous la protection du passeport soviétique alors accordé sur des critères politiques[2].

Les deux Italiens s'installèrent dès lors en Crimée, dans une maison vidée par la guerre civile qui leur avait été attribuée et où ils s'étaient faits maraîchers. Pierre Pascal y passa plusieurs étés peut-être dès 1922, plus sûrement à partir de 1923. Il laissa une évocation chaleureuse de la « Commune de Yalta » accueillante à tous, entre travail au jardin, repas arrosés de vin de Crimée, randonnées et farniente au soleil. « Je tiens la bêche, le râteau, les arrosoirs », « on est en dehors », « on ignore les bourgeois », écrivit-il à Evguenia Roussakova restée à Moscou. Il évoqua « Nikoltchik » et les deux Italiens : « Ils discutent dans leur langue sur tous les sujets, depuis la façon de mettre le fumier (avec les mains) jusqu'à la question de la dictature : Viva l'anarchie[3] ! » Ghezzi fit venir son amie, Lena Aronovna Davidovitch, ainsi que la mère et la sœur de celle-ci, et le frère de Lazarévitch, Pierre. Boris Souvarine, Auguste Herclet, représentant français à l'Internationale syndi-

1. Marcel Body, *Les Groupes communistes français de Russie*, *op. cit.*, p. 48 ; Sylvain Boulouque, « Itinéraire d'un syndicaliste révolutionnaire », *Communisme*, n° 61, 2000, dossier Nicolas Lazarévitch, p. 73-80. Boris Souvarine, *Souvenirs sur Panaït Istrati, Isaac Babel, Pierre Pascal*, *op. cit.*, p. 110-114 ; Basile Kerblay, « Les utopies communautaires au banc d'essai de la Russie des années vingt », *Revue des études slaves*, t. 56, n° 1, 1984, p. 97-103.

2. Michail Platonov, « L'anarchico Ghezzi contro Stalin », *Libertaria*, octobre-décembre 2006, p. 77-82. Barbara Ielasi, Mikhaïl Tsovna, « Un anarchico italiano a Vorkuta », *Bollettino Archivio G. Pinelli*, n° 27, juillet 2006, en ligne sur http://www.katesharpleylibrary.net

3. Institut d'études slaves, Archives Pascal, lettre à Evguenia Roussakova, 1er mai 1924.

cale rouge, Vladimir Bazarov, économiste traducteur de Marx et proche de Gorki, mais aussi « un Allemand du MOPR sourd comme un pot », Vera Grunbaum, une Polonaise travaillant pour le Komintern, et même un employé du GPU sympathisant de l'Opposition ouvrière, Milgram, vinrent compléter le tableau singulièrement éclectique des hôtes de passage. C'est à Yalta que Pascal fit, en juillet 1924, la connaissance d'un ami de Lazarévitch, Robert Guiheneuf, un menuisier syndicaliste et espérantiste qui avait appris le russe en France avant de trouver un emploi au Trust d'État des exploitations forestières de la Moyenne-Volga, puis dans des usines d'aviation. Celui-ci décrivit ainsi Pascal dans une lettre datée de décembre 1924 : « Au moral, un Tolstoï reconnaissant la violence révolutionnaire (...). Il a l'air d'être du peuple, et en est bien par la pensée[1]. »

Les séjours en Crimée marquent le deuxième et dernier espoir de Pierre Pascal de concrétiser ce que Marcel Body désigna dans ses Mémoires comme des « espoirs de vie communautaire », tôt déçus. Après la dislocation politique et amicale du Groupe communiste français, la vie à Yalta apparaît comme l'écho adouci de l'expérience de la « grande famille » du *Denejny pereoulok*, loin des conflits moscovites. Victor Serge évoqua dans ses Mémoires la tentative tout à fait analogue faite avec son beau-père, Alexandre Roussakov, deux ans auparavant, pour échapper à l'angoisse qui avait suivi la répression de Cronstadt. Éphémère « colonie agricole » fondée au nord de Petrograd, la « Commune de Novaïa Ladoga » avait rassemblé des « communistes français », Serge lui-même, Marcel Body, Georges Helfer et Gaston Boulay, ancien combattant de culture politique anarchiste, membre de l'éphémère Soviet de Bavière en 1918 avant de gagner Moscou, des matelots de la mer Noire, des prisonniers hongrois, un « médecin tolstoïen ». Cette « commune » avait échoué au bout de trois mois devant l'incompétence en agriculture des volontaires, mais aussi en raison de la « zizanie »

1. Pierre Pascal, *Mon état d'âme*, *op. cit.*, p. 117-121, « Notre Commune de Yalta » situe son premier séjour en 1922, ce qui est peu cohérent avec ses propres déplacements et la biographie de Ghezzi. Hervé Guiheneuf, *Dix ans en URSS (1923-1933), l'itinéraire d'Yvon*, *op. cit.*, p. 48-50, citant les Mémoires et les correspondances inédites de son grand-père. Olivia Gomolinski, « Nicolas Lazarévitch. Milieux, réseaux et amitiés », *Communisme*, n° 61, 2000, dossier Nicolas Lazarévitch, p. 91-99.

interne et de l'hostilité des paysans voisins devant ces étrangers, « Juifs » et « Antéchrists »[1]. Pascal connaissait cette expérience qu'il évoqua quand les « brouilles » tant personnelles que politiques apparurent en 1925 au sein de la petite communauté de Crimée : « le moral est tout à fait gâté », écrivait-il à Evguenia en juin, avant de la rassurer : « on est de nouveau ensemble[2] ».

Pierre Pascal aima par la suite rappeler les souvenirs amicaux et solaires de Yalta, ainsi que la grande randonnée en pays tatar qu'il fit sac au dos avec Robert Guiheneuf ce même été 1925. Dans sa correspondance avec celui-ci en 1980, il se fit moins indulgent envers la « candeur », les « bavardages », « un certain aspect sentimental » de cette Commune improvisée[3]. « Il suffisait qu'on fût entre camarades », souligna-t-il pourtant plus tard : l'internationalisme et le lien égalitaire librement choisis, la quête de sens, les « débats classiques entre consciences inquiètes » sans doctrine imposée, la dimension de travail manuel évoquent aussi la confrérie de Neplouiev qui avait tant séduit l'étudiant parisien en 1911. Pour autant, cette analogie ne fut jamais formulée par Pascal lui-même.

Une relation complexe avec l'anarchisme

Après Ivan Knijnik qui l'avait tant impressionné en 1918, Pierre Pascal s'était donc de nouveau rapproché d'hommes et de femmes dont le point commun était leur culture politique anarchiste ou anarcho-syndicaliste : Ghezzi, Lazarévitch, qui rencontra clandestinement en 1922 les anarchistes français May Picqueray et Lucien Chevalier, ou encore Jacques et Clara Mesnil, disciples d'Élisée Reclus, que Victor Serge qualifia dans ses souvenirs de « libertaires d'esprit[4] ». Dans le groupe

1. Victor Serge, *Mémoires d'un révolutionnaire, op. cit.*, p. 162-164. Marcel Body, *Un ouvrier limousin au cœur de la révolution russe, op. cit.*, p. 208-212.

2. Institut d'études slaves, Archives Pascal, lettres à Evguenia Roussakova, 21 avril 1925 sur la brouille et du 2 au 23 juin 1925 depuis la Crimée.

3. Hervé Guiheneuf, *Dix ans en URSS (1923-1933), l'itinéraire d'Yvon, op. cit.*, p. 50, d'après une lettre de Pierre Pascal à Guiheneuf.

4. Cf. Paul Avrich, *op. cit.*, notamment p. 84, 132, 227, 279 sur Sandomirski. Olivia Gomolinski, « Nicolas Lazarévitch. Milieux, réseaux et amitiés », *op. cit.*, sur Lazarévitch et les anarchistes français. Victor Serge, *Mémoires d'un révolutionnaire, op. cit.*, p. 157.

des Russes alors proches de l'anarchisme, exilés à Marseille, qui avaient rejoint Petrograd en 1919, figuraient non seulement Victor Serge, Alexandre Roussakov, le père de Jenny, mais aussi le docteur Alexandre Nikolaenko. Resté très lié à la famille Roussakov, il devint un ami de Pascal. Tchitcherine avait recruté pour les Affaires étrangères Herman Sandomirski, ancien leader d'un groupe anarchiste à Kiev, condamné à mort en 1905 puis déporté en Sibérie, rallié au bolchevisme. Chargé des Balkans au commissariat du peuple, celui-ci se tourna rapidement vers un travail documentaire et propagandiste analogue à celui de Pascal, publiant un recueil documentaire sur la conférence de Gênes puis un ouvrage sur le fascisme en Italie. Sandomirski se joignit aux habitués du Petit-Paris.

Cette proximité avec l'anarchisme resta ambiguë chez Pascal comme chez Serge. Pierre Pascal dans sa jeunesse n'avait fait qu'effleurer cette culture politique dont il mentionna la tentation parmi d'autres dans sa lettre à Marcel Martinet en 1920 : « Nous humions avec avidité les moindres bises d'un air plus frais, plus vivifiant, Péguy, Hervé, Marc Sangnier, l'Anarchie, *Jean-Christophe*, que sais-je encore ? » Lié personnellement à des anarchistes ou anciens anarchistes de Moscou, préoccupé comme eux de la question de la croissance excessive de l'État, il fut fréquemment désigné comme tel par ses adversaires politiques, qui stigmatisaient ainsi plutôt une posture individualiste impossible à classer dans les catégories de l'Opposition. Car Pierre Pascal ne marqua pas d'indulgence particulière pour ce courant ni dans ses écrits privés ou publics des années 1920, ni dans ses souvenirs. Plus tard, il ne semble pas s'être intéressé, comme historien, aux expériences collectives du christianisme social ou du socialisme utopique, mais ambitionna en revanche de travailler sur Nestor Makhno et sur son influence dans les campagnes ukrainiennes, rassemblant sur ce thème un gros dossier documentaire dans les années 1960 ou 1970.

Quant à Victor Serge, il avait voulu rester fidèle au parti de la révolution en partant pour Berlin. Publiée à Paris en 1921, sa brochure *Les Anarchistes et l'expérience de la révolution russe* « virevolte avec aisance dans les contradictions les plus flagrantes », comme l'écrivit en 1973 son préfacier Alexandre Skirda. Il y défendit fermement la dictature du prolétariat et la terreur, tout en avertissant la Russie sur « la nocivité de l'étatisme et de la centralisation autoritaire[1] ». Serge, sensible au sort tragique de ses anciens camarades, évoquerait plus tard avec nostalgie sa présence aux obsèques de la figure tutélaire de l'anarchisme russe, Kropotkine. Pour autant, il se démarque dans ses Mémoires du « sentiment individualiste » d'un Pierre Pascal, comme de la « rébellion humaniste » des anarchistes américains Emma Goldman et Alexandre Berkman. Même après avoir passé des années dans l'opposition à Staline, il formule difficilement l'articulation entre le refus du « conformisme enthousiaste », l'attachement mutuel des « esprits libres », et, d'un autre côté, la défense de la révolution qui lui sembla toujours passer par un mouvement ouvrier collectif réorganisé.

L'arrestation de Nicolas Lazarévitch et la sortie du Parti. Le tournant de 1924-1925

Le cam. Pascal sympathise ouvertement dans ses lettres avec N. Lazarévitch, ne dénonce pas son activité hostile au PC russe, met en doute sa culpabilité, le présente comme un ouvrier pour obtenir sa libération anticipée ou son envoi à l'étranger. A pris des positions non souhaitables dans des lettres à des membres du PC.

Rapport d'Alexandre Chapovalov
au Comité central du Parti,
mars 1925, secret

Fallait-il organiser une opposition dans le Parti ? Ou hors de celui-ci ? Avec qui s'allier ? Pierre Pascal assista en mars 1923 pour la dernière fois au congrès du Parti communiste bolchevique, marqué par l'absence de Lénine frappé par une troisième attaque cérébrale. Ses comptes rendus pour *Correspondance internationale* ne mentionnèrent nullement la dernière tentative de l'Opposition ouvrière pour y distribuer des tracts et rappelèrent la « ligne du Parti » contre les mencheviks et les SR : « Tous

1. Victor Serge, *Les Anarchistes et l'expérience de la révolution russe*, Paris, Librairie du Travail, 1921, rééd. in Alexandre Skirda (éd.), *Les Anarchistes dans la révolution russe*, Paris, La Tête de Feuilles, 1973, p. 131-171.

les excès d'un côté ou de l'autre sont des "déviations" que le Congrès condamne. » Des affrontements déchiraient le Parti tant sur la politique économique que sur la question de la discipline, avec pour enjeu la succession de Lénine. Trotski prenait désormais la tête de ceux qui réclamaient davantage de démocratie, un retour aux élections face à la pratique des nominations par l'appareil. Sa lettre « Cours nouveau » dénonça le « bureaucratisme » dans la *Pravda* en décembre 1923. Avec l'appui de Zinoviev et de Kamenev, Staline le fit condamner par la direction pour « révisionnisme » et « déviation antibolchevique », à la veille de la mort de Lénine. Malgré l'unanimité affichée lors des funérailles, auxquelles Pascal assista sur la place Rouge[1], la disparition du leader d'Octobre ouvrait une crise de succession et une période de reprise en main politique au sommet.

Après la mort de Lénine, un « temps d'épreuves »

De Paris, Boris Souvarine, toujours membre du Praesidium de l'Internationale communiste comme du Bureau politique du Parti communiste français, tint son ami au courant de la rivalité personnelle et politique qui l'opposa à Albert Treint et à Suzanne Girault, que Pascal avait brièvement côtoyée dans les derniers jours du Groupe communiste français. Les oppositions se firent plus nettes après la mort de Lénine le 21 janvier 1924. Illustrant la circulation des nouvelles dans un cercle amical inquiet, Amédée Dunois, membre lui aussi de la direction du PCF, écrivit à Jules Humbert-Droz début 1924 au sujet de la crise interne du Parti : « On ne règne que par la terreur, l'intimidation et l'astuce. (...) Je serais content que tu montres mes lettres aux amis dont j'étais le plus près, à mon cher Herclet, à Pascal, à Nin[2]. »

Très conscient des interactions étroites entre l'évolution des Partis russe et français et de l'Internationale communiste, Boris Souvarine en présenta les enjeux dans le *Bulletin communiste* d'une manière qui fut critiquée par les envoyés du Komintern

1. *Mon état d'âme*, *op. cit.*, p. 123. Original du laissez-passer, BDIC F delta res 883 (1-3).

2. Siegried Bahne (éd.), *Archives de Jules Humbert-Droz, t. 2 (1923-1927)*, Amsterdam, Institut d'histoire sociale, 1983, p. 362, lettre de A. Dunois, 9 février 1924.

à Paris. En mars 1924, Souvarine fut écarté de la direction de la rédaction du *Bulletin communiste* et dut quitter *L'Humanité*. Il préfaça et publia par souscription sa traduction de « Cours nouveau » de Trotski.

En juillet 1924 s'ouvrit le Ve congrès de l'Internationale communiste, pendant lequel Pascal travailla, comme par le passé, à traduire en français les résolutions et les comptes rendus. Une commission examina le cas de Souvarine et l'exclut du Parti, laissant la porte ouverte à une réintégration en cas de « conduite loyale ». L'ambiance politique s'alourdit donc sensiblement entre la fin de 1924 et le début de 1925. Si les relations entre le régime et la société s'apaisaient dans le cadre de la NEP, la lutte pour la succession de Lénine, la campagne menée contre Trotski par la « troïka » composée de Staline, Zinoviev et Kamenev, la surveillance étroite du monde ouvrier se déployaient violemment à Moscou, dans un « Parti aux nuques baissées », comme l'écrivit Boris Souvarine à Alfred Rosmer en novembre[1].

En ce mois de novembre 1924, Serge espérait encore lutter à l'intérieur du Parti. Il exprima sa satisfaction d'avoir pu, par ses discussions à Berlin, comprendre « certains aspects profonds et difficiles du marxisme », mais déplora : « Cette chance, partout exceptionnelle, ne peut pas arriver, hélas ! à un habitant du Petit-Paris, dernier des milieux du monde où l'on puisse s'attacher au comm[unisme]. J'admire pour cela que vous teniez comme vous tenez ! Il vous souvient peut-être que mes nerfs moins solides que les vôtres étaient bien usés en 1921. » Le moment des choix semblait venu : « L'aventure de Laz.[arévitch] ? J'en ai tant vu de semblables que, de pareilles dussent-elles m'arriver, ce qui n'a rien d'impossible, je me crois immunisé contre leurs effets. Il y a bien d'autres choses ! Pour plusieurs de nos amis, à commencer par Boris, le moment est déjà venu de rester communistes et fidèles au parti malgré le parti, et c'est un signe des temps. (...) C'est notre temps d'épreuves. Ça nous tient lieu de Sibérie, sans d'ailleurs – ô progrès ! – exclure la Sibérie. Il faut tenir[2]. »

---

1. Jean-Louis Panné, *Boris Souvarine*, *op. cit.*

2. Institut d'études slaves, Archives Pascal, lettre de Victor Serge à Pierre Pascal, 25 novembre 1924.

Défendre Lazarévitch : une confrontation personnelle avec l'appareil répressif

À l'automne 1924, le cercle amical de Pierre Pascal fut touché au cœur par l'arrestation de Nicolas Lazarévitch. Ce dernier avait maintenu le contact avec les anarchistes russes et français. Après avoir été licencié de l'usine Dynamo pour avoir contesté la centralisation syndicale, il avait voyagé en 1923 dans la province de Toula en compagnie de l'institutrice française Roseline Leclercq, et travailla notamment à la mine. De nouveau ouvrier dans la banlieue de Moscou, il fut accepté dans une école d'électrotechnique où il étudiait à mi-temps. Il anima un petit groupe qui, outre sa lecture de la presse libertaire étrangère, rédigeait et diffusait des tracts s'érigeant contre le travail aux pièces, qui entraînait *de facto* des baisses de salaire ; le groupe appelait à la création de syndicats libres. Le 1er octobre 1924, Lazarévitch qui était hébergé chez Pascal fut arrêté dans la rue et enfermé dans la prison de la Loubianka. Simultanément, le GPU faisait irruption à Yalta, saisissait la presse libertaire française et italienne et procédait à des arrestations chez les proches de la Commune, à Moscou et en Crimée.

Pierre Pascal avait cessé à cette période de tenir un journal quotidien, mais les correspondances conservées, le dossier documentaire qu'il constitua pour son hommage à Nicolas Lazarévitch, *Pages d'amitié*, ainsi que son dossier au Komintern témoignent de sa mobilisation immédiate et du choc provoqué par la confrontation directe avec l'appareil répressif. Il ne s'agissait plus comme en 1918-1919 d'adoucir la détention des bourgeois français les moins dangereux pour la révolution, ni comme en 1922 de témoigner contre des inculpés qu'il n'avait jamais rencontrés et considérait comme ses ennemis politiques. En quelques semaines, Pascal, Souvarine et le jeune frère de Lazarévitch, Pierre, furent plongés dans le quotidien des juridictions spéciales de la police politique, qui fonctionnaient parallèlement à l'appareil judiciaire. Réduits aux conjectures sur les motifs d'inculpation, privés de visites tant que l'accusé demeura à la Loubianka avant d'être transféré à la prison de Boutyrki, ils eurent, comme tant d'autres victimes de la répression proches du pouvoir, le premier réflexe de dénoncer une injustice à des interlocuteurs aussi haut placés que possible.

Pierre Lazarévitch, puis Pascal, écrivirent à Alexandre Chapovalov, « vieux bolchevik », membre du Parti social-démocrate et compagnon de Lénine depuis 1895, alors qu'il avait vingt-quatre ans, que la famille Lazarévitch avait connu en émigration au début du siècle. Après avoir exercé diverses responsabilités dans le Parti à Moscou depuis 1917, Chapovalov était entré en 1924 au Comité central. Pierre Pascal s'adressa aussi à Pierre Sémard qui, venu au communisme par le syndicalisme révolutionnaire cheminot, avait été délégué à Moscou au congrès de l'ISR en 1922. Le Ve congrès du Komintern l'avait promu au Praesidium de l'IC et au Bureau politique du PCF, dont il était devenu en août 1924 le secrétaire général. Ce courrier protestait contre l'arrestation arbitraire de son « plus proche ami à Moscou » et l'attitude « servile, et non pas bolchevique » du PCF. Plus généralement, il dénonça la manière dont *L'Humanité* avait présenté le cas Lazarévitch et les conditions de détention en URSS, dans un article ironiquement intitulé « Les martyrs de Solovetski », sur l'ancien monastère des Solovki, transformé en « camp du nord à destination spéciale ». Ces mêmes camps de « redressement moral » qu'il avait défendus en 1920 et où il avait vu, sans manifester de doute, partir les mencheviks et les socialistes-révolutionnaires condamnés entre 1921 et 1923, devenaient aux yeux de Pascal une « infamie[1] ».

Qu'elles aient été communiquées en copie par leurs auteurs, ou transmises par leurs destinataires, ces missives se retrouvèrent aussitôt entre les mains des membres du Comité central du Parti bolchevique. Les principales pièces du dossier furent traduites en allemand, langue dominante au Komintern. Dès lors, l'affaire Lazarévitch devenait aussi une affaire Pascal. Boris Souvarine s'adressa à son tour à Pierre Sémard pour dénoncer

1. Pierre Pascal, *Pages d'amitié, op. cit.* ; RGASPI, Fonds 495, op. 270, d. 6147, dossier personnel de Pascal, lettre de Pierre Pascal à Pierre Sémard, 28 novembre 1924 (publiée dans François-Xavier Coquin, « Pierre Pascal en émigration », in Danièle Beaune-Gray [dir.], *Les Historiens de l'émigration russe, Cahiers de l'émigration russe,* n° 7, Paris, Institut d'études slaves – MSH, 2003, p. 150-175).

des arrestations sans motif, des menaces, des faux, le manque d'information. Dans une lettre commencée en octobre, achevée et envoyée en décembre 1924, il s'inquiéta : « Il est à craindre que Pascal soit arrêté à son tour, vu son intimité avec Nikolaï. Peut-être sa qualité de Français l'en préservera-t-elle, la crainte d'un scandale à l'extérieur étant le commencement de la prudence. En tout cas je redoute également que Pascal, très amer et couvant quelque éclat, ne se laisse aller à faire une bêtise par solidarité avec Nikolaï[1]. » De fait, Pierre Pascal se dépensait en faveur de son ami, qui fut condamné le 31 décembre 1924 à trois années d'« isolateur » et emprisonné à Boutyrki, puis dans l'ancien monastère désaffecté de Souzdal devenu prison. Non content de lui adresser des colis de sucre, de pain ou de livres, il écrivit de nouveau à Chapovalov pour défendre longuement cet authentique ouvrier, et proposer d'autoriser Lazarévitch à quitter la Russie pour continuer à l'étranger « son activité révolutionnaire contre l'ennemi commun ». L'idée avait déjà été avancée par Victor Serge, qui proposait de l'accueillir à Vienne[2]. Un échange de correspondance s'ensuivit, dans lequel Pascal s'insurgea du fait qu'on considérât « toute organisation non contrôlée par le Parti comme ennemie ». Il y mit un terme début mars 1925, le considérant comme inutile et affirmant qu'on « servait la bourgeoisie » en refusant à Lazarévitch de partir à l'étranger poursuivre le combat.

Francesco Ghezzi tenta de s'adresser directement au GPU en attestant de la « foi révolutionnaire » de son ami et en demandant à Iakov Agranov de l'autoriser à s'établir à Yalta. À son tour, Pascal écrivit une longue lettre à l'homme qui avait recueilli son témoignage contre les SR. Sans être coordonnée, son action se déploya en même temps que les protestations organisées en France depuis le début de l'année 1925 par les amis anarchistes et syndicalistes de Lazarévitch : articles dans le journal *Le Libertaire*, délégation d'ouvriers à l'ambassade

1. Boris Souvarine, *Souvenirs sur Panaït Istrati, Isaac Babel, Pierre Pascal, op. cit.*, p. 114-123.

2. Institut d'études slaves, Archives Pascal, lettre de Victor Serge à Pierre Pascal, 25 novembre 1924. RGASPI, Fonds 495, op. 270, d. 6147, dossier de Pierre Pascal, copie d'une lettre de Chapovalov à Pascal, 28 février 1925 ; copie de la réponse de Pascal, 8 mars 1925. En russe.

d'URSS à Paris, pétition adressée à l'ambassadeur Christian Rakovski. Des intellectuels se mobilisèrent pour la première fois contre une victime de la répression politique en URSS. Romain Rolland, Marcel Martinet, Charles-André Julien, Jacques Mesnil et les frères Maurice et Marcel Wullens, tous avaient défendu la révolution russe, sans pour la plupart appartenir au PCF[1].

Des « propos indignes d'un communiste » : Pierre Pascal écarté des responsabilités

Pierre Pascal fut-il protégé de l'arrestation, comme le pensait Souvarine, par une « instruction du temps de Lénine » ? Si son dossier au GPU réserve peut-être encore des surprises, l'analyse de l'instruction menée sur son cas par la Section centrale de contrôle du Parti, basée à Berlin, montre une décision politique, destinée à stopper un effet de contagion oppositionnel jugé potentiellement dangereux. Du fait, écrivit Chapovalov, qu'il était « réputé communiste et qu'il [était] un collaborateur responsable du Komintern », Pascal posait problème comme « ami personnel » et défenseur de Lazarévitch. Chapovalov, dans la note biographique rédigée pour l'occasion et dans ses rapports argumentés, ne montra aucune solidarité avec le fils de son camarade d'exil d'avant la révolution. Au contraire, il arguait du fait qu'il le connaissait personnellement pour tracer un portrait à charge de Lazarévitch, « ennemi du Parti », éduqué et intellectuel même s'il « ne connaissait pas grand-chose au marxisme ». « Il a certes travaillé comme ouvrier, de-ci de-là, mais il n'a rien compris à la grande révolution », ajouta-t-il. Soulignant le danger représenté par sa « propagande hostile » et ses liens avec l'anarchiste Archinov, compagnon de route de Makhno, il précisa à sa décharge : « Il ne faut pas nier qu'il est venu chez nous comme ami, et que c'est chez nous qu'il est devenu notre ennemi », et conclut sur la nécessité de mieux combattre l'anarcho-syndicalisme sur le plan théorique.

Les arguments de Pascal furent donc systématiquement réfutés et sa position questionnée : « Adorant véritablement cet ennemi du Parti et l'admirant, il n'hésite pas dans ses lettres

1. BDIC F delta res 889 (1-4), copie de la lettre de Pascal à Agranov et dossier de la campagne pour Lazarévitch.

devant l'expression d'une hostilité latente envers les membres du PCb », écrivit Chapovalov, qui s'interrogea : « Pour qui le c. Pascal se donne-t-il de la peine, en défendant aussi vivement un ennemi ouvert du Parti, en induisant en erreur les camarades français et en calomniant nos communistes ouvriers, qui consacrent vraiment leur vie au combat incessant contre la bourgeoisie ? » Rien de très précis n'était donc reproché à Pascal, mais, en cette période de lutte contre l'opposition extérieure au Parti qui subsistait encore, et de réduction des tendances « fractionnistes », cette solidarité avec l'anarchiste emprisonné devait être sanctionnée[1]. Considérant que « le cam. Pascal sympathise nettement dans ses lettres avec N. Lazarévitch, ne dénonce pas ses actions hostiles au PCb, met en doute sa culpabilité, le présente comme un ouvrier pour obtenir sa libération ou son envoi à l'étranger. Il a pris des positions non souhaitables dans des lettres à des membres du PCb », Chapovalov proposa de prendre les décisions suivantes : « 1. Considérer la conduite du cam. Pascal inadmissible pour un communiste, transmettre son dossier au Comité exécutif du Komintern pour examen selon les règles du Parti. 2. Étudier l'opportunité de le maintenir comme collaborateur du Komintern, tout particulièrement à un poste de travailleur responsable. 3. Il n'est pas souhaitable de suivre la proposition de Pierre Pascal et d'envoyer Lazarévitch à l'étranger avant le moment où il changera son attitude hostile envers le PCb. 4. Il est indispensable de diffuser *via* l'agitprop du Comité central une littérature populaire de propagande contre les anarcho-syndicalistes, l'anarchisme et l'anarcho-makhnovisme. 5. Il n'est pas souhaitable que les organisations de Parti et les membres individuels du PCb restent "sans influence communiste", et en particulier les camarades étrangers, sympathisant envers le PCb et la construction socialiste, comme cela est arrivé avec N.I. Lazarévitch[2]. »

1. RGASPI, Fonds 495, d. 270, op. 6147, p. 15-18, Secret, au secrétariat du CC du PCUS, « Au sujet des lettres de Pierre Pascal en lien avec l'arrestation de N.A. Lazarévitch », 19 mars 1925, signé Chapovalov ; p. 49, biographie de Lazarévitch, en russe.

2. *Ibid.*, p. 40-41. Très secret, à tous les membres du secrétariat du CC du RKP (plus une liste de destinataires) pour convocation à la réunion. Au sujet des lettres de Pascal. Copie. Proposition du camarade Chapovalov, s.d., en russe.

Décisive pour l'avenir politique et professionnel de Pierre Pascal, cette affaire informe également sur son statut au sein du Parti et sur une gestion de l'appartenance à l'institution, moins formalisée que dans les années 1930. De fait, Alexandre Chapovalov dénonça fermement des propos « indignes d'un communiste » mais se montra mal assuré pour le définir : le camarade Pascal, « collaborateur responsable du Komintern », « passe pour communiste », notait-il le 19 mars, avant de proposer quelques jours plus tard : « Si le cam. Pascal est encore considéré formellement comme communiste, transmettre le dossier du cam. Pascal au Comité exécutif du Komintern au sujet de son exclusion du Parti. Si le c. Pascal est déjà mécaniquement sorti lui-même du Parti, poser la question de son maintien comme collab. de l'IC, surtout comme responsable[1]. » Quand Pierre Pascal fut licencié de l'Institut Marx-Engels en 1931, sa fiche mentionnait une appartenance au Parti entre 1918 et 1921. Mais lorsqu'il fut amené à enquêter en 1940 sur les anciens membres de la Mission militaire passés au communisme, André Marty, dans un rapport sur lequel nous reviendrons, écrivit : « J'ai connu Pierre Pascal en novembre 1924 à Moscou. À ce moment il avait cessé de fréquenter les réunions du Parti depuis un an au moins, sous prétexte que les réunions de cellule, où l'on discutait de petites questions, n'avaient aucun intérêt. En réalité il était anarchiste, individualiste[2]. » Toujours en retrait sur le thème de son militantisme dans les souvenirs qui accompagnaient son journal, Pascal affirma n'avoir cotisé que six mois, tout en publiant son « billet » du Parti qui attestait son appartenance d'octobre 1918 à novembre 1920 : « Je ne l'ai pas rendu, je n'ai pas non plus été exclu[3]. » Il ne mentionna pas davantage

1. *Ibid.*, p. 15-18, Secret, au secrétariat du CC du PCUS, Au sujet des lettres de Pierre Pascal en lien avec l'arrestation de N.A. Lazarévitch. 19 mars 1925, et p. 13, proposition du camarade Chapovalov. 20 mars 1925, en russe.

2. *Ibid.*, p. 4-6, « Note strictement confidentielle sur PP et quelques membres de la Mission militaire française du Gal Lavergne en Russie (1915-1918), pour la Section des cadres de l'IC à la suite d'une demande de renseignements de la Section propagande », 2 juin 1940, André Marty. En français. RGASPI, Fonds 71, op. 3, d. 44, p. 7.

3. *En communisme*, *op. cit.*, p. 203, placé en novembre 1920.

1 - Pierre Pascal à 14 ans, lycéen à Janson-de-Sailly.

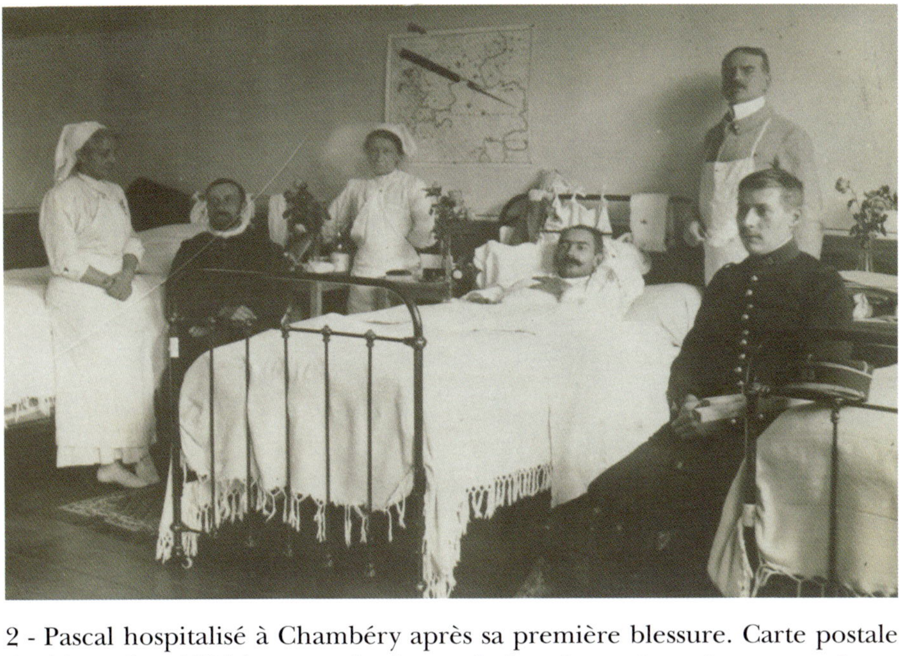

2 - Pascal hospitalisé à Chambéry après sa première blessure. Carte postale du 16 octobre 1914 à sa grand-mère : *« Je t'envoie mon portrait avec ceux de mes camarades, du docteur et des infirmières qui nous soignent si parfaitement, ou plutôt si maternellement. »*

3 - Ordre de service pour sa mission en Russie, avril 1916.

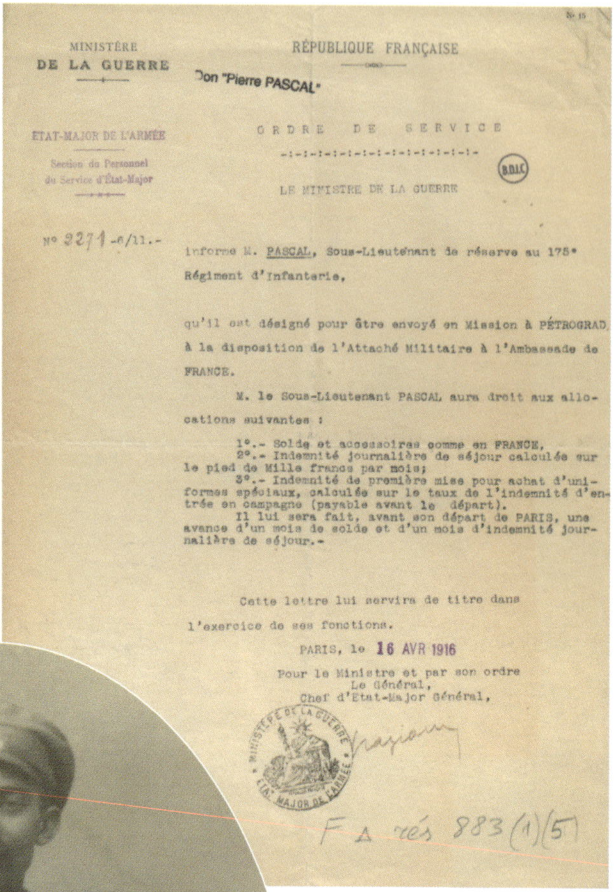

N° 15

MINISTÈRE
DE LA GUERRE

ÉTAT-MAJOR DE L'ARMÉE

Section du Personnel
du Service d'État-Major

N° 2271 -C/11.-

RÉPUBLIQUE FRANÇAISE

Don "Pierre PASCAL"

O R D R E   D E   S E R V I C E

-:-:-:-:-:-:-:-:-:-:-:-:-

B.D.I.C.

LE MINISTRE DE LA GUERRE

informe M. PASCAL, Sous-Lieutenant de réserve au 175° Régiment d'Infanterie,

qu'il est désigné pour être envoyé en Mission à PÉTROGRAD, à la disposition de l'Attaché Militaire à l'Ambassade de FRANCE.

M. le Sous-Lieutenant PASCAL aura droit aux allocations suivantes :

1°.- Solde et accessoires comme en FRANCE,
2°.- Indemnité journalière de séjour calculée sur le pied de Mille francs par mois;
3°.- Indemnité de première mise pour achat d'uniformes spéciaux, calculée sur le taux de l'indemnité d'entrée en campagne (payable avant le départ).
Il lui sera fait, avant son départ de PARIS, une avance d'un mois de solde et d'un mois d'indemnité journalière de séjour.-

Cette lettre lui servira de titre dans l'exercice de ses fonctions.

PARIS, le 16 AVR 1916

Pour le Ministre et par son ordre
Le Général,
Chef d'Etat-Major Général,

MINISTÈRE DE LA GUERRE – ÉTAT-MAJOR DE L'ARMÉE

F Δ rés 883 (1)(5)

4 - Moscou 1918 ou 1919 (photo des studios Moebius, Moscou).

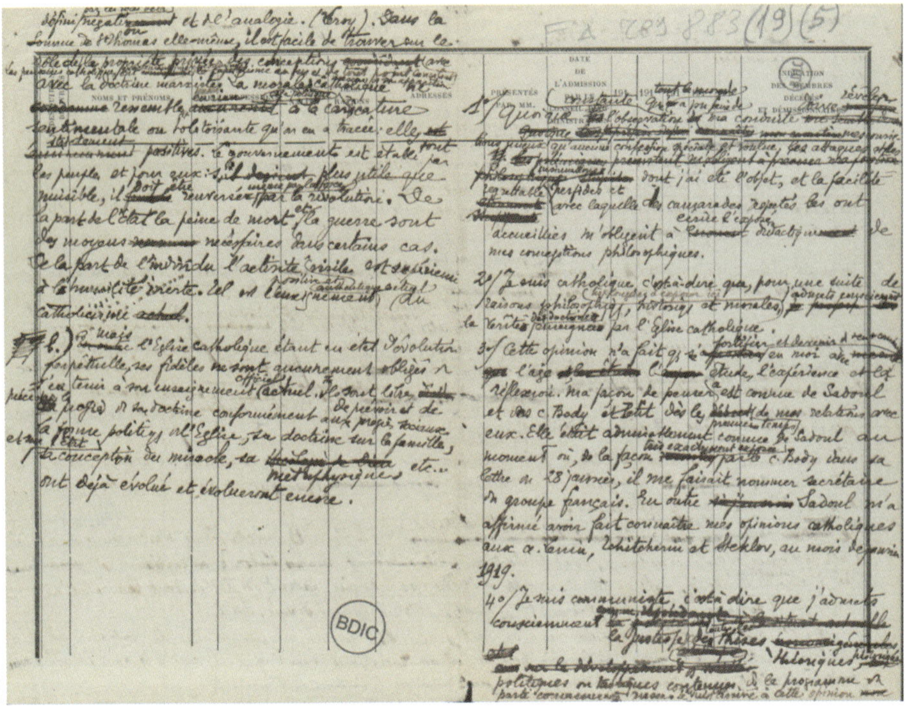

5 - Première page du brouillon de « Ce que je crois » après sa convocation par le Parti communiste en 1920.

6 - Pendant le IIIe congrès de l'Internationale communiste en 1921. Les noms sont indiqués au verso par Pascal : Marchand, Body, Petit, Guilbeaux, Jacques et Clara Mesnil, Labonne, Victor Serge, Sirolle, Michel, Souvarine, Leval, Jenny, Pascal.

7 - Délégation soviétique à la conférence de Gênes, 1922. Pascal est le 2e à gauche au 2e rang. Au premier rang Tchitcherine, Litvinov.

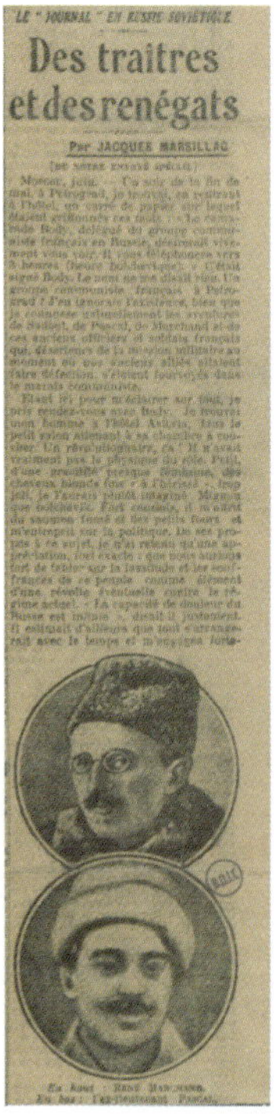

LE « JOURNAL » EN RUSSIE SOVIÉTIQUE

Des traitres et des renégats

Par JACQUES MARSILLAC

8 - Coupure de presse « Des traîtres et des renégats » par Jacques Marsillac, *Le Journal*, juin 1920, avec les portraits de René Marchand et Pierre Pascal.

TROISIEME ANNEE. — N° 14 — 6 AVRIL 1922.

Bulletin Communiste

ORGANE DU PARTI COMMUNISTE (S. F. I. C.)

120, Rue Lafayette, Paris — Hebdomadaire — Le Numéro : 50 centimes

SOMMAIRE

LES PREMIERS FRANÇAIS DE RUSSIE RALLIES AU BOLCHEVISME

De gauche à droite : PETIT ; PASCAL ; Jacques SADOUL ; BODY

9 - *Bulletin communiste*, 6 avril 1922.

10 - Remise de drapeau à la première Division des cosaques rouges de Proskourov en Ukraine, décembre 1923. Le commandant Schmidt à la gauche de Pascal dédicace la série de photographies au Parti communiste français, de la part des soldats rouges « toujours prêts à combattre pour le bonheur du prolétariat occidental ».

11 - Marcel Body et Alexandra Kollontaï à Christiania, juillet 1923.
Dédicace : « À mon vieux Pierre, en souvenir de mes multiples péripéties dans la “carrière” ».

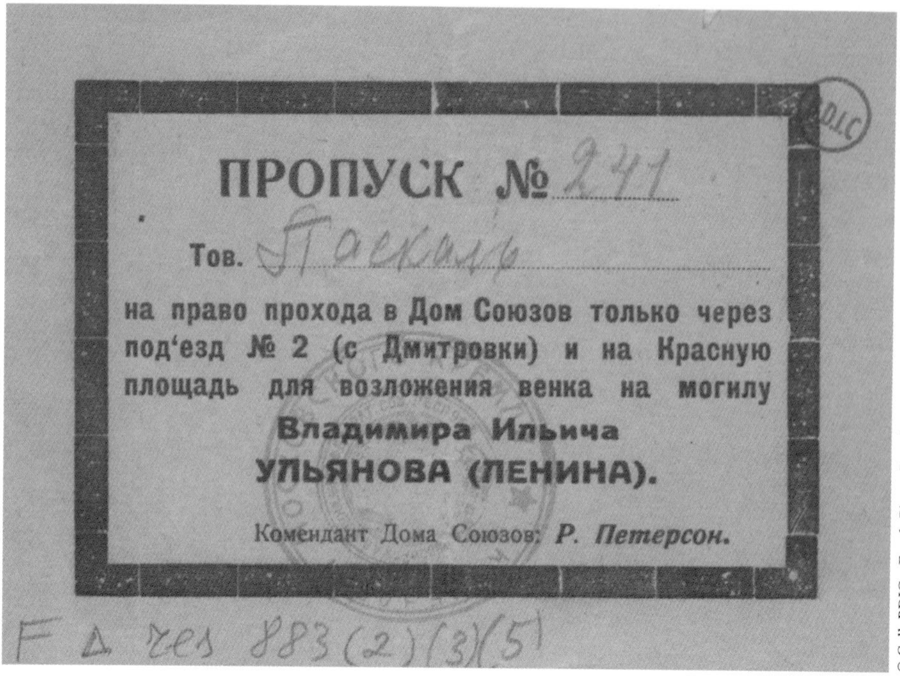

ПРОПУСК № 241

Тов. Паскаль

на право прохода в Дом Союзов только через под'езд № 2 (с Дмитровки) и на Красную площадь для возложения венка на могилу Владимира Ильича УЛЬЯНОВА (ЛЕНИНА).

Комендант Дома Союзов: Р. Петерсон.

12 - Laissez-passer pour les obsèques de Lénine, janvier 1924.

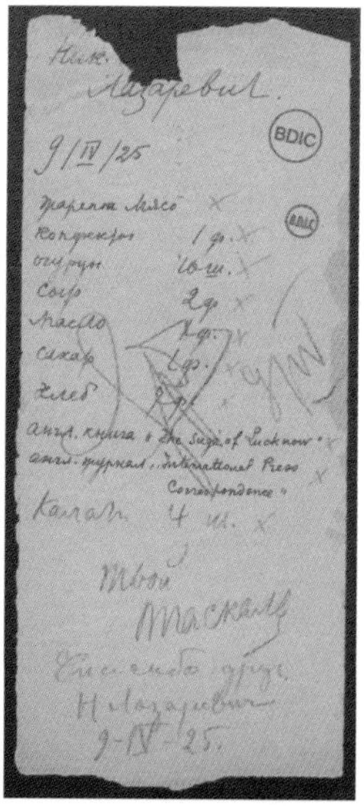

Ник. Лазаревич.

9/IV/25

жареное мясо

кондитер 1 ф.

огурцы 10 ш.

сыр 2 ф.

масло 1 ф.

сахар 2 ф.

хлеб

англ. книга « The Siege of Lucknow »

англ. журнал « International Press Correspondence »

калач 4 ш.

Твой Паскаль

Спасибо друг Н Лазаревич 9-IV-25

13 - Liste de nourriture et de livres apportés par Pascal à Lazarévitch en prison, 9 avril 1925 (viande, légumes, sucre, pain, livres en anglais). En russe : « À Toi. Pascal / Merci ami ! N. Lazarévitch. »

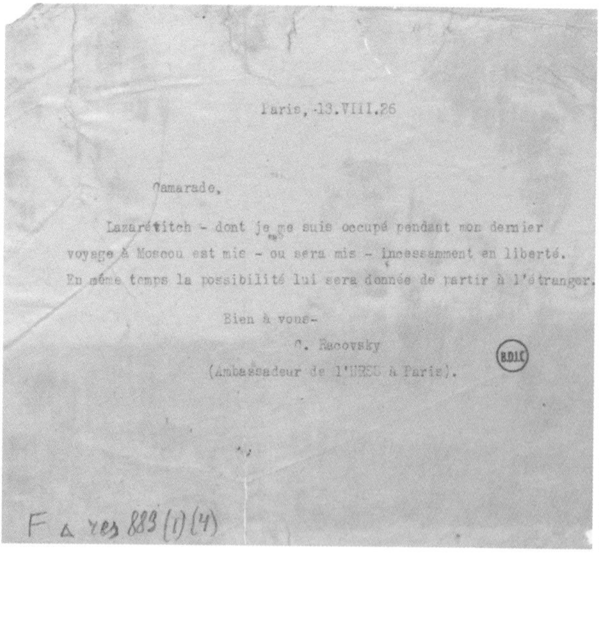

Paris, 13.VIII.26

Camarade,

Lazarévitch - dont je me suis occupé pendant mon dernier voyage à Moscou est mis - ou sera mis - incessamment en liberté. En même temps la possibilité lui sera donnée de partir à l'étranger.

Bien à vous-

C. Racovsky

(Ambassadeur de l'URSS à Paris).

14 - Télégramme de Rakovski annonçant la libération de Lazarévitch, juillet 1926.

15 - Dans le jardin de la « Commune de Yalta », 1926.

16 - Dans la chambre du Petit-Paris, été 1929.

17 - Victor Serge et Liouba Roussakova. Dédicace : « À notre sœur Jenny, Petrograd, 20 octobre 1919 ».

18 - Pierre Pascal et Evguenia (Jenny) Roussakova, 1925.

19 - Rachel Roussakova et son époux Witold Sosnowsky, sans date, années 1920.

20 - Anita et Esther Roussakova. Dédicace : « À Jenny et Pierre, affectueusement. Leningrad, novembre 1933 ».

21 - À Lascelles dans le Cantal, maison de famille des Pascal, 1933.

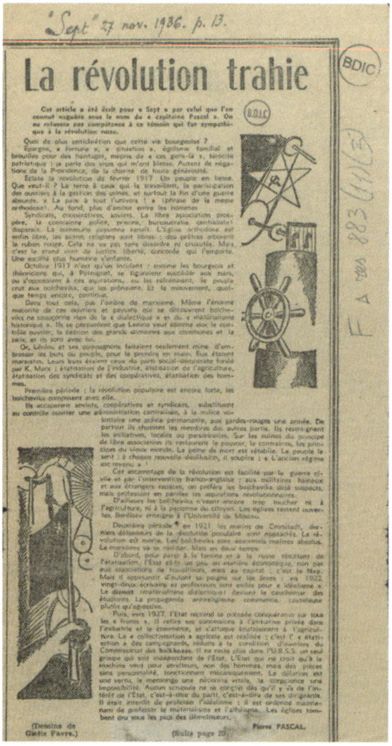

"Sept" 27 nov. 1936. p. 13.

La révolution trahie

Cet article a été écrit pour « Sept » par celui que l'on connut naguère sous le nom du « capitaine Pascal ». On ne refusera pas compétence à ce témoin qui fut sympathique à la révolution russe.

Quoi de plus antichrétien que cette vie bourgeoise ?

(Dessins de Gisèle Favre.) Pierre PASCAL.

(Suite page 25.)

22 - *Sept*, « La révolution trahie », septembre 1936.

23 - Pierre Pascal avec Nicolas Berdiaev (côte à côte en bas à droite), sans date, 2e moitié des années 1930.

24 - Famille Pascal réfugiée dans le Cantal, juillet 1940. À droite Pierre Pascal, Jenny Pascal, Charles Pascal.

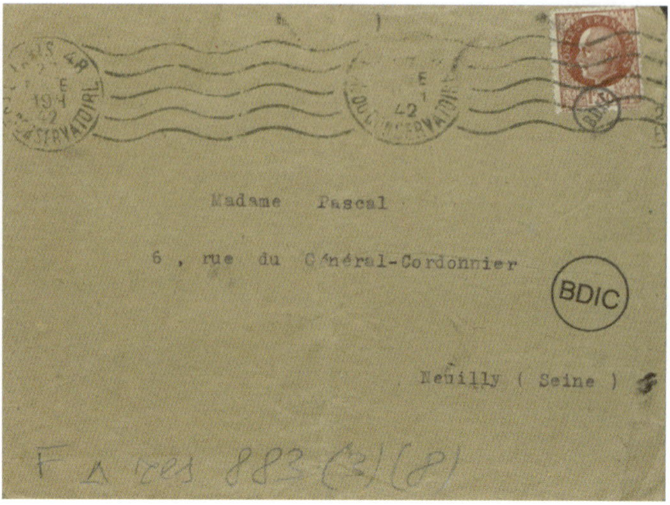

Une israélite ne portait pas l'étoile

Elle est arrêtée

On a arrêté une jeune femme israélite, Micha Glancon, épouse Szpirajzn, de nationalité polonaise, demeurant Cité Taillandier. Elle ne portait pas l'étoile jaune, de façon à pouvoir circuler librement le soir et aller au spectacle. Lorsqu'elle fut arrêtée, on trouva sur elle une carte d'étrangère, malheureusement périmée. Elle a été mise à la disposition de la justice.

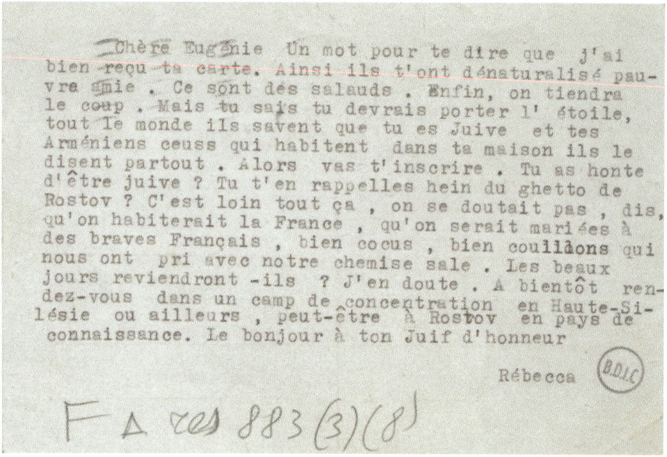

Chère Eugénie Un mot pour te dire que j'ai bien reçu ta carte. Ainsi ils t'ont dénaturalisé pauvre amie . Ce sont des salauds . Enfin, on tiendra le coup . Mais tu sais tu devrais porter l' étoile, tout le monde ils savent que tu es Juive et tes Arméniens ceuss qui habitent dans ta maison ils le disent partout . Alors vas t'inscrire . Tu as honte d'être juive ? Tu t'en rappelles hein du ghetto de Rostov ? C'est loin tout ça , on se doutait pas , dis, qu'on habiterait la France , qu'on serait mariées à des braves Français , bien cocus , bien couillons qui nous ont pri avec notre chemise sale . Les beaux jours reviendront -ils ? J'en doute . A bientôt rendez-vous dans un camp de concentration en Haute-Silésie ou ailleurs , peut-être à Rostov en pays de connaissance. Le bonjour à ton Juif d'honneur

Rébecca

25, 25 bis - Lettre anonyme antisémite reçue par Evguenia Roussakova en 1942.

26 - Dédicace : « À M. le professeur Pierre Pascal, directeur de l'Institut supérieur technique russe en France. D. Riabouchisky, Y. Davidoff », sans date, années 1950.

27 - Devant la Sorbonne, novembre 1954.

28 - Comité pour la commémoration du poète ukrainien Taras Chevtchenko reçu à l'Hôtel de Ville de Paris, 1963.

29 - Jacques Catteau, Michel Heller, Pierre Pascal, juin 1975.

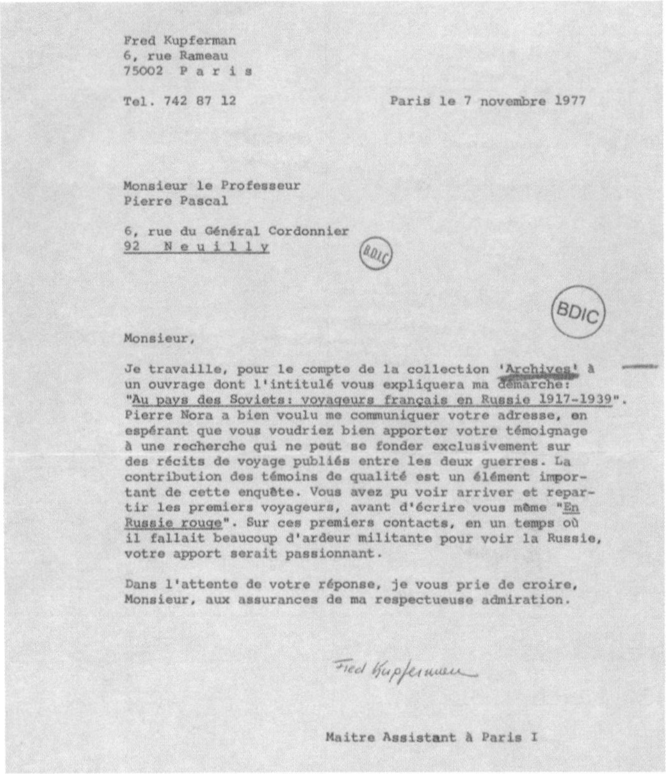

Fred Kupferman
6, rue Rameau
75002 P a r i s

Tel. 742 87 12 Paris le 7 novembre 1977

Monsieur le Professeur
Pierre Pascal

6, rue du Général Cordonnier
92 N e u i l l y

BDIC

BDIC

Monsieur,

Je travaille, pour le compte de la collection 'Archives' à un ouvrage dont l'intitulé vous expliquera ma démarche: "Au pays des Soviets: voyageurs français en Russie 1917-1939". Pierre Nora a bien voulu me communiquer votre adresse, en espérant que vous voudriez bien apporter votre témoignage à une recherche qui ne peut se fonder exclusivement sur des récits de voyage publiés entre les deux guerres. La contribution des témoins de qualité est un élément important de cette enquête. Vous avez pu voir arriver et repartir les premiers voyageurs, avant d'écrire vous même "En Russie rouge". Sur ces premiers contacts, en un temps où il fallait beaucoup d'ardeur militante pour voir la Russie, votre apport serait passionnant.

Dans l'attente de votre réponse, je vous prie de croire, Monsieur, aux assurances de ma respectueuse admiration.

Fred Kupferman

Maitre Assistant à Paris I

30 - L'historien Fred Kupferman demande un témoignage pour la collection « Archives », 1977.

31 - Pascal chez lui à Neuilly, 1978.

32 - Pascal reçu par Jean-Paul II, 1981.

33 - Caricature non signée de Pierre Pascal.

d'exclusion quand il fut mis en cause personnellement par le gouvernement de Vichy pour son passé de bolchevik, et aurait pu mobiliser cet argument en défense.

Rien n'indique donc clairement une exclusion en bonne et due forme. En revanche, les recommandations de Chapovalov au sujet de la mise à l'écart de tout poste de responsabilité furent rapidement suivies d'effet. Pascal fut officiellement relevé par l'Internationale communiste le 21 mai 1925 de son travail de rédacteur. La décision avait peut-être été prise plus tôt en liaison avec la direction du PCF, tout en n'étant pas immédiatement signifiée. Dès la mi-mai 1925, Pascal s'offusqua en effet d'apprendre que le Bureau politique du Parti français venait d'envoyer un camarade pour le remplacer, sans le congédier officiellement, et s'inquiéta auprès du secrétariat de l'IC de cette situation « impossible », « à éclaircir dans l'intérêt du travail ». L'exécutif du Komintern pointait du doigt à cette occasion l'absence possible de « fiabilité » de « la dactylo Roussakova », soupçonnée d'avoir communiqué à Pascal les procès-verbaux du PCF le concernant[1]. S'agissait-il d'Evguenia ou de sa jeune sœur Anita, venue de Leningrad la rejoindre pour travailler dans les organes internationalistes ? Jenny avait été autorisée à rendre visite à sa sœur aînée, Rachel, qui était restée à Marseille lors du départ de la famille Roussakov en 1919 et avait épousé Witold Sosnowsky. De France où elle séjournait depuis janvier 1925, elle échangea avec Pierre de nombreuses lettres. Le 18 mai, tout en lui faisant part de son départ imminent pour la Commune de Yalta afin de « cultiver les radis et les bouffer », Pierre écrivit à Jenny : « Grande nouvelle. Vous ne me retrouverez plus à la Section française. Il paraît que c'était trop dangereux pour l'orthodoxie treintienne (*sic*). Je suis relégué dans un travail académique, la préparation des œuvres de Lénine, ce que vous avez tapé dans le temps (avec tant de plaisir, à la maison), et autre chose

1. RGASPI, F. 495, d. 270, op. 6147, dossier de Pierre Pascal, p. 51-54, proposition de décision sur Pascal, 4 mai 1925, en allemand ; p. 55, lettre de Pascal au secrétariat du CE de l'IC, 16 mai 1925, en russe ; p. 58, lettre manuscrite d'Ossip Piatnitski, secrétaire de l'IC, sur Pascal et Roussakova, en russe. Lettre du 16 mai et décision du secrétariat de l'IC du 21 mai 1925, publiées dans *Mon état d'âme*, *op. cit.*, p. 152-153, original BDIC.

encore après. J'ai accepté parce que c'est la pleine liberté de travail, la possibilité de lire un tas de choses autour, au lieu des manifestes, des thèses et des discours dont j'ai une indigestion. » Pascal relia ainsi la sanction dont il fit l'objet à la reprise en main du PCF par Albert Treint, davantage qu'à l'affaire Lazarévitch. Marcel Body annonça de son côté à son ami sa propre « disgrâce » imminente suite à une inspection du Parti en Norvège et ajouta : « Je suis au courant de ton débarquement. C'était à prévoir. Du moment que tu n'as rien perdu au change, méprisons le procédé empreint du plus pur esprit des temps[1]. »

Renouer avec sa famille, s'engager avec Jenny

Écarté du Parti, « relégué » loin des responsabilités, Pierre Pascal aurait pu envisager de quitter la Russie. Le voyage d'Édouard Herriot en 1922, la reconnaissance diplomatique de l'URSS par la France en octobre 1924[2] avaient sensiblement détendu les relations bilatérales. Jacques Sadoul en profita pour rentrer à Paris, se livra à la justice militaire et fut acquitté dans un nouveau procès. L'instruction contre l'ancien lieutenant Pascal aboutit au même moment à un non-lieu, dont l'informa aussitôt son père. Car le fils prodigue renoua avec sa famille. S'il ne choisit pas le retour, le moment difficile qu'il vécut entre la fin de l'année 1924 et le début de l'année 1925 marqua pourtant pour lui un tournant personnel tout autant que professionnel et politique. Depuis la visite de son père et de son frère Jacques à Gênes en 1922, et un nouveau contact avec ce dernier à la conférence de Lausanne, il avait presque rompu les ponts avec ses parents. Sa mère Lydie Pascal multipliait les reproches : « Dis-moi par exemple la raison, le pourquoi de ce que tu as fait, je suis sûre que toute la question est là et que je pourrai ensuite le défendre. Je ne crois pas que tu sois fou, par conséquent il y a autre chose. Tu nous manques, on ne se fait pas à tout ce malheur-là tu t'en doutais bien et tu savais bien que l'aîné d'une famille a autre chose à

1. Institut d'études slaves, Archives Pascal, lettre de Pierre Pascal à Evguenia Roussakova, 18 mai 1925 ; lettre de Marcel Body, 31 août 1925.
2. Cf. Sophie Cœuré, *La Grande Lueur à l'Est*, *op. cit.*

faire. Il faut donc que tu aies été entraîné par des motifs très graves, qui sont ta vraie défense et que nous voudrions savoir. Tu comprends bien que tu ne me feras pas croire que tu t'es fait bolchevik pour le plaisir, même par goût de la politique[1]. »

Après avoir été informé par Charles-André Julien, c'est par Boris Souvarine que Charles Pascal reçut des nouvelles, malgré le « silence systématique » qu'il reprochait à son fils. « On me transmet une lettre dans laquelle vous demandez des nouvelles de votre fils qui est mon ami », lui écrivit Souvarine début 1924, en lui proposant de transmettre en retour un courrier. « Je puis vous dire qu'il va bien tant au physique qu'au moral. Comme toujours il travaille beaucoup et n'aime pas parler de lui. Il est attaché au Comité exécutif de l'Internationale communiste où il s'occupe spécialement de questions d'éditions. » À l'automne, Marcel Cachin transmit à son tour « d'excellentes nouvelles » par l'intermédiaire de Paul Bastid : « J'espère qu'il bénéficiera de l'amnistie ainsi que les autres Français qui, en Russie, ont embrassé la cause de la révolution », écrivait le député communiste. Mais Charles Pascal évoquait les larmes de Lydie devant les photos de son fils et se posait de nouvelles questions, révélatrices de l'image sectaire du Parti communiste dans une partie de l'opinion française : « Depuis Gênes et Lausanne rien, pas un signe de toi, pas un mot, pas le moindre signe, je ne puis croire que la doctrine nouvelle exige pareil oubli de tous les siens et abolisse tous les liens de famille[2]. »

Or le 31 décembre 1924, jour de la condamnation officielle de Lazarévitch, Pierre Pascal renoua avec ses parents par une missive tout en défense : « Cher Papa, chère Maman. Ne croyez pas que je vous oublie. Je vous aime bien et je pense à vous. Je suis triste seulement que vous ne me compreniez pas et que vous vous figuriez que j'ai commis une faute. Cela, je ne l'admettrai jamais. Ailleurs, j'aurais pu rester indifférent,

1. Institut d'études slaves, Archives Pascal, lettre de Lydie Pascal, sans date (décembre 1922 d'après le texte).

2. BDIC F delta res 883 (2-3), lettre de Marcel Cachin à Paul Bastid pour Charles Pascal, 19 octobre 1924. Institut d'études slaves, Archives Pascal, lettre de Charles Pascal, 9 mars (1924 d'après le texte) ; lettre de Boris Souvarine à Charles Pascal, 25 février 1924.

mais me trouvant juste au point où la vieille politique, avec ses saletés, se trouvait en conflit aigu avec l'idéal social le plus élevé, j'ai été obligé de choisir et j'aurais été bien dégoûtant de choisir la première, avouez-le. » Il tenta de les rassurer par des nouvelles de sa santé, de ses « bons camarades », d'un travail choisi « librement » et de ses vacances en Crimée[1]. En mars 1925, Pierre Pascal écrivit à son père pour le remercier du bon accueil réservé à sa « camarade » Evguenia Roussakova, venue leur porter directement des nouvelles de « leur Pierre », et de la photographie de famille qu'elle lui avait transmise. « Pourtant, je t'avoue que je n'ai pas envie encore de revoir la France et, d'ailleurs, ce serait de toute façon très difficile. Ici, comme tu sais, la vie est plus intéressante. Je ne suis pas malheureux. Je fais maintenant des travaux d'histoire, des recherches dans les bibliothèques. » Il poursuivait par une narration de son voyage en Crimée, dans le Caucase et au Turkestan sans oublier de solliciter la complicité intellectuelle de son père en évoquant Alexandre le Grand, et de rassurer encore ses parents sur le froid qui régnait à Moscou[2]. Ses parents lui manifestèrent en retour leur joie, sans être tout à fait dupes. « Ta photographie te montre un peu triste et sombre », regrettait son père, qui s'efforçait de nouveau de le comprendre : « Je tiens d'abord à te rassurer sur notre opinion à ton égard ; il est vrai que beaucoup en France n'ont pas compris ta décision de rester en Russie quand tous tes collègues rentraient au pays ou presque tous ; mais j'ai interrogé beaucoup de monde sur ce qui se passait là-bas et j'ai compris que tout n'y était pas très propre et sans reproches du côté des représentants de notre pays ; j'ai compris qu'il y avait eu chez toi une crise de conscience, une révolte de tout ton être honnête et sain et ayant encore peu d'expérience de la vie. Et puis tu étais si peu militaire que tu n'as pas pu te plier à la discipline exigée des soldats. » Sa mère l'assurait de son amour et s'expliquait : « Nous avons éprouvé seulement beaucoup de peine à voir

1. Lettre de Pierre Pascal à ses parents, 31 décembre 1924 (Archives Pascal – Jacques Catteau).

2. *Ibid.*, lettre à Charles Pascal, sans date (février ou mars 1925 d'après la réponse qui suit).

qu'au milieu d'événements si grands tu nous avais sacrifiés, nous et tes frères[1]. »

Dans le même temps, Pierre Pascal remercia Evguenia, qu'il vouvoyait et tutoyait en même temps : « Vous êtes bien gentille. Qu'est-ce que vous avez bien pu leur raconter ? Génie, tu es une chic fille (*molodets*). Je leur écrirai mais c'est terrible, je ne sais pas quoi leur dire, nous n'avons jamais eu de communauté d'idées, même dans leurs lettres il y a des choses qui montrent qu'ils ne comprennent rien. Seulement ils sont vieux, ils sont tristes parce qu'ils avaient d'autres plans sur moi, ils ont mené une vie de travail très étroite. Je sais bien tout ça. » À la veille du retour de la jeune fille en Russie, Pierre Pascal manifesta un attachement qui ne se démentirait plus : « On se retrouvera de nouveau à Moscou et on s'aimera bien, parce que c'est vrai que j'ai besoin d'affection et surtout d'une affection que j'ai choisie (...). C'est beau de se soutenir et de s'adoucir la vie réciproquement[2]. » « Pascal-le-Bénédictin, avec sa petite bénédictine Jenny-la-Marseillaise », « indomptable et rebelle », « récalcitrante et incorrigible »... Boris Souvarine effaça affectueusement l'image du « saint laïc » pour s'adresser à un couple « d'heureux russifiés et russisants », désormais indissociable aux yeux de ses amis, tant en URSS qu'en France[3].

À la fin de l'année 1924, les tensions entre l'interprétation personnelle de la révolution et la discipline exigée du militant avaient donc finalement éclaté en conflit. Pierre Pascal s'était jeté dans l'action après les accès dépressifs liés à son passage du service de la France à celui des Soviets en 1918. Après sa convocation au « confessionnal » du Parti en 1920 qui lui avait fait voir la vie « mesquine et dégoûtante », il avait conclu : « Il faut tenir. » « L'épouvantable passage » de la fin de 1921 et du début de 1922 avait à son tour été surmonté. Il avait mis

1. Institut d'études slaves, Archives Pascal, lettres de Charles Pascal, 29 et 30 mars 1925, Lydie Pascal, 30 mars 1925. Charles et Lydie Pascal à Evguenia Roussakova, 26 et 28 mai 1925.

2. *Ibid.*, lettres de Pierre Pascal à Evguenia Roussakova, 21 avril 1925 et 23 juin 1925.

3. Institut d'études slaves, Archives Pascal, lettre de Boris Souvarine à Evguenia Roussakova, 6 février (1925 d'après le texte et l'en-tête de *L'Humanité*).

sous le boisseau ses convictions religieuses, tout en s'écartant volontairement des joutes internes aux Partis russe et français. Aucune dissidence publique n'avait marqué son passage dans les délégations diplomatiques, son témoignage au procès des socialistes-révolutionnaires, ses publications dans la presse communiste, ses préfaces ou ses traductions. C'est au fil d'un dialogue amical et politique continu, dans une configuration où Pascal se montra moins politique que Souvarine et moins théoricien que Victor Serge, qu'il formula peu à peu le sentiment de l'abandon de l'espoir égalitaire d'Octobre 1917. Or cet engagement, pensé comme un idéal, s'était coulé dans une socialisation politique qui s'avérait de plus en plus exclusive, voire dangereuse pour ceux qui maintenaient des postures critiques. La condamnation de Lazarévitch en 1924, la mise à l'écart du Parti et du Komintern signifièrent une nouvelle épreuve, avec l'expérience personnelle de la dimension répressive du régime. Pierre Pascal décida consciemment de son sort en soutenant un ami injustement condamné. Il ne choisit pourtant ni de quitter le Parti, ni de rentrer en France. Ainsi s'ouvrit un deuxième moment de « politisation par l'expérience » : après la formation au marxisme-léninisme et à la discipline de Parti, une initiation à la dissidence, au fil d'épreuves tant politiques que personnelles et professionnelles.

5

L'invention d'une dissidence (1925-1931)

Observer et critiquer sans prendre parti

Mensonge, mensonge, imprimé, oral, depuis le haut jusqu'en bas.

Journal de Pierre Pascal, 7 mars 1928

Pierre Pascal se refusa longtemps à quitter Moscou. « J'aime toujours la Russie », avait-il écrit à ses parents à la fin de l'année 1924, sans leur confier encore qu'il y avait également trouvé la compagne de son existence. Dans l'évolution qui l'amènerait à rentrer finalement en France, son nouvel équilibre sentimental et amical allait incontestablement jouer un rôle clé. Comme pour tous les citoyens soviétiques, l'ajustement entre la vie publique, que ce soit au Parti ou au travail, et les différents éléments de la vie privée, familiale et personnelle, devenait de plus en plus délicat. La répression politique frappait les premiers partisans du régime et politisait le quotidien, poussant nombre de citoyens soviétiques à intérioriser une double vie. Le journal rédigé en continu de septembre 1926 à décembre 1929, les nombreuses lettres échangées nous aident à éviter autant que possible les relectures *a posteriori* auxquelles Pascal lui-même ne put échapper, soucieux de faire remonter au plus tôt sa rupture avec le bolchevisme. Le titre même du troisième volume de son journal, *Mon état d'âme*, fut ainsi repris, à la fin des années 1970, d'une lettre très critique à Alfred Rosmer qu'il data de 1923, alors qu'elle ne pouvait avoir été écrite qu'en 1925[1].

« Tous se valent » : une révolution capturée par Staline

À l'issue de la lutte pour la succession de Lénine et de la défaite de Trotski, les années 1925-1929 furent marquées par une recomposition des alliances et l'organisation clandestine d'une « Opposition unifiée », dont le nom masquait l'hétérogénéité des positions de ses leaders, Trotski, Zinoviev, Kamenev, mais aussi des militants issus de l'Opposition ouvrière ou du groupe des « Centralistes démocratiques ». Écarté du Parti, Pierre Pascal devint réticent aux manifestations collectives qu'il avait fréquentées jusqu'au milieu des années 1920. Simple badaud le 1er mai 1927, c'est dans le cadre de son travail qu'il fut entraîné dans le défilé « drapeau en avant » pour dénoncer l'assassinat de l'ambassadeur soviétique à Varsovie : « Banalités, sottises, exagérations. (...) je me sauve de ces discours. » Dès 1925, il se posa en observateur extérieur des conflits politiques soviétiques. « Tous se valent, Trotski, Zinoviev et les autres, au point de vue mépris du peuple, soif de commander, moyens démagogiques pour parvenir, vie personnelle étrangère à toute aspiration vers le communisme », écrivait-il en avril 1925 à Pierre Monatte qui, issu du syndicalisme révolutionnaire, était entré au PCF et à *L'Humanité* en 1923 et avait été exclu en décembre 1924[2].

Pour autant, Pascal suivait de très près l'action de l'opposition contre Staline, qu'il qualifia en septembre 1926 de « révolutionnaire, mais borné, ce qui fait bien de lui l'homme de cette politique des classes moyennes ». Il signala toutes sortes de rumeurs, vit évoluer les modes d'action d'une opposition poussée vers la clandestinité et qui s'exprimait de plus en plus difficilement. Il observa les dilemmes d'hommes qui peinaient

1. Comme l'a montré Jean-Louis Panné, *Boris Souvarine, op. cit.*, p. 424.
2. *Russie 1927, op. cit.*, p. 112, 2 mai 1927 ; p. 138, 9 juin 1927. *Mon état d'âme, op. cit.*, p. 138-143, lettre à Pierre Monatte du 12 avril 1925.

à critiquer leur propre Parti, au point d'accepter les autocritiques et les reniements pour éviter une exclusion. « Il n'y a pas de votes sincères (...). L'opposition a tort quand elle veut porter la discussion, malgré le Parti, devant les cellules : c'est cette indiscipline qui indispose les ouvriers, nourris de la discipline. En outre, Staline profite de l'état d'esprit qui cherche un chef : secrétaire général du Parti, il hérite de l'autorité dont jouissait Lénine », notait Pascal à l'issue d'une discussion avec Vladimir Diogott (ou Degott), ouvrier relieur « vieux bolchevik » qui avait connu Lénine à Paris et avait été le délégué du Parti auprès du Groupe communiste français en Ukraine puis chargé de missions clandestines par le Parti à l'étranger. En 1926, Pascal ne vit que « querelles entre membres ambitieux du pouvoir[1] » dans le « châtiment des grands de l'Opposition », qui venaient de désavouer leurs propres activités fractionnelles et n'en étaient pas moins sanctionnés par le Comité central. Zinoviev perdit la direction de l'Internationale communiste, Trotski et Kamenev furent exclus du Bureau politique.

De son poste d'observation au Komintern, puis par les « tuyaux » qui lui parvenaient des milieux trotskistes, l'ancien secrétaire du Groupe communiste français voyait vivre ces « organisations secrètes » qui multipliaient à Moscou les réunions clandestines, malgré la peur d'être exclu ou condamné au chômage, malgré le risque croissant d'arrestation. Les ténors de l'Opposition s'exprimaient difficilement. En mai 1927, Pierre Pascal signala que Trotski n'avait pu pénétrer dans une salle qu'en bousculant le garde posté à l'entrée. Il nota aussi la censure des discours de l'opposition dans la presse russe comme dans *Correspondance internationale*, l'interdiction des articles et des portraits de Trotski, les applaudissements sur ordre, la violence des insultes et des accusations, « amas de ragots[2] ».

Pierre Pascal tenta régulièrement dans son journal de faire le point sur l'opposition et « ces groupes très fermés, très méfiants, [qui] soupçonnent partout des espions du CC », la « droite », la « gauche », le « centre » où il plaçait Staline. Il

1. *Ibid.*, p. 169, 29 septembre 1926 ; p. 179, 11 octobre 1926 ; p. 182, 16 octobre 1926 ; p. 185, 24 octobre 1926.

2. *Ibid.*, p. 211, 2 décembre 1926 ; p. 219, 10 décembre 1926 ; p. 227, 21 décembre 1926 ; *Russie 1927, op. cit.*, 27 mai 1927.

distribua équitablement ses critiques entre Staline « coupable de tous les crimes », excluant les meilleurs révolutionnaires du Parti, et ses adversaires divisés, « les bonzes », les « Byzantins » : « Décidément, cette opposition officielle joue au petit parti », notait-il en septembre 1927, ajoutant quelques jours plus tard : « Elle est aussi pourrie que le grand parti. » Consultant la plateforme clandestine de l'opposition, que le Comité central avait refusé de diffuser aux membres du XVe congrès du Parti, il n'y vit que « démagogie grossière » de la part de leaders oubliant la part qu'ils avaient eux-mêmes prise à l'évolution du régime pour mieux accuser Staline[1]. Il n'en suivit pas moins avec précision la vague d'exclusions à l'issue du congrès en décembre 1927, la désorganisation de l'opposition, les relégations brutales, le départ nocturne de Trotski pour Alma-Ata en janvier 1928 et la répression par la milice à cheval des foules qui croyaient l'accompagner à la gare[2].

« La politique qu'on fait est folle, hystérique, d'un extrême à l'autre au gré des vents. Attendons la réaction accélérée... », nota Pascal au printemps 1928[3]. Chaque jour ou presque, il signalait des suicides, des arrestations, des relégations, enfin l'expulsion de Trotski vers la Turquie en janvier 1929. Dispersée, l'Opposition de gauche devenait inoffensive. Au cours de l'été 1929, la politique de planification, d'industrialisation accélérée et de collectivisation fut adoptée. Staline élimina alors les critiques « de droite », en écartant Boukharine qui prônait une politique plus souple envers les paysans. Aucune opposition ne se manifesta au XVIe congrès du Parti à l'été 1930. Jusqu'au départ de Pascal en 1933, « déviationnistes » et « traîtres » furent systématiquement poursuivis et exclus.

---

1. *Russie 1927*, *op. cit.*, p. 72, 13 mars 1927 ; p. 121, 15 mai 1927 ; p. 193, 8 septembre 1927 ; p. 204, 15 septembre 1927 ; p. 225, 13 octobre 1927.

2. Pierre Pascal, *Journal de Russie 1928-1929*, Lausanne, Éditions Noir sur Blanc, 2014, p. 70-71, 18 et 19 janvier 1928.

3. *Ibid.*, p. 172, 27 mars 1928.

« Une descente à fond de train vers le marais petit-bourgeois »

Sceptique sur l'action de l'opposition en URSS, Pierre Pascal formula ses critiques du régime en développant la réflexion amorcée les années précédentes autour de la notion d'égalité. Dans sa lettre à Pierre Monatte, il diagnostiqua, malgré l'amélioration économique, une « restauration accélérée du capitalisme », une « nouvelle forme d'exploitation du peuple », mais ses propositions demeurèrent générales : « Je crois donc qu'il faut trouver quelque chose de meilleur. L'ancien syndicalisme ne me satisfait pas complètement ; l'anarchisme indique plutôt des buts que des moyens. Il faut chercher, ne négliger aucun élément de la réalité, forger une doctrine qui soit celle du peuple aspirant à la société nouvelle. » De son observation directe des milieux dirigeants, il tirait la conclusion générale d'une « descente à fond de train vers le marais petit-bourgeois ». À l'attention d'Alfred Rosmer, lui aussi exclu du PCF et qui fondait avec Pierre Monatte la revue *La Révolution prolétarienne* (la « *RP* »), il évoqua de même « un despotisme éclairé », une « révolution capturée », trahie par les « chefs communistes [qui] font un, socialement, avec leurs bons amis, spécialistes militaires, industriels, financiers ou autres[1] ».

Comme de juste, l'entrée dans la nouvelle année 1926 fut l'occasion d'un bilan : « Cette année verra encore descendre la courbe de la révolution. La tendance est si évidente que beaucoup sont obligés de la voir. Qu'est-ce que la discussion entre le groupe Zinoviev et la majorité ? C'est avant tout une lutte pour le pouvoir. Mais c'est aussi un débat entre ceux qui, plus réalistes et plus nationaux, font bon marché des allures révolutionnaires et sont décidés à tout pour obtenir une URSS prospère et ceux qui, tout en acceptant ces nécessités, sont encore entravés par des scrupules révolutionnaires. Ainsi cette discussion met à jour la grande tragédie de ce temps[2]. » Au

1. *Mon état d'âme, op. cit.*, p. 114-116 ; lettre à Alfred Rosmer, 24 septembre 1925 (et non 1923), p. 138-143. Lettre à Pierre Monatte, 12 avril 1925.

2. BDIC, Feuillet détaché d'un calepin, 1er janvier 1926 (non publié dans *Mon journal de Russie*).

début de l'année 1927, tout en maintenant qu'il n'y aurait « rien de plus naïf » que de croire en l'opposition, bande de « tyrans éprouvés », il avança ces prévisions désabusées : « Matériellement, nous marchons vers l'américanisation, vers un grand développement de la richesse nationale ; socialement, vers un État appuyé sur trois aristocraties : intellectuels, paysans riches, ouvriers très qualifiés, faisant travailler la masse (laquelle profitera naturellement du progrès général, mais dans de moindres proportions). C'est sans doute là le socialisme social-démocrate[1]. »

Les notes personnelles de Pierre Pascal associaient systématiquement la politique économique de la NEP, aboutissant à la restauration d'inégalités sociales, avec l'accaparement du pouvoir par de nouvelles élites et le « mal bureaucratique » : « dictature de l'État, dictature d'un parti dans l'État, dictature d'une clique dans le parti ». Il traça par petites touches le tableau d'un régime « oligarchique », du « triomphe de l'esprit petit-bourgeois » : bonnes d'enfants, écoles privées, différenciation sociale par le vêtement, réapparition du smoking au concert, corruption des dirigeants avides de voitures, de beaux appartements, de robes et de bijoux pour des épouses partant « prendre les eaux » en Allemagne[2]. La différenciation croissante des salaires entre ingénieurs ou journalistes d'un côté, ouvriers ou simples typographes de l'autre, mettait à l'épreuve l'éthique ascétique des bolcheviks de la première heure. Pierre Pascal lui-même se reprochait d'accepter, pour une traduction qui lui prenait une heure trente, autant que ce que gagnait en une journée de travail son ami Francesco Ghezzi, ouvrier ciseleur en métaux précieux. Acerbe envers ses amis, Herman Sandomirski et sa fille « élevée en petite dame bourgeoise », Victor Serge et son fils placé dans une école spéciale au public choisi, il ne vit cependant pas malice lorsque sa compagne Jenny bénéficia, deux étés de suite au moins, d'un séjour dans

1. *Russie 1927, op. cit.*, p. 30-34, lettre à Pierre Monatte, 27 janvier 1927, publiée dans *La Révolution prolétarienne*, « Lettre de Russie », n° 30, 15 mars 1927.

2. *Mon état d'âme, op. cit., passim*, novembre-décembre 1926, notamment p. 172, 188, 201, 228 ; *Russie 1927, op. cit., passim*, notamment p. 122, 133, 196.

la maison de repos de l'Institut Marx-Engels dans la station balnéaire d'Alouchta, en Crimée[1].

Pierre Pascal s'intéressait toujours un peu à la politique étrangère, sur le devant de la scène avec la tension soviéto-britannique puis les péripéties du mouvement révolutionnaire chinois. Mais ses notes et ses lettres placent au premier plan l'observation de l'économie et de la société, en cohérence avec sa lecture d'une évolution pervertie par les choix de la NEP. Observateur scrupuleux, au point de noter les prix et les salaires, il se faisait le chroniqueur du chômage, de la promiscuité et de la saleté de la vie ouvrière, des grèves, signalant les mendiants, les enfants abandonnés, la délinquance, les pénuries successives, les queues immenses, les rayons vides. Le ton se fit progressivement plus tragique : à la crise de ravitaillement observée *de visu* s'ajoutaient les rumeurs concordantes d'émeutes paysannes contre Staline, le « tsar de la faim » – *tsar golod* – : « En Ukraine, on fait la guerre aux koulaks au point de dépeupler des villages. » Depuis le Grand Nord russe, le docteur Nikolaenko lui fit parvenir en 1930-1932 des chroniques ironiques et désespérées sur la résistance à la collectivisation d'une « humanité famélique, abrutie et peureuse ».

« Ne pas laisser mourir l'esprit de mécontentement ». Les choix d'une génération perdue

Fallait-il rejoindre les oppositions à Staline, qui s'organisaient malgré la répression ? En avril 1925, Pierre Pascal formula pour Pierre Monatte la difficulté de combattre le régime sans frapper par là même la révolution : « À l'intérieur, il n'y a donc pas à songer à attaquer directement le pouvoir. Mais, tout en collaborant à des améliorations pratiques, matérielles, ne pas laisser mourir l'esprit de mécontentement, de réclamation, de protestation au nom de l'idéal révolutionnaire et communiste ; parler de syndicats libres, d'égalité économique, de vrai pouvoir des travailleurs, de non-obéissance comme faisait Lazarévitch. À l'extérieur, c'est infiniment plus compliqué encore, vous pouvez mieux en juger que moi[2]. »

---

1. *Ibid.*, p. 218, 4 octobre 1927 ; p. 32, lettre à Pierre Monatte, 27 décembre 1927. *Mon état d'âme, op. cit.*, p. 215, 5 décembre 1926.
2. Lettre citée à Pierre Monatte, 12 avril 1925.

Défendre la révolution malgré une évolution critiquée, c'était, pour l'ancien secrétaire du Groupe communiste français comme pour tous ses amis, une question à la fois politique et personnelle. Le temps du combat héroïque, de l'ascèse et du sacrifice collectif était passé, les lectures politiques divergeaient, la « famille » des années 1918-1920 avait définitivement éclaté. Le temps écoulé donnait à la période révolutionnaire une dimension nostalgique. En mars 1927, Pierre Pascal évoqua avec émotion Jeanne Labourbe avec l'ancien compagnon de la Française assassinée, Markovitch, de passage à Moscou. Lors d'une opération de rangement des débarras du Petit-Paris, il nota : « Combien de brochures introuvables, de notes prises en 1919, 20, 21, de revues, du temps du "communisme de guerre" ! Tout un relent d'histoire récente, mais d'histoire, hélas ![1] »

La disparition du temps du débat au profit d'une époque où, comme lui confia « une communiste raisonnable et ancienne », « nous sommes déshabitués de penser », se combina avec un premier retour réflexif sur les années de révolution. La comparaison entre passé et présent se fit au détriment de celui-ci, que ce fût à propos de la Terreur rouge (« Dans tout cela, il y avait alors à la fois la période révolutionnaire, une sorte de sincérité populaire et un esprit de système tout intellectuel. Quel contraste avec le moment actuel ! Il ne reste plus que le troisième élément, et sous sa forme la plus pernicieuse ») ou des causes profondes de la rupture de 1917. Lisant des vers de Nekrassov, Pascal nota : « Quel sentiment de la souffrance populaire ! Et dans ce bain d'harmonie, ensuite, je pensais qu'il ne faut pas chercher dans les statistiques économiques la cause de la révolution, ni dans les partis, mais dans une grande aspiration[2]. » Pourtant, il lui devenait possible de formuler des critiques qui auraient été impensables peu d'années auparavant. En janvier 1927, il confessa à Lazarévitch avoir cessé de détester les mencheviks, qu'il rapprocha de leurs anciens adversaires : « L'histoire du Parti social-démocrate montre qu'il y a très peu de différence entre mencheviks et bolcheviks : ceux-ci se sont

1. *Russie 1927, op. cit.*, p. 83, 24 mars 1927 ; carnets de Pierre Pascal, 5 janvier 1928, 26 octobre 1928.

2. *Ibid.*, 14 janvier 1928. *Mon état d'âme, op. cit.*, p. 186, 26 octobre 1926 ; *Russie 1927, op. cit.*, p. 284, 25 décembre 1927.

seulement un instant, en 1917, laissé entraîner par le grand courant populaire, et encore c'était pour mieux le maîtriser[1]. »

Dans les réflexions quotidiennes de Pierre Pascal, cette critique de fond resta exceptionnelle, face à son attachement réitéré aux bolcheviks de 1917. « Les révolutionnaires ne sont que minorité infime », écrivait-il à Pierre Monatte début 1927, observation que lui semblaient confirmer les statistiques de date d'entrée dans un parti marqué par des purges répétées. Un an plus tard, il constata : « Que les révolutionnaires sont lâches ! C'est paradoxal, je m'étonne. Mais non ! Ce ne sont que des communistes, en Russie, en 1928, ce ne sont pas des révolutionnaires. » Le sentiment nouveau d'appartenir à une génération perdue, d'être coupé des hommes au pouvoir ou aspirant à l'être, contrastait avec l'adhésion au groupe des « chefs » qui avait porté Pierre Pascal jusqu'à la mort de Lénine[2]. Il s'articulait sans peine avec la volonté de ne pas faire partie des profiteurs du régime et avec un anti-intellectualisme à la fois moral et social, déjà ancien. Les piques contre « les intellectuels [qui] rongent le peuple » et le triomphe de la « petite bourgeoisie » se multipliaient sous sa plume. « Le ralliement de ces intellectuels est bien la preuve qu'il ne reste plus rien de l'idéal de 1917 », s'exclama-t-il à propos de Romain Rolland, de l'écrivain roumain Panaït Istrati – qui n'était pas encore devenu son ami –, et de Maxime Gorki qui rentrait en URSS « abdiquant les idées révolutionnaires ». Pour lui, le choix de ces deux derniers était guidé par les privilèges que le régime commençait à accorder aux compagnons de route : « Jouir du bien-être bourgeois : rien de pire[3]. »

Pierre Pascal accompagnait son débat intérieur, qu'il consignait sur ses petits carnets, d'une discussion serrée avec des amis fiables. En poste à Berlin puis à Vienne pour la revue *Correspondance internationale*, Victor Serge était, bien davantage

---

1. *Ibid.*, p. 20, 17 janvier 1927.

2. Lettre citée à Pierre Monatte, 27 janvier 1927. *Journal de Russie 1928-1929*, *op. cit.*, p. 209, 24 avril 1928. Cf. sur l'expérience révolutionnaire comme « trésor perdu », Malte Griesse, « Enjeux historiques des journaux et de la correspondance dans la réécriture de l'histoire de la révolution sous Staline », *Cahiers du monde russe*, vol. 50, n° 1, 2009, p. 93-124.

3. *Russie 1927*, *op. cit.*, p. 123, 17 mai 1927. *Journal de Russie 1928-1929*, *op. cit.*, p. 226, 9 mai 1928.

que Pascal, intervenu comme témoin et historien de l'Octobre bolchevique, publiant ses souvenirs sur la Petrograd révolutionnaire et de multiples articles sur la vie intellectuelle soviétique. Serge regagna l'URSS début 1926 et se lia activement aux milieux oppositionnels, animant le « centre de Leningrad ». Dans une lettre à sa belle-sœur Evguenia Roussakova, il fit un récit ironique de la séance aboutissant à son expulsion du Parti en janvier 1928, au moment même où Trotski et d'autres opposants étaient relégués loin de Moscou : « Question : votre attitude envers le concile ? – M'incline avec le plus grand respect. – Bon, mais qu'est-ce que vous en pensez ? – Qu'il s'est fâcheusement gouré en foutant dehors les malcontents. – Stupéfaction générale. Un type suffoqué se dresse, croyant avoir mal entendu : – Vous avez bien dit que le concile s'est gouré ? – Oui, j'ai dit ça. – Alors vous croyez que le concile peut se gourer ? – Oui, je le crois ! – Échange de regards pleins de commisération, d'indignation et de zèle. Le compte était bon[1]. »

Solidaire de son beau-frère et ami, Pascal suivait avec intérêt son évolution politique. Ainsi, début 1928, il démentit à Moscou la rumeur selon laquelle Serge avait trahi Trotski pour Zinoviev. Le 17 avril 1928, il nota, de manière exceptionnelle chez lui, un « rêve du temps » qui montrait combien il vivait intensément cette période de tensions politiques : dans un congrès communiste, il était réprimandé par Staline pour avoir crié « honte » – en russe dans le texte, *pozor* – à une femme qui reniait sa famille déportée. « Après, je ne sais comment, Staline en arrive à condamner le "tam-tam" qu'on fait autour des déportés, et moi de répliquer : "Le tam-tam a parfois du bon." Staline note sur un carnet noir mes paroles avec un regard méchant. Je continue : "Vous connaissez Laz[arévitch], vous vous rappelez ce nom ?" Le rêve se termine sans dénouement. » Moins de quinze jours plus tard, Serge était arrêté, emprisonné. Libéré au bout d'un mois, avec une « barbe de troglodyte », « engagement pris de ne (se) livrer à aucune activité fractionnelle », il demeura libre

1. Cf. Victor Serge, *Mémoires d'un révolutionnaire*, *op. cit.*, p. 260 *sq.* Institut d'études slaves, Archives Pascal, lettre de Victor Serge à Evguenia Roussakova, 16 janvier 1928, reprise dans le *Journal de Russie 1928-1929*, *op. cit.*, p. 71-72, 18 janvier 1928.

jusqu'à sa nouvelle arrestation en 1933, le jour même du départ de Pierre Pascal[1].

Les deux beaux-frères débattaient par correspondance, et sans aucun doute, à l'occasion de leurs visites croisées à Leningrad et à Moscou, ou de l'excursion qu'ils firent en commun à Rostov à l'été 1928. À cette période, leurs désaccords, notamment sur la politique rurale, semblent avoir été fermement soulignés par Pascal, si l'on en juge par les réponses vives envoyées par l'ancien collaborateur de Zinoviev, qui reprocha à son correspondant de tomber dans l'erreur des populistes, les *narodniki*, en idéalisant l'esprit communautaire du paysan russe et en niant les différenciations sociales dans les campagnes. « Je vous serais reconnaissant de me donner une liste de propositions marxistes fausses. Cette liste, je la cherche en vain depuis longtemps. Jusqu'à présent je n'ai pas trouvé de proposition fausse. » Quelques jours après cette mise en demeure, Serge revint à la charge et regretta une épître « injuste » : « Vous me peinez en me croyant plus… bouché que je ne suis. » « Voyez comme il est difficile de parler entre hommes de chair et d'esprit. Parce que j'use de la monnaie intellectuelle courante, je disparais à vos yeux et vous ne voyez plus que le marxiste moyen, abstrait, vulgaire, tiré à x milliers d'exemplaires par la machine à oblitérer les cerveaux. (…) Je suis marxiste comme je suis déterministe, parce que je ne trouve pas d'explication plus satisfaisante à ce monde. » Victor Serge l'avertit contre sa tentation « d'ouvrir portes et fenêtres » et le danger d'un « retour au pire » : le capitalisme. Ces désaccords politiques qui révélaient chez Pascal une critique assumée du marxisme lui-même, bien loin des professions de foi de l'année 1920, n'écornaient en rien la complicité intellectuelle des deux hommes. Victor Serge quêtait les lettres – « Je finirai par croire que vous m'en voulez de mon orthodoxie qui ne me vaut pourtant que des embêtements », écrivit-il à l'automne 1928 – et n'oublia jamais de placer une pointe d'ironie dans ses missives, au ton toujours amical[2]. Il

1. *Ibid.*, p. 201, 17 avril 1928. Institut d'études slaves, Archives Pascal, lettres de Victor Serge à Pierre Pascal, 30 mai et 1er juin 1928 sur son emprisonnement.

2. *Ibid.*, lettres de Victor Serge à Pierre Pascal, 3 et 18 août 1928, 5 octobre 1928.

accordait du prix aux avis de son beau-frère sur ses essais et romans qu'il lui faisait régulièrement relire.

En URSS même, Robert Guiheneuf, avec lequel Pascal s'était lié à l'été 1925, devint un autre correspondant privilégié. Le menuisier espérantiste avait lui aussi tenté d'intervenir pour Lazarévitch et demeura très attaché au petit groupe de la Commune de Yalta. Un temps professeur à l'Université des peuples d'Orient, il choisit de quitter la capitale soviétique avec sa compagne Maroussia pour travailler comme inspecteur des trusts forestiers, au nord de Vladivostok. De l'Extrême-Orient soviétique, il écrivait à Pierre Pascal de longues lettres détaillant la vie quotidienne de ces régions pionnières, entre élites européennes « dégoûtantes », chercheurs d'or, indigènes iakoutes ou toungouses et marchands chinois. Ses analyses rencontraient celles de son ami. Déçu par les absurdités d'une économie administrée, les inégalités salariales, la mise au pas des syndicats, qui battaient en brèche son idéal « égalitaire », il concluait : « Il m'est de plus en plus clair que la participation de la couche des intellectuels au mouvement ouvrier est un leurre, qu'il en sera de même en Occident et que la solution sera surtout d'ordre moral – sans une morale du travail le communisme semble impossible. » En 1928, il s'excusa de l'avoir laissé près d'un an sans nouvelles. « Enterré » dans son travail et coupé de « nos amis d'Occident », il aurait volontiers lu, écrivit-il, *La Révolution prolétarienne*, mais ne se passionnait pas pour la « mort de l'Opposition ». Guiheneuf avait refusé la nationalité soviétique. En 1931, admis à reprendre ses études à l'École d'aviation, il entama depuis Moscou des démarches pour revenir en France[1].

Quant au petit groupe qui avait formé le noyau du Groupe communiste français de Moscou, il se dissolvait toujours plus. Pierre Pascal voyait toujours un peu Tsoukartzia, devenu artisan non loin de Moscou. De passage à Moscou pour les fêtes du dixième anniversaire de la révolution, Jacques Sadoul, employé par les Soviétiques à Paris, critiqua publiquement Trotski et se

1. *Ibid.*, lettres de Robert Guiheneuf à Pierre Pascal, 1er avril et 17 décembre 1926, cette dernière lettre résumée dans *Mon état d'âme, op. cit.*, p. 234, 31 décembre 1926. BDIC F delta res 883 (2-6), lettre de Robert Guiheneuf à Pierre Pascal, 17 mars 1928. Cf. aussi Hervé Guiheneuf, *Dix ans en URSS (1923-1933), l'itinéraire d'Yvon, op. cit.*

vit remettre l'ordre du Drapeau rouge, sans chercher le contact avec ses anciens camarades. Robert Petit regagna l'URSS depuis Berlin en novembre 1926. Si, à son arrivée, il discutait encore de la possibilité de « régénérer le Parti actuel ou d'en fonder un nouveau », il prit peu à peu ses distances avec ses anciens amis. La rupture avec Pierre Pascal – « Il était mon ami, mon frère, c'est lui qui m'amena au Parti » – fut douloureuse si l'on suit son autobiographie rédigée pour le Parti. Les deux hommes continuèrent à échanger des nouvelles jusqu'aux années 1930[1]. Georges Helfer, de Berlin, rentra en France où il vécut « d'expédients miteux », selon Souvarine. Il ne restait donc plus guère que Gaston Boulay, Raoul Chapoan, et surtout Marcel Body.

Rappelé de Norvège comme l'ambassadrice Kollontaï, Body se dit soulagé de sa disgrâce. Il passa par la France depuis Berlin pour régulariser sa situation et reprit son travail de traducteur et de correcteur pour l'Internationale communiste. Brièvement arrêté début 1926, il quitta l'URSS pour Paris en mars 1927 après avoir longuement attendu son passeport et s'installa à Limoges, sa ville natale. Son premier contact avec la France le rendit pessimiste, tant sur le PCF où « l'élément fanatisé et ignare prédomine » que sur une opposition sans projet et sans avenir et sur « l'état d'esprit détestable de la classe ouvrière ». Pourtant, il tenta de reprendre l'action dans le Parti, avant de le quitter en 1928 et de fonder un petit journal d'opposition communiste, *La Vérité*, pour lequel il sollicita notamment Souvarine et Rosmer, puis de gagner Paris en 1929[2].

« Ne pas céder à la tentation de l'organisation » : cet avertissement de Pierre Pascal, de plus en plus sceptique sur l'action possible en France, n'était donc pas écouté par ses amis[3]. Son désintérêt pour le Parti communiste français se fit explicite. « Il a à peu près la même importance politique qu'une association de

1. *Mon état d'âme*, *op. cit.*, p. 199, 16 novembre 1926, 22 novembre 1926 ; Jean Maitron, Claude Pennetier (dir.), *Dictionnaire biographique du mouvement ouvrier français (1914-1939)*, Paris, Éditions de l'Atelier, 1981-1993 (ci-après DBMOF), notice Robert Petit par Jean-Louis Panné et Patrice Ville, d'après l'autobiographie de Parti de Robert Petit.

2. Institut d'études slaves, Archives Pascal, lettres de Marcel Body à Pierre Pascal, 11 mars 1926 et 8 mars 1927.

3. BDIC, copie d'une lettre de Pierre Pascal à Marcel Body, 27 décembre 1928.

joueurs d'échecs », affirma-t-il en février 1927[1]. L'année suivante, il souligna l'inféodation à Moscou du PCF, dont le Bureau politique était refondu à Moscou. Cachin reste, écrivit-il, « comme enseigne et parce qu'il est souple. J'enregistre mais je n'attache nul intérêt à ces misères ». Pascal était devenu un observateur plus moral que politique de l'évolution du communisme européen.

Aux marges de l'opposition à Staline

Correspondant du petit groupe que fédéraient Pierre Monatte, Alfred Rosmer et Maurice Chambelland autour de *La Révolution prolétarienne*, Pierre Pascal choisit de jouer pour ces hommes, dont il appréciait l'action sans en avoir été personnellement proche, le rôle d'informateur sur la vie soviétique. Il se renseigna sur leur action, tentant de déjouer la censure pour trouver la revue ou s'informant auprès d'amis encore assez proches du pouvoir pour avoir été envoyés en mission à Paris. L'un d'entre eux lui avait décrit Rosmer et Monatte « solides » mais Boris « très abattu », écrivit-il à Jenny en juin 1929. Boris Souvarine avait enfin réussi à obtenir du Komintern un faux passeport et à gagner la France en janvier 1925. Il entretint dès lors des rapports complexes tant avec l'opposition trotskiste en URSS qu'avec Rosmer, Monatte ou Body, aux publications desquels il collabora sous divers pseudonymes, tout en fondant son propre mouvement, le Cercle communiste Marx-Lénine, et en relançant en 1927 le *Bulletin communiste*. « Pourquoi diable ce pauvre Boris s'acharne-t-il ? Est-ce qu'il lui faut absolument un parti à diriger ? Est-ce qu'il ne peut pas se contenter de collaborer à un groupe d'études et d'informations comme celui de la RP ? » écrivit Guiheneuf à Pascal en avril 1926[2]. Pierre Pascal semblait partager cette position. Il suivait attentivement le destin de son ami, lisait ses articles « brillants et violents », déplorait les « mensonges » de Boukharine à son égard et notait son exclusion définitive lors du plénum de l'Internationale en décembre 1926 :

1. *Russie 1927*, *op. cit.*, p. 49, 15 février 1927.
2. Institut d'études slaves, Archives Pascal, lettre de Robert Guiheneuf à Pierre Pascal, 1er avril 1926 ; lettre de Pierre Pascal à Evguenia Roussakova, 19 juin 1929.

« C'est l'excommunication majeure. » Pour autant, il tenta de le « détourner de se faire l'agent de l'Opposition », avec l'argument suivant : « Les intellectuels sont libres d'exprimer les idées qu'ils veulent, mais qu'ils ne se mêlent pas de jouer un rôle dans le mouvement ouvrier car, "réformistes" ou "révolutionnaires", ils n'y font que du mal. » Les lettres échangées entre Boris et « Pascalou » témoignent d'une discussion continuée, notamment sur la politique paysanne qui intéressait de plus en plus Pascal. De son côté, Souvarine se débattait dans les difficultés matérielles. Il faisait partager à ses amis moscovites sa nostalgie, son sentiment d'isolement et de lassitude face à l'évolution du « pseudo-communisme occidental ». « La vie occidentale n'est pas gaie pour des vaincus, et je vous envie d'être en Russie », écrivait-il en octobre 1928, ajoutant : « La révolution russe est seule digne d'intérêt ; même dans sa phase de dégénérescence. Mon plus vif regret est de n'avoir pas la possibilité de travailler pour elle, pour ce qu'il en demeure[1]. »

Cette appréhension d'un éloignement était également sensible dans la correspondance que Pascal échangeait avec Nicolas Lazarévitch, qui poursuivait son combat libertaire. Après deux ans de prison, il fut expulsé vers l'Estonie, puis vers la France le 30 novembre 1926, à l'issue d'émouvants adieux à la gare avec ses amis accourus à l'improviste et décidés à braver le policier qui l'accompagnait[2]. À son action pour les droits des ouvriers s'ajouta alors un nouvel « apostolat », selon les termes mêmes de Pascal : diffuser son témoignage sur le régime soviétique, en publiant des articles, une brochure, *Ce que j'ai vécu en Russie*, qu'il fit parvenir à Moscou, et en organisant une tournée de conférences[3]. Lazarévitch coexistait amicalement avec la « bande » de Pierre Monatte malgré leurs désaccords, mais se trouvait pris dans un tourbillon de polémiques et « d'intrigues » qui l'opposaient bien entendu

1. *Mon état d'âme*, *op. cit.*, 29 octobre 1926, p. 189 ; p. 207, 26 novembre 1926 ; p. 233, 29 décembre 1926 ; *Russie 1927*, *op. cit.*, p. 21, 19 janvier 1927. Institut d'études slaves, Archives Pascal, lettres de Boris Souvarine sans dates 1925-1928, lettre citée du 7 octobre 1928. Lettres de Pierre Pascal citées par Jean-Louis Panné, *Boris Souvarine*, *op. cit.*, chap. 13, 14.

2. *Mon état d'âme*, *op. cit.*, p. 168, 30 novembre 1926.

3. Nicolas Lazarévitch, *Ce que j'ai vécu en Russie*, Liège, Syndicat fédéraliste des mécaniciens et assimilés, 1926.

aux communistes, mais aussi aux anarchistes français ou russes de Paris. Romain Rolland lui conseilla en 1927 de sortir de ses « étroitesses de parti » et de ses « rancunes personnelles ».

Pierre Pascal correspondait assidûment avec Nicolas Lazarévitch, recevant également de ses nouvelles par le frère de celui-ci, Pierre, demeuré à Moscou. « Le rôle de Laz. me semblait être justement de faire la liaison entre les différents groupes, depuis Boris en passant par la RP jusqu'au *Dielo Trouda*, à la CGT autonome et au *Libertaire* », nota Pascal en janvier 1928. Il se montra pourtant hésitant sur le type d'intervention choisi par son ami, « activité superficielle » : « Il habille sa sincérité de rhétorique. Souffrirait-il un peu de la vie qu'on lui fait mener, meetings, articles... », nota-t-il à la même période, tout en écrivant quelques mois plus tard : « Cher vieux, tu nous manques grandement, mais quand je compare tes possibilités d'activité ici et là-bas, je me réjouis quand même que tu sois loin. Je t'embrasse. » En novembre 1928, on fit parvenir à Pascal une page du *Libertaire* collée dans un numéro de *L'Humanité* : il apprit ainsi l'expulsion de France de Lazarévitch, qui s'installa à Liège avec sa compagne Ida Mett, militante anarchiste qui avait également fui l'URSS[1].

Pascal publia cinq ou six articles dans le *Bulletin communiste* entre 1925 et 1930, date de l'interruption de la parution par Souvarine, un ou deux dans *La Révolution prolétarienne* pendant la même période, tout en manifestant des scrupules croissants. Début 1926, il écrivit à Pierre Monatte son souci de « dire la vérité au peuple français » et son engagement à l'aider en donnant « une information sérieuse », malgré le trotskisme excessif de la revue à ses débuts et malgré ses doutes. « J'ai compris le reproche que vous adressez à vos amis de Russie de vous laisser sans information », ajouta-t-il un an plus tard[2]. L'anonymat ou l'usage des pseudonymes – « Kievlanine », « Leonide » ou « un ami de Russie » ne protégèrent apparemment pas complètement leur auteur, auquel on prêta au contraire des publications

1. Pierre Pascal, *Pages d'amitié*, *op. cit.*, publication partielle des lettres de Nicolas Lazarévitch à Pierre Pascal en russe, originaux BDIC F delta res 889 (1-6). *Journal de Russie 1928-1929*, *op. cit.*, p. 60, 12 janvier 1928 ; p. 81, 23 janvier 1928.

2. *Mon état d'âme*, *op. cit.*, p. 165, lettre à Pierre Monatte, 17 février 1926. *Russie 1927*, *op. cit.*, p. 30, 27 janvier 1927, lettre à Pierre Monatte.

qu'il se défendit d'avoir écrites. En 1929, Auguste Herclet affirma ainsi, dans un article du périodique de l'association prosoviétique des « Amis de l'URSS », que Pascal était, après Serge, le troisième auteur de la trilogie signée d'Istrati[1].

L'année 1930 marqua l'interruption de l'envoi d'articles aux périodiques militants parisiens, mais non tout à fait du témoignage vers la France. Pierre Pascal s'était en effet lié avec Georges Luciani, le nouveau correspondant du *Temps*, du *Petit Parisien* (sous le pseudonyme de Pierre Berland) et d'*Excelsior*. Normalien lui aussi, agrégé d'anglais, le jeune homme de vingt-sept ans – surnommé « bébé » dans les correspondances de Pascal – était arrivé à Moscou en 1930 comme pensionnaire de la Fondation nationale pour l'étude des civilisations étrangères. D'après des souvenirs rédigés par Evguenia Roussakova en 1937 – dans un contexte devenu, comme nous le verrons, conflictuel avec l'ancien ami du couple – Pierre Pascal aurait été, en 1931 et 1932, le véritable auteur de onze articles signés de Luciani et consacrés à la collectivisation paysanne. Le témoignage devenait ainsi plus discret encore en s'abritant sous un autre nom. Surtout, ce travail de « nègre » avait été, selon Evguenia Roussakova, explicitement échangé contre l'intervention protectrice de Luciani auprès de l'ambassade de France, au moment où Pierre Pascal commençait à préparer son retour en France[2].

Une culture dissidente avant la lettre

S'imagine-t-on tuer des idées par la force, sous l'éteignoir ?

Journal de Pierre Pascal, 5 février 1928

« Leontevsky, lieu géométrique des amitiés »

« Un jour viendra où l'on pourra s'écrire, où les voyageurs pour Moscou pulluleront, où les écrivains auront du talent et

1. Cité par Jean-Louis Panné, « Istrati, les révolutionnaires et la Russie soviétique », *Cahiers Panaït Istrati*, n° 8, 1991, p. 201-209. Cf. *infra* sur Istrati.

2. BDIC F delta res 883 (6-10), deux cahiers de Jenny Pascal en français, 14 mai 1937, et dossier d'articles de Luciani marqués « P » au crayon bleu.

où nous aurons du fric pour acheter leurs œuvres », espérait Boris Souvarine, qui se confiait à Evguenia Roussakova en 1928, ajoutant : « Mes liens avec la Russie sont de plus en plus lâches et c'est une des tristesses de la vie présente. La "société" russe, la langue russe me manquent terriblement[1]. » Souvarine avait vécu à Moscou plusieurs années, interrompues de retours en France. Mais même ceux qui n'avaient fait que passer quelques semaines en Russie soviétique manifestaient bien souvent le regret d'avoir laissé un milieu uni tant par l'amitié que par une manière commune d'envisager le débat : « J'ai un peu la nostalgie de votre patelin, car même avec ses curiosités et ses paradoxes, il vaut mieux que celui-ci », soupirait Bernard Lecache en 1927. « Comme on aimerait se trouver tous réunis comme en 21. Hélas pour nous le voyage est trop coûteux et nous n'avons plus grande chance de revoir la Russie », écrivaient Jacques et Clara Mesnil en 1929, alors qu'Angelo Tasca confessait une « nostalgie embêtante » du Petit-Paris[2].

Il ne faut certes pas méconnaître l'importance des enjeux politiques pour cette première génération de communistes européens, laminée par la bolchevisation puis par la répression stalinienne, et dont les divisions précoces présageaient de la difficile mobilisation des opposants au régime soviétique stalinien et poststalinien tout au long du siècle. Pourtant, on assécherait considérablement la compréhension d'une époque en réduisant cet espace de relations à la dispute idéologique ou à la rivalité pour le pouvoir. Le dialogue du journal intime de Pierre Pascal avec les documents et les correspondances qu'il prit grand soin de conserver montrent combien ce réseau anticipait par bien des côtés la manière de vivre et de militer qui caractériserait, dans les années 1960 et 1970, ce qu'on allait nommer la « dissidence ». Sur le fond, une volonté de réformer et d'améliorer le système et non de le détruire, une réflexion souvent aussi morale qu'idéologique, s'articulaient avec des modes de vie contraints par le régime soviétique,

1. Institut d'études slaves, Archives Pascal, lettre de Boris Souvarine à Evguenia Roussakova, 7 octobre 1928.

2. *Ibid.*, lettre de Bernard Lecache à Pierre Pascal, 6 février 1927 ; lettre de Clara Mesnil à Pierre Pascal, 31 mai 1929 ; lettre d'Angelo Tasca à Pierre Pascal, 21 septembre 1929.

mais aussi issus d'une réélaboration d'une culture de la clandestinité politique. Celle-ci entrait désormais en concurrence avec le Parti communiste au pouvoir, d'autant plus que les règles disciplinaires imposées aux militants devenaient plus rigides[1]. La contraction des espaces personnels, la fréquence des séparations contraintes ou choisies, les sentiments de peur et d'immersion dans un moment historique fondamental rendaient plus intenses les moments de rencontre et donnaient à des écrits, souvent lus collectivement, la dimension d'un véritable « appartement communautaire virtuel[2] ».

Au cœur de ce petit monde se trouvait la chambre n° 25, attribuée à Pierre Pascal dans l'ancien hôtel Petit-Paris au 16 du *Leontevsky pereoulok*, avec ses 14 mètres carrés à la fois bibliothèque, salon et cuisine. Evguenia Roussakova réussit à se faire attribuer la pièce contiguë où fut installé leur divan. Adoptant les libres mœurs soviétiques, Pascal ne sembla jamais discuter la question du mariage. Anita Roussakova s'installa bientôt dans une chambre voisine. En ces lieux on vivait intensément, on travaillait, on mangeait, on célébrait les départs et les fêtes de Noël et de Pâques, on « faisait les fous », on jouait « à des jeux innocents », on écoutait des disques sur le « mikiphone », on dessinait et on écrivait des charades et des « poèmes décadents » : « Marion/tout rond/Pascal/pâle/Le docteur/en longueur/Victor/aux lorgnons d'or/près d'Anita/Sans émoi/Et les yeux malicieux/de Génie/qui sourient/heureux[3] ». Le soir, on allait beaucoup au concert et au cinéma, voir les films documentaires prisés de Pascal mais dédaignés du public. Ces emplois du temps décousus étaient bien loin de la vie rangée qu'avait connue dans sa jeunesse le fils du professeur de lycée.

1. Cf. Brigitte Studer, « L'être perfectible. La formation du cadre stalinien par le "travail sur soi" », *Genèses*, n° 51, 2003, p. 92-113, et Brigitte Studer, Berthold Unfried, Irène Hermann (dir.), *Parler de soi sous Staline. La construction identitaire dans le communisme des années trente*, Paris, Éd. de la MSH, 2002.

2. L'expression est d'Irina Paperno, « Personal Accounts of the Soviet Experience », *Kritika*, vol. 3, n° 4, 2002, p. 577-610. Sur la dissidence, cf. Cécile Vaissié, *Pour votre liberté et pour la nôtre. Le combat des dissidents de Russie*, Paris, Robert Laffont, 1999.

3. Institut d'études slaves, Archives Pascal, enveloppe « lieutenant Pascal » pour les poèmes et les dessins.

L'hospitalité était, elle aussi, plus généreusement russe que française. Chez « Genia et Piotr », les hôtes les plus fréquents étaient bien entendu Victor Serge, Liouba et leur fils le petit Vladi, quand ils étaient de passage à Moscou. Serge vouvoyait Pascal – tout comme Souvarine d'ailleurs – et menait avec lui un débat politique sans concessions. Il entretenait depuis 1921 avec sa « chère sœurette » Jenny, son « cher petit vieux », son « beau gosse », son « pote », son « poteau », sa « chère boulotte », une correspondance parallèle bien plus tendre, nourrie des nouvelles de la famille Roussakov et des amis, où les incidents politiques se faisaient rares[1]. Toujours très proche d'eux depuis qu'il avait rencontré Serge sur le bateau qui les expulsait de France – et malgré ses désaccords politiques avec ce dernier –, le docteur Alexandre Nikolaenko avait trouvé un emploi au conseil suprême de l'Économie, puis publié un livre sur la classe ouvrière russe. Il peinait à retrouver une place comme médecin – « s'il était inscrit au Parti, tout lui serait ouvert » – et finit par accepter de travailler dans des postes sanitaires à Astrakhan, à 1 500 kilomètres de Moscou, puis en Mongolie, d'où il écrivit de nombreuses lettres. Pascal voyait également toujours ponctuellement Vladimir Diogott et, plus régulièrement, Herman Sandomirski qui lui faisait confidence de ses peines de cœur et assumait ses amitiés anarchistes, accueillant ainsi avec Pascal et Serge le frère de Tito Scarcelli, Oscar, expulsé d'Italie puis de France. En août 1927, Sandomirski refusa de voter une résolution condamnant l'opposition et qualifiant Sacco et Vanzetti de « communistes » lors de la réunion des « sans-parti » du commissariat du peuple aux Affaires étrangères. Quinze jours plus tard, il était relevé de ses fonctions diplomatiques et trouva temporairement asile dans les maisons d'édition Novy Mir et Gosizdat[2].

Le réseau des premiers communistes français de Russie était appauvri par les départs et l'éloignement d'avec Robert

---

1. *Ibid.*, correspondance Victor Serge et Evguenia Roussakova.

2. *Russie 1927, op. cit.*, p. 52, p. 175, p. 227. *Mon état d'âme, op. cit.*, p. 203, 21 novembre 1926 ; *Russie 1927, op. cit.*, p. 172, 10 août 1927 ; p. 187, 31 août 1927, p. 266, 19 novembre 1927 ; Institut d'études slaves, Pierre Pascal à Evguenia Roussakova, 20 janvier 1925, 2 juillet 1928, et Victor Serge à Evguenia Roussakova, 8 juillet 1927 sur Sandomirski.

Petit et sa femme Malou. Raoul et Maroussia Chapoan demeuraient des proches, malgré le choix de Chapoan de rester dans la ligne jusqu'à son départ pour la France en 1929, devenu permanent de la Fédération gymnique du travail. Parmi les membres de la Commune de Yalta, il restait en URSS Robert Guiheneuf et Tito Scarcelli qui habitait toujours en Crimée. À Moscou vivaient Pierre Lazarévitch et Francesco Ghezzi qui travaillait comme ouvrier bijoutier. Proches du milieu anarcho-syndicaliste, le Roumain Carol Hofberger et sa femme française Caroline, qui avaient gagné la patrie des Soviets pour y travailler, se lièrent à Jenny et à Pierre puis s'installèrent à Paris en 1927. Carol rejoignit Lazarévitch comme ouvrier chez Citroën, alors que Caroline donnait naissance à un petit Pierre, auquel elle donnait comme « parrain spirituel » son homonyme, « grand ami de la classe ouvrière ». L'amitié et le débat se poursuivaient ainsi en réseau à distance, et les Hofberger de passage à Marseille rendirent visite à la sœur de Jenny, Rachel. De même, Pierre Pascal demeura en contact avec la mère d'un autre de ses filleuls, Roseline Leclercq. L'ancienne amie de Lazarévitch hébergea celui-ci un temps dans le Jura, où elle s'était établie avec son mari Jean, apiculteur. Elle donnait des nouvelles du petit Pierre-Pascal, né en 1925, suivi de la petite Lena, et confiait avoir toujours « l'idée bien arrêtée d'aller vivre en Russie, ou au Caucase, ou au Kamtchatka », s'indignant du « tissu de faussetés » lu dans *L'Humanité* sur son ami Nicolas[1].

Cette sociabilité n'était pas imperméable au Moscou officiel. Si Pascal refusa énergiquement de serrer la main de Chapovalov, qui avait l'audace de lui demander des nouvelles de Lazarévitch, il voyait toujours l'ancien tchékiste Milgram et fréquentait le juriste Nicolas Roussanov et son épouse française, Marcelle. Il nota en mars 1927 ses impressions d'un anniversaire au « public mélangé » : fonctionnaires soviétiques, *nepmen*, anarchiste italien, communiste autrichien d'opposition, « commandant de

1. *DBMOF*, t. 22, 1984, p. 98, notice Chapoan. Institut d'études slaves, Archives Pascal, 21 août 1927, lettre de Caroline Hofberger à Pierre Pascal, 28 décembre 1932, lettre de Caroline Hofberger à Evguenia Roussakova. BDIC F delta res 883 (2-4), lettres de Roseline Leclercq à Pierre Pascal, 1926-1927.

maison » du GPU : « Quelle société de Thermidor[1] ! » Pierre Pascal trouvait cependant dans ces milieux peu d'interlocuteurs nouveaux, et perdit plus d'amis qu'il n'en gagna, notamment chez les « Kominterniens » délégués auprès de l'Internationale à Moscou. Les opposants quittaient Moscou, volontaires ou contraints, tel Souvarine bien sûr – dont la sœur Jeanne avait épousé Joaquin Maurin qui milita en Espagne puis se réfugia en France. Lucien Laurat regagna Paris en 1927. Andrès Nin, successivement écarté du Comité exécutif de l'Internationale, puis de ses responsabilités à l'Internationale syndicale, parvint à obtenir l'autorisation de rejoindre la révolution espagnole en 1931[2]. Plus éloignée du pouvoir, l'institutrice communiste et syndicaliste Adrienne Montégudet avait suivi un responsable italien de l'Internationale des travailleurs de l'Enseignement à Moscou où elle enseignait le français[3]. Elle quitta Moscou en 1928, y revint comme déléguée à un congrès syndical en 1930, alors qu'elle s'était déjà éloignée du PCF et se rapprochait du groupe de *La Révolution prolétarienne*.

En Paul Marion, ce jeune homme de neuf ans son cadet à la rapide ascension au PCF, installé à Moscou début 1927 pour suivre les cours de l'École léniniste qui venait d'être fondée pour professionnaliser l'encadrement des partis étrangers, Pascal ne vit d'abord qu'un « fonctionnaire du Parti ». Mais il apprécia bientôt que le militant « tombe d'étonnements en étonnements » et bénéficie de son long séjour pour se familiariser avec ce qu'il allait lui-même décrire comme « deux Russies » : celle du pouvoir et celle des simples citoyens. Son « esprit critique », son sens de la provocation bien peu conforme à ce que l'on attendait d'un futur cadre conduisirent bientôt ce « communiste, mais intelligent », à être exclu des

1. *Russie 1927*, *op. cit.*, p. 35, 28 janvier 1927 ; p. 82, 23 mars 1927.

2. Marcel Body, *Un ouvrier limousin au cœur de la révolution russe*, *op. cit.*, p. 216 ; sur Maurin et Nin, cf. notamment *Russie 1927*, *op. cit.*, p. 187, 30 août 1927 ; *Journal de Russie 1928-1929*, *op. cit.*, p. 114, 18 février 1928 ; p. 163, 23 mars 1928 ; Institut d'études slaves, Archives Pascal, carte postale d'Andrès Nin, 18 décembre 1930 ; lettres de Jeanne Lifschitz-Maurin et de Mina et Kalman Lifschitz ; Victor Serge, « Adieu à Andrès Nin », *La Révolution prolétarienne*, 25 août 1937.

3. *DBMOF*, *op. cit.*, notice Adrienne Montégudet (Victorine Valdant) par Jacques Girault et Claude Pennetier.

cours léninistes dès 1928. Il resta à Moscou dans la Section de propagande du Komintern jusqu'en février 1929, et fut exclu du PCF l'année suivante après avoir manifesté sa désillusion envers l'URSS et son désaccord envers la ligne de l'IC[1]. Paul Marion n'évoqua pas ses amis dans le récit critique de son séjour en URSS, publié alors que Pierre Pascal vivait toujours à Moscou et que s'imposait la prudence. On ne peut qu'extrapoler sur le rôle que joua l'espace critique du Petit-Paris dans son évolution.

C'est au cours de la même année 1927 que Pierre Pascal avait rencontré Angelo Tasca, fils d'ouvrier de deux ans plus jeune que lui, membre fondateur du Parti communiste italien, plusieurs fois arrêté et emprisonné, nommé délégué de l'Italie au Komintern puis membre du Bureau politique. Très vite, il notait une longue discussion politique avec « un de ces Italiens plein d'ardeur, sympathiques par leur sincérité mais avec peu d'esprit critique[2] ». En deux ans, Tasca gagna aux yeux de Pascal en « esprit de curiosité et de critique », adoptant des positions tout à fait différentes de celles de Serge et de Souvarine en se situant à la « droite » du Parti, défenseur de la NEP avec Boukharine. Il poursuivit le dialogue par lettres lorsque Tasca fut exclu de l'IC et du PCI en 1928 et se réfugia à Paris. En arrivant, il évoqua en écrivant à Jenny l'atmosphère du Petit-Paris : « Et après c'est les engueulades avec Pascal et les "découvertes" qu'on fait en voyageant autour de cet esprit qui joue au mougik (*sic*) et qui est riche (je parle de l'esprit) comme le plus cossu des koulaks. » Puis il donna à Pierre un long bilan pessimiste : « Si nous pouvions reprendre nos conversations ! Je ne suis pas du tout cachottier ; j'ai plutôt le défaut contraire de penser à haute voix. Mais d'ici, il est presque impossible de comprendre quelque chose. Toutes les sources sont empoisonnées. Il faudrait se limiter à l'acte de foi, ce qui est au fond le plus commode. (...) Je travaille assidûment à refaire le bilan de mes expériences, en marchant sur un terrain accidenté où il n'est pas facile de se retrouver

1. Paul Marion, *Deux Russies*, Paris, Nouvelle société d'édition, 1930. *Russie 1927*, *op. cit.*, p. 280, 17 décembre 1927 ; *Journal de Russie 1928-1929*, *op. cit.*, p. 80, 23 janvier 1928 ; p. 332, 17 septembre 1928.

2. *Russie 1927*, *op. cit.*, p. 15, 8 janvier 1927 ; p. 29, 26 janvier 1927.

sans boussole », sans oublier ses amis : « Je te sens fatigué, harcelé ; je te voudrais plus tranquille, ménageant le temps et tes forces. Rapporte-toi plus à Jéni (*sic*), à son amour un peu inquiet, à sa volonté de vivre quand même : ce treillis solide est une ressource bien précieuse[1]. »

À Paris, Angelo Tasca fut rejoint, puis quitté par sa femme, ne conservant auprès de lui qu'une de ses filles. Il cultiva un sentiment d'isolement et d'exil, moins par rapport à l'Italie que par rapport à la Russie. D'autant plus précieuses devenaient les lettres, « cordon ombilical à travers lequel notre amitié se nourrit, se brise quelquefois, mais notre amitié peut vivre longtemps de ses rentes », écrivit-il à sa *carissima* Jenny[2]. Il revoyait pourtant les Hofberger et noua de solides amitiés, avec Charles-André Julien qui éleva sa fille Valeria, avec Jacques et Clara Mesnil. Ainsi vivait le réseau, y compris lorsque les liens avaient été tissés lors de très brefs séjours. Le passage des Mesnil en 1921 avait ainsi fait naître une relation fidèle entre les deux couples. L'année suivante, Pierre Pascal et Evguenia Roussakova accueillirent Magdeleine Marx et son futur mari, Maurice Paz, alors tous deux membres du PCF, qui séjournèrent six mois en URSS. Là encore, « de véritables sympathies » s'établirent avec ceux que Serge annonçait comme de « bons camarades », Magdeleine entamant alors avec Jenny, sa « bonne petite fille », une correspondance ponctuée d'évocations du Petit-Paris. Rangés aux côtés de l'Opposition de gauche russe, les époux Paz furent exclus du PCF en 1927, en même temps qu'Amédée Dunois. Ce dernier entretenait lui aussi la nostalgie de « votre petite chambre de Leontevsky, si accueillante et si gaie », de la « vie russe » et de Moscou, « ville délicieuse que j'approuve si fort notre bon Pascalou de chérir entre toutes les villes »[3]. À Paris, Magdeleine Marx – à présent Magdeleine Paz – accueillit Lena Davidovitch,

1. *Journal de Russie 1928-1929*, *op. cit.*, p. 507, 6 avril 1929. Institut d'études slaves, Archives Pascal, lettres d'Angelo Tasca, notamment à Evguenia Roussakova, 21 et 24 septembre 1929, à Pierre Pascal, 27 décembre 1929.

2. *Ibid.*, 10 mars 1930.

3. *Ibid.*, lettres de Magdeleine Marx à Evguenia Roussakova, 10 mars et 14 juin (1923 ou 1929) ; lettre de Victor Serge à Evguenia Roussakova, 12 juillet 1922, lettre d'Amédée Dunois à Evguenia Roussakova, 23 juillet 1924.

l'ancienne habitante de la Commune de Yalta dont elle avait tracé le portrait de « l'élan impeccable de ses vingt ans », dans son récit de voyage lyrique, *C'est la lutte finale !*, et qui parvint à se faire envoyer à Paris pour travailler à la représentation commerciale[1]. Les époux Paz animèrent avec l'éphémère revue *Contre le courant* une opposition à Staline qui entretenait des rapports complexes tant avec Souvarine qu'avec Trotski et ses premiers soutiens français, puis rejoignirent la SFIO en 1931.

Avec Bernard Lecache, déjà rencontré brièvement à La Haye en 1922, l'amitié fut rapidement renouée. L'avocat Henry Torrès, défenseur du jeune anarchiste juif Samuel Schwartzbard, assassin en plein Paris du dirigeant ukrainien Simon Petlioura, avait recruté Lecache, lui-même fils d'émigré juif ukrainien, pour enquêter sur place. Torrès embaucha dans le même temps Boris Souvarine pour dépouiller et traiter la documentation en français et en russe. Les autorités soviétiques favorisèrent cette enquête sur les motifs proclamés par Schwartzbard – les pogroms organisés par Petlioura pendant la guerre civile. Dès leur arrivée au printemps 1926 au Petit-Paris, « le lieu géométrique de toutes les amitiés », les Lecache se rapprochèrent de « Sando », de « l'intraitable et charmant Francesco », du « docteur », de « la petite frangine » Anita Roussakova. Lecache rendit compte à Pascal de ses investigations en Ukraine, tandis que son épouse, Denise, s'attachait vivement à Jenny[2].

Vaincre le mensonge et la censure

Ainsi se dessinait un univers dont les figures principales partageaient une idée fondamentale, qui s'impose en lisant leurs correspondances croisées : si vives fussent-elles, les controverses ne devaient pas compromettre l'amitié. Le sentiment commun de défendre une morale politique et une

1. *Russie 1927, op. cit.*, p. 18, 13 janvier 1927 ; p. 111, 30 avril 1927, et Magdeleine Marx, *C'est la lutte finale ! (Six mois en Russie soviétique)*, Paris, Flammarion, 1923, p. 41 *sq.*

2. *Mon état d'âme, op. cit.*, p. 173. Institut d'études slaves, Archives Pascal, lettres de Bernard et Denise Lecache à Pierre et Jenny Pascal, notamment 26 septembre 1926 de Kiev, 29 décembre 1929 de Paris. Bernard Lecache, *Au pays des pogromes. Quand Israël meurt*, Paris, Éditions du Progrès Civique, 1927.

éthique personnelle forgées dans l'événement révolutionnaire, davantage qu'une profession de foi marxiste, était mis à l'épreuve de manière croissante par la surveillance politique et l'évolution du Parti. Ce réseau dissident était né de l'engagement internationaliste pour la révolution, concrétisé dans les Groupes communistes français puis au Komintern ou au Profintern. Cette composition européenne, essentiellement latine, autour d'un noyau formé de Pascal, Français « russifié », et d'enfants de l'émigration russe en France et en Belgique, se ramifia par contacts amicaux et politiques, non exclusifs d'ailleurs. Pierre Pascal fréquenta les opposants de langue allemande accueillis dans sa chambre de l'hôtel Lux par Lucien Laurat, avant son départ en 1927, et se lia avec des espérantistes moscovites. Il côtoya avec davantage de distance un militant anticolonial indochinois qui expérimentait, pendant ses quatorze mois de séjour à Moscou en 1923-1924, une initiation accélérée aux jeux de pouvoir du Komintern et du parti russe[1]. Ce dernier allait entrer dans l'histoire sous le nom de Hô Chi Minh.

La composante internationale, le rôle fondamental des étrangers, correspondants et passeurs de manuscrits, évoquent une nouvelle fois la dissidence des années 1960 et 1970. Encore épisodique jusqu'en 1925, la perception de la censure devint très claire en 1926, jusqu'à se faire obsédante. Chez Pierre Pascal, la clandestinité était un apprentissage, alors que de vieux réflexes rejouaient chez ses amis militants chevronnés, parfois depuis l'adolescence. Il se fit acteur des ruses contre la censure en même temps qu'il en observait les mécanismes, tel le fameux cachet apposé sur les lettres : « Arrivée à la poste ouverte ». Il apprit à profiter des « combines » et des messagers sûrs – ainsi écrivit-il à Alfred Rosmer dès 1925 : « Je profite d'une occasion. Il est impossible

1. Cf. sur la formation en réseau I.V. Joukova, « Revolioutsia, bolchevizm i stalinizm glazami franko-rousskikh intellektoualov : ot obchtchnosti soudeb k obchtchnosti ideï (1910-1940e gg.) » (« Révolution, bolchevisme et stalinisme vus par les intellectuels franco-russes : de la communauté de destin à la communauté d'idées [années 1910-1940] »), *Rossia i Frantsia XVIII-XIX veka*, n° 9, 2009, Moscou, Naouka, p. 305-344. Sur Hô Chi Minh, *Mon état d'âme*, *op. cit.*, p. 125 et Sophie Quinn-Judge, *Hô Chi Minh, The Missing Years (1919-1941)*, Londres, Hurst and Co, 2003.

autrement de dire ce qu'on pense et presque impossible de correspondre avec vous autres, contre-révolutionnaires[1]. » D'après les souvenirs de Marcel Body, c'est par Henry Torrès, qui avait accompagné Lecache, que Body et Pascal firent passer à Souvarine puis au trotskiste américain Max Eastman le « testament » de Lénine, ces dernières notes féroces sur Staline dont la publication fit l'effet d'une bombe politique. Angelo Tasca servit également de passeur pour des « cargaisons » de lettres, de même Lucien Laurat et l'espérantiste français Eugène Lanti[2].

« Il paraît que des gens écrivent des ouvrages qui, vu leur inspiration philosophico-religieuse, ne peuvent pas être édités, on les copie en plusieurs exemplaires avec amour, et on se les passe, on les lit en petit comité. Il y a des maîtres autour desquels se groupent ainsi des disciples, tout cela clandestinement. S'imagine-t-on tuer des idées par la force, sous l'éteignoir ? » nota avec acuité Pierre Pascal au printemps 1928[3]. Les techniques pour « jouer » la censure à l'intérieur de l'URSS furent bientôt explorées : reproduire des *samizdats* avant la lettre, faire circuler les ouvrages et les périodiques interdits, tels *La Révolution prolétarienne*, le *Dielo Trouda* anarchiste, le *Messager socialiste* menchevique. Il signala en 1928 l'enregistrement obligatoire des machines à écrire, puis des radios. Du fait même de l'origine cosmopolite des amis, la question de la langue s'imposait. Lors de ses adieux à Lazarévitch, Pascal fut ainsi prié par le policier qui le surveillait de cesser de parler français pour parler en russe. À partir de 1927, il se mit à correspondre tant bien que mal avec Victor Serge en anglais, imité par Jenny qui prit des cours et qui devint pour Serge son « *dear old fellow* ». Notant avec ironie les rumeurs d'interdiction du hongrois et de l'argot, peu familiers aux censeurs, dans les communications téléphoniques

1. *Mon état d'âme, op. cit.*, p. 114, lettre à Alfred Rosmer, 25 septembre 1925, p. 166.

2. Marcel Body, *Un ouvrier limousin au cœur de la révolution russe, op. cit.*, p. 288 sur le testament de Lénine ; d'après les souvenirs de Souvarine, c'est Preobrajenski qui le lui aurait remis lors d'une visite à Paris pour négocier la dette russe. Cf. Jean-Louis Panné, *Boris Souvarine, op. cit.*, p. 172, p. 159 sur le rôle de Lanti.

3. *Journal de Russie 1928-1929, op. cit.*, p. 97, 5 février 1928.

du Komintern, Pascal utilisa de plus en plus, comme ses correspondants, une « langue ésopique » faite d'allusions et de surnoms, certains élucidés ultérieurement par lui-même, tel « le mongol » pour Lazarévitch, d'autres transparents (« goudron », traduction de Diogott, « la sorella » pour Anita Roussakova), d'autres enfin plus mystérieux : raisin, crevette, titi...[1]

Les années 1927-1928 marquèrent une nouvelle étape dans la surveillance des échanges avec les oppositionnels. Bernard Lecache s'étonna de l'arrêt de ses lettres, Boris Souvarine écrivit à Jenny : « Je ne puis rien contre la disparition des lettres » puis renonça à sa correspondance avec Pierre. Victor Serge s'en amusa amèrement en 1930 : « L'idée que le Laboratoire central a pu éplucher huit jours votre épître et lui faire subir l'épreuve des réactifs chimiques les plus indécelables me réconforte d'un doux rire[2]. » Abonné par ses amis au *Temps* et à *L'Illustration*, Pascal ne les recevait plus que par intermittence et décortiquait les mécanismes de la censure postale :

> J'ai appris que les journaux arrivant de l'étranger (et les livres) sont d'abord censurés à la poste : là ceux qui sont notoirement inadmissibles sont enlevés (et on prend bonne note des destinataires) ; puis ils sont à la censure, qui examine les douteux, renvoie aussitôt les notoirement bons. Certaines adresses ont des droits spéciaux : le musée Kropotkine peut recevoir 2 ex. de chaque publication anar. Mais les publications des émigrés, en russe, ne sont autorisées que sur autorisation spéciale du *Tse.Ka* ![3] Il y a parfois des erreurs : en déc. dernier, la censure laissa passer le n° de *Clarté* contenant le Testament de Lénine ! Il s'en vendit des centaines d'exemplaires et seulement après la chose se découvrit. Il faut dire que ce Testament vient d'être publié (après que le monde entier le connaît) dans le *Bolchevik* ! Pour

1. *Mon état d'âme, op. cit.*, p. 168 ; *Russie 1927, op. cit.*, p. 126, 24 mai 1927. *Journal de Russie 1928-1929, op. cit.*, p. 50, 6 janvier 1928 ; p. 265, 6 juin 1928 ; Institut d'études slaves, Archives Pascal, correspondances, *passim.*

2. *Ibid.*, lettres séparées de Boris Souvarine du 7 octobre 1928 à Jenny et à Pierre Pascal ; lettre de Victor Serge à Pierre Pascal, 22 mars 1930.

3. Pour Ts.K., Tsentralny Komitet, Comité central.

les livres, on supprime tous ceux où il y a quelque chose contre la Russie[1].

Il apprit également en 1928 que la surveillance de sa correspondance alimentait les conflits intérieurs du Parti communiste français, usage délateur pratiqué par Suzanne Girault et Albert Treint dès 1925[2].

Un informateur clandestin pour les voyageurs français

Cette sensibilité à la censure et à la surveillance se conjugua avec la lecture assidue des publications soviétiques, dont le contraste avec la réalité vécue était de plus en plus nettement ressenti, pour faire émerger chez Pierre Pascal l'idée d'un véritable régime du mensonge. En 1927-1928, il tenta en vain de faire venir de Paris une radio permettant de capter les émissions françaises. Celui qui dénonçait avec tant de véhémence les informations bourgeoises sur le bolchevisme en 1918-1920 demeurait toutefois sans illusions : « Qui croire, quand tous mentent ? » écrivit-il en 1927. « Mensonge, mensonge, imprimé, oral, depuis le haut jusqu'en bas », ajouta-t-il en mars 1928[3]. Dès lors, la chambre du Petit-Paris devint progressivement un point de contact pour les voyageurs venus de France qui souhaitaient échapper à une organisation du tourisme politique de plus en plus contraignante[4]. Accompagnateur officiel en 1920-1921, Pierre Pascal reprit plus ou moins clandestinement le rôle du cicérone. Il souligna lui-même l'ironie de certaines situations, « signe des

1. *Journal de Russie 1928-1929, op. cit.*, p. 82, 24 janvier 1928.

2. *Ibid.*, 7 février 1928 sur une lettre adressée chez lui à Pierre Naville et envoyée à la Commission de contrôle du PCF. Sur le vol de lettres par Girault et Treint, voir Stéphane Courtois, Marc Lazar, *Histoire du Parti communiste français*, Paris, PUF, 1995, p. 88.

3. *Russie 1927, op. cit.*, p. 190, 3 septembre 1927 ; *Journal de Russie 1928-1929, op. cit.*, p. 144, 7 mars 1928.

4. Rachel Mazuy, *Croire plutôt que voir ? Voyages en Russie soviétique (1919-1939), op. cit.* Sophie Cœuré, *La Grande Lueur à l'Est, op. cit.* et Sophie Cœuré, Rachel Mazuy (dir.), *Cousu de fil rouge. Voyages des intellectuels français en Union soviétique. 150 documents inédits des Archives russes*, Paris, CNRS Éditions, 2012.

temps », lorsque par exemple il réserva bon accueil à l'envoyé du *Journal*, Géo London, il est vrai recommandé de Torrès et de Souvarine – « Il n'est pas non plus prétentieux, ne parle pas trop, écoute. » Le contraste était en effet frappant par comparaison avec l'hostilité éprouvée en 1920 face au correspondant du même *Journal*, Marsillac. L'ermite du Petit-Paris ne chercha guère à voir les intellectuels français accueillis depuis 1925 par la VOKS, la Société pour les échanges intellectuels avec l'étranger, tel Georges Duhamel qu'il pensait « communisé[1] ». Il croisa en revanche tout à fait officiellement le député catholique Guido Miglioli, qui lui laissa une impression mitigée dans son souci de « montrer la révolution en beau » aux paysans italiens[2].

Les fêtes organisées en 1927 pour le dixième anniversaire de la révolution d'Octobre furent à cet égard un tournant. Plusieurs centaines d'invités, intellectuels ou prolétaires, se pressèrent à Moscou, pour un événement qui vit se dérouler les dernières tentatives de manifestations publiques du soutien à Trotski, et fut l'occasion de mettre en place de nouvelles structures d'influence. Dans le congrès fondateur des « Amis de l'Union soviétique », Pascal ne vit que corruption et manipulation[3]. Il fut excédé par le faste de la réception d'Henri Barbusse, rallié au PCF en 1923, « faiseur », « vaniteux » et « vide ». Déçu par André Colomer, « l'anar intellectuel dans toute son horreur », qui aggravait son cas en lui rappelant son passé bourgeois et en affirmant avoir été son camarade de khâgne au lycée Louis-le-Grand, il fut heureux de revoir Bernard Lecache, qui lui amenait ses compagnons trotskistes, Pierre Naville « remarquablement éveillé », Gérard Rosenthal, Marcel Ollivier. C'est à cette occasion également que Pierre Pascal fit la connaissance de l'écrivain roumain Panaït Istrati, invité par son ami

1. Georges Duhamel, *Le Voyage de Moscou*, Paris, Mercure de France, 1927. *Russie 1927*, *op. cit.*, p. 97, 11 avril 1927.

2. *Ibid.*, p. 165, 28 juillet 1927 ; p. 183, 23 août 1927.

3. Cf. aussi Victor Serge, *Mémoires d'un révolutionnaire*, *op. cit.*, p. 246-247 et p. 257-258. Sophie Cœuré, « Les "fêtes d'Octobre" 1927 à Moscou. La dynamique des structures d'influence soviétiques et kominterniennes autour d'un anniversaire », *Communisme*, n° spécial « Les archives : la nouvelle histoire de l'URSS », n° 42-43-44, 1995, p. 57-74.

Christian Rakovski, qui venait d'être rappelé de son poste d'ambassadeur à Paris pour ses sympathies trotskistes. Avant son départ enthousiaste pour la patrie de la révolution, Istrati rencontra Boris Souvarine, qui l'introduisit auprès de son ami à Moscou. « C'est le sauvage : la Russie lui plaira, mais il en aura vite assez de sa discipline politique », prophétisait Pascal alors que l'écrivain roumain entamait un périple de plusieurs mois en Union soviétique[1].

L'habitant du Petit-Paris ne se montra guère optimiste sur le bilan de ses rencontres d'octobre-novembre 1927 : « On a l'impression d'une cohue hétéroclite qui a envahi la Russie et dont les récits, à leur retour, ne pourront que brouiller encore davantage les idées. » Les espoirs de l'Opposition de gauche lui paraissaient stériles : « C'est ainsi qu'on passe le temps en 1927 sous le Directoire, sans doute pour se consoler de l'écroulement de ses espérances[2]. » Il ne renonça pas toutefois à accueillir les émissaires envoyés par des amis choisis. Ainsi, en mars 1928, Pierre Pascal reçut la visite du postier François Bonnaud, anarcho-syndicaliste qui avait fait un bref passage au PCF, et que les communistes avaient choisi d'intégrer à une délégation syndicale pour tenter de l'attirer de nouveau par la séduction du voyage en URSS. Nicolas Lazarévitch et Ida Mett lui donnèrent l'adresse du Petit-Paris. Dans son témoignage rédigé en 1939 pour rendre compte de son voyage à Moscou et de sa « non-conversion au communisme », il laissa l'un des rares portraits de Pierre Pascal et de sa compagne à la fin des années 1920, les voyant l'un et l'autre plus âgés qu'ils n'étaient en réalité : « un homme sobrement vêtu avec une vareuse, la tête rasée, des yeux intelligents et pleins de malice, une cinquantaine d'années peut-être, l'air affable » ; « une femme, jeune encore, guère après la trentaine, l'air futé, de beaux yeux noirs, des cheveux d'ébène abondants quoique coupés court[3] ». Aussitôt, Pierre et Jenny entamèrent avec le

1. *Russie 1927*, *op. cit.*, p. 199, 11 septembre 1927 ; p. 211, 23 septembre 1927 ; p. 217-218, 4 octobre 1927 sur Barbusse, et p. 242-260 *passim* sur les fêtes de 1927.

2. *Ibid.*, p. 248, 7 novembre 1927 ; p. 250, 9 novembre 1927.

3. François Bonnaud, *Carnets de lutte d'un anarcho-syndicaliste (1896-1945). Du Maine-et-Loire à Moscou*, Nantes, Éditions du Centre d'histoire du Travail, 2008, p. 101. Mémoires suivis de la réédition de l'article de François Bonnaud,

visiteur français une discussion qui dura jusqu'à cinq heures du matin. En alternance aux visites officielles, Ghezzi et Pascal, séduits par un « anar. depuis peu, sans parti pris, mais dégoûté des communistes français et désireux de voir, peu mais bien », lui firent rencontrer Andrès Nin, Adrienne Montégudet, Paul Marion qu'il décrivit comme « un arriviste sans scrupules ». Ils le promenèrent dans le Moscou ouvrier, malgré les filatures peu discrètes de deux élèves de l'École léniniste et les avertissements d'Auguste Herclet : « Je t'ai rencontré avec P. Fais attention. Il te montrera une puce, et tu ne verras pas l'éléphant[1]. »

La rencontre avec Bonnaud fit plutôt exception, car la période qui suivit les fêtes d'Octobre 1927 se fit pessimiste. Pierre Pascal constata avec tristesse que le syndicaliste Schumacher, venu le voir en 1927, pourtant dûment préparé par Lazarévitch, le dénonçait dans son récit pour lui avoir recommandé un « provocateur » parmi les anarchistes emprisonnés. Parallèlement à sa prise de conscience d'une censure croissante et du « truquage » des manifestations officielles d'adhésion au régime, Pierre Pascal multipliait les notations sceptiques sur les récits de voyageurs français. « Qu'y a-t-il été écrit de vrai sur cette pauvre Russie ? » déplorait-il. Seule la journaliste Andrée Viollis, qui était venue le voir elle aussi au Petit-Paris, dans les intervalles de son accueil officiel par la VOKS, trouva grâce à ses yeux. Il jugea son récit « ni sot, ni ennuyeux », comparé à ceux des écrivains Luc Durtain « farci de psychologie », Georges Duhamel « vide », Maurice Wullens « photographie d'un voyage officiel », Schumacher « tissu de mensonges », ou au livre de Barbusse sur le Caucase mentant « si effrontément qu'on n'ose pas le publier[2] ».

Les grandes discussions avec les visiteurs étrangers, qui pouvaient rassembler, dans la petite chambre du Petit-Paris,

---

« Une voix discordante dans le chœur des apologistes de la dictature. Ce que j'ai vu à Moscou », publié dans *Le Libertaire* en 1928.

1. *Journal de Russie 1928-1929*, *op. cit.*, p. 151-159, 14-19 mars 1928.

2. *Russie 1927*, *op. cit.*, p. 239, 29 octobre 1927 ; p. 244, 5 novembre 1927 ; p. 182-183, 21 et 23 août 1927. *Journal de Russie 1928-1929*, *op. cit.*, p. 234, 14 mai 1928 ; p. 384, 15 novembre 1928.

jusqu'à douze personnes et huit nationalités, entraînèrent une lassitude certaine : « Dimanche tristement, idiotement passé : à discuter sans profit pour personne sur la marche de la révolution russe », nota Pascal en janvier 1929, déplorant le « marxisme à donner la nausée » de Victor Serge, la « belle macédoine » dans la tête de Panaït Istrati[1]. Il prit la peine d'accueillir un ouvrier voyageant avec les « Amis de l'URSS », ou un jeune physicien venu de Nancy et qui se disait « dégoûté » par l'obéissance réclamée par le PCF. Mais Pascal constata tristement quelques semaines plus tard combien celui-ci avait été rapidement corrompu par l'accueil luxueux dans un grand hôtel, « enchanté de toutes choses... ».

Les visiteurs reçus par Pierre Pascal devenaient plus rares. En 1930, Boris Souvarine lui adressa sa compagne Colette Peignot. La jeune femme avait rompu avec sa bourgeoisie catholique pour s'enthousiasmer pour le communisme et la langue russe. Elle vit Victor Serge à Leningrad, puis se lia avec Evguenia Roussakova, se faisant nostalgique à son tour en recevant ses lettres, « comme une bouffée de la vie de là-bas – et du Leontevski[2] ». En 1932, c'est en toute discrétion que Pierre Pascal rencontra le futur directeur du *Monde*, alors jeune journaliste, également professeur à l'Institut français de Prague ; Hubert Beuve-Méry avait réussi à échapper au voyage organisé en URSS en partant avec une enseignante tchèque qui parlait le russe[3].

1. *Ibid.*, p. 419, 17 décembre 1928 ; p. 456, 28 janvier 1929 ; p. 626, 636, 1er et 12 août 1929.

2. Institut d'études slaves, Archives Pascal, lettres de Colette Peignot et d'Evguenia Roussakova, notamment 13 mars 1931. Jean-Louis Panné, *Boris Souvarine*, *op. cit.*, p. 202-203.

3. Institut d'études slaves, Archives Pascal, lettre d'Hubert Beuve-Méry à Pierre Pascal évoquant leur rencontre, 7 octobre 1933. Hubert Beuve-Méry, « Paradoxes soviétiques », *Politique*, février 1933, p. 109-123.

Une vie de Soviétique : épreuves familiales et professionnelles

C'est un anarchiste, qui a rendu un grand service aux trotskistes, a été membre du Parti. À révoquer.

Procès-verbal n° 1 de la commission pour la vérification et la purge des travailleurs de l'Institut Marx-Engels, 4 mars 1931

Réflexion politique et liens amicaux évoluaient ainsi de manière dynamique, comme le montrent les nombreuses divergences d'opinion entre Pierre Pascal et ses camarades. Les départs, les relégations, les arrestations, la censure rompaient les cercles relationnels et permettaient au pouvoir stalinien de renforcer son emprise sur les individus. Le retrait de Pierre Pascal se place dans cette logique d'isolement et d'impuissance politique, étroitement liée à une marginalisation professionnelle et à des attaques personnelles. Comme tous les citoyens soviétiques, il lui fallait apprendre à combiner son évolution personnelle avec l'interpénétration croissante des espaces publics ou privés, avec la contamination des existences par les impératifs politiques.

Traducteur et éditeur de Lénine

Depuis 1922 ou 1923, Pierre Pascal n'était plus employé par le commissariat du peuple aux Affaires étrangères, même s'il fit ponctuellement passer des examens de français et donna quelques leçons de langue en 1926, 1928 et 1929[1]. Privé de ses responsabilités au Secteur de presse de l'Internationale communiste, il fut alors chargé de l'édition critique en français d'un choix d'œuvres de Lénine, tout en travaillant comme rédacteur ou traducteur pour divers organismes soviétiques. Dès 1926, il cumula ces fonctions avec un emploi d'archiviste à l'Institut Marx-Engels. Ce type de travail fragmenté et en partie précaire devint souvent le lot des intellectuels soviétiques sans

1. *Mon état d'âme*, *op. cit.*, p. 166 ; Institut d'études slaves, Archives Pascal, lettre de Pierre Pascal à Evguenia Roussakova, 19 juin 1929.

parti ou exclus, que la professionnalisation de la formation des cadres et la création par le Komintern d'organisations de masse spécialisées dans l'action vers l'étranger écartaient de la propagande d'État. Le journal de Pierre Pascal montre clairement que son travail n'était plus, comme dans les années 1918-1922, un dévouement de tous les instants, mais un gagne-pain. La négociation entre des employeurs, soucieux malgré tout d'utiliser les compétences d'un traducteur que tous s'accordaient, selon les souvenirs de Marcel Body, à trouver « virtuose[1] », et un homme de plus en plus conscient des dissonances entre ses écrits officiels et ses sentiments politiques, fut permanente jusqu'à la rupture de 1931.

L'enjeu de la publication des œuvres de Lénine était à la mesure du culte de la personnalité qui se déploya après sa mort. La référence à la pensée du leader d'Octobre venait à l'appui des manœuvres pour sa succession. Chaque Soviétique en URSS, chaque communiste à l'étranger devait pouvoir s'y référer y compris matériellement, ce dont témoigne l'essor de la fabrication et de l'exportation des bustes en plâtre. Posséder un livre signé de Lénine était sans doute aussi important que le lire[2]. La traduction en langues étrangères fut supervisée au plus haut niveau par une « troïka » composée de la Section des Éditions du Komintern, dirigée depuis 1926 par Mikhaïl Krebs, de la commission éditoriale qui la supervisait, et de la Section d'agitation et de propagande. La coordination avec l'Institut Lénine, créé dès mars 1924 pour recueillir les archives du disparu, ne fut visiblement pas simple. La décision de lancer une édition abrégée en français, anglais et allemand fut prise suite au constat de la lenteur d'exécution du projet initial d'œuvres choisies, en 12, puis en 27 volumes. Pierre Pascal fut alors chargé de la traduction et des notes de quatre tomes en français, tout en révisant les traductions de l'édition principale[3].

1. Marcel Body, *Un ouvrier limousin au cœur de la révolution russe*, *op. cit.*, p. 220.

2. Cf. Nina Tumarkin, *Lenin Lives ! The Lenin Cult in Soviet Russia*, Harvard University Press, 1983.

3. Cf. RGASPI, Fonds 495, op. 78, d. 20, « Sur l'édition des œuvres de V.I. Lénine en langues étrangères », 20 avril 1926 ; Fonds 495, op. 78, d. 18, de l'Institut V.I. Lénine du CC de l'IC, « Au sujet de l'édition des œuvres de Lénine en langues étrangères ». Fonds 495, op. 78, d. 35, 2 avril 1928,

Ce travail n'était pas considéré comme un enjeu politique majeur, du fait que la sélection des écrits de Lénine se réalisait en amont des « rédacteurs qualifiés », recrutés parmi les étudiants en langues étrangères ou les communistes étrangers, comme Pierre Pascal et Victor Serge. Alors même qu'il ironisa lucidement sur l'instrumentalisation de la mémoire de Lénine, le prénom de « Mausolée » donné aux enfants ou les bustes « tous plus affreux les uns que les autres », Pierre Pascal s'attacha au départ à ce travail, sujet de débats intellectuels avec son beau-frère sur l'exactitude et la forme des traductions[1]. Il se félicita dans ses souvenirs d'avoir fait preuve « d'une incontestable objectivité », mais aussi de hardiesse, en permettant au lecteur français d'avoir accès aux références des polémiques de l'époque, y compris aux écrits des adversaires de Lénine. Les deux premiers volumes parurent sans encombre au Bureau d'éditions, l'antenne française des Éditions de l'Internationale. Pierre Pascal développa dans l'avant-propos sa méthode et son souci de réaliser une traduction « à la fois scientifique et populaire », accessible à « tout travailleur de langue française[2] ».

La méfiance qui s'instaura à son égard se focalisa davantage sur sa fiabilité politique que sur son travail lui-même. Ce dernier passa sans encombre le filtre des commissions de l'IC, même si on lui demanda début 1928 de réduire les notes, et donc « l'interprétation ». « Est-ce qu'on n'aurait pas pu trouver un communiste ? » lui rapporta-t-on en septembre 1927[3]. Après son exclusion du Parti, Victor Serge fut non seulement privé comme son beau-frère d'emploi de « responsable », mais ne reçut plus aucun salaire. De Leningrad, il demanda à plusieurs reprises à Pierre Pascal de négocier un travail qui lui était

demande de laissez-passer permanent pour les collaborateurs (dont Pascal) à la bibliothèque de l'Institut Lénine.

1. Sur le culte de Lénine, cf. *Russie 1927, op. cit.*, p. 279, 13 décembre 1927. Carnets de Pierre Pascal, 30 avril 1928.

2. *V.I. Lénine. Pages choisies. Munies d'introduction et de notes par Pierre Pascal*, Paris, Bureau d'Éditions, 1926 (t. 1), 1927 (t. 2), 1929 (t. 3). Sur le Bureau d'éditions, cf. Marie-Cécile Bouju, « Les maisons d'édition du PCF, 1920-1956 », *Nouvelles Fondations*, n° 7-8, 2007, p. 260-265. *Russie 1927, op. cit.*, p. 153, p. 173, p. 210, 13 septembre 1927. Entretiens Pierre Pascal – Georges Nivat, *op. cit.*, cassette 4, nov.-déc. 1970.

3. *Russie 1927, op. cit.*, p. 210, 13 septembre 1927.

désormais indispensable. Début 1928, celui-ci consigna dans son journal la réponse de Krebs, qui acceptait de continuer à employer Serge, « tant qu'il ne prendra pas une attitude objectivement contre-révolutionnaire » et « à moins d'ordres contraires ». « Je demande ce que c'est qu'une "attitude obj[ectivement] c[ontre]-r[évolutionnaire]", car cette stupide expression, revenant sur la bouche de K, m'énerve : il se met à bafouiller. » « Le piquant est qu'à moi, qui suis infiniment plus loin d'eux que V., on ne m'a jamais rien demandé », ajoutait Pascal. Les lettres échangées entre Leningrad et Moscou sont hantées par les problèmes financiers de Victor Serge, obligé de solliciter Jenny, Pierre ou Anita pour toucher les rémunérations de ses tâches successives à la caisse des éditions. Il n'en avait pas fini avec Krebs, qui lui demanda en janvier 1929 de réaffirmer par écrit sa fidélité au Parti[1].

Les conflits se firent de plus en plus nets. Au printemps 1928, Pierre Pascal refusa « pour des raisons de principe » de traduire pour Krebs le programme du Komintern : « Alors il me dit qu'il sera obligé de rendre compte de mon refus : c'était Boukharine qui m'avait désigné ! Je suis doublement heureux d'avoir refusé. » Si le troisième volume finit par être publié, Krebs « perdit » le tome 4 des Œuvres de Lénine qui s'ouvrait avec la révolution d'Octobre, où les notes n'étaient plus signées Pascal, et qui ne vit finalement jamais le jour. Pierre Pascal se procura un compte rendu de Marcel Cachin qui omettait de nommer Victor Serge et pensa que le même sort lui serait réservé : « À quoi bon me creuser la tête ? Je voudrais pouvoir saboter. Mais je ne peux pas[2]. » En 1929, il ralentit *de facto* un travail qui avait fini par lui donner une « indigestion », sans être encore formellement écarté[3].

---

1. *Journal de Russie 1928-1929*, *op. cit.*, p. 91-92, 2 février 1928 ; p. 682, 18 octobre 1929. Institut d'études slaves, lettre de Victor Serge à Pierre Pascal, 28 janvier 1929 et lettres 1928-1929, *passim.*

2. *Journal de Russie 1928-1929*, *op. cit.*, p. 220, 4 mai 1928 ; p. 250-251, 26 mai 1928 ; p. 447, 17 janvier 1929.

3. RGASPI, 495-193-283, dossier de Victor Serge (Kibaltchitch), p. 1, Enquête du 13 octobre 1930, en français, qui mentionne encore Pierre Pascal comme collaborateur du CE de l'IC. BDIC, F delta res 883 (2-9), commande de la Section des Éditions de l'IC transmise par la camarade Roussakova, 17 mai 1930.

Tout comme Serge et Pascal, leurs familiers rencontraient des difficultés liées à un discrédit politique. Anita, « dactylo pour les langues étrangères » au Komintern, fit face en 1927 à « toutes sortes de misères » : « On lui en veut parce qu'elle ne fait aucun "travail social" et qu'elle est sans parti[1]. » Jenny se trouvait depuis 1925 sur une « liste noire ». Refusée par l'Internationale syndicale rouge début 1927, elle fut embauchée au printemps par le Secours ouvrier international (MOPR) créé pour apporter de l'aide aux ouvriers poursuivis dans le monde pour leurs opinions politiques progressistes, et ce malgré les informations données par le Komintern : « Elle travaille bien mais c'est une révoltée qui agite les autres. » Moins d'un an plus tard, elle fut renvoyée pour des raisons évidemment politiques, car on lui fit savoir qu'elle ne retrouverait du travail que si elle s'engageait à n'avoir aucun lien avec l'opposition. Plus tard, elle se souvint d'avoir provoqué ses supérieurs en ajoutant malignement « ...et bla bla bla », après avoir tapé des formules convenues en éloge du communisme international. Jenny demeura sans emploi malgré ses visites à la Bourse du travail surpeuplée de chômeurs, et aida désormais Pierre dans ses travaux de traduction et de rédaction[2].

D'autres travaux dont Pierre Pascal avait accepté la commande trouvèrent une fin plus heureuse que les œuvres de Lénine, malgré là encore des menaces politiques. En 1925, il avait signé une courte préface en russe à une histoire des relations franco-russes depuis l'alliance de 1892 jusqu'à la reconnaissance de l'URSS, « récit simple et précis de ce que nous avons vu nous-mêmes, de ce que nous avons vécu et, peut-être, commençons déjà à oublier[3] ». Deux ans plus tard, Herman Sandomirski, qui avait trouvé asile aux Éditions d'État, le Gosizdat, lui proposa de partager la rédaction d'une histoire du Parti socialiste français. Pascal accepta, intéressé malgré

1. *Russie 1927, op. cit.*, p. 48, 14 février 1927 ; p. 115, 7 mai 1927.

2. *Journal de Russie 1928-1929, op. cit.*, p. 179, 1er avril 1928. Institut d'études slaves, lettre de Pierre Pascal à Evguenia Roussakova, 8 janvier 1925. RGASPI, Fonds 495, op. 65a, d. 7828, Dossier personnel d'Anita Alexandrovna Roussakova, d. 11016. Témoignage d'Hélène Kaplan à l'auteur.

3. A.N. Goldfarb, *Frantsia i SSSR, s predisloviem P. Paskalia,* Moscou, Molodaïa Gvardia, 1925, p. 3-4.

l'urgence qui l'empêchait de se documenter sérieusement – « Ce n'est pas le travail que j'aime. Il est vrai que celui-là reste d'ordinaire en tiroir[1]. » Le fruit de cette collaboration fut un symbole de l'ambiguïté de la situation à cette date. Si, pour le lecteur du XXIe siècle, il s'agit d'une brochure de propagande attaquant frontalement la SFIO, « illégitime » à porter le nom de « socialiste », les contemporains furent plus attentifs aux nuances. Pierre Pascal se réjouit ainsi trop vite de l'acceptation d'un manuscrit dont il était politiquement satisfait : « Comment a-t-on pu laisser passer tout le syndicalisme dont il est plein ? » Au printemps 1928, ce n'est qu'à grand-peine que Sandomirski parvint à maintenir sur la couverture le nom de celui qui était stigmatisé comme un « ami et partisan de Souvarine » : « Ainsi souvariniste est pire qu'anarchiste, c'est assez réjouissant[2]. » Victor Serge fit parvenir à son ami une critique parue dans un hebdomadaire socialiste de Toulouse, qui s'interrogeait sur cet « effort de sympathie condescendante » de la part de « personnalités influentes dans le landerneau bolchevik ».

Pierre Pascal continuait à recevoir des commandes pour les traductions non signées. L'essentiel des propositions lui parvenait depuis 1926 de la Société pour les échanges culturels entre l'URSS et l'étranger, la VOKS, qui organisait depuis 1925 sous la direction de la sœur de Trotski, Olga Kameneva, l'accueil des visiteurs « petits-bourgeois » et la diffusion de publications sur l'URSS en langues étrangères. Elle lui confia la révision d'un guide « Baedeker de toute l'URSS », mais aussi des textes concernant la médecine ou l'aviation, et des « brochures jubilaires » pour le dixième anniversaire de la révolution. C'est sans doute pour la VOKS qu'il traduisit l'ouvrage de « cet illuminé de Miglioli » et les commentaires d'une « carte politique et économique de l'URSS » parus à la Librairie du Travail, indépendante du PCF. Pascal travailla aussi ponctuellement pour l'Union des syndicats et l'Internationale paysanne. Il lui

1. *Russie 1927*, *op. cit.*, p. 162, 19 juillet 1927 pour la commande, p. 237, p. 279.

2. *Journal de Russie 1928-1929*, *op. cit.*, p. 162, 21 mars 1928. Herman Sandomirski, Pier Paskal, *Frantsouzskaïa Sotsialistitcheskaïa Partia*, Moscou, Gos. Izdatelstvo, 1928. Pour l'analyse du livre, cf. François-Xavier Coquin, « Pierre Pascal en émigration », *op. cit.*

fallait régulièrement lutter pour se faire rétribuer en échange de ce qui lui apparaissait maintenant explicitement comme des « traductions sombres de sottises », « une accumulation de faussetés[1] ». Le diariste confessa même à son journal avoir lui-même contribué à des faux – il donna ainsi un « style paysan » à une lettre attribuée au « paysan français Lagrange »... qui venait d'être rédigée en russe – et à des falsifications. À propos de sa traduction d'un recueil de politique étrangère soviétique qui réécrivait la guerre civile, il nota : « On espère sans doute rayer Trotski de l'histoire[2] ! »

Archiviste à l'Institut Marx-Engels : « un milieu tout spécial »

Dès le départ, c'est sans véritable enthousiasme que Pierre Pascal, « relégué dans un travail académique », comme il l'avait écrit à Evguenia Roussakova, avait accepté de cumuler ces tâches avec un emploi à l'Institut Marx-Engels. Fondé par décret du Comité central en décembre 1920, le premier musée du Marxisme avait été transformé en janvier 1921 en Institut Karl Marx et Friedrich Engels. Administré conjointement par le Comité exécutif des Soviets, le VTsIK, par le Comité central du Parti et par le Comité exécutif de l'Internationale communiste, il fut confié au théoricien marxiste et militant social-démocrate de la première heure David Riazanov, rallié au bolchevisme en 1917 et premier directeur des Archives d'État de la Russie soviétique. Outre le musée et la bibliothèque, l'Institut fut divisé en cinq « cabinets » (Marx et Engels, histoire du socialisme et de l'anarchisme en Occident, économie politique, philosophie, histoire de l'Angleterre, de la France et de l'Allemagne). Riazanov y mena une politique très active de recueil et de publication des archives et des œuvres des deux penseurs socialistes. Il développa parallèlement le projet de faire de Moscou le cœur documentaire du mouvement ouvrier et révolutionnaire mondial depuis la Révolution française, menant une politique d'achat grâce à un réseau de libraires et de

1. *Russie 1927, op. cit.*, p. 230, 17 octobre 1927.
2. *Journal de Russie 1928-1929, op. cit.*, p. 157, 19 mars 1928 ; p. 456, 28 janvier 1929.

correspondants parisiens[1]. Rattaché au cabinet français, Pierre Pascal fut bientôt chargé d'inventorier le fonds considérable des archives de Gracchus Babeuf. L'acteur malheureux de la « conspiration des Égaux » intéressait en effet particulièrement les historiens marxistes, pour qui l'arbre généalogique du communisme s'enracinait dans la Révolution française.

L'agrégé des lettres cantonné à un poste sans grade dans le cabinet français se trouva plutôt seul dans ce « milieu tout spécial : des intellectuels pas du tout prolétariens, mais marxistes orthodoxes[2] ». En désaccord avec ses collègues sur les principes mêmes de classement, qui, contrairement à la tradition archivistique française du « respect des fonds », remaniaient les documents pour créer des dossiers par personnalité ou par thème, il fut associé à la préparation d'une exposition sur la Révolution française, puis d'une exposition Marx-Engels pour le dixième anniversaire d'Octobre, dans lesquelles tout lui déplaisait, de l'organisation chaotique à la périodisation plaquée sur « la nouvelle histoire marxiste[3] ». Son journal de 1928 et de 1929 le montre saisissant la moindre occasion pour faire durer les pauses, et n'hésitant plus à visiter les musées de Moscou pendant ses heures de travail.

L'avis de Pierre Pascal sur Riazanov était mitigé. Réticent à l'autoritarisme de ce « potentat », il appréciait l'indépendance d'esprit qui avait conduit le directeur de l'Institut à recruter des collaborateurs politiquement compromis. C'est ainsi que Riazanov utilisa comme correspondants à Paris deux exclus du Parti, Amédée Dunois et Boris Souvarine. « Le pauvre, il commence à travailler ! » nota ironiquement Pascal au sujet de son ami, qui organisait notamment l'achat des papiers Babeuf et se débattait avec le directeur pour parvenir à se faire payer.

---

1. RGASPI, Fonds 71, op. 50, dossiers 122, 128 (correspondances de Riazanov, notamment avec Georges Bourgin). Iakov Rokitianski, Reinhard Müller, *Krasny dissident. Akademik Riazanov – opponent Lenina, jertva Stalina* (*Le dissident rouge. L'académicien Riazanov, opposant à Lénine, victime de Staline*), Moscou, Akademia, 1996. Jonathan Beecher, Valeri Fomichev, « French Socialism in Lenin's and Stalin's Moscow : David Riazanov and the French Archive of the Marx-Engels Institute », *Journal of Modern History*, vol. 78, n° 1, 2006, p. 119-143.
2. *Mon état d'âme, op. cit.*, p. 207, 27 novembre 1926.
3. *Russie 1927, op. cit.*, p. 78, 18 mars 1927 ; p. 205, 16 septembre 1927.

L'Institut dut écarter Souvarine en 1926 mais continua à lui fournir officieusement du travail pendant quelque temps, de même qu'aux relégués Trotski et Rakovski, non sans « trouille » de Riazanov[1]. Il employait également des communistes plus orthodoxes, tel le sociologue et philosophe Georg Lukács pour les fonds allemands, ou « une vieille qui croit que hors le marxisme et le bolchevisme il n'y a pas de salut » et qui, nota Pascal, cessa de le saluer en 1928. Ainsi se négociait au plus près la distance prise non seulement avec le Parti, mais avec toute la politisation de la vie professionnelle. Malgré les pressions répétées, Pascal refusa de payer les impôts déguisés qu'étaient les emprunts « volontaires » et la cotisation à l'Ossoaviakhim, l'organisation paramilitaire de développement de l'aviation et de la chimie. Tout en s'abstenant aux élections du Mestkom, le comité local du syndicat qui gérait notamment les vacances des collaborateurs, il obtint plusieurs années de suite une place pour Jenny dans la maison de repos de l'Institut[2].

L'affaire Roussakov :
la politisation de la vie privée

Contrairement à son beau-frère Victor Serge, Pierre Pascal se trouvait donc dans une situation professionnelle stabilisée lorsqu'il fut touché par une deuxième épreuve. Cette fois, ce n'était plus le cercle amical qui était atteint, comme avec Lazarévitch, mais la famille la plus proche. Pierre Pascal avait signalé dans son carnet une première alerte qui manifestait l'imbrication croissante des enjeux politiques et quotidiens. En décembre 1927, il s'était insurgé contre le licenciement abusif de Natacha, la femme de ménage du Petit-Paris, par le « Comité de maison », véritable « maffia (*sic*) communiste ». Mais Pascal n'était plus un soutien légitime, au contraire. Le

---

1. *Mon état d'âme, op. cit.*, p. 187, 27 octobre 1926. *Russie 1927, op. cit.*, p. 13, 7 janvier 1927. RGASPI, Fonds 374, op. 1, d. 9, Correspondances de l'IMEL, listes et salaires des collaborateurs ; Fonds 374, op. 1, d. 5, Plans, rapports, directives sur la structure des cabinets scientifiques. RGASPI, Fonds 71, op. 50, d. 210, correspondance de Boris Souvarine avec l'Institut Marx-Engels. Jean-Louis Panné, *Boris Souvarine, op. cit.*, p. 168-169. *Journal de Russie 1928-1929, op. cit.*, p. 116, 19 février 1928.
2. *Ibid.*, p. 48, 5 janvier 1928 ; p. 174, 29 mars 1928.

tribunal qui débouta la jeune femme refusa d'écouter ses arguments, « à l'évidence prévenu *po partiinoï linii* [selon la ligne du Parti], au nom du Komintern[1] ». Un an plus tard, un article de la *Pravda* de Leningrad déclenchait « l'affaire Roussakov ».

En février 1929, Alexandre Roussakov et sa fille Liouba furent accusés d'avoir expulsé et battu une camarade, locataire de la pièce voisine et membre du Comité de logement, le JAKT. Le journal exigeait un châtiment exemplaire contre cet « ennemi acharné de la classe prolétarienne », spéculateur, complice des koulaks et des *nepmen*. De son côté, Liouba déposa immédiatement une plainte pour avoir été brutalisée par sa voisine. Victor Serge se trouvait alors à Moscou avec Panaït Istrati, qu'il venait d'inviter à séjourner dans sa famille après avoir passé plusieurs semaines avec lui dans une datcha des environs de Leningrad. Pascal, au début irrité par un homme qui acceptait les avantages offerts aux compagnons de route, puis sceptique devant ses lettres au GPU pour s'insurger devant les arrestations d'opposants, s'était lui aussi rapproché de l'écrivain roumain touché par le doute. Avec le docteur Nikolaenko, ils tinrent donc conseil au Petit-Paris, « cette unique oasis de libre discussion dans Moscou la tyrannique », comme l'écrivit Istrati dans son témoignage.

Nikolaenko, ami fidèle des Roussakov, se mobilisa davantage que pour Serge. Une méfiance réciproque éloignait les deux hommes, et le docteur avait écrit ironiquement au moment de l'arrestation de ce dernier : « Vraiment c'est très désagréable de devenir victime de ses propres théories[2]. » « Pour lui laisser une bonne impression de Russie, c'était rêvé… », nota Pascal au sujet d'Istrati. Et en effet, ce dernier, choqué, multiplia les démarches dans la presse et auprès du président du VTsIK de l'Union soviétique lui-même, Mikhaïl Kalinine. Pascal et Serge écrivirent aussi aux autorités. Dans cette affaire, la famille du vieil ouvrier émigré voyait un complot banal de la vie soviétique, ourdi par une *komsomolka*, membre des jeunesses communistes, pour chasser la famille Roussakov d'une

1. *Russie 1927, op. cit.*, p. 281, 18 décembre 1927. *Journal de Russie 1928-1929, op. cit.*, p. 63, 13 janvier 1928.

2. BDIC F delta res 883 (6-9), lettre d'Alexandre Nikolaenko à Evguenia Roussakova et à Pierre Pascal, 1928 (date illisible).

pièce convoitée. Neuf personnes – Olga et Alexandre, leurs fils, Victor Serge avec Liouba et le petit Vladi – occupaient quatre chambres dans un appartement communautaire de douze pièces, typique du centre-ville de Leningrad, et peuplé en tout d'une trentaine de personnes. Mais la politisation de l'affaire faisait risquer à l'accusé principal la peine de mort : « D'un côté des communistes, de l'autre des sans-parti, anarchistes, opposants, il est évident qu'il fallait condamner ces derniers », écrivait Pierre à Jenny[1].

La dynamique de « l'affaire Roussakov » se déploya à des rythmes différents à l'intérieur et à l'extérieur de l'URSS. Fin avril 1929, un premier procès acquitta les Roussakov, un témoin à charge ayant déclaré à huis clos qu'il avait été logé par le GPU dans l'appartement pour « surveiller l'opposant Kibaltchitch ». Ce jugement fut aussitôt cassé, puis Liouba Roussakova et ses deux parents furent condamnés lors d'un deuxième procès en juillet 1929 à quelques mois de « travaux obligatoires » non rémunérés. Le passé d'Alexandre Roussakov avait été exploré et relu à la lumière des accusations. On le désigna d'abord comme un « cent-noir », un « petit-bourgeois » antisémite harcelant une jeune fille juive, puis, lorsqu'il répondit qu'il était lui-même juif et avait changé de nom, son identité fut mise en doute. Ses tribulations de travail en Amérique puis en France devenaient des « voyages à l'étranger », la photo où il figurait dans un camp à Dunkerque avant d'être expulsé en 1919 fut désignée comme un faux, il était accusé d'avoir possédé plusieurs commerces à Marseille.

---

1. Cf. sur toute l'affaire : Boris Souvarine, *Souvenirs sur Panaït Istrati, Isaac Babel, Pierre Pascal, op. cit.*, p. 70-86. Victor Serge, *Mémoires d'un révolutionnaire, op. cit.*, p. 296, p. 300-301. Eleni Samios-Kazantzakis, *La Véritable Tragédie de Panaït Istrati*, éd. par Anselm Jappe, suivi des correspondances de Panaït Istrati avec Victor Serge et Nikos Kazantzakis, Paris, Éditions Lignes – IMEC, 2013, p. 165-167. *Journal de Russie 1928-1929, op. cit.*, p. 461, 2 février 1929 ; p. 513-514, 16-18 avril 1929 ; p. 558-563, 12-16 juin 1929. « De l'engeance de Kalganov », article de la *Leningradskaïa Pravda*, 31 janvier 1929, traduit dans Panaït Istrati, *Vers l'autre flamme. Après seize mois dans l'URSS, 1929*, éd. et dossier critique par M. Mermoz, Paris, 10-18, 1980. Institut d'études slaves, Archives Pascal, correspondance Victor Serge/Pierre Pascal/Evguenia Roussakova, *passim* ; BDIC F delta res 883 (2-8) et (2-9), documentation sur l'affaire, et correspondances Serge/Pascal/famille Roussakov, *passim.*

Les carnets de Pierre Pascal et sa correspondance avec Victor Serge, la famille Roussakov et Jenny lorsqu'il se déplaça dans l'ancienne capitale pour les deux procès, « parodie de justice » selon Serge, « affaire scandaleusement menée » selon Pascal, montrent que l'épuisante « persécution » ne cessa pas dans les années suivantes : licenciement d'Alexandre Roussakov, harcèlement de la « vieille mère » dans la cuisine commune, « dénonciations », « racontars », « tonneaux de vidange » déversés par la jeune fille qui convoitait toujours une chambre, articles dans la *Pravda* sur cette « rixe de classes ». Victor Serge, qui se sentait personnellement visé par de « louches intrigues », déshonorant « notre grand parti », se vit refuser au printemps 1929 un passeport pour la France[1]. Pierre Pascal voulut rassurer sa compagne en lui conseillant de ne pas « rabâcher toujours des malheurs », mais se trouva pris dans un autre combat : la défense de Francesco Ghezzi, arrêté en mai 1929. Il écrivit de nouveau au GPU, croyant encore utile d'attester de l'ancienneté de l'attachement à l'URSS d'un prolétaire italien. En France et en Belgique, Nicolas Lazarévitch, Jacques Mesnil, *La Révolution prolétarienne* se mobilisèrent, suscitèrent de nouvelles pétitions d'intellectuels, sans parvenir à éviter sa condamnation et son envoi à la prison de Souzdal[2].

Entre les deux procès Roussakov, Istrati, « témoin gênant », avait regagné la France, « fourbu, malade, désorienté ». Malgré les réticences de Romain Rolland, qui avait signé la pétition pour Ghezzi mais se montrait soucieux de ne pas « fournir des armes à la canaille de la réaction », il publia dans *La Nouvelle Revue Française* « L'affaire Roussakov », puis l'inclut dans le récit de sa déception envers l'URSS. Écrite en toute hâte, cette *Confession pour vaincus* se présentait comme le premier tome de la trilogie *Vers l'autre flamme.* Il confia la rédaction des deux autres volumes, *Soviets 1929* et *La Russie nue,* respectivement

1. *Ibid.* et RGASPI, Fonds 495, op. 193, d. 283, Dossier de Victor Serge (Kibaltchitch), lettre du 14 avril 1929 sur l'affaire Roussakov. *Journal de Russie 1928-1929, op. cit.*, p. 662, 21 septembre 1929 sur Ghezzi.

2. Jean-Louis Panné, *Boris Souvarine, op. cit.*, p. 188-194. Charles Jacquier, « Vie et mort d'un anarchiste italien en URSS », *À contretemps. Bulletin bibliographique,* n° 26, avril 2007, en ligne sur http://acontretemps.org/. BDIC F delta res 883 (2-9), Brouillon d'attestation pour Francesco Ghezzi pour l'OGPU, en russe.

à Victor Serge et à Boris Souvarine, qui en firent un texte personnel d'opposition pour l'un, un dossier documentaire de dénonciation de la mainmise stalinienne sur l'URSS pour l'autre. La réception en France de la trilogie parue sous la signature d'Istrati fut houleuse et marqua sa rupture avec le mouvement communiste. Désargenté, accusé d'être un agent de la police politique roumaine, il écrivit à Pierre Pascal à l'automne 1929 : « Vous devez demander, tous, vos pass[eports] et partir de là-bas. On appuiera ici vos demandes. Si les persécutions recommencent, l'Europe et les écrivains vous réclameront et feront des interventions. N'importe comment vous devez venir ici, d'où nous aiderons la Révolution à reprendre son vrai chemin. Je ne répondrai pas aux chacals. Luttez et espérez[1]. »

En avril 1929, dans une lettre à Pierre Pascal, Victor Serge montra en analysant cette affaire personnelle une perception aiguë de ce que les historiens allaient définir comme la séquence historique des débuts du stalinisme. L'achèvement de la normalisation politique et de la soviétisation des institutions se combinait avec l'enfermement croissant de l'URSS stalinienne, qui faisait le choix du « socialisme dans un seul pays », dans une paranoïa de citadelle assiégée. Serge décrivit l'insécurité matérielle et morale, « l'atmosphère de haine, de délation et de persécutions domestiques », l'hostilité contre « les gens venus de l'étranger », « la haine envers des gens qui diffèrent de la norme », les menaces contre les élites, citant la formule proférée en plein procès – « Nous n'avons pas besoin d'intellectuels en Russie soviétique » – qui avait tant choqué les deux beaux-frères[2]. Entre 1928 et 1931, une série d'affaires – les procès dits « de Chakhty », du « parti industriel », du « parti paysan » – mobilisa l'idée du complot ourdi entre « ennemis de classes » intérieurs et capitalistes étrangers. L'argument était commode pour rendre compte auprès du peuple soviétique des problèmes économiques que rencontrait l'URSS. Dans le même temps, les derniers opposants

---

1. Institut d'études slaves, Archives Pascal, carte signée « Gherassim » (l'un des prénoms d'Istrati) à Pierre Pascal, 19 octobre 1929.

2. Institut d'études slaves, Archives Pascal, lettre de Victor Serge à Pierre Pascal et à Evguenia Roussakova, 21 avril 1929.

étaient éliminés avec l'affaire du « centre menchevique ». Les deux centres intellectuels, phares de la pensée « sans parti » employant des membres de l'ancienne intelligentsia et encore ouverts sur les échanges internationaux, qu'étaient encore l'Académie des sciences et l'Institut Marx-Engels, furent visés par des purges sans précédent.

La purge de l'Institut Marx-Engels en 1931

De même que « l'affaire des Académiciens », qui fut consignée en dix-sept volumes d'archives, la purge de l'Institut Marx-Engels fut menée par le GPU et le Parti sans procès officiel[1]. Arrêté début 1931 sous le prétexte d'une complicité avec les mencheviks, exilé à Saratov, David Riazanov fut remplacé par un fidèle de Staline, Vladimir Adoradski. Celui-ci fut aussitôt chargé d'une enquête systématique sur les employés de l'Institut. Une première « commission de vérification » diligentée par le Parti disqualifia systématiquement le travail accompli dans les années précédentes, stigmatisant l'emploi d'éléments « antiparti » comme Souvarine, Trotski ou Rakovski, dénonçant la « situation chaotique » des archives et l'anarchie dans la gestion de collaborateurs laissés à eux-mêmes : « Les cabinets ne menaient aucun travail scientifique sérieux et avaient pris le caractère de bibliothèques pour le travail privé de quelques-uns[2]. » Dans le même temps, une commission de purge du personnel entra en action. Elle était composée de représentants de l'Institut, de son directeur, du secrétaire de la cellule du Parti et du Mestkom, mais aussi de membres extérieurs dont certains, tels Mikhaïl Krebs pour le Komintern et Iakov Agranov pour le GPU, connaissaient déjà Pierre Pascal.

La commission passa au crible un par un les dossiers, vérifiant le passé, la composition de la famille, les arrestations préalables, les « propos tenus », la qualité du travail, pour

1. V.P. Zaharov, M.P. Lepehin, E.A. Fomina (éd.), *Akademitcheskoïe delo 1929-1931 gg.*, vol. 1 et 2, Saint-Pétersbourg, Biblioteka Rossiïskoï Akademiï naouk, 1993 et 1996.

2. RGASPI, Fonds 71, op. 3, d. 41, « Sur l'Institut Marx et Engels. Mars 1931 », rapport de la commission de vérification au CC du PCb.

décider du maintien en poste ou non des employés. Le cas de Pierre Pascal fut le 25e à être examiné, le 4 mars 1931. La conclusion était sans appel : « Paskal Piotr Karlovitch, né en 1890, français, fils de professeur, niveau d'instruction supérieur, membre du PCb de 1918 à 1921, ancien officier de l'état-major général de l'armée française, collaborateur scientifique du cab. français, pas d'informations sur son origine sociale ; cam. Agranov : c'est un anarchiste, qui a rendu un grand service aux trotskistes, a été membre du Parti. À révoquer[1]. »

Ainsi, Agranov ne tenait aucun compte du fait que Pascal avait collaboré avec lui au procès des SR en 1922. Il sanctionnait moins des prises de position publiques qu'une proximité caractérisée avec l'opposition. L'affaire était suivie par le secrétariat de Staline ainsi que par le secrétaire de l'Internationale communiste, Ossip Piatnitski, qui communiqua à la commission des remarques secrètes sur 22 personnes. La dernière concernait Piotr Karlovitch : « Proche de l'anarchisme par ses opinions. Dit ce qu'il pense. A traduit pour nous Lénine en français – avant la traduction à l'Institut. C'est un travailleur utile, mais il serait préférable de lui donner un travail hors de l'Institut. » Pierre Pascal fut donc écarté, « purgé », comme 147 des 244 personnes concernées. Avec la fusion de l'Institut Lénine et de l'Institut Marx-Engels réalisée fin 1931, le nouvel Institut Marx-Engels-Lénine réalisait en interne le travail d'édition des œuvres de Lénine, et n'avait donc plus besoin de ses services. L'affaire du livre cosigné avec Sandomirski avait été un avertissement. Sans emploi régulier, Pierre Pascal devint alors dépendant de quelques commandes de traduction. Son rattachement au Syndicat des travailleurs du papier et de l'imprimerie et son appartenance à l'Union des travailleurs

1. RGASPI, Fonds 71, op. 3, d. 44, matériaux sur la purge de l'IMEL. Procès-verbal n° 1 de la commission du TsIK-RKI pour la vérification et la purge des travailleurs et collaborateurs de l'Institut Marx-Engels, 4 mars 1931. Archives publiées dans Carl-Erich Vollgraf, Richard Sperl, Rolf Hecker (éd.), *Stalinismus und das Ende der ersten Marx-Engels-Gesamtausgabe (1931-1941)*, Beiträge zur Marx-Engels-Forschung. Neue Folge, Sonderband 3, Berlin, 2001. Cf. aussi Iakov Rokitianski, Reinhard Müller, *Krasny dissident*, *op. cit.*

scientifiques lui permirent d'avoir encore accès à quelques avantages, tels les repas dans la cantine de l'Union[1].

Le détachement de Pierre Pascal envers le régime qu'il avait si ardemment défendu s'était ainsi construit en réaction à l'épreuve de la répression, successivement amicale, familiale, puis personnelle, qui brisait les solidarités et isolait les individus non conformes[2]. Au cœur de la Moscou stalinienne, il avait bâti au Petit-Paris un couple solide et se trouvait au cœur d'un réseau dissident qui tentait de survivre à la censure et aux exils forcés. Ce groupe où les étrangers et les Russes élevés dans l'émigration étaient majoritaires confortait, quelles que fussent les divergences politiques, l'image de soi de bolcheviks authentiques, acceptant la Terreur tant qu'elle frappait les ennemis du régime, légitimant l'opposition par une conception du Parti forgée dans la révolution, refusant la réécriture des rôles présents et passés par Staline[3]. Pierre Pascal ne se pensa d'ailleurs jamais comme un intellectuel individualiste ou, pire, « bourgeois ». C'était pourtant l'image que lui renvoyait le pouvoir soviétique, en prenant acte de son incapacité à se plier à la discipline – même s'il avait battu en retraite sur la question religieuse – pour le reléguer dans des emplois de traducteur et d'archiviste, loin de l'action. La situation personnelle de Pierre Pascal et celle de son entourage proche se dégradèrent rapidement entre 1928 et 1931. La purge de l'Institut Marx-Engels faisait succéder l'exclusion professionnelle à l'exclusion politique, rendant précaire sa situation matérielle. Dès lors, la question du départ se posa en termes plus pressants qu'au début des années 1920. Libre de son temps, détaché des débats politiques, Pierre Pascal s'engagea dans un travail de recherche personnel, qui devint bientôt une raison de rentrer en France.

---

1. BDIC F delta res 883 (2-10) et (2-11). Cartes et laissez-passer personnels de Pierre Pascal.

2. Cf. Alain Blum, Martine Mespoulet, *L'Anarchie bureaucratique. Statistique et pouvoir sous Staline*, Paris, La Découverte, 2003, notamment chap. 3, « La purge, moyen de gouvernement ».

3. Cf., pour une discussion des identités « bolchevique » et « stalinienne », Igal Halfin, *Terror in My Soul. Communist Autobiographies on Trial*, Cambridge, Harvard University Press, 2003, et *Cahiers du monde russe*, dossier « Destins individuels et terreur », vol. 49, n° 4, octobre-décembre 2008, p. 559-628.

6

Une parenthèse refermée ? Le retour en France (1931-1939)

Se réfugier dans le travail, penser au retour

> *La clé, c'est peut-être que je veux m'évader, le plus loin possible, du jargon politique. Aussi l'autre soir trouvais-je tant de charme à lire le* Saint Paul *de Renan. Mais je n'ai pas de solitude pour lire.*
>
> Journal de Pierre Pascal, 30 novembre 1928

Perception, analyses et vécu de la répression

Les notes et les correspondances de Pierre Pascal révèlent le décalage entre son vécu quotidien et des analyses générales qui peinaient toujours à accepter l'ampleur de la répression politique. La lettre envoyée fin 1924 à Pierre Sémard pour défendre Lazarévitch se plaça toujours dans la logique de la justification des moyens par leur fin. Pascal ne contesta pas « qu'on enferme, qu'en période de révolution, on fusille même ses adversaires », mais critiqua le fait qu'on « les insulte » en présentant l'archipel des Solovki comme un paradis confortable. Blessé par le mensonge, celui qui avait en 1920 précisément défendu les conditions de vie à Ivanovo, un autre monastère transformé en camp, savait qu'il ne pouvait plus se fier aux données soviétiques. Il construisait lentement son opinion à partir de ses observations personnelles, des lectures de la presse étrangère conjuguées aux « bruits » et aux rumeurs.

Au printemps 1927, il pensait savoir qu'il y avait « cent détenus politiques à Solovki », le camp installé en 1922 dans les îles de la mer Blanche où fut expérimenté le système de travail forcé, et dont nous savons qu'il comptait cette année-là 15 000 prisonniers, mêlant droits communs et « contre-révolutionnaires ». Fin 1928, il nota le chiffre de 8 500 détenus, à partir de l'article de Boris Cederholm qui avait réussi à s'en échapper et publiait un témoignage retentissant dans *La Revue des deux mondes*[1]. Devenu sensible à la répression des anarchistes, notant qu'on fermait leur dernière librairie à Moscou, Pierre Pascal observait dans la ville l'apparition des automobiles cellulaires, bientôt surnommées « Corbeau noir », et la circulation de camions militaires où étaient entassés des prisonniers. Il connaissait le principe de la répression administrative gérée directement par le GPU, savait que l'on arrêtait en masse – « Ce pourrait être des cancans, mais hélas ! C'est de l'histoire », écrivait-il en septembre 1927 –, qu'on déportait, terme qui pour lui était lié à la relégation des opposants dans la partie asiatique de la Russie, qu'on fusillait « à droite et à gauche dans les campagnes ». Mais en janvier 1928, le total de 3 000 déportés lui paraissait énorme. S'il nota en mars suivant : « On fusille à Moscou 6-8 personnes par jour : surtout des "bandits", moins de politiques », il se refusa à le croire, concluant seulement : « qu'on puisse raconter et transmettre pareilles choses est significatif[2] ».

Attentif aux manifestations d'activités religieuses, Pierre Pascal notait le respect plus ou moins masqué des fêtes juives, tout comme il signalait l'évolution de l'assistance aux messes, le port d'une croix de baptême. Pierre Pascal suivait « un bout

1. *Russie 1927, op. cit.*, p. 81, 21 mars 1927. *Journal de Russie 1928-1929, op. cit.*, p. 415, 13 décembre 1928. Boris Cederholm, « Dans les prisons de l'URSS », *Revue des deux mondes*, 1er novembre 1928. Il publia ensuite un ouvrage : *Au pays du Nep et de la Tcheka. Dans les prisons de l'U.R.S.S*, Paris, Tallandier, 1928.

2. *Russie 1927, op. cit.*, p. 92, 5 avril 1927 ; p. 94, 7 avril 1927 ; p. 115, 7 mai 1927. *Journal de Russie 1928-1929, op. cit.*, p. 54, 9 janvier 1928 ; p. 98, 6 février 1928 ; p. 135, 29 février 1928 ; p. 140, 5 mars 1928.

de messe » à Noël et à Pâques, sans s'en cacher aux yeux des visiteurs français, tel le journaliste Géo London qui le voyait encore en « mystique[1] ». En 1926, il rencontra le père Michel d'Herbigny, directeur de l'Institut pontifical oriental et rapporteur de la commission *Pro Russia*, envoyé par le pape Pie XI pour sacrer clandestinement des évêques d'origine française ou polonaise. Il s'indigna en 1927 de la « mort » du monastère de Serguiev Possad (devenu Zagorsk à l'époque soviétique), hanté par quelques vieilles nonnes – « comme on a pu dévaster, désoler, un lieu jadis plein de vie » – et, l'année suivante, de l'obligation faite à la femme de ménage du Petit-Paris de travailler le jour de Noël : « Il y a là une contrainte doctrinaire, et non pas prolétarienne, dans cette violence sur les consciences religieuses. » Mais c'est avec distance qu'il nota que son nom aurait été cité par des étudiants qui se demandaient « si un communiste peut être religieux[2] ». La pratique personnelle, le débat intime ou amical sur la compatibilité entre christianisme et communisme étaient mis en sommeil. Ce lecteur attentif de la presse soviétique put-il cependant ignorer les arrestations massives de catholiques à Moscou début 1931, et le procès public du « groupe illégal des catholiques orientaux », ceux-là mêmes qu'il avait fréquentés en 1916-1918 ? Pierre Pascal semblait beaucoup mieux informé des arrestations et relégations d'opposants de gauche que de la nouvelle vague de répression qui s'abattait sur l'Église et les groupes religieux en 1928-1929.

Se sentait-il alors menacé pour des positions déjà anciennes, mais dûment assumées, ou par son intimité connue de tous avec les opposants Serge et Souvarine ? Les notes et les lettres révèlent une présence croissante de la répression politique dans l'entourage proche du Petit-Paris. Aux informations sur les arrestations, les « souricières » et les perquisitions venait s'ajouter un sentiment d'isolement. « Le plus intolérable c'est

---

1. Géo London, *Elle a dix ans, la Russie rouge !*, Paris, Fayard, 1927, p. 222. BDIC, carte de visite de Michel d'Herbigny avec message en latin, annotée « 1926 » par Pierre Pascal. Antoine Wenger, *Catholiques en Russie, op. cit.* Pierre Lesourd, *Entre Rome et Moscou, le jésuite clandestin, Mgr d'Herbigny*, Paris, Éditions Lethielleux, 1976.

2. *Russie 1927, op. cit.*, p. 140, 16 juin 1927 ; p. 220, 6 octobre 1927. *Journal de Russie 1928-1929, op. cit.*, p. 53-54, 8 janvier 1928.

la rupture totale des relations avec les proches », confia Victor Serge à Evguenia Roussakova au sortir de prison au printemps 1928. Signalant qu'un certain nombre « se maboulise ou se suicide », il dénonça autour de lui les « amis-froussards[1] ». Pierre Pascal notait quant à lui les petites lâchetés motivées par la peur ou l'intérêt. En janvier 1928, ce fut son vieil ami Diogott qui renia Trotski[2]. Quelques jours plus tard, il s'indigna contre son collègue au cabinet français de l'Institut Marx-Engels, le communiste italien Edmundo Peluso, réfugié en URSS en 1926 : « [Il] me trouve sans doute compromettant et ne vient plus me voir que rarement. (...) Peluso est le type de l'homme qui s'efforce non seulement de ne pas se compromettre, mais, pour plus de sûreté, de ne pas avoir d'opinion propre. » De fait, Peluso fut épargné par la purge de 1931, contrairement à une archiviste russe, sanctionnée pour son amitié avec Pascal. Il gagna quelques années de sursis avant sa disparition au Goulag.

La question du danger personnel fut, au départ, traitée par l'ironie. Après avoir démenti en avril 1925 auprès de Pierre Monatte les bruits de son retour en France – « Il y a trop d'obstacles, de doutes et de désagréments qui s'y opposent, sans parler de mon attachement pour ce pays » – Pascal lui affirma en février 1926 : « Ne craignez pas de m'écrire. Le pire qui puisse arriver est qu'on retienne vos envois ou qu'on en prenne connaissance avant moi. Pour le reste, comme je n'ai jamais prétendu devenir commissaire du peuple ni rien d'approchant, je suis bien tranquille[3]. » Mais la proximité envers le pouvoir et les hommes en vue, pensée comme protectrice au début des années 1920, devenait un danger. « X » les avertit ainsi début 1927 : « Vous n'avez pas peur d'écrire à Souvarine ? Il y a des gens qui sont arrêtés pour de simples lettres. » « Des gens ont peur de venir dans une maison si mal famée, trop bien gardée », nota Pascal à l'automne de la même année[4].

1. Institut d'études slaves, Victor Serge à Evguenia Roussakova, 1er juin 1928.

2. *Journal de Russie 1928-1929, op. cit.*, p. 52, 7 janvier 1928.

3. *Mon état d'âme, op. cit.*, p. 144, lettre à Pierre Monatte, 20 avril 1925 ; p. 165, lettre à Pierre Monatte, 17 février 1926.

4. *Russie 1927, op. cit.*, p. 54, 22 février 1927 ; p. 267, 20 novembre 1927.

Les « mœurs de délation, de terreur et de mépris de son prochain » semblèrent rendre Evguenia plus craintive que son compagnon : elle redouta ainsi en octobre 1927 d'être arrêtée pour avoir imprudemment parlé en public de la mission d'un collègue à l'étranger. L'exclusion et le séjour en prison de Victor Serge, l'affaire Roussakov, les courriers angoissés qui parvenaient de Leningrad ne pouvaient qu'accentuer ce sentiment de peur, contre lequel Pierre Pascal tenta de lutter : « Pourquoi t'inquiètes-tu ? Je suis le seul pour lequel il ne faille pas s'inquiéter. Mon plus grand malheur est de m'ennuyer sans toi et d'entendre chaque jour les tristes nouvelles des autres[1]. » Mais en octobre 1929, apprenant que *La Vie ouvrière* accusait Victor Serge et « l'anarchiste chrétien Pascal » d'avoir dévoyé Istrati, il s'interrogea : « Combien de temps pourrons-nous encore tenir ? » Sans cesse suivi par les policiers, les « bourres » envers lesquels il retrouva ses réflexes d'anarchiste parisien, Victor Serge évoqua dans ses souvenirs « la chambrette de Pierre Pascal » comme un havre relatif : « un coin bougrement surveillé aussi, mais où l'on respirait librement[2] ». Il évoqua dans ses lettres à Istrati « l'humeur égale » de son beau-frère mais aussi « son bon sourire un peu amer » et se fit à l'automne 1930 inquiet au sujet de « Pierre, qui, dans peu de temps, sera probablement logé à la même enseigne ; mais avec quelques avantages sur moi : pas d'enfants, etc.[3] ».

Sur les traces d'Avvakoum, « l'archiprêtre flamboyant », en passant par Blokhino : le cheminement d'un sujet de recherches

C'est dans ce contexte qu'après 1929-1930 Pascal effaça progressivement son engagement comme témoin critique. Face à la distorsion entre leur expérience et l'image de l'URSS que les organismes d'influence modelaient toujours davantage, la

1. *Ibid.*, p. 223, 22 octobre 1927. Institut d'études slaves, lettre de Pierre Pascal à Evguenia Roussakova, 8 juin 1929.

2. *Journal de Russie 1928-1929*, *op. cit.*, p. 684, 21 octobre 1929. Victor Serge, *Mémoires d'un révolutionnaire*, *op. cit.*, p. 297.

3. Lettres de Victor Serge à Panaït Istrati, 6 novembre 1929 et 14 octobre 1930 dans *Cahiers Panaït Istrati*, n° 7, 1990, p. 103, p. 131.

réaction de Victor Serge comme de Boris Souvarine, éloignés brutalement du pouvoir politique, et, pour Serge, éprouvé par un accident de santé très grave qui avait immédiatement suivi son exclusion, fut, chacun dans son style et à son rythme, de s'engager dans l'écriture de témoignage. Pierre Pascal prit quant à lui de la distance : « J'imagine qu'elles seront intéressantes à lire dans bien longtemps », nota-t-il pour le premier anniversaire de la reprise de ses notes quotidiennes, à l'automne 1927. Il demeurait cependant curieux de la vie en URSS, lisant et annotant les journaux soviétiques, apprenant à puiser l'information utile dans les périodiques techniques, assistant à des conférences ou à des documentaires sur le Caucase et l'Asie centrale, recueillant des informations directes par les amis de passage à Moscou. Les lettres de Guiheneuf et de Nikolaenko depuis l'Extrême-Orient se faisaient riches de détails ethnographiques, politiques et économiques. Grand marcheur dans Moscou et sa périphérie, Pascal quitta la capitale chaque été depuis ses premières vacances à Yalta. Après son périple chez les Tatars avec Guiheneuf en 1925, il visita le Caucase à l'hiver 1927, année à partir de laquelle il voyagea muni d'un appareil photo dont il développait lui-même les prises. Déjà explorée au début des années 1920, la région de la Haute-Volga devint sa destination privilégiée, grâce à l'invitation de Kouzma Kouzmitchev. Le père de l'épouse de Raoul Chapoan, Maroussia, était aussi l'instituteur du village de Blokhino, à 40 kilomètres de Nijni Novgorod. L'isba que Pascal y louait devint de 1926 à 1930 un point de départ qui lui permettait de « s'enfoncer dans la bonne Russie » à pied, en train ou en bateau[1].

C'est sans solution de continuité que Pierre Pascal, cessant d'intervenir sur la scène politique française, publia son premier article universitaire, « La paysanne du Nord de la Russie », paru dans la *Revue des études slaves* en 1930 et daté de décembre 1929, et se plongea dans la Russie du XVIIe siècle et la vie de l'évêque Avvakoum. Ce basculement fut aussi progressif et douloureux que son détachement du régime soviétique. Dès

1. Sur Blokhino, cf. journaux *passim.* Pierre Pascal, « Mon village russe il y a quarante ans », *Cahiers du monde russe et soviétique,* vol. 7, n° 3, 1966, p. 293-310.

janvier 1922, il avait retrouvé Joseph de Maistre et l'histoire religieuse : « Quelle salade, à qui est-elle utile ? Je passe de l'un à l'autre, je ne termine rien. En général, je suis plongé dans l'histoire. Ce n'est pas seulement une occupation, c'est une justification. » Pour celui qui s'était toujours refusé à devenir un intellectuel de parti, l'activité intellectuelle était donc d'abord vécue comme un pis-aller à l'action, entérinant la fin du rêve de communion avec le peuple, un temps réalisé métaphoriquement par l'immersion dans la Commune de Yalta. En octobre 1926, il se dépeignit lui-même « assis au chaud » dans son bureau de l'Institut Marx-Engels, lisant du Proudhon et sa critique par Engels, observant les jardiniers sous-payés et analphabètes, écartés des « douceurs de la vie » : « Je m'ennuie de mon inutilité, du désert où je suis, avec des livres inertes. Je ne peux pas laisser mon papier et prendre le râteau de l'un d'eux tandis qu'il viendrait à ma place, pour terminer la journée. Quelle révolution y a-t-il donc eu, puisque la malédiction continue à peser et que les hommes sont entre eux séparés[1] ? »

La culpabilité rôdait donc quand Pierre Pascal, écarté par le Comité central d'un travail de « responsable », se plongeait dans les revues de géographie ou d'archivistique. Il se mit à fréquenter les bouquinistes, se livrant à une « orgie de livres » entassés par centaines dans la deuxième chambre du Petit-Paris, à la stupéfaction de son visiteur le postier syndicaliste Bonnaud. Cette boulimie se déploya dans un premier temps tous azimuts : il tenta par exemple d'apprendre le tatar et le géorgien malgré la difficulté à trouver des grammaires, se plongea « avec délectation » dans l'ouvrage d'Antoine Meillet sur les langues du monde[2]. Puis il songea à employer le temps offert par sa « relégation » à rédiger lui-même un ouvrage. Renonçant à l'ambitieux tableau du monde au VIe siècle avant Jésus-Christ, envisagé en avril 1927[3], il se tourna vers l'histoire de France, nourri des lectures offertes par la bibliothèque de l'Institut Marx-Engels. Le dossier Babeuf lui ouvrait des

1. *Mon état d'âme, op. cit.*, p. 38, 7 janvier 1922 ; p. 184, 22 octobre 1926.

2. *Ibid.*, p. 228, 23 décembre 1926. *Russie 1927, op. cit.*, p. 17, 12 janvier 1927 ; p. 280, 15 décembre 1927.

3. *Russie 1927, op. cit.*, p. 96, 10 avril 1927.

perspectives comparées sur les moments révolutionnaires français et russe. Il se documenta sur la révolution de 1848, sur la Commune de Paris, réfléchissant successivement à une « histoire révolutionnaire du paysan français », aux origines du communisme français, ou à un projet plus vaste à l'occasion de la nouvelle année 1928 : « Mon rêve en ces temps-ci : une histoire de la révolution, mais en commençant, comme Taine, par l'Ancien régime. (...) Je rassemble des matériaux selon un plan très vaste. Ce sera scientifique[1]. » Ses carnets pour 1928 et 1929 le montrent peu convaincu par la thèse d'un « Thermidor » stalinien, qui alimentait tant les réflexions de Trotski que celles de *La Révolution prolétarienne*. Il ne se décida pas à intervenir dans le champ de l'histoire comparée.

Son intérêt pour la vie rurale s'était en revanche approfondi dans la seconde moitié des années 1920. Pierre Pascal, pur citadin malgré ses racines auvergnates, avait doctement approuvé la politique du Parti dans les campagnes au nom du Groupe communiste français en 1918. À Yalta, il avait goûté aux joies du jardinage, mais n'entra véritablement en contact avec la Russie profonde que lors de ses étés passés à parcourir le *Zavoljié*, la région « d'outre-Volga ». Il prit de nombreuses photographies, hélas perdues, et accumula des notes où le regard ethnographique – paysages ruraux, jurons, outils, pratiques agricoles anciennes – se mêlait à l'observation du présent soviétique. C'est en s'appuyant sur son expérience qu'il défendit pour les lecteurs de *La Révolution prolétarienne* la culture ancestrale du « mir », la répartition collective des terres comme seule issue possible entre collectivisation arbitraire et « embourgeoisement » issu de la NEP. Il proposa des articles de plus en plus critiques sur les campagnes soviétiques, avant d'interrompre ce type d'intervention en 1930[2]. Dans leurs polémiques amicales, Victor Serge lui reprochait précisément sa « méthode dangereuse » : opposer des cas concrets à des notions générales[3].

1. *Ibid.*, *passim*, notamment p. 89, 1er avril 1927 ; p. 125, 21 mai 1927 ; p. 288, 31 décembre 1927.

2. Le dernier article est « Lettres de Moscou. La situation dans les campagnes », par Kievlanine, *Bulletin communiste*, n° 31, février 1930, cf. brouillon BDIC F delta res 883 (2-9).

3. Institut d'études slaves, lettre de Victor Serge à Pierre Pascal, 18 août 1928.

Tout autant qu'un terrain d'observation, le village de Blokhino était devenu une retraite, une parenthèse dans une vie saturée de discussions abstraites, une immersion enfin réalisée dans le quotidien du peuple russe par l'intellectuel qui poussait la charrue, coupait des arbres, ramassait des champignons. Pierre Pascal en ressentit déjà la nostalgie en quittant le village à pied, à l'aube du 14 août 1928 : « Blokhino, je ne te reverrai sans doute plus jamais. J'ai un plein carnet de notes sur toi et sur tes habitants. Maintenant, j'irai voir du nouveau. Et pourtant je t'aime. Tes hommes ne sont pas parfaits, ils ont tous, comme tous les hommes, leurs défauts, mais ils sont bons et sympathiques. Ils m'ont reçu sans étonnement, sans manières, ils m'ont associé à leurs travaux et à leur vie, ils ont compris mon désir de connaître. En trois semaines, malgré le mauvais temps, je ne me suis jamais ennuyé et je n'ai pas lu un seul livre. En traversant les champs de seigle non moissonnés encore, je ressentais une émotion, celle d'être à la base de la vie, de toucher immédiatement une activité éternelle et essentielle. » La tentation de l'exil intérieur ne lui fut d'ailleurs pas propre. Elle avait été formulée face aux déceptions politiques comme une alternative au départ à l'étranger, tant par Marcel Body, évoquant en 1922 la tentation « d'aller vivre au fond des forêts du Ladoga », que par Boris Souvarine qui dut renoncer début 1925 à son « plan de vivre et m'instruire dans la Russie profonde », ou par Robert Guiheneuf pérégrinant à la frontière chinoise et confiant : « Comme parfois il vient l'envie de pénétrer dans ces vies inconnues...[1] »

« Je me jette sur une nouvelle piste : les peuples de Russie », notait Pascal en septembre 1928[2]. Mais quelques semaines plus tard, c'est à la vie religieuse russe au XVIIe siècle qu'il lia durablement son destin intellectuel. Il s'était déjà intéressé à la rémanence de la « Vieille Foi » dans le présent russe, entrant dans les églises des Vieux-Croyants, y trouvant à l'occasion « une admirable collection de barbes », se documentant sur l'histoire tragique de cette résistance intérieure à la mainmise

1. *Ibid.*, lettre de Marcel Body à Pierre Pascal, 21 janvier 1922 ; lettre de Robert Guiheneuf à Marcel Body, 14 décembre 1926. Boris Souvarine, *Souvenirs sur Panaït Istrati, op. cit.*, p. 124. *Journal de Russie 1928-1929, op. cit.*, p. 295-296, 14 août 1928.

2. *Ibid.*, p. 330, 14 septembre 1928.

de l'État sur l'orthodoxie. Le 30 novembre 1928, il nota : « Je suis fou, si on veut. Le musée Kropotkine m'a fait regarder son livre : *Idéals et réalité dans la littérature russe.* Dans ce livre, je suis tombé sur Avvakoum[1]. » Il ajouta : « La clé, c'est peut-être que je veux m'évader le plus loin possible du jargon politique. Aussi l'autre soir trouvai-je tant de charme à lire le *Saint Paul* de Renan. Mais je n'ai pas de solitude pour lire. »

Quand Pierre Pascal revint en 1938 sur ce qui était devenu son sujet de thèse, il simplifia ce moment pour opposer frontalement deux mondes politiques, intellectuel et spirituel :

> Après le jargon quasi international des journaux et des livres, c'était la pure et savoureuse langue russe, celle de tout le peuple avant Pierre le Grand et des paysans du Nord encore aujourd'hui. En face de la « sociologie » marxiste qui remplaçait alors l'histoire et réduisait l'évolution de l'humanité à un schéma de révolutions et de contre-révolutions, c'était le XVIIe siècle moscovite, haut en couleur, varié, tantôt lointain et tantôt si semblable au XXe ! Au lieu du « matérialisme dialectique » qui niait, avec Dieu, la personne humaine et obsédait les cerveaux jusqu'à la maladie, c'était une âme d'élite, consciencieuse, indomptée jusqu'à la mort et qui nourrissait sa liberté et son génie précisément de sa foi en la Providence, de sa constante demeure dans le surnaturel[2].

Plus directement encore, à destination des lecteurs de l'émigration russe en France, Pierre Pascal mit en scène en 1939 avec l'aide d'Alexis Remizov sa « fuite » des papiers Babeuf, dont il aurait eu « par-dessus la tête », vers le sous-sol de l'Institut Marx-Engels, refuge des amoureux des livres et de tous ceux qui avaient conservé une « pensée libre ». Là, parmi les ouvrages entassés en désordre, il découvrait l'autobiographie d'Avvakoum dans son édition de 1916 : « Et cet archiprêtre flamboyant ! Quelle conviction dans la foi, quelle volonté de fer et quelle parole directe. Et il n'y a pas au monde un pouvoir, ni sur la terre des pouvoirs capables de briser une telle foi et d'arrêter cette langue. (...) Mon sentiment n'en fut que

1. *Ibid.*, p. 400, 30 novembre 1928.
2. Pierre Pascal, *Avvakum et les débuts du Raskol*, Paris, Aubin et fils, 1938, préface, p. 1.

plus vif : c'est que j'avais sous les yeux la "réalité soviétique", courbée, effrayée, et l'esclavage de la flagornerie à coup de mouchardage et de dénonciations[1]. »

L'analogie des moments historiques et, par un sous-entendu transparent, l'assimilation de l'archiprêtre dissident et indomptable avec son biographe, ne furent pas formulées sur le moment. Le collaborateur de Riazanov se mit simplement au travail dans les moments volés à l'Institut, après avoir constaté l'absence de traduction étrangère et la faiblesse de la littérature critique sur celui qui avait pris la tête de la résistance aux réformes liturgiques du tsar Alexis et du patriarche Nikon, jusqu'à sa mort sur le bûcher en 1682. Il retrouva, près de vingt ans après son mémoire sur Joseph de Maistre, le quotidien du chercheur, mais dans les conditions d'une quasi-clandestinité. C'était en effet sous le couvert d'un travail sur « l'économie de la Haute-Volga » que cet historien, qui se présentait désormais comme « sans parti », fréquenta les Archives anciennes d'État, les fonds des ministères de la Justice et des Affaires étrangères. Il consulta les registres et rouleaux du patriarcat de Moscou déposés au Musée historique d'État mais se vit refuser la consultation de manuscrits religieux placés sous scellés à l'Académie des sciences, ou du *Messager théologique*, réservés au « travail antireligieux[2] ».

Par une démarche qui conjuguait sa recherche documentaire avec son amour des paysages familiers de la Volga, Pierre Pascal voulut poursuivre « [ses] personnages dans les lieux qu'ils traversèrent », de Moscou au pays de Nijni. En juin 1930, il écrivit ainsi à sa compagne en arrivant à Blokhino, après avoir traversé du sud au nord la province de Nijni Novgorod sous une chaleur écrasante, en un périple hanté par les rumeurs qui conjuguaient la famine avec le retour imminent de l'Antéchrist : « J'ai vu la patrie d'Avvakum, les endroits où il se promenait, le village où il a vécu longtemps.

1. Pier Paskal, « Po sledam protopopa Avvakouma v SSSR » (« Sur les traces de l'archiprêtre Avvakoum en URSS »), *Rousskie Zapiski*, t. 18, 1939, p. 122-123. Cf. *infra* sur l'amitié avec Remizov.

2. Pier Paskal, *Protopop Avvakoum i natchalo raskola*, présentation par E.M. Ioukhimenko, traduction par S. Tolstoï, Moscou, Znak, 2010, avec des reproductions des registres des Archives anciennes d'État.

(…) C'est quelque chose de voir les lieux. Quelles belles notes cela me fera[1]. »

« Il faut que je m'en aille. » La mobilisation d'un réseau universitaire et politique

Peu convaincu par l'opposition russe, soumis à l'expérience concrète du harcèlement et de l'isolement, Pierre Pascal s'engageait ainsi dans une quête intellectuelle de plus en plus prenante. Celle-ci fut rapidement connue de ses proches, puisque, de Paris, Angelo Tasca demanda en 1929 à Jenny si Pierre « se consol[ait] toujours avec Avvakoum ? » et ironisa sur sa nouvelle passion : « Que de discussions manquées dans ces mois. Ah, s'il n'était pas si abbakoumisé (*sic*) ; si on pouvait l'attraper ailleurs que dans les isbas, très confortables puisqu'il n'y a pas de punaises, mais qui sont tellement loin des grands boulevards… » L'été suivant, Pierre Pascal travailla matin et soir sur l'histoire des Vieux-Croyants, confiant à sa compagne ses doutes de chercheur sur l'authenticité de telle ou telle source[2]. Ce retrait mi-contraint, mi-volontaire dans l'étude fut un destin partagé, alors que les deux hommes ne semblaient plus en contact, par son ancien mentor Ivan Knijnik. Celui-ci se fit « historien érudit et talentueux » (selon sa notice nécrologique officielle) du mouvement révolutionnaire russe, de la Première Internationale et de la Commune de Paris, conservant toute sa vie les ouvrages de Bergson et de Berdiaev dans sa bibliothèque[3].

Ainsi se dessinait la configuration tant politique qu'intellectuelle et familiale, qui conduisit Pierre Pascal à rentrer en France. Le risque d'arrestation en fut un facteur clé, mais non le seul. Il prenait incontestablement moins de risques politiques, écrivant ainsi à Jenny s'être « sauvé » de l'Institut juste avant l'arrivée de Marcel Cachin et de Pierre Sémard, délégués du Parti communiste français au VIe congrès du Komintern en

---

1. Institut d'études slaves, lettre de Pierre Pascal à Evguenia Roussakova, 19 juin 1930. Pierre Pascal, *Avvakum et les débuts du Raskol*, *op. cit.*, p. 3-4 et sources p. 575 *sq.*

2. Institut d'études slaves, lettres d'Angelo Tasca, 19 septembre 1929, 24 septembre 1929 ; lettre à Evguenia Roussakova, 6 juillet 1930.

3. « Ivan Sergueevitch Knijnik Vietrov », nécrologie dans *Voprosy Istorii*, *op. cit.* Mikhaïl Agursky, *Ivan Knijnik Vietrov*, *op. cit.*

juillet 1928, « comme je ne tiens pas à leur serrer la main ni à faire scandale en leur tournant le dos ». Mais Pascal continuait à correspondre clandestinement avec Paris, malgré la réticence croissante des militants français à transmettre les lettres d'un « anarchiste ». Sa solidarité familiale et amicale demeura sans faille, comme le montrent sa correspondance poursuivie avec Panaït Istrati, sa mobilisation pour les Roussakov, ses interventions en faveur de Francesco Ghezzi. Celui-ci fut libéré début 1931 à la suite des campagnes menées par les milieux libertaires en France et en Belgique. En revanche, la situation des parents de Jenny et de Victor Serge restait précaire.

Y eut-il un signal direct plus inquiétant après le licenciement de l'Institut Marx-Engels ? Il est difficile de le dire, car aucun journal ou écrit personnel ne nous est parvenu de décembre 1929 à 1934. Pierre Pascal ne signala ni perte ni saisie ; il est donc probable qu'il cessa son activité de diariste, sans pour autant détruire ses lettres ni ses carnets. Il connaissait les pratiques du GPU, notant par exemple l'arrestation d'un anarchiste et la confiscation de sa bibliothèque. Mais une occurrence du 27 mai 1928 révèle aussi une certaine inconscience. Recevant une carte de Boris, « bien typique de notre temps », il reprit dans ses carnets les noms de code utilisés par Souvarine, tout en précisant : « moustachu = Staline[1] »... Rien ne montre que Pascal ait pensé qu'on pût lire ou saisir ses écrits personnels.

Après le choc du départ hâtif de Souvarine et de la condamnation puis de l'expulsion de Lazarévitch, il avait donc fallu six ou sept années de maturation pour que s'impose la décision de partir. Charles Pascal, profitant de la correspondance rétablie, n'avait pas manqué d'espérer dès l'automne 1925 que son fils vienne « prendre l'air de France » après le non-lieu rendu en sa faveur par le tribunal militaire. Il lui envoya l'annuaire de l'École normale supérieure et lui demanda de « réfléchir sérieusement » sur son avenir : « Tu trouverais facilement une fonction dans l'Université. (...) M. Boyer te trouverait quelque chose », avant de déplorer de nouveaux silences[2]. De son côté,

1. *Journal de Russie 1928-1929*, *op. cit.*, p. 229, 12 mai 1928 ; p. 252, 27 mai 1928.

2. Institut d'études slaves, lettres de Charles Pascal, 9 octobre 1925, 25 décembre 1926.

l'enfant d'Issoire marquait une discrète nostalgie du pays natal. Le 23 juillet 1929, il nota sans plus de commentaires : « Hier j'ai eu 39 ans : dont 13 en Russie, juste un tiers[1]. » Parallèlement, Pierre Pascal renoua avec certains amis et collègues rencontrés avant la Première Guerre mondiale. Le chemin fut marqué par une nette inflexion au tout début des années 1930. André Mazon revit pour la première fois en 1927 son ancien camarade, rencontré dans les bibliothèques de Saint-Pétersbourg en 1911. Leurs destins avaient dès lors divergé : en 1918, l'un était dans les prisons de Petrograd, l'autre au service du pouvoir bolchevique. Mazon était devenu professeur de langues et littératures slaves grâce à un poste créé en 1919 à l'Université de Strasbourg, et occupait depuis 1924 la chaire du même nom au Collège de France. Avec l'indianiste Sylvain Lévi et le physicien Paul Langevin, il animait depuis 1925 le Comité scientifique pour les relations avec la Russie[2]. Cette tentative pour rétablir des échanges universitaires sur une base politiquement neutre était soutenue par le Quai d'Orsay comme par la VOKS, qui canalisait ainsi les voyages des savants français en URSS.

Dans ce cadre, André Mazon effectua en 1927 une mission destinée à réorganiser les séjours d'étudiants russisants et à dynamiser l'enseignement du français en URSS. Il fut accueilli sans aménité par Pascal, qui s'indigna de l'invitation d'un homme qui avait, pensait-il, « travaillé activement avec les Cadets comme agent de l'ambassade ». À l'Institut Marx-Engels, les deux hommes discutèrent de l'enseignement du russe en France, mais Pierre Pascal trouva le professeur français « bourgeois et cadet comme il était[3] ». Si aucune correspondance ne nous est parvenue pour les deux années qui suivirent, il est clair qu'à l'automne 1930 Pierre Pascal, sincère ou opportuniste, avait rétabli avec son aîné de dix ans des rela-

1. *Journal de Russie 1928-1929, op. cit.*, p. 621, 23 juillet 1929.

2. Cf. Sophie Cœuré, « La langue russe et la "carte mentale" de l'Europe au XXe siècle. Réflexions sur l'exemple français », *Matériaux pour l'histoire de notre temps*, BDIC, n° 76, octobre-décembre 2004, p. 27-33. Grigori Bongard-Levin, Roland Lardinois, Anatoli Vigasin (éd.), *Correspondances orientalistes entre Paris et Saint-Pétersbourg (1887-1935)*, Mémoires de l'Académie des inscriptions et belles-lettres, n° 26, Paris, De Boccard, 2002.

3. *Russie 1927, op. cit.*, p. 18, 14 janvier 1927 ; p. 62, 4 mars 1927.

tions assez proches pour lui confier ses projets. André Mazon se mit au service de son jeune collègue pour lui permettre de s'inscrire à distance en doctorat. Il obtint du directeur de la VOKS, Fedor Petrov, une recommandation pour Pascal, « collaborateur de l'Institut Marx-Engels et l'un de nos collaborateurs », pour ses recherches sur « l'histoire économique de la Russie au XVIIe siècle[1] ». André Mazon plaça immédiatement le premier article universitaire de son collègue dans la *Revue des études slaves* et lui servit aussi d'intermédiaire pour renouer avec ses maîtres. Émile Haumant étant retraité, Pascal s'adressa à Jules Legras, toujours professeur en Sorbonne, qui accepta le projet d'une biographie d'Avvakoum comme thèse principale et d'une édition commentée de sa vie pour la thèse secondaire qui était demandée à l'époque. « Je me ferais un plaisir de vous guider dans la confection de vos si intéressantes études », lui écrivit-il en décembre 1930, après avoir dûment vérifié si son protégé était agrégé. La même année, Pierre Pascal revit son camarade de khâgne et d'École normale André Vaillant, en voyage d'études à Leningrad et à Moscou, et croisa sans doute Mazon lors de son retour en URSS en 1932[2].

Selon les souvenirs d'Evguenia Roussakova, c'est en 1931 que le couple aurait pris la décision de contacter l'ambassade de France pour lancer de discrètes démarches, appuyées sur des recommandations tant universitaires que politiques. Début 1932 en tout cas, le projet fut assumé et Pierre Pascal put écrire à son père : « Je ne voudrais pas te faire attendre des choses qui peuvent tarder, mais je crois bien que nous nous reverrons. C'est un projet que j'ai : seulement, il ne faut pas songer à une date précise, parce qu'il y a de grosses difficultés ici. Je ne travaille nulle part. Je fais des traductions à la maison, ce qui est assez avantageux et me laisse des loisirs. Ces loisirs, je les emploie à étudier l'histoire de Russie : j'ai même là-dessus

1. Institut d'études slaves, lettres d'André Mazon à Pierre Pascal, 11 novembre 1930, 14 novembre 1930, 26 décembre 1930. BDIC F delta res 883 (2-9), recommandation de Paul Langevin et d'André Mazon aux Archives centrales d'État, 15 novembre 1930.

2. Pierre Pascal, « Avant-propos », *Revue des études slaves*, « Mélanges André Vaillant », *op. cit.* Institut d'études slaves, lettres de Jules Legras à Pierre Pascal, 14 et 29 décembre 1930.

un sujet de thèse en vue, sur le 17e siècle[1]. » Georges Luciani joua un rôle important dans ce que Jenny évoqua comme de « périlleuses démarches ». « Le Guépéou ne tenait pas beaucoup à ce qu'un témoin de la valeur de Pierre s'en allât », écrivit-elle, certaine qu'on les aurait fait disparaître en cas de demande de passeport ordinaire, telle que celle qui avait été refusée à Serge.

Car la situation personnelle de Pascal était compliquée par son acceptation de la nationalité soviétique. Dès 1918, le gouvernement bolchevique avait accordé cette nationalité libéralement aux étrangers, tout d'abord dans le contexte du recrutement pour l'Armée rouge, puis dans le cadre de l'aide apportée aux exilés politiques, notamment les Italiens antifascistes. C'est comme interprète et membre du Secteur de presse de la délégation à la conférence de Gênes que Pascal avait reçu un passeport soviétique en 1922. En avril 1929, il avait même été convoqué pour être incorporé dans la réserve de la « milice ouvrière et paysanne » pour la défense de Moscou[2]. L'ancien officier, qui n'avait jamais renoncé formellement à sa nationalité de naissance, devait donc pourtant « se faire reconnaître comme Français » par le consulat avant d'aborder la phase « critique » de sa demande de départ.

Début 1931 au plus tard, Pierre Pascal reprit contact avec Paul Boyer. Son ancien professeur n'avait jamais voulu rompre les ponts, lui écrivant amicalement en 1926 : « Je n'ai jamais douté de vous. Vous n'avez jamais douté de moi. Et cela est bien ainsi. Mais pourquoi n'écrivez-vous pas ? Je ne vois jamais rien de vous. Comptez-vous revenir en France ? Avez-vous pu continuer de travailler pour vous-même ? Vous pouvez vous confier à moi : c'est ma fierté que de vous être demeuré fidèle et je garderai pour moi tout ce que vous me prierez de garder pour moi. Je crains qu'il n'y ait en vous beaucoup d'amertume, beaucoup de désillusion. L'honneur [n'est ?] qu'une pauvre créature débile et souvent asservie. Oh ! Comme j'aimerais à vous revoir, à entendre votre voix grave, lente, un peu sourde.

---

1. BDIC F delta res 883 (6-10), cahier de Jenny Pascal, mai 1937, *op. cit.* et (2-11), lettre de Pierre Pascal à Charles Pascal, 2 janvier 1932.

2. *Journal de Russie 1928-1929*, *op. cit.*, p. 514, 18 avril 1929, et BDIC F delta res 883 (2-7), convocation, 17 avril 1929.

Mais quand ?[1] » En 1931, Pascal se décida à lui répondre : « Vous avez peut-être cru que j'étais décidé à ne plus revoir les vieux maîtres et les vieux amis, peut-être même à ne plus jamais penser à eux. Mais, malgré les apparences, il n'en est pas tout à fait ainsi. Depuis 1916, le temps se fait long. Mon amour pour le pays, le peuple et la pensée russes n'a pas diminué, vous vous en doutez bien, mais j'en viens à un point où la vie ici me devient impossible, moralement bien entendu. Il faut que je m'en aille. En France, j'envisage comme raison d'être une thèse de doctorat dont tous les matériaux sont déjà réunis (...). » Pierre Pascal demandait très directement à Paul Boyer de « faire quelque chose » pour lui et de mobiliser ses « relations » parisiennes : « N'est-ce pas pour l'Université, pour les études russes que je rentrerai en France[2] ? » Comme en témoigne la réponse de son maître, il mit à son retour une « condition hautement honorable », l'autorisation de départ de sa compagne, Jenny.

Paul Boyer, titulaire de la chaire de russe mais aussi administrateur de l'École nationale des langues orientales depuis 1908, était resté depuis la guerre de 1914-1918 un expert apprécié du ministère des Affaires étrangères, au vaste réseau d'amitiés politiques européennes. Il répondit chaleureusement, malgré le long silence de son ancien élève. Le moment était favorable, avec le retour au pouvoir d'Édouard Herriot et l'ouverture de négociations qui devaient aboutir à la signature d'un pacte de non-agression franco-soviétique fin novembre 1932. Paul Boyer demanda à Herriot « de réclamer [Pascal] avec Mme Pascal "comme par-dessus le marché" au Pacte » et rapporta la réponse suivante : « Je fais le possible pour les Pascal. » La mobilisation d'André Mazon, de Paul Boyer mais aussi de Paul Langevin auprès du Quai d'Orsay pour ce « normalien vraiment digne de pitié » s'inscrivit donc dans les négociations franco-soviétiques. « Le gouvernement soviétique a dû céder

1. Institut d'études slaves, Archives Pascal, lettre de Paul Boyer à Pierre Pascal, 14 mars 1926.

2. Archives de l'Institut national des langues orientales, Paris, Dossier Pascal Pierre, Professeur de russe, lettre à Paul Boyer, 14 mars 1931, publiée dans Pierre Labrousse (éd.), *Deux siècles d'histoire de l'École des langues orientales*, Paris, Éditions Hervas, 1995, notice « Pierre Pascal », p. 133-134.

nos deux modestes individus en échanges d'avantages plus sérieux », écrivit Pascal à Romain Rolland. La rumeur circula en effet d'un échange entre Pascal et « un train entier de marchandises diverses[1] »... Quoi qu'il en soit, en juin 1931, un rapport de l'ambassade à Moscou établissait que le passeport soviétique de Pierre Pascal était non valable, puisque accordé avant la reconnaissance de l'URSS par la France. Le chargé d'affaires Jean Payart soulignait que le candidat au rapatriement « rendrait en France les plus grands services pour l'étude de la langue et de la littérature russes » et ajoutait : « Il semble bien revenu de ses illusions du début, et ne me paraît avoir d'autre désir que de quitter coûte que coûte l'Union. Il a été rayé des listes du Parti communiste et tout le monde dès lors le tient ici à l'écart, craignant sans doute la contagion de la défiance où le tiennent les autorités soviétiques. » En décembre 1932, l'ambassadeur soviétique à Paris Valerian Dovgalevski téléphona personnellement pour annoncer l'octroi du visa, tandis que Jenny reçut au début de l'année suivante le précieux passeport soviétique[2]. En janvier, Pascal fit établir une quittance par son dernier employeur, la VOKS. Le Komintern, consulté, produisit une petite note rappelant ses états de service, indiquant qu'il « s'orientait vers un retour en France » et concluant : « a pris brutalement des dispositions antisoviétiques, connaît l'anarchiste Nikolaenko[3] ». En février, il épousa Evguenia Roussakova et fit enregistrer cette union par l'ambassade de France à Moscou[4]. Le 4 mars 1933, Pierre et Jenny quittèrent Moscou pour Paris.

1. Pierre Labrousse (éd.), *Deux siècles d'histoire de l'École des langues orientales*, *op. cit.*, notice « Pierre Pascal », p. 133-134. Cf. BDIC F delta res 883 (2-8), Pierre Pascal, copie de lettre à Romain Rolland, 21 avril 1933.

2. Archives diplomatiques françaises, série Europe, sous-série URSS 1074, p. 175-181 : interventions pour le retour de Pierre Pascal.

3. RGASPI, Fonds 495, op. 270, d. 6147, dossier de Pierre Pascal.

4. BDIC F delta res 883 (2-12), quittance de traducteur pour la VOKS, 7 janvier 1933. Traduction du certificat de mariage, 8 février 1933, extrait du registre de l'état civil de l'ambassade de France à Moscou pour l'année 1933.

Retrouver la France et l'Université

Faut bien s'emm... un peu dans l'existence quand la carrière en dépend.

Lettre d'André Vaillant à Pierre Pascal,
20 juin 1933

« *Retour à l'Occident* » : *fermer une parenthèse ?*

Après quelques jours de voyage et une étape à Varsovie, les deux époux retrouvèrent, à quarante-deux ans et vingt-huit ans, une France bien étrangère. Par le filtre de la presse soviétique, par les quelques journaux français qui leur parvenaient encore, par les conversations avec leurs visiteurs du Petit-Paris, ils avaient certes appris les grands tournants de la vie politique et économique, la défaite du Cartel des Gauches, le retour aux affaires de Poincaré, l'échec de la tentative réformatrice de Tardieu puis de l'alternative incarnée par Édouard Herriot avec l'élection d'un fragile gouvernement Daladier. Ils savaient que la reconstruction économique et diplomatique du pays était de nouveau ébranlée par la crise internationale du début des années 1930. Mais ils devaient réapprendre à vivre dans une société qui avait profondément bouleversé en vingt ans, par-delà la stabilité apparente des institutions, ses pratiques politiques comme ses paysages urbains, ses modes vestimentaires, ses références culturelles. À propos de sa rencontre amicale avec Brice Parain en 1933, Pierre Pascal évoqua ainsi sa position décalée dans l'intelligentsia parisienne, de retour d'URSS « où je n'avais eu que très peu de connaissances avec le monde occidental, (...) je me suis trouvé par rapport à lui dans une situation d'archaïsme qui peut se mesurer au fait que j'ignorais totalement Proust et Gide – et dont je n'ai d'ailleurs pas jugé nécessaire de sortir[1] ».

Depuis le milieu des années 1920, les pèlerins vers le nouveau monde soviétique étaient nombreux. De plus en plus rares furent les communistes, responsables ou simples militants, qui

1. Pierre Pascal, « Le sage de l'assemblée », nécrologie de Brice Parain pour *La Nouvelle revue française*, n° 223, juillet 1971, p. 17-22.

parvinrent à franchir la frontière dans l'autre sens. Victor Serge publia dès son arrivée en 1936 ses impressions sur ce « retour à l'Occident[1] ». Pierre Pascal quant à lui ne souhaita pas témoigner sur ce parcours Est-Ouest, ni épiloguer sur le paradoxe de devoir son salut à l'alliance entre une URSS stalinienne, dans laquelle il ne se reconnaissait plus, et une France bourgeoise autrefois tant honnie.

Il avait, en un sens, échoué, après avoir tant voulu « être russe », moins par ses amitiés restées largement cantonnées aux milieux internationalistes que par la culture et la langue parfaitement maîtrisée, par l'immersion dans les campagnes, par les mœurs et même par le vêtement. Si plusieurs voyageurs en URSS ironisèrent férocement sur le port des bottes ou de la tunique du moujik par des communistes français tout juste débarqués à Moscou, cette même attitude n'avait jamais suscité de moquerie envers Pascal. En 1933, il reprit le costume et le chapeau du bourgeois parisien et dut, pour reconstruire sa vie familiale, professionnelle et intellectuelle, montrer rapidement qu'il n'avait pas oublié les règles du jeu social.

À son arrivée à Paris, le 8 mars 1933, le couple fut accueilli par Charles et Lydie Pascal, qui vivaient désormais dans le quinzième arrondissement. Le fils prodigue reprenait des relations apparemment sans heurts avec des parents qui avaient malaisément accepté son engagement, répondant enfin aux vœux de son père pour la nouvelle année 1933 : « que tu endosses l'habit noir pour comparaître devant ces messieurs de la Sorbonne et défendre ta thèse sur… je ne sais quel sujet[2] ». Il se coula dans le rythme familial des étés passés dans le Cantal, dans la maison de son père à Lascelle. Jenny rendit plusieurs visites à sa sœur Rachel à Marseille, unique lien familial qu'elle avait en France. En revanche, son mari ne sembla guère renouer de relations étroites avec ses frères. Jacques, l'aîné, son correspondant privilégié des années de guerre, était devenu rédacteur au ministère des Travaux publics à Paris. Roch gérait un domaine agricole au Maroc. Henri, le plus jeune, filleul de Pierre Pascal

1. Victor Serge, « Retour à l'Occident », article dans *La Wallonie*, 12-13 juin 1936, in *Retour à l'Ouest. Chroniques (juin 1936-mai 1940)*, éd. par Anthony Glinoer, Marseille, Agone, 2010, p. 1-4.

2. Institut d'études slaves, lettre de Charles Pascal, 22 décembre 1932.

qu'il « n'avait pas vu grandir » comme l'avait souligné sa mère, travaillait lui aussi dans une exploitation du Sud-Ouest, après avoir achevé une école d'agronomie. C'est de ce cadet qu'il se rapprocha le plus. En juin 1934, Henri se noya dans le Tarn et Pierre Pascal confia sa peine et sa méditation sur la mort, « incompréhensible à en faire chavirer la raison », à Nicolas Lazarévitch, qui venait de perdre lui aussi son frère cadet, malade depuis longtemps à Moscou : « Je l'avais connu tout petit et retrouvé pour si peu de temps ! Il était bon, réfléchi, modeste, aimant la vie saine de la campagne[1]. »

Il n'était pas aisé de retisser les liens familiaux, distendus par tant d'années d'éloignement et de mésentente politique. Pierre et Jenny Pascal semblaient en revanche plus impatiemment attendus par les membres du réseau amical formé à Moscou. Dès janvier 1933, Caroline et Carol Hofberger apprenaient joyeusement l'arrivée du parrain de leur fils : « Hip ! Hip ! Hip hourra ! et *viva la liberta* ! » Roseline Leclercq l'invita dans le Jura pour « réapprendre le Pascal réel et vivant[2] ». Ces prévisions optimistes n'empêchèrent pas la réadaptation à la vie parisienne – que Jenny, Marseillaise jusqu'en 1919, n'avait que brièvement connue en 1925 – d'être parfois difficile. Marcel Body avait vécu cette expérience peu d'années auparavant. Quelques jours après leur arrivée, il écrivait son impatience et anticipait des sentiments mitigés envers la patrie retrouvée : « Cher Pierre, chère Jenny. Je vous salue sur cette terre de France, terre maudite qui a malheureusement ses charmes[3]. » Angelo Tasca, deux fois réfugié politique et toujours « déraciné », « ballotté », évoqua son désir de « renouer les entretiens si bienfaisants du *Leontevsky pereoulok* », cette « atmosphère donnée, où les mots résonnent autrement que dans les rapports quotidiens, une sorte d'ivresse lucide qui profite et de l'intelligence et de l'intimité » qu'il opposait à sa déception devant les amitiés établies « sur le plan français ».

1. *Ibid.*, lettres de Charles et Lydie Pascal, *passim* pour les nouvelles familiales. BDIC F delta res 883 (2-13), lettre de Pierre Pascal à Nicolas Lazarévitch, 25 novembre 1934.

2. Institut d'études slaves, Archives Pascal, lettre de Roseline Leclercq, 29 avril 1933.

3. *Ibid.*, lettre de Marcel Body, 16 mars 1933.

Tasca diagnostiquait alors un sentiment partagé : « Vous aussi je vous sens comme encore dépaysés[1]. »

D'autres amis plus anciens se manifestèrent très vite, tels André Vaillant ou Raoul Labry, devenu professeur de russe à l'Université de Lille : « Enfin te voilà. Mazon me donne ton adresse. Ce billet veut aussitôt t'y apporter mes souvenirs passés, fervents, avec mes souhaits de bienvenue. Notre amitié du Petrograd de 1916 et 1917 m'est restée particulièrement chère. Et tu as toujours en [mémoire ?] mes rêves de Russie. Je voudrais bien te voir. D'abord pour te voir tout simplement et connaître ta *nastroïenie* [ton humeur] présente. Pour causer ensuite du pays que tu quittes. (...) Je te serre bien affectueusement les mains, vieux camarade, en te souhaitant un renouveau apaisant de ta vie[2]. » Les Mazon se rapprochèrent du couple Pascal. Jeanne Mazon tenta de consoler Jenny, lorsqu'elle lui confiait sa peur de la solitude : « Vous, enfant des révolutions, élevée au milieu des événements tragiques et des dangers...[3] » Tous les proches proposaient leur aide, morale et matérielle. À Varsovie, Pascal avait trouvé 10 000 francs que Georges Luciani avait déposés pour lui, en échange des articles écrits sous son nom[4]. Avec sa compagne Colette Peignot, Boris Souvarine prit en main la recherche d'un logement tout près de celui qu'ils partageaient désormais à Neuilly. C'est lui qui trouva l'appartement de la rue Hervieu, devenue rue du Général-Cordonnier, que les époux Pascal louèrent jusqu'à la fin de leur vie[5]. Ils n'avaient donc pas donné suite au rêve d'Angelo Tasca : « prendre appartement en commun square de Port Royal près de chez les Julien », et recréer ainsi « l'atmosphère de *Leontevsky pereou-*

1. *Ibid.*, lettre d'Angelo Tasca, 26 août 1933.

2. *Ibid.*, lettre de Raoul Labry à Pierre Pascal, sans date, « ce jeudi ».

3. *Ibid.*, lettre d'André Vaillant à Pierre Pascal, 17 mars 1933 ; lettre de Jeanne Mazon à Jenny Pascal, 21 septembre 1934 et correspondance *passim.*

4. BDIC delta res 883 (6-10), cahier de Jenny Pascal, 1937, et lettre de Georges Luciani à Pierre Pascal, 5 mars 1937.

5. Institut d'études slaves, Archives Pascal, carte de Boris Souvarine à Jenny, 2 mai 1928 ; lettre s. d. de Boris Souvarine. Cf. aussi Laure Colette Peignot, *Une rupture (1934). Correspondances croisées de Laure avec Boris Souvarine, sa famille, Georges Bataille, Pierre et Jenny Pascal, Simone Weil*, éd. par Anne Roche et Jérôme Peignot, Paris, Éditions des Cendres, 1999.

lok[1] ». Il s'agissait ensuite de stabiliser la situation matérielle d'un homme qui n'avait jamais travaillé en France. L'ancien « contumax » dut d'abord se mettre en règle avec les autorités militaires[2]. Lorsqu'il chercha à reprendre contact avec son ancien supérieur le général Lavergne, celui-ci lui répondit froidement qu'il le reverrait s'il se mettait en règle avec les lois françaises, « en espérant que vous êtes rentré non seulement définitivement en France, mais surtout dans le giron national[3] ». Ce fut fait en 1935 : Pascal, convoqué dès juin 1933, passa par le centre de mobilisation, et fut nommé lieutenant de réserve, avec cette sobre appréciation de l'officier responsable : « Envoyé en mission en Russie, n'est pas rentré après la guerre. N'est rentré en France qu'en juin 1933 sans qu'il soit possible de connaître l'emploi de ses années en Soviétie (barré URSS). Actuellement littérateur à Neuilly-sur-Seine. »

Un relatif anonymat politique

L'armée ne se fiait pas à l'implantation légale du PCF et restait hantée par le spectre de la possibilité d'un complot communiste secrètement organisé par l'URSS et l'Allemagne, alliées depuis 1922, malgré l'affaiblissement électoral et la baisse des effectifs du PCF en ce début des années 1930[4]. Les autorités militaires et politiques qui surveillaient de près le Parti ne virent pourtant aucun danger dans le retour d'un homme lié à une génération de militants marginalisés par la bolchevisation et par l'échec de l'Opposition trotskiste. Le parcours de Pierre Pascal avait été suivi d'assez près. Un dossier de surveillance avait été ouvert à son nom en 1923 par les Renseignements généraux de la préfecture de police de Paris. Après avoir mentionné ses états de service militaires et son

1. *Ibid.*, lettre d'Angelo Tasca à Jenny Pascal, 19 septembre 1933.
2. SHD, 8 Ye 12337, Dossier d'officier de Pierre Pascal.
3. BDIC F delta res 883 (2-12), lettre de Charles Lavergne à Pierre Pascal, 12 juillet 1933.
4. Georges Vidal, « Les chefs de l'armée française face au communisme au début des années 1930 », *Vingtième Siècle. Revue d'histoire*, vol. 2, n° 70, 2001, p. 117-125. Cf. également Frédéric Monier, *Le Complot dans la République. Stratégies du secret de Boulanger à la Cagoule*, Paris, La Découverte, 1998.

départ en Russie, le rapport ajoutait : « Dans ce pays il assista aux événements révolutionnaires et quand la mission fut rappelée en France il resta en Russie. Pascal fit l'objet d'un mandat d'amener du 2e Conseil de Guerre de Paris en date du 23 avril 1921 pour intelligence avec l'ennemi. Son attitude fut jugée sévèrement par la Presse qui le représentait comme "traître". Après le départ de la Mission française d'URSS, M. Pascal entra au commissariat des Affaires étrangères et il devint l'un des collaborateurs les plus dévoués de Tchitcherine. Il écrivit plusieurs ouvrages sur la Révolution russe[1]. »

Le dossier mentionnait également que « Mlle Roussakof Jenny, âge 22 ans, y[eux] marrons, taille 1 m 65, cheveux noirs coupés court, visage rond coloré, vêtue d'un manteau marron foncé avec fourrure aux poignets et au col, coiffée d'un chapeau en feutre noir », avait été surveillée dès son arrivée à Marseille en février 1925, en raison de la « propagande bolcheviste » menée par son père en 1918, puis une note des RG des Bouches-du-Rhône la signalait comme étant une « fervente admiratrice du régime bolchevique ». Jenny avait donc été suivie alors qu'elle logeait chez les parents de Boris Souvarine, Kalman et Mina Lifschitz. La filature ne fut guère concluante, mis à part le constat d'une « vie des plus irrégulières » : « On la voit en compagnie de Boris Souvarine, en compagnie duquel on croit qu'elle fréquenterait le soir les réunions politiques où elle sténographierait les discours des orateurs. Elle rentre généralement chez elle entre minuit et trois heures du matin. À son domicile, elle ne se livre à aucune propagande et ne reçoit ni visite, ni correspondance[2]. » En 1935, à l'occasion du dépôt par Evguenia Roussakova d'une demande de naturalisation, le cas de Pierre Pascal attira de nouveau l'attention des policiers, qui ne jugèrent apparemment pas utile d'engager une surveillance active, se contentant de compléter le dossier.

Sans intérêt majeur pour la police, Pierre Pascal s'était également effacé de la scène publique depuis son apparition dans les médias en 1919-1922. Il avait certes connu le rare

1. Archives de la préfecture de police de Paris (APP), GA P7 (dossier 43 798 Pierre Pascal).

2. *Ibid.*, Rapports Mlle Roussakof Jenny et Josselewitch Eugénie, dite « Roussakova Jenny ».

honneur de devenir de son vivant un personnage de roman, après sa rencontre avec le médecin Étienne Burnet. Alors sous-directeur de l'Institut Pasteur de Tunis, et auteur d'un premier roman sur les émigrés russes en Afrique du Nord, *Loin des Icônes*, inspiré par les origines de son épouse, celui-ci avait rencontré Pierre Pascal à l'occasion d'une mission de la Société des nations en URSS en décembre 1923 et avait gardé une forte impression de cette rencontre, lui écrivant des lettres admiratives. *La Porte du Sauveur. Vision de Moscou*, publié en 1926, mettait en scène Lisa, étudiante émigrée de retour en URSS en 1923. Avant de périr seule, faute d'avoir pu choisir entre les milieux soviétiques et les « émigrés de l'intérieur », elle rencontrait un « Français de petite taille, vêtu à la russe », qui lui expliquait les événements de 1917 : « Son idée, c'est que la révolution russe accomplit ce que le christianisme et la Révolution française n'ont pu achever[1]. »

À la fin des années 1920, la figure de l'intellectuel communiste et chrétien apparut encore épisodiquement en France, en décalage avec la discrétion observée par Pierre Pascal sur ce thème à Moscou. En 1928, l'étudiant protestant et futur instituteur Jacques Galienne, secrétaire du groupe parisien de l'éphémère Union communiste spiritualiste, confiait à Jules Humbert-Droz : « Le fait qu'il y a à Moscou des hommes comme vous ou Pierre Pascal (à qui je viens d'écrire) nous est une preuve de plus que nous avons raison d'aller vers le communisme par idéal religieux[2]. » Son jeune admirateur écrivit à Pascal, qui qualifia à cette occasion les chrétiens communistes de « naïfs » : « Les malheureux retardent formidablement[3]. » Pour lui, l'opportunité ouverte en 1917 en Russie par la rencontre du communisme avec le christianisme du peuple russe était donc définitivement condamnée. Il s'était montré tout aussi désabusé en notant la persistance de son image de

1. Institut d'études slaves, Archives Pascal, lettres d'Étienne Burnet à Pierre Pascal, 12 janvier 1924, 4 avril 1924. Étienne Burnet, *La Porte du Sauveur*, Paris, Rieder, 1926, p. 140-144.

2. André Lasserre, Bernhard Bayerlein (éd.), *Archives de Jules Humbert-Droz, t. 4 (Engagements à travers le monde. Résistances, conciliations, diffamations)*, Amsterdam-Zurich, Chronos Verlag, 2001, p. 98, lettre de Jacques Galienne, 15 mars 1928.

3. *Journal de Russie 1928-1929*, *op. cit.*, p. 345, 4 octobre 1928.

militant fondateur du communisme français chez un jeune « intellectuel enthousiaste », venu à l'Académie communiste et de passage à l'Institut Marx-Engels : « qui rappelle les "héros", Sadoul, Guilbeaux, Pascal ! et qui me regarde avec admiration. (...) Il est persuadé dur comme fer qu'on est sur la voie socialiste : maisons ouvrières, fabriques à l'État. Il ne voit rien, rien des réalités[1] ». L'exemple du « catholique Pascal » fut encore mobilisé par le député communiste André Berthon, que Pascal avait rencontré à Gênes, à l'occasion de la discussion à la Chambre sur la loi d'amnistie, promesse électorale du Cartel des Gauches, puis, en 1925, lors de l'acquittement de Sadoul[2].

En 1926 et 1927, *L'Humanité* conseilla à ses lecteurs l'achat d'une carte de l'URSS réalisée avec la collaboration de Pascal, présenté comme étant « sans aucun doute le Français qui connaît le mieux la Russie nouvelle », et la lecture des Œuvres de Lénine annotées par ses soins[3]. Malgré la publication de récits de voyage par des intellectuels plus proches de la ligne du Parti, son rôle aux débuts de la révolution continua donc à lui valoir une place de témoin privilégié. Petit à petit cependant, le communisme français effaça la figure de Pierre Pascal. Ainsi, Marcel Cachin prit acte avec retard de la disgrâce de l'ancien secrétaire du Groupe communiste français. En 1928, il signala : « C'est toujours Pascal qui traduit les œuvres de Lénine avec le même cœur et le même zèle. Il est attaché à l'Institut Marx-Engels. » Mais en 1931, à l'issue d'une rencontre avec des amis communs, le juriste Nicolas Roussanov et son épouse française Marcelle, il lui attribua une influence négative sur les Français de Moscou[4]. Son rôle d'intermédiaire auprès des visiteurs trotskistes pendant les fêtes d'Octobre 1927 étant certainement connu, la presse communiste fit silence sur le cas d'un « adversaire actuel de la politique russe[5] », sans toutefois le dénigrer.

---

1. *Russie 1927*, *op. cit.*, p. 190, 4 septembre 1927.
2. *L'Humanité*, 17 décembre 1924, « La Chambre amnistie Sadoul. Elle refuse la grâce amnistiante aux contumaces : avec Guilbeaux, ils sont des milliers. »
3. *L'Humanité*, « La bibliothèque du militant », 11 décembre 1926, 29 janvier 1927 ; « Une carte murale en couleurs de l'URSS », 5 avril 1927.
4. Marcel Cachin, *Carnets, t. 3 (1921-1933)*, *op. cit.*, p. 509, 31 août 1928 ; p. 641, 23 mars 1931.
5. *L'Humanité*, 8 août 1927, « Le congrès de la Fédération de l'enseignement ».

Panaït Istrati rendit hommage au « courageux amphitryon du Petit-Paris » dans « L'affaire Roussakov ou l'URSS d'aujourd'hui », article publié dans *La Nouvelle revue française* avant d'être inclus dans l'ouvrage *Vers l'autre flamme*[1]. Mais c'est l'écrivain roumain déçu par l'URSS qui concentra les féroces attaques de *L'Humanité* à partir de 1929. Dans une politique d'influence de plus en plus organisée, les rôles avaient été en effet distribués entre, d'un côté, les militants et dirigeants membres du Parti et, de l'autre, les intellectuels « compagnons de route » dont Moscou attendait, en retour de confortables invitations par la VOKS, des récits de voyage élogieux. Avant Gide, Istrati fut le premier à payer, pour avoir refusé cet échange implicite de bons procédés, un prix d'autant plus élevé qu'il n'était protégé par aucune célébrité ou position académique en France.

Pascal était devenu une figure secondaire, même si, peu de temps avant son arrivée, le procès Guilbeaux réveilla le souvenir du Groupe communiste. Rentré de Berlin fin 1932 après avoir rompu avec le PCF, l'ancien directeur de la revue *Demain* se constitua prisonnier et fut de nouveau jugé, après sa première condamnation par contumace, par le tribunal militaire de Paris. *L'Humanité* se démarqua de ce « traître au Parti communiste et à la classe ouvrière », « individualiste et dilettante[2] ». Guilbeaux publia à cette occasion ses souvenirs, *Du Kremlin au Cherche-Midi*, dans lesquels il traçait le portrait de l'ex-secrétaire du Groupe communiste. La presse de droite ne laissa pas passer l'occasion de réveiller l'opinion anticommuniste par les souvenirs de la guerre civile russe. *Le Figaro* dénonçait ainsi le « sadisme de tortionnaire » d'Henri Guilbeaux : « Et, dans la Russie rouge et sanglante, il trônait, signait des mandats d'arrêt, des bons de réquisitions, s'emparait de l'argent des Français déposé au Consulat de France. Il avait avec lui Sadoul et Pascal, resté au pays bolcheviste. Il fut l'homme de la Tcheka et des bourreaux. Cela suffit, c'est une

1. Panaït Istrati, *Vers l'autre flamme. Après seize mois dans l'URSS*, *op. cit.*, p. 161.

2. *L'Humanité*, 19 août 1932, « H. Guilbeaux, condamné à mort par le 3e conseil de guerre, s'est constitué prisonnier » ; « H. Guilbeaux comparaît aujourd'hui devant les "juges" du Cherche-Midi », 24 janvier 1933.

trahison, cela[1]. » Le journal ironisait sur la pose d'un intellectuel irresponsable, « dilettante et poète ». Henry Torrès obtint pourtant l'acquittement de son client, grâce notamment à la mobilisation habile de Paul Langevin, savant célèbre et défenseur du rapprochement avec l'URSS, qui fit de Guilbeaux, pacifiste, un précurseur de cette alliance.

Petites et grandes politiques universitaires

Sa discrétion bénéficia ainsi au rapatrié de Russie. Les peurs exprimées par son père en 1932 – « Il faut évidemment t'attendre à des attaques[2] » – se révélèrent dans un premier temps sans fondement. Si réticences politiques il y eut face au retour de Pierre Pascal dans la profession universitaire, elles ne pesèrent pas face aux réseaux qu'il sut rapidement mobiliser. Son rapide rétablissement professionnel contrasta tant avec les obstacles mis à la carrière de Raoul Labry entre 1920 et 1922 qu'avec les difficultés rencontrées par ses amis[3]. Marcel Body, correcteur d'imprimerie, Nicolas Lazarévitch et Carol Hofberger, respectivement ouvrier électricien et régleur, purent retrouver un travail malgré les obstacles opposés aux étrangers, aux salaires plus faibles et premiers licenciés lors de la grande crise. Les intellectuels Souvarine et Tasca se trouvèrent plus démunis. En l'absence de tout diplôme français, ces anciens permanents du communisme international durent trouver des ressources toujours irrégulières dans la presse, l'édition ou la documentation.

Pierre Pascal quant à lui retrouva sa place dans un monde universitaire qui ne l'avait pas oublié. Au printemps 1918, Charles Pascal lui avait confié l'information suivante : « Il paraît que tu serais nommé depuis quelque temps déjà professeur de langue et de littérature russes à la faculté de Lyon[4]. »

1. *Le Figaro*, 27 janvier 1933, « L'homme de la Tcheka », par Georges Claretie.

2. Institut d'études slaves, Archives Pascal, lettre de Charles Pascal du 22 décembre 1932.

3. Pierre Pascal, nécrologie de Raoul Labry, *Revue des études slaves*, t. 28, 1951, p. 129-137.

4. BDIC F delta res 883 (1-7), lettre de Charles Pascal, 7 juin 1918, lettre de Paul Bastid, 21 avril 1918. Institut d'études slaves, Archives Pascal, lettre de

Paul Boyer avait-il « réservé » à son élève, camarade de son fils disparu, la nouvelle chaire qui, dans les faits, fut ouverte en 1921 et confiée à Jules Patouillet, l'ancien directeur de l'Institut français de Saint-Pétersbourg ? Rien n'en témoigne dans les dossiers du ministère de l'Éducation nationale. Il est toutefois important que Pierre Pascal et son entourage l'aient pensé. Les allusions obstinées des lettres de Charles Pascal à la brillante carrière qui attendait son fils irritaient un jeune homme qui n'envisagea que tardivement et douloureusement le retour en France. Alors qu'en URSS il était marginalisé de manière croissante par un système qui soumettait les intellectuels à la commande d'État, ses acquis scolaires facilitèrent pourtant la reconversion de l'agrégé de 1913.

L'entrée au sein de l'alma mater ne fut pas pour autant aisée. Il lui fallait surmonter des obstacles administratifs, et obtenir dans le même temps un recrutement universitaire fondé sur la cooptation. À son arrivée, Pierre Pascal eut recours aux mêmes expédients que ses anciens camarades à la recherche d'activités rémunérées. Boris Souvarine tenta en vain de faire accepter à l'éditeur Bernard Steele une traduction des Mémoires de l'écrivain russe d'origine ukrainienne Vladimir Korolenko, publiés en 1922 : « Le retour à Paris de mon ami Pascal, après dix-huit ans de vie en Russie, et sa situation difficile dans l'attente d'une chaire de professeur de russe, m'ont suggéré l'idée de vous proposer cette publication que pourrait en faire Pascal. Il n'y a pas de meilleur traducteur[1]. » André Vaillant fut plus efficace en lui confiant la traduction rémunérée d'un texte en vieux-russe inspiré de Flavius Josèphe, « La prise de Jérusalem par Josèphe le Juif », dont l'édition était préparée à l'Institut d'études slaves et dont le premier tome parut en 1934[2]. Dans le même temps, Pierre Pascal rencontrait Brice Parain, son cadet de sept ans, normalien comme lui. Agrégé de philosophie, Parain, mû par une « fringale d'action rapide », avait travaillé

Charles Pascal, avril 1919. Cf. aussi André Mazon, « Avant-propos », *Mélanges Pierre Pascal, Revue des études slaves*, t. 38, 1961, p. 15.

1. Institut d'études slaves, Archives Pascal, lettres de Boris Souvarine à Bernard Steele, 22 et 26 mars 1933.

2. *Ibid.*, correspondance André Vaillant et André Mazon, *passim*, juillet 1933-1935.

pour la commission franco-russe qui négociait la dette tsariste, puis avait été nommé en 1925-1926 par l'ambassadeur Herbette « attaché intellectuel » en URSS. C'est à Moscou qu'il avait épousé la dessinatrice Natalia Tchelpanova, qui devint sous le nom de Natacha Parain une illustratrice renommée de livres pour la jeunesse aux Éditions du Père Castor, imprégnant des générations de petits Français du style de l'avant-garde russe. Les deux couples franco-russes se lièrent rapidement à Paris[1]. Brice Parain était depuis son retour secrétaire de la direction littéraire des Éditions Gallimard, chargé notamment de la littérature russe. Il confia à son ami sa première traduction littéraire d'un auteur aimé et lu depuis de longues années, *L'Adolescent* de Dostoïevski, également publiée en 1934. L'année suivante, Pascal accepta de rédiger les notices « Gorki » et « Littérature russe » pour l'encyclopédie mensuelle Larousse.

Mais l'objectif de Pierre Pascal restait l'Université. Pour ce faire, il lui fallut d'abord être inscrit sur une liste d'aptitude à l'enseignement supérieur. Le ministère de l'Éducation nationale sollicita sans surprise l'expertise du titulaire de la chaire de langue et littérature slaves de la Sorbonne, Jules Legras. Le curriculum vitae envoyé par le postulant et le rapport de son directeur de thèse inaugurent une série de productions biographiques et autobiographiques dans lesquelles l'engagement politique de Pierre Pascal fut réinterprété, voire effacé. Dans son CV, Pascal sauta tout simplement de 1918 à 1933, tandis qu'il précisa dans sa lettre au ministre : « Reçu en 1910 à l'École normale supérieure, en 1913 à l'agrégation des lettres, diplômé de l'École des langues orientales vivantes, ayant séjourné en Russie de 1916 à 1933, je me suis spécialisé dans l'étude de la langue, de la littérature et de la civilisation russes[2]. » Le professeur Legras quant à lui ne fit pas l'impasse sur un itinéraire atypique, qu'il relia à son propre cas :

> Élève de l'École normale de 1910 à 1913, brillant agrégé des Lettres en 1913, M. Pascal s'était pris d'intérêt pour la Russie après avoir lu un livre sur ce pays qu'il avait reçu en prix. Il résolut

1. Marianne Besseyre (dir.), *Brice Parain, un homme de parole*, Paris, Gallimard-BNF, 2005. Pierre Pascal, nécrologie de Brice Parain, *op. cit.* Archives nationales, AJ 62 13, chaires de russe, candidatures 1937, CV de Brice Parain.

2. Archives nationales, F 17 27756, dossier de Pierre Pascal au ministère de l'Éducation nationale.

> d'apprendre le russe et obtint à l'École des langues orientales son diplôme de 3e année. Une occasion d'aller en Russie lui fut offerte pendant la guerre : il fut en effet attaché à la Mission française au Grand quartier russe. Il est resté en Russie par curiosité sympathique pour une révolution établie sur un plan nouveau, et, quand il a vu comment elle tournait, il n'a plus eu la possibilité de revenir en France. Si pareille aventure ne m'est pas arrivée, à moi qui étais devenu un officier russe et même, par la force des choses, un officier bolcheviste, c'est que l'âge m'a donné un scepticisme plus prudent et que je me suis « débrouillé » pour partir avant que l'expérience révolutionnaire fût complètement dessinée. Je suis donc à même de comprendre comment M. Pascal a été victime de sa générosité et ce qu'il a souffert là-bas avant de pouvoir nous être rendu[1].

En écho aux explications des égarements du normalien communiste proposées au début des années 1920, Legras excusait son choix par sa jeunesse et sa russophilie. Il n'oublia pas cependant de donner des gages de compétences, appuyés sur sa lecture du premier article de Pierre Pascal dans la *Revue des études slaves* et la lecture des premiers chapitres de sa thèse, justifiant ainsi son avis très favorable : « Nous ne sommes donc pas ici en face d'un débutant plus ou moins timide et hésitant. M. Pascal est en pleine maîtrise de sa méthode scientifique. Nous sommes sûrs d'acquérir avec lui, s'il est quelque jour pourvu d'un poste, un écrivain de talent et un professeur qui saura se faire écouter et agir utilement sur ses étudiants. » De même que Legras, Paul Boyer également sollicité appuyait sa recommandation sur l'interconnaissance : « P. Pascal, ancien élève du cours de russe des Langues O, se classe au premier rang des slavistes français[2]. »

Dès le 26 octobre 1933, Pascal fut agréé parmi les membres de l'Institut d'études slaves, sur la recommandation de Paul Boyer et d'André Mazon. André Vaillant, socialiste plutôt favorable à l'URSS, surmonta leurs différends politiques et s'employa à « réacclimater » son ami Pascal dans le milieu des slavisants. Il le conseilla avec l'humour un peu potache et sans détour qu'il devait à son camarade de promotion. En mai 1933,

1. *Ibid.*, rapport de Jules Legras au ministre, 6 novembre 1933.
2. *Ibid.*, note manuscrite sur la lettre de Pierre Pascal.

il organisa pour lui une conférence sur la réforme morale et religieuse en Russie au XVIIe siècle à l'École des langues orientales : « Tous nos spécialistes viendront », souligna-t-il. Il ajouta : « Boyer y assistera et je serai heureux que tu t'affirmes devant lui, particulièrement comme connaisseur du cléricalisme russe, puisque Boyer a toujours eu un faible pour les histoires de curés et de militaires[1]. » Un mois plus tard, Vaillant précisait ses conseils tactiques : « Hier on a parlé de toi à la réunion de l'Institut d'études slaves. On a salué ton retour mais le bon Legras, d'un air d'enfant boudeur, a pleurniché qu'il ne t'avait pas encore vu et, ce qui est plus grave et appelle vérification, a assuré qu'il y avait eu des difficultés à l'enregistrement de ta thèse en Sorbonne. Donc, va voir Legras, et passe en Sorbonne. Avec Legras, des prévenances et ça suffit. (...) Ta canne et tes gants, et une visite à cette vieille fille de province, dont l'héritage n'est pas méprisable (il ira à Labry, mais ensuite ?). » Il suggérait à Pascal dans la même lettre de fréquenter plus assidûment les réunions du lundi à l'Institut : « Mazon et moi désirons que tu fasses ta cour à Boyer et entretiennes la bonne impression que lui a faite ta communication de la fois dernière. Faut bien s'emm... un peu dans l'existence quand la carrière en dépend[2]. »

Moquant André Mazon et ses voyages en Europe centrale pour « porter le drapeau de la slavistique française », Vaillant ignorait sans doute la protection paternelle que Boyer réservait à son ancien élève depuis de longues années et les relations amicales qui s'étaient instaurées entre les deux couples lors des « buffets du dimanche » organisés par madame Boyer. Il avait en revanche raison de souligner la susceptibilité de Jules Legras, qui accueillit assez froidement un étudiant de quarante-trois ans, susceptible de devenir rapidement un concurrent. Cela ne l'empêcha pas de lui procurer à son tour un travail de traducteur, lui confiant début 1934 des articles de

1. BDIC F delta res 883 (2-12), lettre d'agrément de l'IES. Institut d'études slaves, Archives Pascal, André Vaillant à Pierre Pascal, 16 et 18 mai 1933. Pierre Pascal, « André Vaillant (1890-1977), l'homme et le savant », *Revue des études slaves*, t. 53, n° 3, 1981, p. 367-370.

2. Institut d'études slaves, Archives Pascal, André Vaillant à Pierre Pascal, 20 juin 1933.

l'auteur soviétique P. Vostokov pour la revue *Le Monde slave*[1] et soulignant « l'honneur pour ce polygraphe d'être traduit par une plume intelligente ».

Cette situation précaire se prolongea pendant plus de deux ans, malgré des amis toujours attentifs. André Mazon annonça ainsi en mars 1934 que Pascal avait obtenu le prix Saintour de l'Académie, soit « un billet de mille francs », puis il tenta en vain de lui trouver un emploi au service de presse étrangère du Quai d'Orsay. Paul Boyer lui procura la correction des copies russes du concours pour le grade d'officier-interprète de réserve, confirmant ainsi que l'armée n'ostracisait nullement l'ancien lieutenant[2]. Pierre Pascal s'irrita auprès de Jenny, alors auprès de sa sœur à Marseille, de la « lenteur des démarches » et s'inquiéta de l'insuccès probable de sa demande d'allocation auprès de la Caisse nationale des sciences, organisme créé en 1930 qui devint en 1935 la Caisse nationale de la recherche scientifique. Grâce peut-être à Sylvain Lévi, sollicité dès son arrivée, il obtint pourtant en juillet 1934 cette bourse, prolongée l'année suivante. D'octobre à décembre 1934, il fut également boursier du gouvernement tchèque, sur proposition de l'Institut d'études slaves, très lié depuis sa fondation au gouvernement tchécoslovaque[3]. Bien accueilli par le directeur de l'Institut français de Prague, Alfred Fichelle, Pierre Pascal fit quelques conférences sur Avvakoum et la Russie au XVIIe siècle et rencontra ses collègues. Il en profita pour avancer ses traductions, et surtout la rédaction de sa thèse.

En juin 1934, André Mazon prit la plume pour rassurer Jenny Pascal, qui avait confié à Jeanne Mazon son inquiétude sur « l'avenir de slavisant » de Pierre en France : « Laissez-moi vous dire, en toute simplicité, que cet avenir est à mes yeux aussi certain et défini que nous le souhaitons tous, et

1. *Ibid.*, André Mazon à Pierre Pascal, 28 juin 1933 ; Jules Legras à Pierre Pascal, 14 décembre 1930, 11 juillet 1933, 25 janvier 1934.

2. *Ibid.*, André Mazon à Pierre Pascal, 18 mars 1934 ; Pierre Pascal à Jenny Pascal, 29 mars 1934 ; Paul Boyer à Pierre Pascal, 20 mars 1935.

3. *Ibid.*, de Pierre Pascal à Jenny Pascal, 8 juin 1933, avril 1934, octobre-décembre 1934. CV cités. BDIC F delta res 883 (2-13), documents sur le séjour à Prague. Cf. Antoine Marès, Maria Delaperrière (dir.), *Paris capitale culturelle de l'Europe centrale ? Les échanges intellectuels entre la France et les pays de l'Europe médiane (1918-1939)*, Paris, Institut d'études slaves, 1997.

d'une réalisation aussi prochaine que je vous l'ai indiqué cet après-midi même. » Il encouragea quelques mois plus tard son jeune collègue qui séjournait à Prague : « Ne lâchez pas votre Avvakoum. Ne le lâchez pas une heure. C'est pour vous et pour moi chose capitale. Il faut que vous aboutissiez le plus tôt possible, et jamais vous ne trouverez circonstances plus favorables à votre travail[1]. » L'absence de doctorat restait en effet un obstacle majeur à la carrière du normalien agrégé. Pierre Pascal accomplit d'abord l'obligation de déposer une « thèse complémentaire », constituée d'une édition critique. La traduction de la *Vie de l'archiprêtre Avvakum écrite par lui-même* fut achevée en 1935 et fit l'objet d'un rapport d'André Mazon. Celui-ci louait l'application des « meilleures règles de la critique des textes et de la critique historique » à la traduction d'un texte fondamental, la connaissance approfondie du slavon russe rendant « avec un rare bonheur la spontanéité de l'original russe », « l'introduction ferme et nette », « le commentaire abondant, le plus souvent entièrement neuf et de toute première main[2] ». Mazon obtint l'imprimatur et annonça pour l'année suivante le dépôt de la thèse principale, constituée d'une monographie.

Ce n'est qu'à l'automne 1937 que Pierre Pascal acheva l'œuvre commencée presque dix ans plus tôt à Moscou. Entretemps avaient pris fin ces « années d'attente et d'incertitude du lendemain » ; il était, selon une expression d'André Mazon, qui dit bien le sentiment de fermeture d'une parenthèse, « installé dans l'enseignement auquel il était destiné[3] », non sans difficultés cependant.

La règle du jeu : élections et soutenance de thèse

Pierre Pascal avait apporté les preuves d'une maîtrise intellectuelle et technique incontestable dans le domaine de la slavistique. Grâce à son ami Charles-André Julien, il prit également

1. Institut d'études slaves, Archives Pascal, André Mazon à Pierre Pascal, 26 juin 1934, 11 novembre 1934.

2. Archives nationales, 16 AJ 7096, rapports sur les thèses de doctorat d'État et d'université, dossier Pierre Pascal.

3. André Mazon, « Avant-propos », *Mélanges Pierre Pascal, op. cit.*

pied dans la *Revue historique*, référence de l'école méthodique française depuis la fin du XIXe siècle. Charles-André Julien, toujours professeur de lycée, était en effet devenu le secrétaire de rédaction de la publication dirigée par Louis Eisenmann, ancien directeur de l'Institut français de Prague et titulaire de la chaire d'histoire et civilisation des Slaves à la Sorbonne. Ce spécialiste de l'Europe centrale était, tout comme Paul Boyer, à la fois une référence par ses travaux, une puissance universitaire et un expert sollicité par les pouvoirs publics français. Les comptes rendus qui étaient confiés à Pascal entérinaient une expertise en histoire russe moderne et contemporaine pour des ouvrages publiés en français, en allemand ou en russe. Julien lui transmit cependant un avertissement. Le directeur de la revue lui avait téléphoné pour insister sur « le fait qu'il te laisse la liberté entière de tes jugements et qu'il ne voudrait en aucune manière les modifier », mais surtout pour mettre en garde son nouveau collaborateur contre des expressions « dont le pathétique pourrait prêter à confusion[1] ».

À une compétence reconnue devait donc impérativement s'allier un style académique marqué par sa neutralité. Louis Eisenmann, né en 1869, privilégiait encore une « politique de l'apolitisme », une modération du langage comme des positions dans la sphère publique, pourtant battue en brèche par la radicalisation certaine des engagements de l'entre-deux-guerres. L'autonomie proclamée des universités n'avait de surcroît jamais empêché la complicité entre élites politiques et élites universitaires littéraires, tentées par le rôle du conseiller ou de l'expert[2]. Les périodes de tension politique venaient brouiller le consensus de modération et favorisaient des crises internes ou des intrusions politiques directes. Or c'est quelques semaines à peine après la victoire électorale du Front populaire qu'un poste se libéra à la première chaire de langue et littérature russes créée en France, celle de l'Université de Lille, où enseignait Raoul Labry qui venait d'être élu à Paris. En juillet 1936, le doyen sollicita directement Pierre Pascal en lui exposant les objectifs de cet enseignement :

1. Institut d'études slaves, Archives Pascal, Charles-André Julien à Pierre Pascal, 25 décembre 1933.

2. Christophe Charle, *La République des universitaires*, Paris, Le Seuil, 1994.

« faire pénétrer l'âme russe dans les plus caractéristiques de ses manifestations ». Le directeur de l'enseignement supérieur écrivit à son ministre pour lui signaler que « la faculté de Lille demand[ait] Pascal » mais ajouta : « On croit devoir rappeler à Monsieur le Ministre que le Lieutenant Pascal envoyé en mission en Russie pendant la guerre y demeura après la révolution d'Octobre 1917 et se mit aux ordres du gouvernement soviétique[1]. » Le ministre Jean Zay apposa la mention « d'accord », battant ainsi en brèche la prudence d'une administration à la mémoire longue.

D'abord chargé de cours, puis maître de conférences, Pierre Pascal entama l'année universitaire 1936-1937 à Lille, mais, dès février 1937, Paul Boyer, André Mazon et Raoul Labry lui suggérèrent de se présenter à la chaire des langues orientales qui devenait vacante, à la suite du départ à la retraite de Boyer. Celui-ci ne quitta qu'à regret un poste qu'il occupait depuis plus de quarante ans : il le confia à son ami l'ancien ministre Anatole de Monzie, affirmant cependant sa « fierté d'avoir d'excellents poulains dans [son] écurie[2] ». Une fois son départ acquis, Boyer se mit résolument au service de la candidature de Pierre Pascal. Celui-ci était en concurrence avec des hommes qu'il connaissait bien. L'élection reflétait tout à la fois l'étroitesse du milieu des slavisants et la jeunesse d'une spécialisation encore exotique, sans agrégation, pauvre en débouchés, qui ne pouvait rassembler que des profils bien atypiques. Boris Unbegaun, ancien officier russe, bibliothécaire à l'Institut d'études slaves puis à l'École des langues orientales, dut bientôt retirer sa candidature en raison de sa naturalisation trop récente[3]. Brice Parain la maintint tout en restant dans les meilleurs termes avec son ami. Ce ne fut pas le cas de Georges Luciani, dont les relations avec les Pascal s'étaient récemment

1. BDIC F delta res 883 (3-2), lettre du doyen de la faculté de Lille, 1er juillet 1936. AN, F 17 27756, Dossier de Pierre Pascal au ministère de l'Éducation nationale, Ministère de l'Éducation nationale, note pour M. le Ministre, 30 juillet 1936.

2. Lettre de Paul Boyer, 9 février 1937 ; d'André Mazon, 11 février 1937. AN AJ 62 13, double de la lettre de Paul Boyer à Anatole de Monzie, 31 octobre 1937.

3. Archives nationales, AJ 62 13, chaire de russe. Candidatures 1937 (CV et lettres).

compliquées. Le couple avait en effet accepté d'accueillir sa compagne russe et leur petite fille. Le journaliste avait réussi à les faire sortir d'URSS avec lui en mai 1935, avant de retourner à Moscou[1]. La difficile cohabitation dans le petit appartement de Neuilly avait progressivement dégradé une amitié qui restait cependant solide, puisque Georges Luciani, comme nous le verrons, continuait à se mobiliser généreusement pour Victor Serge et la famille Roussakov. Il pensait depuis plusieurs années à abandonner son travail de correspondant à Moscou. « Combien j'envie Pierre de pouvoir travailler tranquillement à son œuvre éternelle », écrivit-il à Jenny Pascal dès 1935, ajoutant quelques mois plus tard : « Boyer n'a-t-il pas pensé à Pierre pour le remplacer aux Langues orientales ? C'est une sinécure agréable et à Paris ! Savez-vous qui le remplace ? C'est une place que j'accepterais volontiers si on me l'offrait, mais personne ne me l'offrira[2] ! » Dès l'annonce de la vacance du poste, il envoya sa candidature de Moscou par télégramme. Il prit fort mal sa rivalité avec Pierre Pascal, lui envoyant ainsi qu'à Jenny deux lettres amères pour dénoncer « l'infamie » d'une candidature qu'il considérait comme superflue, Pascal ayant été élu à Lille, et pour rappeler les services rendus[3].

Pascal put en effet bientôt « jouir de sa honteuse victoire », car il fut élu le 27 février 1937 par 13 voix contre 6 voix à Brice Parain par l'assemblée des professeurs, 3 voix contre 1 par le conseil de perfectionnement de l'École des langues orientales. Luciani, agrégé d'anglais aux publications peu nombreuses, qui n'avait pas soutenu la thèse annoncée sur « l'esprit public en Russie et le mouvement décembriste », était perdant tant dans la comparaison objective des CV que dans le jeu de la cooptation. Parain, outre son dossier plus léger en travaux, était considéré comme trop « philosophe ». Au cours d'une « séance laborieuse », au compte rendu nécessairement édulcoré, André Mazon et André

1. Institut d'études slaves, Archives Pascal, correspondance Georges Luciani/Pierre Pascal/Jenny Pascal, *passim* sur les brouilles. BDIC, F delta res 883 (6-10), cahier de Jenny Pascal, 1937, cité.

2. Institut d'études slaves, Archives Pascal, Georges Luciani à Jenny Pascal, 10 avril 1935, 20 novembre 1935.

3. BDIC et Archives de l'École des langues orientales, lettres de Georges Luciani à Pierre Pascal, 20 janvier 1937, à Jenny Pascal 23 février 1937.

Vaillant étaient vivement intervenus en faveur de Pascal, de même que Paul Boyer : « Par un séjour prolongé en Russie à l'époque de la guerre et de la Révolution russe, par sa connaissance parfaite de la langue russe, par ses publications et sa thèse presque achevée l'emporte, pour lui, sur les autres candidats[1]. »

La partie n'était pour autant pas encore gagnée pour le nouvel élu. Il se trouva en butte à des « démarches d'opposition ou de délai » qu'il qualifia de « pénibles ». Le passé politique du candidat ressurgit de manière paradoxale. L'anticommunisme des administrations et des hommes politiques avait sans nul doute joué dans l'alerte lancée en 1936 par la direction de l'enseignement supérieur. Mais le rappel de l'engagement ancien de Pascal aux côtés des bolcheviks n'avait aucune raison d'alerter un gouvernement de Front populaire allié au PCF, ce dont témoigne l'attitude de Jean Zay. L'année suivante, l'obstacle fut bien politique, mais c'est cette fois son opposition à l'URSS qui fut reprochée à Pascal par une « cellule de Front populaire » et par des pressions de l'ambassade soviétique[2]. Mario Roques contacta le ministère de l'Éducation nationale pour s'assurer de son accord ainsi que de « l'absence d'obstacles » de la part des Affaires étrangères[3]. De son côté, Paul Boyer, après s'être discrètement renseigné, informa directement le directeur de cabinet de Jean Zay, Marcel Abraham, que l'ambassadeur soviétique Potemkine n'avait manifesté « aucune réaction de défaveur[4] », et même demandé à assister à la soutenance… Pierre Pascal resta quant à lui persuadé que l'ambassade soviétique s'était opposée à son élection en le présentant comme un obstacle dans le *modus vivendi* de neutralité politique des études slaves, faisant « courir le bruit dans les milieux intéressés que, le maître étant proscrit en Russie, ses disciples s'en verraient fermer l'entrée et par conséquent

1. Archives nationales, AJ 62 13, chaire de russe, lettres et PV de l'élection de Pierre Pascal.

2. SHD, 8 Ye 12337, Dossier d'officier de Pierre Pascal, note biographique fournie par l'intéressé. APP GA P7 (dossier 43 798) Pascal Pierre, rapport manuscrit, 22 janvier 1943.

3. AN, F 17 27756, Dossier de Pierre Pascal, titularisations aux Langues orientales.

4. *Ibid.*, lettre de Paul Boyer à Marcel Abraham, 3 avril 1937.

ne pourraient aller y acquérir la pratique de la langue et la connaissance de la vie moderne[1] ».

Le ministre des Affaires étrangères Yvon Delbos mit un terme à l'affaire en replaçant l'élection universitaire dans son cadre « exclusivement scientifique[2] ». Le nouvel enseignant prit ses fonctions en mai 1937. Il dut pourtant s'imposer face à des étudiants qui quittèrent son cours en silence dès son arrivée. Les étudiants parisiens, réputés plus politisés que leurs camarades provinciaux, avaient-ils choisi le russe par attirance politique pour l'URSS et marquaient-ils leur hostilité à un homme qui avait rompu avec le communisme ? Ou était-ce, comme l'indique l'histoire de l'établissement, par sympathie envers leur vieux maître Boyer ? « J'ai été, de très loin, au courant de la grève de protestation des russisants de l'École. Il m'a été très agréable d'apprendre qu'elle s'était très rapidement terminée, pour la paix de ta vie personnelle », écrivit Raoul Labry à Pierre Pascal en juin 1937, marquant la fin de l'épisode[3].

On comprend mieux l'attention extrême que portèrent Pierre Pascal, Paul Boyer et André Mazon à l'étape clé du retour dans l'Université qu'était la soutenance de thèse. Ils savaient bien que ces cérémonies universitaires avaient été dans le passé l'occasion de polémiques politiques parfois virulentes[4]. Dans sa demande d'autorisation d'imprimer, qui précédait la soutenance des deux thèses, le rapporteur Raoul Labry proposa en octobre 1937 une longue et élogieuse synthèse du « premier portrait aussi fouillé » du martyr de 1682. Le dépôt définitif de l'ouvrage, qui devait alors être imprimé avant la soutenance, n'aurait dû être qu'une formalité. Or la mise au point du texte définitif prit encore plusieurs mois. En avril 1938, André Mazon s'inquiéta de l'assentiment de Paul Boyer. Il rappela à

1. Archives nationales, dossier 19770889 article 210, « annexe au CV de M. Pierre Pascal », 12 octobre 1942.

2. AN, F 17 27756, Dossier de Pierre Pascal, le ministre des Affaires étrangères à M. le Ministre de l'Éducation nationale, 5 mai 1937.

3. Pierre Labrousse (éd.), *Deux siècles d'histoire de l'École des langues orientales, op. cit.* Institut d'études slaves, Archives Pascal, Raoul Labry à Pierre Pascal, 19 juin 1937.

4. Gérard Noiriel, *Sur la « crise » de l'histoire*, Paris, Belin, 1996, chapitre 7, « Le jugement des pairs. La soutenance de thèse ».

son cadet que le ton neutre était de mise dans l'écriture universitaire du passé : « J'ajoute que la Sorbonne peut, elle aussi, ne pas trouver à son goût la déclaration toute personnelle de votre début... mais cela ne regarde que Labry[1]. » En anticipant et partageant les réticences de leur ami commun – « il lui importe, il nous importe à tous que votre livre puisse pénétrer librement en Russie » –, en réclamant la neutralité politique, Mazon s'inscrivait aussi dans la démarche du Comité pour les relations scientifiques avec la Russie, dont les statuts réaffirmaient le caractère « exclusivement scientifique[2] ». Depuis 1926 en effet, il s'efforçait à la tête du Comité de défendre l'idée que les études russes pouvaient se développer dans le cadre d'une « solidarité culturelle » et non politique entre la France et l'URSS, en négociation constante avec les autorités soviétiques et la VOKS.

Corrigeant les épreuves à l'été 1938, Pascal confia à Mazon ses doutes au sujet de sa « situation curieuse » : Mazon et Boyer n'étaient pas alarmés des mêmes passages, et les coupes risquaient de « fausser absolument [sa] pensée ». Il s'inclinait malaisément devant l'effacement de l'auteur : « Il est impossible, malgré tout, de parler d'un sujet historique sans y mettre de soi et, par suite, du présent », écrivit-il à Mazon, s'abritant derrière une longue liste d'historiens illustres, de Taine à Mathiez, de Renan à Leroy-Beaulieu[3]. De fait, Pascal conserva en introduction l'usage non conformiste du « je », proposant le récit tout personnel de sa découverte d'Avvakoum et des difficultés de sa recherche. Et il acheva les 574 pages de son travail par une courte ouverture sur la Russie contemporaine[4] : « Ni l'Église officielle, ni la vieille foi ne présentent tous les traits de la véritable Église qui doit continuer dans le monde la mission du Christ. Depuis Nicon, la Russie n'a plus d'Église.

1. BDIC F delta res 883 (3-4), André Mazon à Pierre Pascal, 13 avril 1938.

2. Cf. *André Mazon et les études slaves*, dossier de la *Revue des études slaves*, t. 82, n° 1, 2011.

3. BDIC F delta res 883 (3-4), Paul Boyer à Pierre Pascal, 1er mai 1938 ; Pierre Pascal à André Mazon, 30 juillet 1938.

4. Pierre Pascal, *Avvakum et les débuts du Raskol*, Aubin et fils, 1938, thèse pour le doctorat ès lettres, présentée à la faculté des lettres de l'Université de Paris, p. 1, p. 574. Cf. aussi BDIC F delta res 883 (15), manuscrit du mémoire de la thèse.

Elle a une religion d'État. De là à la religion de l'État il n'y a qu'un pas. La religion de l'État a été instaurée par le pouvoir qui, en 1917, a succédé à l'Empire. » Il censura, en conclusion, deux paragraphes qui développaient la situation de l'Église en URSS : « C'est le christianisme tout entier qui est mis au ban de la société, exclu des fonctions publiques, exclu de l'enseignement, exclu de l'imprimerie, exclu des bibliothèques, calomnié, ridiculisé, avili sans relâche et sans scrupule. (...) Entreprise de déchristianisation plus formidable qu'aucune autre dans l'histoire ». Mais les lignes litigieuses furent aussitôt publiées dans la version confiée au centre d'études dominicain Istina – la vérité – fondé par les dominicains en 1927 pour promouvoir les études russes et les rencontres avec le monde slave.

Ces précautions ne suffirent pas à lui garantir une soutenance parfaitement sereine. Le jury, présidé par Raoul Labry, lui accorda sans surprise en mars 1939 le doctorat ès lettres, avec les éloges de rigueur tant sur l'édition de texte que sur les « mérites exceptionnels » de la monographie : « documentation d'une sûreté impeccable, puisée aux sources les plus directes, – richesse et force de l'exposé des faits, – pénétration de l'étude scrutant les replis de l'âme d'Avvakoum, – qualité de la langue ». Les « jugements » de l'auteur suscitèrent néanmoins des réserves : « La comparaison que M. Pascal fait du Raskol avec le Jansénisme [qui] fausse la perspective historique car la Russie du XVIIe siècle est beaucoup plus proche de l'an mille occidental que de l'époque de Port-Royal. Sa demi-condamnation de l'Église officielle russe est de même fort discutable. Mais ce sont les seules objections qu'on puisse faire à ce grand et beau travail qui honore le slavisme français[1]. » Le jury reprochait donc au candidat de sortir de son domaine de compétences : non seulement il se permettait un ton personnel et une incursion dans l'actualité soviétique, mais il avait conservé, malgré les coupes finales, un long développement qui achevait son introduction par une « analogie frappante » avec la réforme janséniste, contemporaine de la tentative d'Avvakoum.

1. Archives nationales, 16 AJ 7100 soutenances de thèse, imprimatur 1938-1939.

L'effacement d'un engagement face à la tourmente stalinienne

Cette réaction n'épargnera personne. Quiconque pense (un tant soit peu) ou a pensé autrefois sera broyé, physiquement.

Victor Serge à Pierre Pascal, 27 avril 1936

Poursuivi par son passé bolchevique, mis en cause pour son anticommunisme présent, Pierre Pascal vécut ainsi entre 1933 et 1939 une période professionnelle incertaine. L'intrication contradictoire des ambitions universitaires et des amitiés fut douloureuse tant pour Pascal que pour Jenny. La France de la IIIe République marqua clairement sa différence fondamentale avec l'URSS : vie privée et carrière professionnelle demeurèrent deux domaines étanches. Le risque d'une exposition politique était cependant clairement apparu, et sa gestion par Pascal ne peut être comprise qu'en mettant en regard, sans causalité univoque, sa carrière universitaire avec l'évolution de ses engagements publics. Arrivant en France dans la discrétion, il apprit très vite que son beau-frère et ami Victor Serge avait été arrêté à Leningrad, le jour même de son départ. Dès lors, il lui fallut réagir, choisir, et comprendre là encore de nouvelles règles du jeu, différentes de celles de la mobilisation en URSS pour Nicolas Lazarévitch, pour les Roussakov, pour Francesco Ghezzi. Le contexte troublé du début des années 1930, la menace fasciste et nazie, le renversement tactique de l'Internationale communiste qui ouvrait en 1935 la période des Fronts populaires firent en effet évoluer rapidement l'opinion publique vers un philosoviétisme élargi, bien au-delà de l'aire d'influence du Parti communiste. Les liens amicaux du petit cercle dissident moscovite furent mis à l'épreuve des évolutions politiques de chacun, et de la difficulté croissante à s'opposer au puissant dispositif d'influence soviétique.

Serge fut transféré à Moscou. Liouba Roussakova, déjà fragile, entra après l'arrestation dans une crise qui nécessita son hospitalisation psychiatrique. On resta un temps sans nouvelles du petit Vladi, âgé de douze ans et confié à ses grands-parents, eux-mêmes menacés d'expulsion loin de Leningrad. Victor Serge était en France un écrivain connu, tant pour les trois romans publiés entre 1930 et 1932 que pour son opposition à Staline. Son réseau amical, entretenu par une large correspondance, se mobilisa aussitôt apprise son arrestation[1]. Marcel Martinet, Clara et Jacques Mesnil s'engagèrent rapidement. Magdeleine Paz créa un Comité pour la libération de Victor Serge, qui contacta les intellectuels déjà mobilisés pour Lazarévitch et Ghezzi. Boris Souvarine, qui venait de lancer grâce au soutien financier de Colette Peignot la revue *La Critique sociale*, rédigea un appel publié en avril 1933.

Pour les amis de Pierre Pascal, il était évident que celui-ci devait se jeter dans l'arène. Mais « Pascal hésitait à signer, de crainte d'attirer des représailles sur sa famille », écrivit Souvarine en mai 1933 à Pierre Kaan, son ami et collaborateur de la revue[2]. Le beau-frère de Serge n'intervint en effet publiquement qu'au bout d'un mois, après l'arrestation le 8 avril d'Anita Roussakova, suivie de l'expulsion de ses parents chassés de Leningrad. Ce fut, pour les époux Pascal, la confrontation brutale avec la pratique de l'arrestation des proches par le GPU. Tous étaient choqués par le sort fait à « la douce Anita », « jeune fille apolitique qui n'aimait que la musique », « impossible d'imaginer être plus innocent et plus inoffensif », dont le seul crime était d'avoir dactylographié les œuvres de son beau-frère Serge[3]. Pierre Pascal

1. Cf. Jean-Louis Panné, « L'Affaire Victor Serge et la gauche française », *Communisme*, n° 5, 1984, p. 89-104, et Nicole Racine, « Victor Serge. Correspondances d'URSS (1920-1936) », *Mil neuf cent*, n° 8, 1990, p. 73-93.

2. Cité par Jean-Louis Panné, « L'Affaire Victor Serge et la gauche française », *op. cit.*

3. Victor Serge, *Destin d'une révolution*, Paris, Grasset, 1937, rééd. par Jean Rière et Jil Silberstein, Paris, Laffont, coll. « Bouquins », 2001, p. 384. BDIC, lettre de Pierre Pascal à Romain Rolland, 21 avril 1933, *op. cit.*

brisa alors un silence sur lequel il s'expliqua dans un projet de « lettre ouverte aux Amis de l'URSS », l'association financée par Moscou et dirigée par le communiste Fernand Grenier, dont il avait été l'observateur critique de la naissance en 1927. « Le gouvernement soviétique pratique le système des otages : pour contraindre au silence ceux qui passent ses frontières, il emprisonne et déporte leurs parents. Connaissant cette pratique, Jénie et Pierre Pascal, résistant à maintes sollicitations, se sont tus en arrivant à Paris. Ils ne se sont prêtés à aucune manifestation. Cette réserve n'a servi à rien. Le GPU, qui n'a pas pu résister à la pression diplomatique et a dû accorder leur départ, exerce sur leurs parents sans défense une absurde et barbare vengeance[1]. »

Pascal ne voyait donc nul hasard dans l'enchaînement immédiat de son départ et de l'arrestation de Victor et d'Anita, dont il se sentait responsable. Anita Roussakova fut rapidement libérée, mais Victor Serge fut condamné à trois ans de déportation aux limites du Kazakhstan, à Orenbourg. Les courriers de Francesco Ghezzi informaient de ses vaines démarches pour transmettre des colis à Serge, qu'il finit par aller voir, courageusement, en toute illégalité. Jenny recevait également des nouvelles par ses amis, ses parents, par ses frères et sœurs qui écrivaient dans le français de leur enfance. Même le petit Vladi lui confia en mai 1933, avant son départ pour Orenbourg : « Papa nous manque beaucoup », puis envoya des dessins de leur nouvel univers. Jenny apprenait aussi la situation morale et matérielle difficile de ses proches qui sollicitaient son soutien. Elle reçut la nouvelle de la mort de son père Alexandre Roussakov d'une crise cardiaque, le 14 janvier 1934, puis de l'arrestation de sa sœur, Esther Roussakova, compagne de l'écrivain Daniil Harms : « Il suffit d'être fils ou fille de suspect », souligna Jacques Mesnil[2]. Dans ses courriers d'Orenbourg, Victor Serge traça le tableau sans fard d'un « dénuement de sauvage » dans un climat extrême et une région ravagée par la famine, le

1. BDIC, « Histoire d'une famille, les Roussakov et Victor Serge », 6 mai 1933, par Pierre Pascal, *op. cit.*

2. Institut d'études slaves, Archives Pascal, enveloppe « de Russie », *passim*, notamment lettre de Vladi en russe, 23 mai 1933 ; de Joseph, 1er juin 1933. Lettre de Jacques Mesnil, 10 décembre 1935.

typhus, la malaria. Aux persécutions subies à l'école par son fils s'ajoutait l'état mental de Liouba, qui ne cessait de se dégrader malgré la naissance d'une petite fille, Jeannine. Il continuait pourtant à recevoir les lettres « de Paname » et les mandats transmis par son éditeur Rieder et par le comité de soutien[1].

Pendant ce temps, le mécanisme d'une mobilisation intellectuelle européenne – pétitions, publications, réunions publiques – se mit rapidement en place. La polémique autour du cas de Victor Serge montre combien il était difficile aux intellectuels de gauche français de penser la persécution d'un écrivain et d'un opposant par un régime soviétique vu comme l'incarnation d'une nouvelle culture, bientôt comme le rempart principal face au nazisme, et qui mobilisait pour les séduire un dispositif d'influence puissant et personnalisé[2]. Romain Rolland fut immédiatement sollicité par le Comité, en raison de son rayonnement moral et littéraire. Marié à l'ancienne secrétaire de l'ambassadeur en URSS Jean Herbette, la poétesse Maria Koudacheva, il était devenu depuis le début des années 1930 un défenseur de plus en plus ferme de l'Union soviétique. Rolland manifesta son malaise en choisissant d'intervenir personnellement auprès de Gorki, mais en se refusant dans un premier temps à écrire à Staline, souhaitant éviter que l'Affaire devienne une « machine de guerre contre l'URSS ». Se sentant en danger, Victor Serge avait fait parvenir à ses amis français une « profession de foi », testament à publier si « les choses tournaient mal ». Ce fut fait dans *La Révolution prolétarienne* le 25 mai 1933. Dès lors « l'Affaire Victor Serge » était plus amplement lancée. Dès le lendemain, *L'Humanité* publia une prudente interview de Romain Rolland, sous un titre orienté que Rolland s'efforça de démentir : « Romain Rolland écarte avec mépris cette histoire Serge ».

L'histoire de cette mobilisation révèle aussi les tensions internes parmi les « oppositionnels » au Parti communiste.

---

1. *Ibid.*, lettres de Victor Serge, *passim.* Cf. aussi *Mémoires d'un révolutionnaire, op. cit.*, p. 322, 350.

2. Cf. Ludmila Stern, *Western Intellectuals and the Soviet Union, 1920-1940. From Red Square to the Left Bank*, Londres, Routledge, 2006. Michael David-Fox, « The "Heroic Life" of a Friend of Stalinism : Romain Rolland and Soviet Culture », *Slavonica*, vol. 11, n° 1, 2005, p. 3-29. Bernard Duchatelet, *Romain Rolland, tel qu'en lui-même (biographie)*, Paris, Albin Michel, 2002.

Depuis Moscou, Pierre Pascal n'avait pas souhaité s'engager dans ces conflits, restant en bons termes amicaux avec chacun des protagonistes. Tous le sollicitaient, en dépit de son retrait des médias français : « Je vous signale à ce sujet que Pascal a conservé dans les milieux universitaires de gauche ou communisants un prestige et une autorité morale immense dont il ne se doute probablement pas », écrivit ainsi Pierre Kaan à Boris Souvarine en mai 1933[1]. « Il faut absolument que vous preniez cette affaire en main », pressait Mesnil. De son côté, Angelo Tasca lui demandait pour alimenter ses articles une « sorte de résumé contenant toutes les données nécessaires pour alimenter la campagne de presse en faveur de Victor Serge[2] ».

Dans un premier temps, Pierre Pascal s'engagea en effet activement. Après avoir signé l'appel de *La Critique sociale*, il écrivit à son tour à Romain Rolland pour lui exposer longuement le cas d'un homme qu'il présentait comme un écrivain détaché de la politique active tout en restant fermement révolutionnaire : « Mais il a commis le crime de penser par lui-même, et de ne pas suffisamment le cacher. Autre crime : il a des amis un peu partout dans le monde, auxquels il écrivait. Troisième crime : il voulait quitter l'URSS. (...) D'autres sont plus qualifiés que moi pour vous demander d'en tirer telle ou telle conclusion. Je tiens seulement à vous assurer, sachant la considération dont vous jouissez auprès des dirigeants soviétiques, qu'une démarche énergique de vous, mais une démarche d'homme décidé coûte que coûte à aboutir, aboutira en effet. » Si la réponse éventuelle de Rolland n'a pas été conservée, Jacques Mesnil transmit à Pascal le souci de l'écrivain de « ne pas provoquer la justice soviétique », et sa proposition de transmettre à Gorki une autre lettre « dont tous les termes seraient pesés pour faire impression sans irriter ». « Je livre ceci à vos méditations », ajouta Mesnil, qui précisa un peu plus tard que Rolland, malgré son « animosité contre Serge », lui avait dit écrire à Gorki, mais « sans y joindre la lettre de Pascal[3] ».

1. Cité par Jean-Louis Panné, « L'Affaire Victor Serge et la gauche française », *op. cit.*

2. Institut d'études slaves, Archives Pascal, Angelo Tasca à Pierre Pascal, 20 mai 1933. Jacques Mesnil à Pierre Pascal, 7 mai 1933.

3. BDIC F delta res 883 (2-8), copie de la lettre de Pierre Pascal à Romain Rolland, 21 avril 1933. Institut d'études slaves, Archives Pascal, Jacques Mesnil à Pierre Pascal, 26 avril 1933, 5 mai 1933.

Pascal conserva également un brouillon où il s'adressait fermement à l'ambassadeur soviétique, Vladimir Potemkine. Écrivant au nom du couple, il affirma qu'un pacte implicite avait été rompu et dénonçait un « système des otages[1] ».

La mobilisation organisée par le Comité d'un côté, Boris Souvarine et ses amis de *La Nouvelle Critique* de l'autre, suivit son cours, marquée par les interventions discrètes des compagnons de route, tel André Gide. Jean-Richard Bloch, écrivain et journaliste socialiste qui s'était éloigné du communisme dans les années 1920 puis rapproché de l'URSS au début des années 1930, intervint pour Victor Serge lors du congrès des écrivains à Moscou en 1934. Romain Rolland aborda la question avec Staline lors de son voyage en URSS en juin 1935[2]. Profitant de la tribune offerte, l'écrivain antifasciste italien Gaetano Salvemini et Magdeleine Paz firent scandale en abordant le cas Serge en pleine séance du congrès pour la Défense de la Culture à Paris, devant les écrivains soviétiques. Mais Magdeleine Paz sollicita en vain Pierre Pascal de l'accompagner à la Mutualité et de participer aux débats qui faisaient rage autour de Serge. Pascal renonça aussi à publier sa « lettre ouverte aux Amis de l'URSS » du 6 mai 1933. Boris Souvarine l'avait pourtant accueillie avec enthousiasme et y voyait la matrice d'une mobilisation plus large : « Que la NRF passe ou ne passe pas votre lettre ouverte, je suis prêt à la reproduire sous une forme ou une autre, supplément de *La Critique* ou du *Bulletin* et à l'envoyer à 20 000 adresses », écrivit-il, ajoutant : « La soviétomanie a une cause bien simple : la complaisance, la basse, la hideuse (*sic*), l'ignoble complaisance qui incite à se taire ceux qui savent, pour ne pas se brouiller avec les menteurs. Je vous prie de croire que, si nous étions quelques-uns à ne pas transiger sur ce chapitre, la vérité percerait envers et contre tous les "amis de l'URSS" et autres domestiques, courtisans et gendelettres (*sic*)[3]. » Jacques Mesnil, qui s'était

1. BDIC F delta res 883 (2-8), brouillon de lettre à « M. l'ambassadeur », 2 mai 1933.

2. Jean-Louis Panné, « L'Affaire Victor Serge et la gauche française », *op. cit.* Susan Weissman, *op. cit.*, p. 227 *sq.* Romain Rolland, *Voyage à Moscou (Juin-Juillet 1935)*, éd. par Bernard Duchatelet, Paris, Albin Michel, 1992.

3. Institut d'études slaves, Boris Souvarine à Pierre Pascal, 13 mai 1933.

étonné du « silence obstiné » de Pierre Pascal en mars 1934, revint peu après à la charge : « Sortez de votre mutisme[1] ! »

Le cas d'Anita Roussakova, très proche de Jenny et de Pierre Pascal, fut sans doute au cœur de la négociation intime qui conduisit celui-ci à s'éloigner du premier plan dans l'engagement pour Victor Serge. L'inquiétude pouvait être d'autant plus vive qu'en décembre 1934, après l'assassinat du dirigeant du Parti communiste de Leningrad, Serge Kirov, attribué par Staline à Zinoviev, se déclencha un nouveau cycle répressif. Boris Souvarine s'était réjoui de la libération rapide de la jeune femme, mais analysa lucidement la situation : « Un compromis apparent de la Guépéou qui a tenu compte de l'intervention de Gorki en adoptant un moyen terme avec le double avantage de désarmer les Occidentaux et de tenir quand même Victor à merci ». Tous étaient persuadés que la famille Roussakov redevenait *de facto* otage de l'URSS, d'autant plus préoccupée de son image à l'extérieur que le Parti communiste travaillait aux alliances élargies du Front populaire. Georges Luciani, bien informé par sa fréquentation des milieux diplomatiques, signala ainsi que le père de Jenny était « accusé d'avoir fourni des renseignements à Panaït pour son livre ». Serge et Pascal avaient déjà été désignés en 1929 comme les inspirateurs de l'écrivain roumain, qui fit l'objet en 1933 d'une nouvelle campagne l'accusant d'antisémitisme et de fascisme, et mourut dans la misère en 1935. Luciani, qui rapportait la nouvelle de la libération d'Anita et les échos des démarches de Romain Rolland, affirma un peu plus tard que la belle-sœur de Serge et de Pascal était accusée « d'avoir fait savoir à l'étranger l'arrestation de Victor Serge[2] ».

Pierre Pascal se cantonna de nouveau progressivement à la « règle de silence » qu'il s'était imposée à son arrivée. Cette réserve le servait aussi dans une situation professionnelle délicate. Nul collègue n'aurait certes songé à lui reprocher de défendre son beau-frère et ami. André Mazon écrivit ainsi poliment en juin 1933 : « Je suis navré d'apprendre le sort

1. *Ibid.*, Jacques Mesnil à Pierre Pascal, 20 mars 1934, 4 septembre 1934, 10 janvier 1935, 19 juin 1935.

2. *Ibid.*, Boris Souvarine à Pierre Pascal, sans date. Georges Luciani à Pierre et Jenny Pascal, 24 avril 1933 ; 22 mai 1933.

de Victor Serge », assurant son collègue et madame Pascal de sa sympathie[1]. Mais la prudence semblait dominer dans le milieu des slavistes, engagés dans une nécessaire négociation avec l'URSS et qui se trouvaient bien étrangers aux cercles intellectuels d'extrême gauche mobilisés pour l'écrivain.

« Confession pour vaincus » : arrestations et disparitions

La mobilisation pour Victor Serge finit par payer. Si le mécanisme exact de la prise de décision par Staline n'est pas connu, il est certain que l'URSS s'était alertée de la dégradation de son image et des doutes qui saisissaient les compagnons de route les plus utiles au sujet de cet « opposant trotskisto-souvariniste ». Le dossier de Serge au Komintern renferme ainsi un dossier concernant la campagne de presse en sa faveur. Une lettre du conseiller d'ambassade Ivan Divilkovski, également chargé de suivre les actions de la VOKS en France, au chef de l'Internationale communiste, Dimitri Manouilski, rendait compte d'une visite de Jean-Richard Bloch, qui tout à la fois s'alarmait de l'absence de réponse à son intervention pour Serge, « s'empressait de dire qu'il ne cherchait pas à intervenir concrètement dans l'affaire Serge », et cherchait des arguments pour répondre à ceux qui lui décrivaient les terribles conditions de vie à Orenbourg. « On doit réfléchir au cas Serge », avertissait Divilkovski[2].

En avril 1936, Victor Serge libéré et expulsé gagna avec sa famille Bruxelles, où il fut accueilli par Nicolas Lazarévitch. Mais au moment même où il quittait Orenbourg, ayant obtenu un visa de la Belgique, où il était né, et se mettait en route pour Moscou, Anita Roussakova fut de nouveau arrêtée, puis condamnée pour « aide technique aux trotskistes » à cinq ans de déportation. Les amis de Pierre et Jenny Pascal manifestèrent aussitôt leur solidarité. L'analyse d'Angelo Tasca était claire : « Peut-on parler de condamnation là où il n'y a ni justice, ni juges ? Je crois qu'ayant dû libérer Victor Serge,

1. *Ibid.*, André Mazon à Pierre Pascal, 23 juin 1933.

2. RGASPI, Fonds 495, op. 193, d. 283, Dossier de Victor Serge (Kibaltchitch).

ils ont voulu garder un autre otage, ou c'est tout simplement pour apaiser les Furies auxquelles une victime avait été soustraite. Je vois le visage pur d'Anita, tel que je l'ai connu, et je frémis en pensant que la machine à broyer les consciences ne se soit pas arrêtée devant elle[1]. » Alors que toute la France se passionnait pour les élections qui apportèrent la victoire à la coalition de Front populaire les 26 avril et 3 mai 1936, il était évidemment impossible de mobiliser l'opinion intellectuelle française pour la jeune dactylo soviétique férue de musique, inconnue de tous.

Le désespoir de Jenny et de Pierre Pascal leur fit envisager une idée folle : se proposer eux-mêmes en otages, avec l'espoir peut-être que la notoriété de Pascal intéresserait davantage les autorités soviétiques. Jacques Mesnil déconseilla aussitôt cette solution à Jenny : « J'ai écrit à R.R. [Romain Rolland] pour Anita. Bien entendu je ne lui ai pas dit que vous vous offriez à prendre la place de votre sœur. Je sais bien qu'on ne vous laisserait pas entrer en Soviétie, et que même si on vous y admettait pour le plaisir de vous tenir en prison on ne libérerait pas votre sœur pour si peu. » De Moscou, Georges Luciani fut plus ferme encore, après avoir consulté les proches de la famille, notamment le docteur Nikolaenko : « J'ai fait allusion à la venue possible de Pierre ici. Ils vous supplient de renoncer à cette idée. Selon eux, Pierre n'en sortirait pas vivant. Il vous faut vous rendre compte que l'on a ici une véritable haine pour tout ce qui touche à la famille Roussakov[2]. » Dès lors, les proches d'Anita Roussakova n'eurent d'autre recours que de tenter, comme le faisaient les familles des hommes et des femmes arrêtés en URSS même, d'écrire aux dirigeants soviétiques. Victor Serge à peine arrivé s'alarma du sort de la « pauvre gosse » qu'il connaissait depuis presque vingt ans, « jeune femme tout à fait étrangère à toute politique et candidement honnête ». Il conseilla les sœurs Roussakova : « Rachel, Jenny, vous écrivez – chacune séparément –, des lettres pressantes, argumentées, voire émouvantes (chacun son genre) aux autorités les plus compétentes : Iagoda, St.[aline], copies aux

1. Institut d'études slaves, Angelo Tasca à Pierre Pascal, 30 avril 1936.

2. *Ibid.*, Jacques Mesnil à Pierre Pascal, 26 mars 1936. BDIC, Georges Luciani à Pierre et Jenny Pascal, 5 avril 1936.

ambassades, je fais de même[1]. » À Moscou, Georges Luciani souligna la nécessité de la discrétion et relaya les démarches faites auprès de Staline par l'ancien ami des Pascal, Vladimir Diogott, « qui a reconnu que toute cette affaire est une sottise[2] ».

Ces interventions demeurèrent vaines. La prédiction de Victor Serge à son ami Pascal fut bientôt accomplie : « Cette réaction n'épargnera personne. Quiconque pense (un tant soit peu) ou a pensé autrefois sera broyé, physiquement[3]. » En août 1936 s'ouvrit le premier des grands « procès de Moscou », accompagné d'une purge massive des cadres du Parti. L'obsession du complot et de l'espionnage rendait particulièrement vulnérables les communistes étrangers présents en URSS, qu'ils fussent dirigeants du Komintern ou simples militants antifascistes. En juillet 1937, Staline lança contre les éléments « socialement nuisibles » et « ethniquement suspects » une épuration destinée à rendre l'URSS plus forte dans un conflit mondial qui semblait s'approcher, entraînant en moins de deux ans l'exécution de 750 000 personnes et la déportation de 800 000 citoyens soviétiques[4]. Toute la famille Roussakov – Esther, Joseph, Marcel et leur mère, de même que la sœur de Victor Serge, Vera Frolova – fut arrêtée en 1937-1938 et emportée dans le tourbillon de la Grande Terreur. « Comment avoir l'esprit en repos quand on lit les nouvelles d'Espagne, de Russie, de partout ? Le monde est en délire », écrivit Boris Souvarine à l'été 1936, tandis que Victor Serge avoua, au début de l'année 1939, « un certain découragement ». « Toutes ces nouvelles sont les mêmes, effroyablement les mêmes depuis des années[5]. » En URSS

1. Institut d'études slaves, copie d'une lettre de Victor Serge à Jacques Mesnil, 18 avril 1936 ; Victor Serge à Jenny et Pierre Pascal, 14 mai 1936.

2. *Ibid.*, Georges Luciani à Pierre et Jenny Pascal, 31 avril 1936, 6 mai 1936.

3. *Ibid.*, Victor Serge à Pierre Pascal, 27 avril 1936.

4. Cf. Robert Conquest, *La Grande Terreur*, Paris, Stock, 1969 (1968), rééd. Laffont, 2001, et Nicolas Werth, *L'Ivrogne et la marchande de fleurs. Autopsie d'un meurtre de masse (1937-1938)*, Paris, Tallandier, 2009.

5. Institut d'études slaves, Boris Souvarine à Pierre Pascal, août 1936. Victor Serge, « Disparition à Moscou », 21 janvier 1939, *Retour à l'Ouest*, *op. cit.*, p. 225-229.

disparaissaient en effet nombre de personnalités que Pierre Pascal avait bien connues, parfois affrontées, comme Zinoviev, Riazanov, Boukharine, le général Schmidt. En Espagne, leur ami Joaquin Maurin était arrêté par les franquistes. Brice Parain communiqua son inquiétude pour le frère de Natacha, « ni mort ni vif[1] », et qui fut en effet condamné à mort en 1935. Andrès Nin, devenu le dirigeant du parti trotskiste espagnol, le POUM, était « emmené à destination inconnue par des policiers staliniens[2] » et exécuté.

Le petit cercle du *Leontevsky pereoulok* fut décimé. Francesco Ghezzi demanda en vain à sortir d'URSS pour combattre aux côtés des républicains dans la guerre civile espagnole. « Vu ce que Pierre m'a souvent répété il est bien possible qu'on ait répondu à Francesco en l'arrêtant. D'autant plus que les autorités de là-bas n'ont certainement aucun souci du peuple espagnol comme tel et qu'ils ne tiennent pas du tout à lui envoyer des hommes libres », s'inquiéta Jacques Mesnil à l'automne 1936[3]. Le silence « angoissant » de *l'amico* Ghezzi s'éternisa : il avait été en effet arrêté et envoyé au Goulag, à Vorkouta. Pierre Pascal apprit également l'arrestation d'un ancien membre du Groupe communiste français de Petrograd, Gaston Boulay. Celui-ci, qui travaillait pour le *Journal de Moscou* en langue française, où Anita avait également été employée comme dactylo, fut condamné à cinq ans de camp, et Victor Serge envisagea en vain de lancer une campagne arguant de sa nationalité française[4].

Georges Luciani étant rentré en France en 1937, il restait en URSS parmi les proches du Petit-Paris et de la famille Roussakov le docteur Alexandre Nikolaenko. « Cette nouvelle a été pour moi très pénible, du coup la sensation de solitude est devenue plus sombre et plus aiguë », avait-il écrit en décembre 1933, en apprenant le départ de ses amis au retour d'une expédition

1. Institut d'études slaves, Brice Parain à Pierre Pascal, 25 février 1936.

2. *Ibid.*, 14-15 août 1937, p. 110-113.

3. *Ibid.*, Jacques Mesnil à Pierre Pascal, 15 septembre 1936, 1er février 1937, 15 février, 2 mars 1938. Charles Jacquier, « Vie et mort d'un anarchiste italien en URSS », *op. cit.*

4. Institut d'études slaves, Georges Luciani à Pierre et Jenny Pascal, 4 mai 1936 ; Victor Serge à Pierre Pascal, 27 avril 1936. Cf. *Un ouvrier limousin au cœur de la révolution russe*, *op. cit.*, p. 212 sur le destin des Français de Russie.

dans l'Arctique[1]. Embauché en 1937 comme médecin sur un bateau soviétique, « volontairement pour ainsi dire en exil », Nikolaenko profita d'une escale en Norvège pour reprendre une correspondance plus libre. Avide d'informations, il signala à Pascal s'être procuré le *Retour d'URSS* d'André Gide et le *Staline* de Boris Souvarine, qu'il brûla après l'avoir lu. Il demandait à recevoir des livres de médecine, Rabelais, Restif de la Bretonne, les articles de Serge et les « journaux intéressants », malgré la surveillance dont il était l'objet de la part du commissaire politique du bord. Les nouvelles qu'envoya Nikolaenko étaient sombres : « misère », « esclavage », « procès à tambour battant ». Herman Sandomirski était déporté, tout comme leur « camarade polonaise » de Yalta ; leur voisine du Petit-Paris était « terrorisée depuis l'arrestation d'Anita[2] ».

Alexandre Nikolaenko s'adressa aussi à Jenny pour lui donner des nouvelles de sa sœur Anita, « courageuse », « logée dans une brave famille », qui avait trouvé un travail sur son lieu d'exil. Il lui faisait part de ses doutes : « Vous expliquez le silence de Pascal par la prudence. C'est ainsi aussi que je l'ai expliqué, mais j'avoue, qu'avant de parvenir à cette explication, je me suis livré à des considérations philosophiques à tendance pessimiste sur l'inconstance et la fragilité des sentiments humains en général, et sur ceux de Pascal en particulier. Évidemment, j'avais tort, sinon en général, en tout cas en ce qui concernait Pascal. En effet, il était très dangereux de recevoir des lettres d'un "trotskiste", au moment où l'on arrêtait des gens en masse pour le moindre soupçon d'hérésie ou de mécontentement. » Nikolaenko était très conscient de courir des risques, ce qui ne l'empêcha pas de continuer le dialogue jusqu'à son départ de Norvège : « Dans une dizaine de jours je serai en Russie, on ne peut pas dire que j'y retourne avec joie, mais je serai curieux quand même de voir comment cela va là-bas[3]. » Son sort nous est demeuré inconnu.

L'idée qu'en s'exposant Pierre Pascal menaçait ses proches était donc très présente. Elle s'accompagnait du sentiment net

1. BDIC F delta res 883 (6-9), lettre d'Alexandre Nikolaenko à Pierre et Jenny Pascal, 21 décembre 1933.

2. *Ibid.*, 22 avril, 8 avril 1937.

3. *Ibid.*, Georges Luciani à Jenny Pascal, 19 avril 1937 ; à Pierre Pascal, 21 mai 1937.

de faire partie de quelques privilégiés qui échappaient à la tourmente. « Ceux qui m'ont tiré de là m'ont sauvé au sens le plus littéral du terme », confia à Jacques Mesnil Victor Serge, qui formula plus tard souvent cette idée. « Je n'ai pas besoin de vous dire comme le procès de Moscou m'a remué. Je crois voir clair, moins clair que vous sans doute, dans cette sinistre comédie », écrivit André Mazon en août de la même année 1936, ajoutant à propos des recherches de Pascal sur Avvakoum : « Vous avez là un asile sûr et contre lequel le siècle ne peut rien. Je ne saurais assez féliciter Victor Serge d'avoir franchi la frontière d'Icarie. » Plus brutalement, Luciani s'adressa ainsi à ses amis, dans l'amertume d'avoir appris la candidature de Pierre Pascal aux Langues orientales : « Jénie ne devrait pas oublier que, sans moi, elle serait sûrement aujourd'hui plus au nord ou plus à l'est que la pauvre Anita[1]. »

Contre Staline : impossible opposition, inaudibles témoignages

Tandis que Victor Serge utilisait sa tribune dans *La Wallonie* de Liège pour alerter l'opinion sur le « danger de mort » que courait l'anarchiste italien, Pascal ne s'associa pas publiquement aux démarches pour Ghezzi[2]. Le danger encouru par la famille et les amis restés en URSS n'avait pas empêché Victor Serge de s'engager dès son arrivée en Belgique. La divergence de ces choix était en germe dans l'évolution de Pierre Pascal depuis la deuxième moitié des années 1920. En France, il manifesta le même désintérêt pour le débat théorique autour du communisme et du marxisme, et la même méfiance envers l'opposition trotskiste. Pourtant, le sentiment d'un témoignage nécessaire, qui s'était éloigné au tournant des années 1930, s'imposa de nouveau à son arrivée, dans le projet sans suite d'appel aux « Amis de l'URSS » : « Cette histoire mérite d'être connue parce qu'elle n'est pas isolée. Des milliers et des cen-

1. Institut d'études slaves, Victor Serge à Jacques Mesnil, 18 avril 1936 ; André Mazon à Pierre Pascal, 29 août 1936 ; Georges Luciani à Pierre et Jenny Pascal, 1er décembre 1936.

2. Victor Serge, « Francesco Ghezzi », *La Wallonie*, 15 janvier 1938, in *Retour à l'Ouest*, *op. cit.*, p. 138.

taines de milliers sont dans le même cas. Toutes les belles âmes qui en ce moment, en France et ailleurs, aiment à opposer la “nouvelle société soviétique” à la démocratie occidentale “pourrie” doivent, si elles ont le moindre souci de la vérité, en demander compte à leurs amis bolcheviques. (...) Qu'elles exigent du gouvernement soviétique la réparation de tous ses crimes, ou bien qu'elles ouvrent les yeux, qu'elles reconnaissent et qu'elles publient la vérité, à savoir que le gouvernement soviétique a menti à toutes les promesses de la révolution russe[1]. »

L'ex-secrétaire du Groupe communiste français reprenait presque terme à terme, mais en les inversant, ses propres proclamations de 1918-1920 en faveur de la Russie rouge. Le débat sur le régime soviétique n'avait en effet guère évolué dans sa forme. « L'aveuglement » de l'opinion, particulièrement celui des intellectuels voyageant en URSS, demeurait une question clé. Or les grands procès, plus visibles que la Terreur de masse, relancèrent la controverse sur la répression et la déportation. Les témoignages restaient rares, avant la publication en 1938 du livre du médecin communiste yougoslave Ante Ciliga, expulsé fin 1935, *Au pays du grand mensonge*[2]. Directement informé par ses contacts en URSS, Pierre Pascal fut dès son arrivée sollicité comme témoin privilégié. Hubert Beuve-Méry lui écrivit ainsi son souhait de « reprendre nos conversations de Moscou[3] ». L'un des animateurs de *La Révolution prolétarienne*, Maurice Chambelland, lui recommanda un ouvrier de Saint-Denis qui allait partir dans la délégation pour le quinzième anniversaire de la révolution d'Octobre, « désireux d'information vraie et [qui] se promet de dire toute sa pensée à son retour ». L'écrivain et journaliste Daniel Guérin, militant de la gauche du Parti socialiste, s'adressa à lui de la part de son oncle Daniel Halévy, qui souhaitait un entretien avant un départ envisagé en URSS[4].

1. BDIC F delta res 883 (2-8), « Histoire d'une famille, les Roussakov et Victor Serge », 6 mai 1933, *op. cit.*

2. Cf. Pierre Rigoulot, *Les Paupières lourdes, aveuglements et indignations en France sur le Goulag*, Paris, Éditions Universitaires, 1991.

3. Institut d'études slaves, Hubert Beuve-Méry à Pierre Pascal, 7 octobre 1933.

4. *Ibid.*, Maurice Chambelland à Pierre Pascal, 19 octobre 1933 ; Daniel Guérin à Pierre Pascal, 22 octobre 1935.

Pierre Pascal, qui signait son brouillon en défense de Victor Serge et Anita Roussakova en tant qu'« agrégé de l'Université », savait que de nombreux universitaires n'hésitaient pas à se lancer dans l'intervention politique, légitimant leur action par leur qualité d'intellectuels. Ses liens avec Brice Parain et *La Nouvelle revue française*, ou avec le secrétaire de rédaction du *Temps*, André Pierre, rencontré à Moscou pendant la Première Guerre mondiale et retrouvé chez Paul Boyer, lui donnaient des possibilités de publication au-delà de la presse militante. La plupart de ses camarades et amis avaient poursuivi leur combat politique, suivant des voies diverses. Marginalisé, Henri Guilbeaux publia avant sa mort en 1938 deux ouvrages où s'alliaient une admiration non démentie pour Lénine et une violente hostilité envers l'URSS, État militariste et impérialiste. Dans *La Fin des Soviets*, il réglait notamment ses comptes avec les compagnons de route et Romain Rolland, sans être plus tendre envers Victor Serge, qualifié d'« agent du GPU[1] ». Charles-André Julien, Amédée Dunois, Angelo Tasca étaient retournés ou entrés à la SFIO, de même que Marcel Body qui fréquentait l'aile gauche du Parti socialiste tout en restant proche de *La Révolution prolétarienne*.

« Encore un interminable laïus politique », soupira Pierre Pascal après ses retrouvailles avec Body[2]. Malgré l'accueil de Maurice Chambelland qui envisagea un « dîner fraternel d'une vingtaine d'amis de *La Révolution prolétarienne* » à l'occasion de son retour, il ne s'empressa guère de renouer avec ce petit cercle militant. Il signala ainsi à Jenny avoir revu Marcel Martinet, pourtant au premier rang des défenseurs de Victor Serge, « pour la première fois depuis douze ans » en mai 1937, en compagnie d'Alfred Rosmer. Nicolas Lazarévitch travaillait toujours en Belgique où il poursuivait son combat libertaire, malgré les risques. C'est de prison qu'il écrivit à son ami en avril 1933 pour s'inquiéter de son silence, évoquant leur dernière rencontre sept ans plus tôt : « J'attends ta main comme, alors dans le wagon[3]. »

---

1. Henri Guilbeaux, *La Fin des Soviets*, Paris, Société française d'éditions littéraires et techniques, 1937, p. 27-48.

2. Institut d'études slaves, Pierre Pascal à Jenny Pascal, 8 juin 1933.

3. *Ibid.*, Maurice Chambelland à Pierre Pascal, 13 mars 1933 ; Pierre Pascal à Jenny Pascal, 7 mai 1937. Nicolas Lazarévitch à Pierre Pascal, 30 avril 1933 (en russe) et *passim* 1934-1936.

Il renoua avec son ami par ses lettres et ses rares visites à Paris, sans chercher à l'entraîner dans les cercles anarchistes qu'il fréquentait.

L'amitié entre Pierre Pascal et Boris Souvarine, et, plus largement, entre Pierre et Jenny et la famille Lifschitz demeura la plus solide. Animateur du Cercle communiste démocratique, Souvarine se lança dans la rédaction, puis la difficile publication de son *Staline, aperçu historique du bolchevisme*, réquisitoire documenté contre le régime paru en 1935. Pascal appréciait toujours de débattre avec son ami, même s'il nota en 1934 leurs divergences, tant sur l'analyse du régime que sur la situation internationale, soulignant le paradoxe de l'évolution de l'ancien bolchevik du « défaitisme » à la défense du réarmement contre Hitler[1]. En 1932, Pierre Pascal avait rencontré à Moscou Louis Rougier, professeur à Dijon, alors en mission pour le ministère de l'Éducation nationale. Celui-ci était le beau-frère du patron de l'électricité Ernest Mercier. Dès 1933, il retrouva Pascal par les réseaux normaliens. Sa femme Germaine Hubert-Rodier devint une intime de Jenny Pascal avant sa disparition brutale en 1935[2]. Rougier proposa à Pascal de lui faire rencontrer Herriot et Monzie. En 1936, il tenta en vain de monter un « petit soviet » de propagande anticommuniste composé de lui-même, de Pascal, de Boris Souvarine et du psychologue émigré russe Wladimir Drabovitch, auteur en 1934 d'une réflexion sur *Fragilité de la liberté et séduction des dictatures*, avec l'appui du patronat et de la *Revue de Paris*.

Ce projet avorté révèle peut-être une nouvelle tentation de l'action chez Pierre Pascal, en cette année 1936 où ceux qui critiquaient l'URSS se sentaient particulièrement isolés, face à la force d'intimidation, tout à la fois politique et sentimentale, qui désignait comme fasciste toute critique de l'Union soviétique comme du communisme. Souvarine accepta de collaborer au *Figaro* et à la *Revue de Paris*, nettement marqués à droite. Victor Serge était à Bruxelles confronté aux difficultés matérielles, mais aussi aux pressions du PCF de l'ambassade soviétique sur la presse et l'édition pour l'empêcher de publier.

1. BDIC F delta res 883 (2-13), feuillet de journal, 27 janvier 1934.

2. Institut d'études slaves, Louis Rougier à Pierre Pascal, 15 décembre 1936, et lettres sans date, correspondance Germaine Hubert-Rodier/Jenny Pascal, *passim*.

Il fut l'un des fondateurs à Paris du Comité pour l'enquête sur les procès de Moscou en 1936[1]. Cette même année, Pascal accepta de sortir de sa réserve et préfaça le témoignage de son ami retrouvé, Robert Guiheneuf. Celui-ci, grâce à son sage refus de prendre la nationalité soviétique, avait obtenu son départ de l'URSS avec sa femme Maroussia et trouvé du travail comme correcteur d'imprimerie, puis comme menuisier. Il avait contribué à *La Révolution prolétarienne* et publia dans les cahiers de la revue, sous le pseudonyme de M. Yvon, *Ce qu'est devenue la Révolution Russe.* La préface de Pierre Pascal était articulée sur l'opposition entre « ces innombrables voyageurs, politiciens, esthètes, littérateurs, journalistes, qui vont passer dans l'URSS de quinze jours à trois mois, et qui prétendent en retour vous enseigner » et les témoins véritables. « Ce sont les gens qui ont travaillé dans l'URSS, non pas trois mois mais un temps prolongé, non pas en amateurs mais pour gagner leur pain, et qui ont vécu la vie de ses habitants. » Il dénonçait « la concentration des pouvoirs entre les mains du Comité central communiste et de son secrétaire général », « l'abîme entre ceux d'en-haut et ceux d'en-bas », « l'absolutisme de Staline »[2]. La brochure de Guiheneuf, attaquée par les « Amis de l'URSS », puis citée par André Gide qui cherchait à compléter sa documentation pour ses *Retouches à mon retour de l'URSS,* rencontra un succès polémique certain. Elle montra qu'il était possible de témoigner sans prendre trop de risques, puisqu'il ne citait aucun nom pour ne pas compromettre la famille soviétique de sa femme[3]. Cette préface suscita l'espoir des Hofberger, proches de Guiheneuf, qui écrivirent : « S'il y avait eu plus de Pascal parmi les intellectuels qui se chargent de "fabriquer l'âme des prolétaires" nous n'aurions pas le triste spectacle que nous avons sous les yeux actuellement. » En 1937, Louis Rougier reprit, dans sa brochure *Peut-on savoir la vérité*

1. Jean-Louis Panné, *Boris Souvarine, op. cit.*, p. 224. Victor Serge, *Mémoires d'un révolutionnaire, op. cit.*, p. 360-362.

2. Pierre Pascal, « Ceux qu'il faut croire », préface à M. Yvon, *Ce qu'est devenue la Révolution Russe,* Les brochures de la révolution prolétarienne 2, 1936. Cf. aussi Institut d'études slaves, rencontres Pascal, Guiheneuf, Hofberger, Monatte 1933-1936.

3. Hervé Guiheneuf, *Dix ans en URSS (1923-1933), l'itinéraire d'Yvon, op. cit.*, p. 99.

sur l'expérience soviétique ?, la critique des voyageurs aveuglés. Il cita longuement Yvon et conclut ainsi : « Lesquels croire ? Les Romain Rolland, les Malraux, les Langevin, les Bernard Shaw, les Gide première manière ? Ou les Bertrand Russell, les Gide seconde manière, les Céline, les Serge, les Souvarine, les Pascal, les Citrine, les Yvon, les Legay ?[1] »

Peu nombreux étaient donc les voyageurs critiques[2]. Ses amis de *La Révolution prolétarienne* avaient insisté auprès de Pierre Pascal pour qu'il apporte son témoignage. Robert Louzon espérait ainsi en décembre 1933 que Pascal puisse « commencer à nous donner l'analyse de la pensée russe » et écrire « l'histoire de la Mission militaire française ». Jacques Mesnil se fit son porte-parole au printemps 1934 et ajouta : « Seul Pascal peut faire l'histoire de certains événements de la Révolution, seul il peut dire réellement ce qu'est devenue la Révolution[3]. » Mais si Pascal intervenait en toute discrétion par de nombreux comptes rendus d'ouvrages d'actualité livrés à la *Revue historique*, il n'avait pas souhaité s'exposer. En 1936, il remit à l'hebdomadaire catholique *Sept*, lancé en 1934 avec l'appui de Pie XI, un unique récit des événements russes depuis 1917, qui faisait écho à l'ouvrage de Trotski paru l'année précédente : « La Révolution trahie[4] ». Le « capitaine Pascal » était présenté comme un témoin privilégié, et s'appuyait sur « seize ans d'observation sur les lieux », sans toutefois analyser le premier « procès de Moscou » ni les arrestations d'opposants. La même année, un contrat pour un livre consacré à la révolution soviétique, dans la collection « Anatomie des révolutions » dirigée par André Maurois, fut signé avec Gallimard. L'ouvrage ne vit jamais le jour.

Pascal laissa à Serge et à Souvarine le rôle de témoins et de pourfendeurs inlassables de la répression stalinienne. Que ce fût au niveau européen, français ou dans le petit cercle de

1. Louis Rougier, *Peut-on savoir la vérité sur l'expérience soviétique ?*, Chaffanjon, Besançon, 1937. Institut d'études slaves, lettre de Caroline Hofberger à Pierre Pascal, 15 décembre 1937.

2. Cf. Rachel Mazuy, *Croire plutôt que voir ? Voyages en Russie soviétique (1919-1939)*, *op. cit.*, sur ces retours d'URSS.

3. Institut d'études slaves, Robert Louzon à Pierre Pascal, 12 octobre 1933 ; Jacques Mesnil à Pierre Pascal, 16 mars 1934.

4. Pierre Pascal, « La Révolution trahie », *Sept*, 27 novembre 1936, p. 13 et 23.

ses amis, les dissensions à l'intérieur de l'opposition à Staline ne cessaient pas. Sa propre réflexion, qui n'avait jamais été centrée sur la répression politique, n'en rencontrait aucune autre. Peut-être recula-t-il aussi devant une exposition publique qui n'aurait pas manqué de faire ressurgir son éloge passé de la « douceur » de la Tcheka ? Le sort de la famille Roussakov restait au cœur des préoccupations du couple. En 1937, Victor Serge fit paraître dans un numéro spécial du *Crapouillot*, revue à large tirage connue pour ses dossiers à scandale, un dossier d'articles courts, largement illustrés, consacré à « la IIIe Internationale ». Il était notamment accompagné de la photographie du « Groupe communiste français de Moscou en 1918-1919 » parue dans le *Bulletin communiste* en 1922, tandis que l'article « femmes persécutées » était illustré par le portrait d'« Anita Roussakova, déportée en 1936[1] ». Une vive polémique opposa Jenny, affolée par cette exposition à la lumière, et Serge qui reprochait aux époux Pascal leur inertie « pour nos emprisonnés[2] ». Pierre et Jenny Pascal avaient recueilli depuis l'automne 1936 leur petite nièce Jeannine pendant que Victor Serge plaçait Liouba, dont il trouvait l'évolution de la maladie dangereuse pour son fils, dans une clinique psychiatrique de la région parisienne. La brouille ne fut pas complète, car Serge installé en France les invita chaleureusement à l'automne 1937. Mais, dans ses Mémoires, il conclut ainsi le portrait de Pierre Pascal, « devenu à peu près conservateur » : « Nous avions été presque des frères. Il nous fut impossible de parler de la bataille de Madrid. » À son tour, Marguerite Rosmer sollicita en vain l'ancien hôte du Petit-Paris d'intervenir en défense de son beau-frère, en butte en 1937 à de violents articles de *L'Humanité* signés notamment de « cette canaille de Sadoul » : « Faites un texte, je vous en prie, pour tous ceux qui ont vécu à Moscou[3]. »

---

1. *Le Crapouillot*, « De Lénine à Staline » (janvier-février 1937), p. 23-25 ; p. 46-47.

2. Institut d'études slaves, Victor Serge à Jenny Pascal, 9 et 14 janvier 1937.

3. *Ibid.*, Victor Serge à Pierre et Jenny Pascal, 15 novembre 1937. Marguerite (Rosmer) à Pierre Pascal, sans date. Victor Serge, *Mémoires d'un révolutionnaire*, *op. cit.*, p. 160.

Les milieux chrétiens et l'émigration russe : renouer un fil rompu ?

La « famille » des premiers temps du communisme français à Moscou resta donc définitivement disjointe. Aux raisons politiques s'ajoutait l'engagement dans un travail intense qui aboutit à la soutenance de thèse de Pascal en 1939, travail qui prenait aussi un sens plus profond. Dans une lettre envoyée de Prague à Nicolas Lazarévitch en 1934, il lui confiait : « C'est un lourd esclavage de préparer une thèse, quel ouf ! de soulagement quand ce sera fini. Il fallait me donner ce but pour avoir une raison de rentrer en France, et je lui ai dû aussi de pouvoir résister ces dernières années en Russie[1]. » L'engagement de Pierre Pascal dans la biographie d'un prophète et théologien qui combattait avec « ses armes de prisonnier, sa plume d'oie et le papier qu'il avait par contrebande[2] » faisait écho à une évolution personnelle, marquée par le retour à une spiritualité mise sous le boisseau après 1920. Dans une notice autobiographique non datée, il fit allusion à son « retour de Russie, alors que je dévorais les ouvrages religieux qui me tombaient sous la main ou que je recherchais, après en avoir été privé depuis seize ans[3] ».

La pratique religieuse retrouvée renouait avec les années de jeunesse : « C'est là que j'allais à la messe il y a 25 ans et rien n'a changé[4] », nota-t-il en sortant de la chapelle des Servantes-du-Sacré-Cœur, rue Cortambert à Paris. Elle se situait dans la proximité du centre Istina. Pascal fréquenta assidûment cette petite communauté de catholiques russes de rite slave, confiée aux dominicains du père Dumont. Il retrouva par l'Institut d'études slaves l'abbé Charles Quénet, chargé de la pastorale auprès des émigrés russes de Paris et auteur d'une thèse sur l'écrivain Tchadaiev[5]. Quelles furent les réactions de Pierre Pascal face

1. BDIC F delta res 883 (2-13), lettre de Pierre Pascal à Nicolas Lazarévitch, 25 novembre 1934.

2. Pierre Pascal, *Avvakum et les débuts du Raskol*, Paris, Aubin et fils, 1938, p. 463.

3. BDIC, « Ne pas empiéter sur la providence », note autobiographique sans date, *op. cit.*

4. BDIC F delta res 883 (2-13), journal mars-avril 1934 et 1er juillet 1938.

5. Laura Pettinaroli, *La Politique russe du Saint-Siège*, *op. cit.*, p. 296, p. 586.

au programme spirituel proposé par l'Église catholique aux émigrés russes ? Un brouillon de lettre adressé au pape Pie XI montre une critique de l'action menée par la commission pontificale pour la Russie, dirigée par Mgr d'Herbigny. Il s'y élevait contre les « invraisemblances » d'une image diffusée par *Pro Russia*, « Sauveur du monde, sauvez la Russie », qui montrait une destruction d'église par les paysans. Pour lui, le peuple russe, certes passif car soumis à la providence, ne prenait pas part aux « sacrilèges ». Mais il ne semble pas avoir été repris par son vif intérêt des années 1911-1918 pour l'union des Églises[1].

Les correspondances et notes de journal qui ont été conservées montrent en revanche des liens tôt renoués avec les chrétiens russes fréquentés de 1917 au début des années 1920. Pascal retrouva l'étudiant philosophe Léon Zander, devenu prêtre à l'Institut théologique orthodoxe Saint-Serge, qui avait ouvert ses portes en 1926[2]. Dominées par la méfiance théologique, les relations entre orthodoxes et catholiques avaient trouvé dans le terreau intellectuel parisien matière à épanouissement. Nicolas Berdiaev avait quitté Berlin pour la France en 1924. Sa réflexion sur le communisme et la Russie, proposée en français la même année avec *Un nouveau Moyen Âge : Réflexions sur les destinées de la Russie et de l'Europe*, n'avait guère reçu d'écho chez des exilés russes profondément divisés politiquement. Au début des années 1930, il engagea un dialogue fertile avec ses amis Jacques et Raïssa Maritain – cette dernière d'origine juive russe et convertie au catholicisme –, et Emmanuel Mounier. La quête d'une voie qui préserverait l'homme dans une société matérialiste et face au défi des idéologies marxiste et nazie s'incarna dans la revue *Esprit*, qui ouvrait dès son premier numéro ses colonnes à Berdiaev[3]. En 1927, Pascal avait trouvé « par hasard » à l'Institut Marx-Engels *La Philosophie de*

1. *Ibid.*, p. 833-835 ; BDIC F delta res 883 (2-13), brouillon de lettre au pape, 1934.

2. Institut d'études slaves, Archives Pascal, lettre de Léon Zander, 24 novembre 1933.

3. Bernard Marchadier, « Berdiaev, les Maritain, Mounier : un modernisme russe dans la France de la première moitié du XXe siècle », in Nikita Struve (dir.), *Nicolas Berdiaev, Cahiers de l'émigration russe*, n° 8, Paris, Institut d'études slaves-MSH, 2004, p. 37-48. Catherine Baird, « Religious communism ? Nicolai Berdyaev's contribution to *Esprit*'s interpretation of

l'inégalité, écrit en 1918 et publié en 1923 à Berlin. Il nota alors sa perplexité face à une « façon de penser toute spéciale. Elle rend impossible la discussion, mais reflète toute la vérité ». Il avait également consulté l'*Encyclopédie soviétique* sur Berdiaev, notant : « On n'ose pas dire qu'il a été banni[1] ! » Pierre Pascal redevint un habitué du salon de Berdiaev, qui ne lui tint donc pas rigueur de l'évocation critique d'une « soirée chez les contre-révolutionnaires » parue dans *En Russie rouge* en 1921. Pascal évoqua plus tard sa première visite en 1933 : « Nous étions encore tout ébahis de notre brusque saut du monde de la contrainte dans celui de la liberté. » Leurs rencontres se firent très régulières et leur correspondance passa rapidement du français au russe. Le témoignage des Pascal était attendu par ceux qui avaient quitté leur pays natal depuis plus de dix ans. Il fut partagé avec un public choisi : « Ceux qui voulaient savoir n'étaient pas si nombreux[2]. »

Dans sa contribution à *Sept*, la réflexion de Pierre Pascal entrait en résonance avec la défense proposée par Jacques et Raïssa Maritain de « l'ascétisme de Lénine » et de « l'amour des hommes » présent chez les bolcheviks, mais aussi avec la nécessité, défendue par Berdiaev, de récuser les réflexions simplistes sur les « vérités et mensonges du communisme[3] ». L'article s'achevait par un avertissement sans appel aux catholiques tentés par la « main tendue » du dirigeant communiste Maurice Thorez : « Le marxisme n'a pas engendré la révolution russe. Il l'a dévorée. Quiconque aime la révolution doit détester le marxisme. Il faut faire la distinction : un chrétien ne peut ni honnir la révolution à cause du marxisme, ni pardonner le marxisme à cause de la révolution. Après seize ans d'observation sur les lieux, telle est la conclusion à laquelle je suis arrivé. » Ce fut l'unique contribution

---

communism », *Canadian Journal of History*, avril 1995, en ligne sur http://findarticles.com ; Nicolas Berdiaev, *Samopoznanie*, *op. cit.*, p. 275.

1. *Russie 1927*, *op. cit.*, p. 170, 5 août 1927 ; p. 76, 15 mars 1927.

2. BDIC F delta res 883 (3-4 et 20-1), lettres de Berdiaev et souvenirs sur Berdiaev pour un colloque en Sorbonne, sans date, pages de journal 1935. Institut d'études slaves, lettres de Nicolas et de Nathalie Berdiaev, 1933-1938, *passim*.

3. Conversation de Mounier avec les Maritain, 1931, citée par Catherine Baird, *op. cit.* Nicolas Berdiaev, « Vérités et mensonges du communisme », *Esprit*, n° 1, novembre 1932, p. 104-128.

de Pierre Pascal au débat sur la « troisième voie » recherchée par les personnalistes chrétiens, entre gauche et droite.

Chez Berdiaev, Pierre Pascal rencontra Hélène Iswolsky, la fille de l'ancien ambassadeur de Russie à Paris. Il se trouva également en contact avec le groupe de l'Action chrétienne des étudiants russes (ACER), où Berdiaev était très actif, passant ainsi le Noël 1938 avec ce dernier et la mère Marie, forte personnalité du mouvement, ancienne amie d'Alexandre Blok, qui avait pris le voile en 1931 et créé l'Action orthodoxe[1]. D'autres rapprochements dans l'émigration suivirent des canaux différents, ainsi son amitié avec la fille du penseur marxiste Georges Plekhanov, Eugénie (Genia) Batault-Plekhanov, bibliothécaire à l'École des langues orientales et traductrice, qui partageait avec Jenny Pascal la préoccupation d'une famille restée en URSS. Pierre Pascal invita, oubliant son ancienne détestation des Cadets, le président de l'Office central des réfugiés russes en France Alexis Maklakov, ministre de la Justice du gouvernement provisoire : « Belle tête, belle intelligence, homme au plus haut point humain, souffrant en silence de l'incompréhension des étrangers à l'égard des Russes », mais résista à d'autres sollicitations de la part des émigrés[2]. Il accepta seulement d'apporter son aide au Comité national russe, qui tentait de fédérer artistes et écrivains émigrés autour de la figure de Pouchkine, dont le centenaire de la mort en 1937 était l'occasion d'un combat symbolique entre d'un côté l'URSS stalinienne, qui se réappropriait des morceaux choisis de littérature nationale et affirmait sa légitimité sur l'héritage russe à l'étranger, de l'autre l'émigration qui, faute d'unité politique, faisait de la culture un combat[3].

Habitués des réceptions de Berdiaev à Clamart, le peintre Marc Chagall et sa fille Ida Chagall-Rapaport, proches des

---

1. Marina Gorboff, *La Russie fantôme : l'émigration russe de 1920 à 1950*, Lausanne, L'Âge d'Homme, 1995, p. 108-110.

2. BDIC F delta res 883 (20-1-6), feuille de journal, 7 mars 1935. Institut d'études slaves, correspondance avec Genia Batault-Plekhanov.

3. BDIC F delta res 883 (3-2), lettre de M. Fédoroff pour le Comité Pouchkine, 11 décembre 1936. Institut d'études slaves, lettre de M. Fédoroff remerciant Pascal pour son aide au Comité, 2 août 1937. Cf. Vadim Perlmuter (dir.), *Pouchkin v emigratsii 1937*, Moscou, Progress-Traditsia, 1999. Marc Raeff, « La culture russe et l'émigration », in *Politique et culture en Russie, 19e-20e siècles*, Paris, Éditions de l'EHESS, 1996.

Rougier, se lièrent avec Pierre et Jenny[1]. Pierre Pascal se rapprocha également de l'écrivain et dessinateur Alexis Remizov. Celui-ci et son épouse Serafina invitèrent très régulièrement les Pascal aux soirées où se retrouvaient Boris Unbegaun, l'écrivain Evgueni Zamiatine, le philosophe Léon Chestov, le compositeur Arthur Lourié, son épouse Eugénie qui avait été la première femme de Pasternak. Remizov trouva chez Pascal un auditeur fidèle aux conférences et lectures qui lui permettaient de gagner sa vie. Il sut reconnaître chez Pascal l'amateur de jeux d'esprit qui affleurent dans le journal et les correspondances de l'époque du Petit-Paris, et l'intronisa dans la « Grande et Libre Chambre simiesque », l'*Obezvelvolpal*, société secrète parodique de l'État soviétique et de sa manie des acronymes, avec le grade de... protopope[2]. Les deux hommes s'étaient en effet découvert un intérêt partagé pour la figure d'Avvakoum comme personnage historique et écrivain mémorialiste, découvert par Remizov dès les années 1910 à Saint-Pétersbourg. Remizov trouvait chez Avvakoum une écriture et une spiritualité à la fois populaires et épiques qui faisaient écho tant à sa quête d'une essence russe plongeant ses racines bien au-delà des influences européennes qu'à son écriture inspirée des chants et des récits du folklore. Tandis que Pierre Pascal le traduisait pour les lecteurs français, Remizov se fit le passeur de la rencontre entre Pascal et l'archiprêtre martyr, « le premier écrivain russe en langue vivante », à l'attention des lecteurs russes. Il rédigea dans le plus grand journal de l'émigration, *Poslednie Novosti* (*Les dernières nouvelles*) un compte rendu de la thèse, à la veille de la soutenance en Sorbonne[3]. La même année 1939, l'article « Sur les traces de

1. Institut d'études slaves, lettre d'Hélène Iswolsky, 26 janvier sans date ; correspondance des Chagall.

2. *Ibid.*, Alexis Remizov et Serafina Remizova à Pierre et à Jenny Pascal (1933-1938). Amherst Russian Center – Remizov Papers, Folder 3-6, correspondance avec les slavistes français dont Pierre Pascal, *passim.* Elena Obatnina, *Tsar Asyka i ego poddannye. Obeziana Velikaïa i Volnaïa Palata A.M. Remizova v litsakh i dokoumentakh* (*Le tsar Asyka et ses sujets. La Grande et Libre Chambre simiesque d'A. Remizov, par ses acteurs et ses documents*), Saint-Pétersbourg, Éd. Ivan Limbakh, 2001.

3. *Poslednie Novosti*, 2 mars 1939 ; *Sept*, 22 janvier 1937, traduction de « L'Errant » d'Alexis Remizov.

l'archiprêtre Avvakum en URSS » fit l'objet d'une collaboration inédite. Soigneusement travaillé en russe par Pascal, il fut largement réécrit par Remizov qui déplora dans la rédaction initiale « le style des articles de presse, sans couleur ni pittoresque, traits que, au demeurant, on n'exige pas d'un savant », poussant l'auteur à mettre en scène sa découverte dans les sous-sols de l'Institut Marx-Engels et sa quête chez les bouquinistes et dans les Archives moscovites. Remizov greffa aussi sur l'article de « Pierrot l'Auvergnat » les changements brutaux de registre de langue qui lui étaient propres[1].

L'articulation entre le temps de la réflexion personnelle et la chronologie des contraintes liées à l'évolution du régime soviétique et à la situation internationale vient éclairer la décision de rentrer en France, de reprendre une carrière universitaire interrompue au moment de l'agrégation et, dans le même temps, d'abandonner le rôle de militant et de témoin. Le nouveau professeur aux Langues orientales avait acquis une place singulière dans le monde parisien. Se refusant avec constance à être un « intellectuel », il n'était affilié à aucun parti, aucun groupement, aucun comité de rédaction de revue française ou russe. Son vaste réseau de relations s'était élargi par circulations amicales davantage que par la logique de l'engagement politique, auquel il se refusa à partir du milieu des années 1930. Cependant, malgré les inquiétudes sur le sort de la famille et des amis en URSS, malgré les tensions internationales et sociales qui le faisaient s'interroger sur un « peuple prêt pour la dictature », Pierre Pascal pensait, à la veille de fêter ses cinquante ans en 1940, avoir trouvé une certaine paix[2].

---

1. A. Remizov, « Po sledam protopopa Avvakouma v SSSR », *op. cit.* et brouillon. Amherst Russian Center – Remizov Papers, épreuves corrigées de l'article, brouillons de Remizov et correspondance. Cf. Alekseï Remizov, *Mychkina doudochka*, Paris, Oplechnik, 1953. A.M. Gratcheva, « Sobinnye drouzia Protopopa Avvakouma – A.M. Remizov, P. Paskal, V.I. Malychev, A.M. Pantchenko » (« Les amis particuliers de l'archiprêtre Avvakoum : A.M. Remizov, P. Pascal, V.I. Malychev, A.M. Pantchenko »), in S.A. Kibalnik, A.A. Pantchenko (dir.), *A.M. Pantchenko i Rousskaïa Koultoura. Issledovania i materialy*, Saint-Pétersbourg, Pouchkinski Dom, 2008, p. 353-362.

2. BDIC F delta res 883 (20-2-1), 1er janvier 1938, « Deo optimo quantas gratias… » et notes 1938-1939.

7

Maître des études russes, combattant « invisible » du totalitarisme (1939-1983)

Des épreuves de la guerre à l'affirmation d'un maître (1939 – années 1960)

J'ai l'honneur d'attirer votre attention sur les faits suivants. Un professeur de votre École, M. Pierre Pascal, est marié à une Juive. (...). Or cette Juive, anciennement soviétique et actuellement apatride, ne porte pas son étoile et ne se conforme pas à la législation relative aux Juifs. Cette situation est signalée par nos soins aux autorités françaises et aux autorités d'occupation.

Lettre de Pierre-Antoine Cousteau
à l'administrateur de l'École
des langues orientales, 10 décembre 1942

Cette sérénité retrouvée allait s'avérer bien fragile. Pierre Pascal ne laissa guère d'indice sur ses positions face aux tensions qui déchiraient tant le mouvement ouvrier que les milieux catholiques sur l'attitude à prendre face à l'expansion nazie, puis face à la tentation du pacifisme intégral. De même, il ne prit pas position après le pacte germano-soviétique d'août 1939, qui plongea dans le désarroi Jacques Sadoul, resté fidèle au Parti communiste, et fit réagir Boris Souvarine et Victor Serge. Ce dernier revint à cette occasion sur le « coupable aveuglement » des intellectuels amis de l'URSS[1]. Ce silence public n'était d'ailleurs pas nécessairement synonyme de désintérêt. Si Pierre Pascal agit, ce fut peut-être en reprenant les canaux d'influence et d'expertise empruntés de longue date par son maître Paul Boyer, puisqu'il évoqua plus tard l'ironie des diplomates du Quai d'Orsay, qu'il aurait tenté d'avertir sur l'imminence de « l'alliance perfide » entre Hitler et Staline : « Nous fûmes traités de réactionnaires par les uns, et d'aigris par les plus indulgents[2]. »

Jenny et Pierre Pascal face à la répression du « judéo-bolchevisme » (1939-1945)

Rien ne semblait plus égratigner l'honorabilité retrouvée du professeur de l'École des langues orientales. En 1937, c'est avec l'accord de la Sûreté générale qu'il fut convoqué comme expert pour déchiffrer des documents russes dans la très médiatique affaire de l'enlèvement, en plein Paris, du général Miller, leader de l'émigration militaire russe. La justice française cherchait – sans succès à l'époque – à prouver l'implication du GPU[3]. En 1938, Evguenia Roussakova avait enfin obtenu une naturalisation demandée dès février 1935, la loi de 1927 exigeant trois ans de séjour en France. Les enquêtes auprès des ministères des Affaires étrangères et de l'Intérieur avaient retardé la décision favorable, malgré les conseils de Boris Souvarine – « téléphoner tous les matins au ministère » – et la mobilisation des amis puissants, tel Paul Bastid, devenu président de la commission des Affaires étrangères de la Chambre des députés, ou Édouard Herriot auquel Pascal rappela sa gratitude pour son « intervention décisive » dans le départ d'URSS[4]. Le dernier rapport de la préfecture de police resta prudent : « Il est possible que les

1. Jean-Louis Panné, *Boris Souvarine, op. cit.*, p. 254-270. Victor Serge, « Responsabilité de quelques intellectuels », article dans *La Wallonie*, 12 septembre 1939, in *Retour à l'Ouest, op. cit.*

2. BDIC F delta res 883 (3-8), brouillon de lettre à « M. le Président », octobre 1942.

3. BDIC F delta res 883 (3-3), dossier général Miller.

4. BDIC F delta res 883 (3-1 et 3-2), correspondance avec Paul Bastid, Édouard Herriot. Institut d'études slaves, correspondance de Boris Souvarine, 1936.

sympathies des époux Pascal soient encore acquises aujourd'hui aux doctrines communistes mais on apprend qu'ils ont cessé toute activité militante en faveur de ce parti politique[1]. » La naturalisation fut annoncée en novembre 1938, au moment même où, dans une conjoncture économique et politique xénophobe, le gouvernement Daladier durcissait le contrôle des étrangers et revenait sur certaines dispositions de la loi libérale de 1927.

La lâche tentative d'apaisement de Munich, qui livrait une partie de la Tchécoslovaquie à Hitler, n'avait pas empêché la guerre d'éclater. Âgé de quarante-neuf ans, Pierre Pascal appartenait à la dernière classe mobilisée en septembre 1939 et « marcha », tout comme en 1914. La parenthèse internationaliste et pacifiste semblait solidement refermée. Affecté dans la réserve, au 32e régiment de Travailleurs pendant la « drôle de guerre », il fut promu capitaine après avoir reçu l'appréciation suivante : « Officier d'une culture très élevée, professeur de russe à l'École des langues orientales. Travailleur, minutieux, d'une conscience absolue, remplit avec autorité les fonctions d'adjoint au Chef de Corps. Très modeste et tout particulièrement méritant[2]. » C'est avec le soutien du ministère de l'Éducation nationale et d'André Mazon, qui écrivit en sa faveur au nom de l'Institut d'études pour réclamer « la formation de jeunes gens sachant le russe » à Paris, que Pascal fut nommé « affecté spécial » à l'École des langues orientales à la veille de la débâcle de mai 1940. Cela lui permit de gagner avec Jenny le havre familial du Cantal, après l'éprouvante expérience de l'exode, vécue sur les routes de France, puis de regagner la capitale en 1941[3].

Les services de l'État français établis à Vichy délivrèrent à Pascal sa carte d'identité de fonctionnaire en septembre suivant. Mais le 22 juillet 1940, le gouvernement français promulgua une loi sur la nationalité qui ouvrit pour les époux

---

1. APP, GA P7, rapport du 23 juin 1937. Archives nationales, dossier 19770889 article 210, dossier de naturalisation de Madame Pascal Pierre, née Roussakova Eugénie.

2. SHD, 8 Ye 12337, Dossier d'officier de Pierre Pascal.

3. BDIC F delta res 883 (2-2-3), récit de l'exode, 12-14 juin 1940 ; papiers militaires, carte d'identité de fonctionnaire de Vichy. AN, F 17 27756, constatation des services militaires et lettre d'André Mazon à M. le Ministre, 26 avril 1940. Archives de l'INALCO, dossier Pierre Pascal.

Pascal une nouvelle épreuve politique et personnelle. La loi, qui prévoyait la révision systématique de toutes les naturalisations depuis 1927, fut mise en application à l'automne suivant[1]. C'est à partir du printemps 1941 que le cas de Jenny Pascal fut examiné par la Commission de révision créée au ministère de la Justice. Un décret daté du 20 août 1941 lui signifia brutalement que la nationalité française lui avait été retirée. Parmi les 15 000 personnes environ qui furent frappées par la même mesure entre 1940 et 1944 figurèrent plus de mille « Russes ».

Aucune motivation n'était donnée par la commission, mais le dossier d'Evguenia Roussakova-Pascal éclaire le processus qui conduisit à conclure à son « loyalisme suspect ». Plus que l'intégration douteuse des « juifs russes », invoquée par exemple dans le cas de Marc et de Bella Chagall, c'est le parcours révolutionnaire de son père Alexandre Roussakov, mais surtout le passé du mari de Jenny, qui furent invoqués par des administrations parisienne et vichyste rivales, à la fois tatillonnes et hésitantes. Suite à la demande du ministère de la Justice, le cabinet du préfet de police de Paris donna en novembre 1941 l'avis justifiant la décision : « Les époux Pascal, qui ont longtemps séjourné en Russie, ont été considérés comme des propagandistes actifs des théories communistes. Bien qu'ils ne semble (*sic*) plus se livrer actuellement à aucune activité politique, j'estime qu'il y aurait lieu de retirer la nationalité française à la femme Pascal, en raison du doute qui demeure au sujet de son loyalisme[2]. » À cette date, l'opération Barbarossa avait mis fin à l'alliance germano-soviétique et ôté tout frein à la propagande « antibolchevique » menée tant par les occupants que par l'État français. Pourtant, en janvier 1942, une note se montrait plus nuancée. Signalant que « son mari, sujet très brillant, a[vait] été un communiste de marque », elle notait aussi une « certaine considération dans les milieux littéraires ». Les « relations dans les milieux communistes » de Jenny étaient mises en balance avec le fait

1. Alix Landau-Brijatoff, *Indignes d'être français. Dénaturalisés et déchus sous Vichy*, Paris, Buchet/Chastel, 2013.

2. Archives nationales, dossier de naturalisation 19770889 article 210, copie d'une lettre du préfet de police au ministre de la Justice, 19 novembre 1941, en réponse à une lettre du 10 mai 1941.

que son ami Boris Souvarine, « adversaire de Staline », écrivait dans *Le Figaro*[1].

Aussitôt la décision connue, Jenny Pascal fit appel en octobre 1942 au seul recours autorisé, la « voie gracieuse » auprès du garde des Sceaux, qui signait toutes les décisions. Elle envoya un vibrant plaidoyer dans lequel elle tentait de démontrer qu'elle n'avait « d'autre patrie que la France », rappelait son enfance marseillaise, minimisait son travail pour les institutions soviétiques, soulignait son absence d'activité politique depuis 1933 et l'arrestation de ses proches en URSS. La situation était d'autant plus alarmante que la procédure répressive de la dénaturalisation s'inscrivait désormais dans le contexte dramatique d'une persécution antisémite menée avec la collaboration croissante de l'État français. La procédure voulue par la Révolution nationale pour débarrasser la nation des éléments indésirables, et déjà appliquée dans un sens antisémite, avait pris une nouvelle direction. Les accords franco-allemands de juillet 1942 faisaient courir aux juifs étrangers dénaturalisés non seulement le risque d'un internement, mais celui d'une déportation vers l'Est.

Or, en septembre 1942, Jenny fut dénoncée une première fois comme juive, dénonciation répétée en novembre 1942 et en mars 1944. Elle reçut également à son domicile des coupures de presse sur l'étoile jaune avec l'inscription « sale juive », ainsi qu'une carte dactylographiée, signée « Rebecca Dupont », qui lui intimait grossièrement de porter l'étoile jaune et s'achevait ainsi : « Tu as honte d'être juive ? Tu t'en rappelle (*sic*), hein, du ghetto de Rostov ? C'est loin tout ça, on se doutait pas, dis, qu'on habiterait la France, qu'on serait mariées à des braves Français, bien cocus, bien couillons, qui nous ont pri (*sic*) avec notre chemise sale. Les beaux jours reviendront-ils ? J'en doute. À bientôt, rendez-vous dans un camp de concentration en Haute-Silésie ou ailleurs, peut-être à Rostov en pays de connaissance. Le bonjour à ton Juif d'honneur[2]. » Enfin, l'administrateur de l'École des langues orientales, Jean Deny, reçut une lettre, cette fois signée de

1. *Ibid.*, Note manuscrite, 22 janvier 1942.

2. BDIC F delta res 883 (3-10), lettre de Jenny Pascal en faveur de Robert Bobin, 10 octobre 1944, et lettres anonymes.

Pierre-Antoine Cousteau, rédacteur au journal collaborationniste *Au Pilori* : « J'ai l'honneur d'attirer votre attention sur les faits suivants. Un professeur de votre École, M. Pierre Pascal est marié à une Juive. (...) Or cette Juive, anciennement soviétique et actuellement apatride, ne porte pas son étoile et ne se conforme pas à la législation relative aux Juifs. Cette situation est signalée par nos soins aux autorités françaises et aux autorités d'occupation. » La lettre sommait l'administrateur de « faire respecter la loi », faute de quoi le journal s'emparerait de l'information[1]. Suite à ces signalements, le commissariat aux Questions juives, créé en mars 1941, ouvrit un dossier.

Le couple se trouvait démuni face à l'antisémitisme. En 1921 la lecture de *Quand Israël est roi* des frères Tharaud, qui dénonçait violemment la présence juive dans les Soviets hongrois, avait inspiré au jeune communiste cette remarque ambiguë, qui évoquait les notes prises après son passage dans les ghettos de l'empire russe avant guerre : « Antibolchevisme, antisémitisme ! Je me demande pourtant s'il n'y a pas un brin de vérité, puisque, en fin de compte, cette révolution est morte de ne pas avoir été soutenue par le peuple, ni par les paysans, ni par les ouvriers. » L'amitié nouée avec Bernard Lecache, le fondateur de la Ligue internationale contre l'antisémitisme (LICA), et l'occurrence croissante de manifestations antisémites en URSS – blagues, insultes, renvois professionnels qui frappaient tous les milieux –, l'avaient par la suite sensibilisé à une question liée pour lui au malaise social général. Il nota la crainte d'Anna Aronovna Davidovitch, la mère de leur amie Lena, devant « l'antisémitisme grandissant[2] ».

Pourtant, l'inquiétude n'avait pas semblé toucher la famille Roussakov-Josselewicz, si bien abritée derrière le patronyme maternel depuis le début du siècle qu'elle avait été paradoxalement accusée d'antisémitisme lors de son procès en 1929. L'abondante correspondance de Pierre Pascal ne laisse comprendre à aucun moment que la question ait pu être abordée dans le cercle amical du Petit-Paris. Si Raoul Labry attesta en

1. Archives de l'INALCO, dossier Pascal, lettre de dénonciation 10 décembre 1942, signée Pierre-Antoine Cousteau.

2. *Mon état d'âme*, *op. cit.*, p. 24, 25 novembre 1921. *Russie 1927*, *op. cit.*, p. 121, 16 mai 1927.

1942 de la conversion de Jenny Pascal dès 1934, il n'est pas possible de savoir quel rôle joua le contexte antisémite dans son choix de se faire baptiser dans la religion catholique. Ce fut fait en décembre 1940 : le statut des juifs venait d'être promulgué en octobre précédent. Deux ans plus tard, il fallut non seulement réagir au retour de cette identité largement refoulée, mais répondre à la convocation pour « vérification » à la préfecture de police et au commissariat aux Questions juives. Pierre Pascal mit rapidement sur pied un argumentaire détaillé. Le père Devaux, qui deviendrait après sa mort « Juste parmi les Nations » pour le sauvetage de nombreux enfants juifs, baptisa Jenny. Il certifia « qu'aucune mentalité spécifique d'origine orthodoxe, tartare ou juive n'avait imprégné son esprit », tandis que l'oncle et homonyme de son époux, Pierre Pascal, haut fonctionnaire au ministère des Colonies, attesta : « Elle ignore tout de la religion juive, même des usages juifs[1]. » La conclusion du commissariat éloignait le péril : « Mme Pascal née Roussakova doit être, jusqu'à plus ample informé, tenue pour non juive : n'a pas souscrit de déclaration de qualité juive, est mariée à un aryen catholique et baptisée catholique, le nom de Roussakov est un nom purement russe qui n'est pas suspect d'attaches juives, enfin les prénoms de ses grands-parents Olga et Grégoire sont des noms orthodoxes. » Faute d'obtenir l'annulation de sa dénaturalisation, Jenny Pascal récupérait la précieuse « carte d'identité aryenne[2] ».

Elle avait achevé son recours au garde des Sceaux par ces mots : « Pour le cas où la décision qui me frappe aurait été influencée par le passé de mon mari, ou plutôt par les rapports qui en auraient été faits, je joins ici toutes les pièces utiles pour montrer que ces rapports, si même ils n'ont pas été exagérés, ne correspondent plus depuis très longtemps à aucune réalité[3]. » La petite dactylo du Komintern n'avait jamais adhéré au féminisme proclamé par les bolcheviks, ni, on l'a compris, souhaité jouer de rôle public en France. Celle

1. BDIC F delta res 883 (3-8), certificat de baptême, attestations de Raoul Labry, de l'Église orthodoxe, du père Devaux et de Pierre Pascal, notes de Pierre Pascal.

2. Archives nationales, AJ 38 184, commissariat aux Questions juives à M. le préfet de police, direction des étrangers et des affaires juives, 3e bureau, 4 décembre 1942.

3. *Ibid.*, lettre au garde des Sceaux, 15 octobre 1942, brouillon BDIC.

qui était systématiquement désignée comme « épouse » et « ancienne secrétaire » n'alla pas plus loin dans cette timide mise en cause du traitement – banal à l'époque – du couple et de la famille en général comme un tout. Les archives de Pierre Pascal montrent qu'il se sentit, à juste titre, doublement concerné. Inquiet pour sa compagne, il était aussi personnellement menacé à tout moment par l'épuration qui frappait les fonctionnaires considérés comme indignes de servir la communauté nationale : juifs, francs-maçons, communistes, enfants d'étrangers et autres « incapables moraux[1] ».

Dès mars 1940, la préfecture de police de Paris avait rouvert le dossier de celui qui avait été dénoncé comme « agent du Guépéou ». En ces circonstances troublées, le tri des loyautés devenait crucial ; Pascal était devenu suspect pour tous les régimes, que ce soit la République française ou le gouvernement soviétique, alors allié à l'Allemagne nazie. Au même moment, le Secteur des cadres du Komintern reprenait les dossiers des communistes français de Moscou, avec l'aide d'André Marty. Le rôle de l'ancien mutin de la mer Noire avait grandi tant dans le PCF que dans l'Internationale communiste. Promu au secrétariat du Komintern en 1935, délégué en Espagne où il avait exercé brutalement sa vigilance contre les trotskistes, il était arrivé à Moscou peu de temps avant la signature du Pacte germano-soviétique et suivait les affaires françaises[2]. Marty concluait sa « note strictement confidentielle », très hostile à Pascal et à son entourage, en appelant à une nouvelle enquête : « Il est probable que les gouvernements français vont utiliser à nouveau les contre-révolutionnaires dans les services secrets pour la propagande et l'action anticommuniste[3]. » En

1. Marc Olivier Baruch, *Servir l'État français. L'administration en France de 1940 à 1944*, Paris, Fayard, 1997, chap. 7, « Les réprouvés ».

2. Cf. également RGASPI, Fonds 495, op. 270, d. 7125, note sur Souvarine, décembre 1940. Sur Marty, cf. Paul Boulland, Claude Pennetier, Rossana Vaccaro (éd.), *André Marty, l'homme, l'affaire, l'archive*, Paris, Codhos Éditions, 2005.

3. RGASPI, Fonds 495, op. 270, d. 6147, dossier de Pierre Pascal, p. 4-6, Note strictement confidentielle pour le Secteur des cadres de l'IC à la suite d'une demande de renseignements du Secteur de propagande, 2 juin 1940, par André Marty (en français) ; p. 7, note du 9 juin 1940, signée Belov et Stella Blagoeva (en russe).

réalité, l'insignifiance politique de Pascal sous l'Occupation, comme l'évolution des priorités de l'URSS, avec la dissolution du Komintern en 1943, conduisirent à la fermeture du dossier.

Pascal n'en avait pas fini en revanche avec les autorités françaises qui mettaient en doute le « loyalisme » du couple. Les policiers peinaient visiblement à trier les informations défavorables – « communisme fervent » de Pascal, travail pour le gouvernement soviétique – des éléments d'honorabilité manifeste : le départ de Pascal « devenu suspect aux autorités soviétiques », l'opposition de la « Cellule de Front populaire » à son élection, une fantaisiste « proposition au prix Nobel par l'Institut de France » pour son livre sur Avvakoum « particulièrement bien accueilli et hautement apprécié dans les milieux littéraires », ses travaux d'histoire religieuse, son retrait de toute activité politique. En février 1943, la préfecture de police de Paris donna un avis favorable au recours contre la dénaturalisation, mais les services du secrétaire général à la police à Vichy, René Bousquet, s'y opposèrent en octobre suivant[1]. Les « renseignements favorables par des personnalités du monde littéraire » et la mobilisation d'amitiés dans l'administration n'avaient donc pas suffi. Il est vrai que le réseau politique de Pierre Pascal se trouvait disloqué par la guerre – avec notamment les départs de Boris Souvarine, Louis Rougier, Alfred Rosmer pour les États-Unis, de Victor Serge pour le Mexique. Après avoir voté les pleins pouvoirs au maréchal Pétain, Édouard Herriot était depuis septembre 1942 placé en résidence surveillée, pour avoir démissionné de l'ordre de la Légion d'honneur, au motif que cette décoration avait été attribuée à titre posthume à des Français qui avaient revêtu l'uniforme allemand.

Pascal trouva en revanche des alliés du côté de ceux qui, donnant priorité à l'anticommunisme et à l'antisoviétisme, s'engageaient aux côtés d'un État qui collaborait avec l'Allemagne. C'était le cas de Paul Marion, entré au gouvernement à Vichy et secrétaire général à l'Information depuis le printemps 1942, avec à ses côtés Angelo Tasca, naturalisé en 1936, lui aussi dénaturalisé, mais qui avait vu aboutir positivement son recours et était redevenu français. Contrairement à Victor Serge, qui

1. Archives nationales, dossier 19770889 article 210, avis favorable du cabinet du préfet à Paris le 10 février 1943 ; avis défavorable du Conseiller d'État, secrétaire général à la police à Vichy, 18 octobre 1943.

méprisait ce « Français moyen éveillé sans intelligence », « à vendre », Pierre et Jenny Pascal étaient restés liés avec Paul Marion, d'une amitié qui autorisait toujours les plaisanteries politiques, parfois pour le moins douteuses. En témoigne ce mot envoyé à la toute fin des années 1930 ou au début de la guerre : « Que devient notre infatigable traducteur ? Toujours conservateur-libéral sans doute ? Je crois avoir aperçu hier soir en rentrant chez moi le judéo-marxiste Boris. Le Malheureux (si c'était lui) se gavait de glaces à la terrasse d'un petit café du boulevard Gouvion-Saint-Cyr en compagnie d'une femme indistincte. J'espère qu'il ne s'agissait pas d'une aryenne sinon je préviendrai Goebbels afin qu'il y mette bon ordre... un jour ou l'autre. Nous n'en sommes pas là, ma chère Jenny. Bien à vous et bonjour à Pascal. » Le léger Marion prit au sérieux la menace qui pesait sur le couple Pascal. Il écrivit au cabinet du ministre de l'Intérieur, rappelant leur rencontre en 1927 à Moscou : « C'était déjà un antibolchevique convaincu et qui souffrait là-bas beaucoup du fait de ses opinions. En outre, Pierre Pascal est un catholique fervent et l'atmosphère de son ménage était profondément chrétienne. Il est donc inadmissible à mon sens de le taxer de bolchevisme[1]. »

En récusant ce « prétexte », Paul Marion attestait des qualités demandées au fonctionnaire de l'État français et proposait sa propre interprétation de l'itinéraire passé de Pierre Pascal. Ce fut également le cas des très nombreux témoignages d'honorabilité présents dans le dossier d'Evguenia Roussakova. Tous insistaient sur le retrait politique de son époux, avançant prudemment, tel l'administrateur de l'École des langues orientales Jean Deny, successeur de Mario Roques, que « rien ne permet de supposer chez lui un manque d'attachement à la personne du Maréchal Pétain et à son œuvre[2] ». « L'esprit supérieur et

1. Victor Serge, *Mémoires d'un révolutionnaire, op. cit.*, p. 257. Institut d'études slaves, lettre de Paul Marion à Jenny Pascal, 23 juin sans date. BDIC F delta res 883 (3-8), copie de la lettre de Paul Marion au chef de cabinet du ministre de l'Intérieur, 14 octobre 1942.

2. Archives nationales, dossier 19770889 article 210, attestations, toutes datées entre le 10 et le 20 octobre 1942. Copies BDIC. Archives nationales, F 17 27756, attestation d'honorabilité, note du cabinet du secrétaire d'État à l'Éducation nationale et à la Jeunesse : « rédiger une note favorable sur ces deux personnes », 21 octobre 1943.

éminemment chrétien de M. Pascal, son amour pour le peuple russe, sa connaissance profonde de son histoire et de sa langue en font un adversaire irréconciliable du régime que subit actuellement ce pays », écrivit le comte André Tolstoï, ancien aide de camp du général Wrangel, effaçant ainsi d'un trait de plume les années communistes de celui qu'il présentait comme un proche. Raoul Labry et André Mazon proposaient un témoignage plus personnel, ancré dans trente années d'amitié[1]. Labry insista sur les qualités du « plus cher de tous les camarades collègues slavisants, pour son éminent savoir et son talent, et plus encore pour ses hautes vertus morales, nourries de la ferveur de ses convictions religieuses », et termina en reprenant la figure du « saint laïc, indifférent aux misères matérielles », mais en la transférant du militant au savant et au chrétien, « hanté par les problèmes éternels du salut et de l'au-delà ». Mazon, qui ne l'avait pas connu à l'ENS, fit pourtant le portrait d'un normalien « assez traditionaliste et même conservateur en politique, et profondément chrétien en matière de réformes sociales », à l'opposé de « l'intellectuel révolutionnaire ». Il concluait sur l'image d'un Français « clairvoyant, noble et généreux ».

Tous deux parvenaient à ne jamais utiliser le terme « d'URSS » ou de « communisme ». Labry, qui faisait du « problème religieux » en Russie le fil directeur de la vie de Pierre Pascal, ajouta : « Pour lui, ce peuple aspirait à la réalisation d'une vie évangélique dont il portait le rêve séculaire, dans des formes politiques et sociales inconnues de l'Occident. C'est pour étudier cette réalisation et poursuivre ses travaux sur l'orthodoxie que Pascal est resté en Russie après la guerre. Mais il s'est vite aperçu que les aspirations religieuses du peuple étaient en contradiction absolue avec le communisme vainqueur. » Mazon expliqua quant à lui ainsi le choix de son collègue : « Il devait être frappé par certain aspect presque religieux que le mouvement des bolcheviks a présenté à ses débuts, et son intérêt tout "chrétien" pour la grande vague qui soulevait alors le peuple russe l'avait déterminé à prolonger son séjour là-bas. (...) Jamais, en vérité, il n'y eut d'esprit moins fait que celui de Pierre Pascal pour admettre le bolchevisme et

1. Archives nationales dossier 19770889 article 210, lettres de Raoul Labry et d'André Mazon, 18 et 12 octobre 1942.

s'y adapter. » Puis l'un et l'autre attestaient de la déception de Pascal, de ses « douleurs », de sa « généreuse indignation ». Ils montraient les conditions du retour d'un « otage du gouvernement de Moscou », sa « retraite de savant », ses amitiés avec l'émigration russe, gages de son « intransigeante aversion » pour le bolchevisme, sans oublier d'insister sur le rôle positif à ses côtés d'Evguenia Roussakova.

Au même moment, Pierre Pascal rédigea des textes autobiographiques destinés à protéger sa femme, que le passé bolchevique de son époux fragilisait. Jointe au recours d'Evguenia Roussakova contre sa dénaturalisation, une « annexe » à son curriculum vitae revint sur son engagement communiste : « Il date de plus de vingt ans, il a duré moins de trois ans, de novembre 1918 à mai 1921. » Affirmant avoir défendu la politique de la Mission militaire, il ajouta : « Pratiquement, il arriva que je fus séparé de la Mission militaire et que, n'ayant pas été compris dans les pourparlers d'échanges, je demeurai à Moscou quand elle en partit. » Pierre Pascal allait plus loin que ses amis dans la négation (« je n'ai jamais occupé de poste administratif ou politique », « je fus alors membre d'une cellule communiste française autonome qui ne fut affiliée que plus tard, indépendamment de son désir, au Parti communiste russe ») et la minimisation de ses activités. Les étapes de son désengagement furent reprises sur la base du « malentendu » initial : « Mon communisme n'était pas celui des dirigeants communistes russes. Le mien était tout inspiré par le christianisme, le leur par le marxisme. » Il affirma avoir été « exclu moralement » en 1921, avoir profité d'une « purge » pour quitter le Parti, enfin avoir rompu en 1927 « devant la persécution religieuse déchaînée et les horreurs de la collectivisation », pour se réfugier « dans un établissement purement scientifique[1] ».

En insistant sur ses « opinions antibolcheviques affirmées » comme sur son retrait de la vie politique après 1933, en sollicitant les témoignages d'honorabilité de prêtres, de collègues et de parents, Pierre Pascal préservait avec succès son emploi et défendait sa femme d'un internement, voire d'une déportation. Son histoire personnelle s'inscrivit aussi dans un moment de

1. *Ibid.*, « annexe au CV de M. Pierre Pascal », 12 octobre 1942. BDIC, brouillon de lettre à « M. le Président », citée.

l'histoire politique européenne, marqué, entre les années 1930 et les années 1950, par l'existence de régimes autoritaires pratiquant une ingénierie sociale de contrôle et de surveillance. Le communisme soviétique en particulier exigeait des individus une conformité politique attestée, quitte à réécrire leur propre passé à la lumière des impératifs politiques du jour présent[1]. En 1920, Pierre Pascal avait pu encore échapper à l'autocritique formelle face à Boukharine, mais elle était venue d'elle-même lorsqu'il avait expliqué les imperfections de son engagement, dans sa lettre inachevée à Marcel Martinet. Écarté du Parti, il n'avait pas eu à alimenter le corpus des autobiographies demandées aux cadres communistes à partir du début des années 1930. Mais en 1942, il fut contraint, comme tant d'autres, d'écrire au gouvernement de Vichy pour justifier de son anticommunisme, exagérant ainsi jusqu'au reniement son retrait politique, formulant également pour la première fois l'idée du chrétien communiste par « malentendu », qu'il allait reprendre et préciser trente ans plus tard.

L'élection en Sorbonne et le rayonnement du professeur Pascal

Entre 1941 et 1944, Pierre Pascal vécut préoccupé par ce danger permanent. Évitant de se mettre en avant publiquement, il dut paradoxalement à la Libération faire le point sur son homonymie avec un autre « Pierre Pascal », signataire d'articles dans la presse collaborationniste. Aux Langues orientales, le professeur Pascal continua à enseigner le russe, devenu langue de l'ennemi d'Hitler et de Pétain, malgré la censure qui interdisait les livres en russe ou en anglais, et l'ire du journal collaborationniste *Je suis partout*[2]. Il n'alla pas jusqu'à contribuer à la petite « Académie », dans laquelle son collègue Raoul Labry réunissait clandestinement un groupe avide de s'initier à la langue du pays de l'Armée rouge[3]. Maintenir le fil de l'étude du domaine russe

1. Cf. Brigitte Studer, Berthold Unfried, Irène Hermann (dir.), *Parler de soi sous Staline, op. cit.*

2. *Je suis partout*, 3 décembre 1943, « Grammaire russe », dans le dossier de Pierre Pascal à l'INALCO.

3. Pierre Pascal, nécrologie de Raoul Labry, *Revue des études slaves*, t. 28, 1951, p. 129-137.

permit à Pascal d'aider son ami Alexis Remizov en le publiant en traduction dans *La Nouvelle revue française*. Avec Brice Parain, il envisagea dans le même temps de créer une « collection catholique » chez Gallimard et publia deux éditions de textes : *Les Belles Morts*, série d'*exempla* du XVIIe siècle, et *Initiation à la vie mystique*, du théologien médiéval Jean Gerson[1]. Ces réflexions personnelles sur le christianisme et le jansénisme, nourries de ses lectures de jeunesse et renouvelées par sa réflexion sur Avvakoum, peuvent être lues *a posteriori* comme un prudent repli sur l'érudition. Elles furent vécues en 1943 comme une manière de lutter par l'esprit « contre les forces de haine[2] ».

Dans le petit milieu des slavisants, certains avaient été moins armés que les Pascal pour se protéger de la persécution antisémite. L'Institut d'études slaves, perquisitionné par l'occupant allemand dès l'été 1940, perdit ainsi Michel Gorlin, poète, spécialiste de littérature russe et bibliothécaire de l'Institut, et son épouse, la médiéviste Raïssa Bloch-Gorlina. Tous deux nés en Russie, émigrés en Allemagne puis réfugiés en France pour fuir le nazisme, furent déportés et assassinés. Si Jenny Pascal avait échappé à l'arrestation, si sa dénaturalisation fut annulée comme toutes celles promulguées sous Vichy, la blessure des dénonciations resta vive. La violence et la précision de la menace l'atteignirent si profondément que son mari attribua le cancer qui l'emporta en 1962 à cet épisode. Le couple ne renonça que malaisément à poursuivre le responsable qu'il devinait[3]. Pierre Pascal suivit le conseil d'André Vaillant de ne pas « se complaire dans l'amertume » et nota : « Peut-être fallait-il que nous subissions, sous l'Occupation, ces épreuves, pour apprendre à ne pas juger. » Jenny Pascal témoigna en faveur de Robert Bobin, journaliste au quotidien collaborateur *La France socialiste*, qui l'avait soutenue dans l'épreuve. Mais

1. *Les Belles Morts. Textes du XVIIe siècle recueillis et présentés par Pierre Pascal*, Paris, Gallimard, « Collection catholique », 1941. Jean Gerson, *Initiation à la vie mystique*, édité et préfacé par Pierre Pascal, Paris, Gallimard, coll. « Les Arcades », 1945. Cf. aussi Pierre Pascal, « L'abbé de Saint-Cyran, les Chartreux et les solitaires de Port-Royal », *Revue historique*, t. 191, janvier-mars 1941, p. 232-248 et BDIC F delta res 883 (7-5), correspondances avec ses éditeurs.

2. Lettre de Pierre Pascal à Jean Laloy, 1er juin 1943, Archives Vincent Laloy.

3. BDIC F delta res 883 (6-10), correspondance Pascal, Labry, Mazon, Vaillant, 1948. Notes de journal 1944-1945.

Pascal ne commenta pas publiquement la condamnation à dix années de prison d'un autre défenseur de Jenny, son ancien ami Paul Marion, l'ex-secrétaire d'État à la propagande, qui avait suivi Pétain et Laval à Sigmaringen[1].

Sans reprendre dans l'immédiat de journal quotidien, Pascal laissa des réflexions qui témoignent de sa profonde inquiétude face au climat de « haine » de l'immédiat après-guerre. Il s'alarma vivement de la montée en puissance du Parti communiste, devenu premier parti de France aux élections législatives de 1945, et de la force d'attraction retrouvée de l'URSS après la défaite d'Hitler. Au nom de l'Université de Paris, le recteur Gustave Roussy, démis de ses fonctions par Pétain entre 1940 et 1944, envoyait ainsi à l'Académie des sciences de l'URSS une missive qui fut également affichée sur les murs de la Sorbonne. Les maîtres et les étudiants y exprimaient « leur admiration et leur reconnaissance à l'armée des Soviets de l'Union soviétique digne du grand peuple qu'elle représente[2] ». Pierre Pascal nota sur un feuillet daté de décembre 1944 : « Aux Affaires étrangères, on me dit qu'il faut ouvrir un cours de doctrine soviétique aux Langues orientales. (...) Mazon, de la liste des livres conseillés aux slavisants, fait disparaître le *Staline* de Souvarine : "Il n'est pas possible de parler ainsi, maintenant, du maréchal Staline." Tout tremble ici. » Marcel Body, qui avait passé la guerre dans la Haute-Vienne, « échappait de justesse à la terreur du maquis communiste », tandis que Boris Souvarine envisageait de rester aux États-Unis pour éviter de « se jeter dans la gueule du loup moscovite » en Europe[3].

D'Oxford où il était invité pour une série de conférences au printemps 1946, Pascal envoya à Souvarine un long bilan peu encourageant, soulignant la pression de « ces Messieurs les Soviétiques », « dans l'édition comme ailleurs ». Le Mouvement républicain populaire, héritier des résistants chrétiens, lui semblait « bien faible », « les Dominicains pétris d'illusions

1. BDIC F delta res 883 (20-2), pages de journal 1944-1945 et lettre de Jenny Pascal, 10 octobre 1944.

2. Laurent Jalabert, *Le Grand Débat. Les universitaires français – historiens et géographes – et les pays communistes de 1945 à 1991*, Toulouse, GRHI, p. 48-49.

3. Jean-Louis Panné, *Boris Souvarine, op. cit.*, p. 321. Houghton Library Harvard, Fonds Boris Souvarine, lettre de Marcel Body à Boris Souvarine, 25 août 1948.

sur les bolcheviks », « les Russes d'ici fous de patriotisme[1] ». Certains émigrés russes cédaient en effet à la tentation du ralliement, voire rentraient en URSS, où ils étaient pour la plupart directement envoyés au Goulag. Ce fut l'occasion d'un ultime désaccord entre Pascal et Berdiaev, dont il regretta la « naïveté devant le monde réel » pour avoir nié la responsabilité du NKVD dans le massacre des officiers polonais à Katyń en 1940, et même pensé à demander un passeport soviétique. Le philosophe se libéra de son « envoûtement » mais les deux hommes ne se revirent plus jusqu'à la disparition de Berdiaev en 1948[2].

De fait, Pierre Pascal fut sans doute peu rassuré par la formation d'un gouvernement qui, en incluant des ministres communistes, marquait pourtant le choix fait par Staline de ne pas déclencher de guerre civile en France, tout en consolidant son influence en Europe centrale et orientale[3]. Il poursuivit son activité d'enseignant et de chercheur avec la même posture de discrétion politique. Sans solution de continuité, il concrétisa en 1947 une collaboration avec les Presses universitaires de France envisagée dès 1942. Elle aboutit à la publication dans la jeune collection « Que sais-je » d'une histoire de la Russie prérévolutionnaire qui allait devenir un classique, rééditée neuf fois entre 1946 et 1980. Révélatrice du climat politique de l'époque fut la décision de confier l'histoire de l'URSS dans la même collection à Jean Bruhat, jeune agrégé d'histoire, militant communiste et résistant, qui proposa une lecture strictement marxiste-léniniste du processus révolutionnaire[4].

1. Institut d'histoire sociale. Archives départementales des Hauts-de-Seine, lettre de Pierre Pascal à Boris Souvarine, 8 mai 1946, copie de l'original déposé à la Houghton Library, Harvard College.

2. BDIC F delta res 883 (9-5), nécrologie de Berdiaev, manuscrit de la conférence en Sorbonne le 12 avril 1975, et Jean-Claude Marcadé (éd.), *Colloque Berdiaev*, Paris, Institut d'études slaves, 1978.

3. Philippe Buton, *Les Lendemains qui déchantent. Le Parti communiste français à la Libération*, Paris, Presses de la FNSP, 1993, et Philippe Buton (éd.), « L'entretien entre Maurice Thorez et Joseph Staline du 19 novembre 1944 », *Communisme*, n° 45-46, 1996.

4. BDIC F delta res 883 (7-7), correspondances avec les PUF. Pierre Pascal, *Histoire de la Russie des origines à 1917*, Paris, PUF, « Que sais-je ? », 1946, 9e édition, 1980. Jean Bruhat, *Histoire de l'URSS*, Paris, PUF, 1945, 12e édition, 1980.

Chargé de cours à l'Institut d'études politiques de Paris, membre en 1947 du jury de la première agrégation de russe, présidé par l'inamovible André Mazon, invité à Londres ou à Genève, Pierre Pascal vit bientôt sa carrière prendre une nouvelle dimension. Raoul Labry, « l'humaniste », russisant lui aussi « formé par les événements » de la guerre et de la révolution, avec lequel l'amitié née en 1916 avait été réaffirmée par la soutenance de thèse puis les épreuves de l'Occupation, disparut en 1950. La chaire de russe qu'il occupait depuis 1936 en Sorbonne se trouva donc vacante, sous forme dans un premier temps de charge d'enseignement. Pascal envoya un curriculum vitae qui égrenait les étapes d'une carrière définitivement aseptisée, mentionnant un « séjour en Russie » constitué de travaux de traduction, de recherches personnelles dans les bibliothèques et les archives, de découverte de la vie rurale...

Une campagne rondement menée montra combien le candidat maîtrisait désormais totalement les us et coutumes universitaires, mais aussi combien son passé politique s'était éloigné et brouillé. Seul le professeur Ernest Labrousse, qui avait quitté le PCF en 1925 mais s'en était de nouveau rapproché depuis l'Occupation et la Résistance, manifesta une froideur certaine. L'élection fut acquise par une majorité écrasante, sans agitation politique, sans intervention apparente des ministères ou de l'ambassade soviétique. Boris Unbegaun, son ancien rival aux Langues orientales devenu maître de conférences à Strasbourg, reconnut avec élégance la victoire de son ami. De nombreux collègues, amis, des personnalités de l'émigration également, félicitèrent celui qui, à soixante ans, devenait le « nouveau grand maître des études russes en France ». Dès 1951, le poste fut pérennisé en maîtrise de conférence, puis Pascal fut promu professeur deux ans plus tard.

À la faculté des lettres de Paris, Pascal évita les responsabilités administratives. Son activité scientifique internationalisée – attestée par sa correspondance, les invitations à l'étranger, la provenance des étudiants dirigés ou évalués en thèse – s'appuyait sur un enseignement érudit, professé ex cathedra. Ouverts aux auditeurs libres comme c'est l'habitude à la Sorbonne, les cours de Pierre Pascal attirèrent sans doute moins d'auditeurs que ceux de ses collègues philosophes, tels Raymond Aron ou Vladimir Jankélévitch. Ils n'en rassemblaient pas moins un public varié, mêlant étudiants, émigrés russes de la première vague « blanche », et collègues de l'Université, tel Victor-Lucien Tapié. À l'occasion de la retraite de celui qu'il considérait comme un « maître », ce spécialiste d'histoire de l'Europe à l'époque moderne et fidèle auditeur des « cours du vendredi » témoigna de la méthode toute personnelle d'enseignement de Pascal, faite de commentaires stylistiques et historiques des textes russes anciens, qui fascina nombre d'étudiants et fut à l'origine de la première école de « slavistes-russistes » en France[1].

Pierre Pascal se félicita en quittant la Sorbonne d'avoir accompagné une jeunesse « saine, studieuse, confiante, affectueuse parfois ». Le dynamisme de l'enseignement du russe en Sorbonne au moment de son départ en 1960 était attesté par les chiffres : 200 étudiants en licence, 30 étudiants préparant le diplôme d'études supérieures, 37 qui se destinaient à l'agrégation. Pierre Pascal était également devenu responsable de l'épreuve de russe à l'École normale supérieure. Il avait ainsi évalué, encadré, dirigé, parfois recruté comme assistants, une génération de jeunes gens et de jeunes filles qui pour beaucoup allaient devenir à leur tour professeurs de russe, traducteurs, spécialistes d'histoire de la littérature russe, pour certains des proches de leur maître. Parfois nostalgique de la famille qu'il n'avait pas fondée, malgré toute l'affection de son neveu Roch Pascal, le professeur nota souvent le bonheur d'assister à la réussite de ses étudiants et étudiantes : « Je les aime comme on doit aimer ses enfants[2]. » Ensemble, ils avaient négocié au mieux l'évolution de la situation paradoxale que vivaient les slavisants français depuis les années 1920 : des relations difficiles, inégales, parfois totalement interrompues avec la Russie vivante, devenue soviétique.

1. Victor-Lucien Tapié, « Les cours du vendredi », *Revue des études slaves, Mélanges Pierre Pascal, op. cit.*, 1961, p. 193-195. Nikita Struve, « Piotr Karlovitch Paskal, pamiati outchitelia-drouga », in *Pravoslavie i Koultoura*, Moscou, Rousski Pout, 2000. Témoignages des anciens étudiants de Pierre Pascal. BDIC et Institut d'études slaves : rapports de thèse, correspondances sur les jurys, correspondances avec les étudiants, invitations à l'étranger.

2. Archives Pascal – Jacques Catteau, carnets, 13 mars 1970 et notes, années 1960-1970, *passim.*

Le paradoxe du slavisant français :
entre Russie soviétique et Russie émigrée

Si l'influence du marxisme et du Parti communiste dans l'Université demeura forte pendant toute la période d'activité universitaire de Pierre Pascal, elle se déploya dans des contextes politiques et diplomatiques qui évoluèrent sensiblement. André Mazon, invité en URSS dès 1945 pour le 220e anniversaire de l'Académie des sciences, fut entraîné dans l'élan prosoviétique, au point de placer des portraits de Staline et de Tito à l'Institut d'études slaves. Pascal le signala ironiquement à Boris Souvarine[1]. Mais, dès 1947, la « religion des échanges » professée par Mazon se trouva en butte aux tensions de la guerre froide. Les espoirs d'une reprise apaisée des contacts scientifiques franco-soviétiques s'avérèrent vains. Mazon lui-même, tout en demeurant un pilier des relations officielles, quitta l'association France-URSS décidément trop proche du Parti communiste français. En 1949, il regretta dans son entretien avec un secrétaire d'ambassade soviétique la politisation de la science et l'impossibilité d'établir des échanges directs avec les collègues travaillant en URSS[2].

Dans une note consacrée à « L'histoire de la Russie et des pays slaves en France de 1939 à 1949 », Pierre Pascal diagnostiqua, comme conséquence des victoires de l'Armée rouge, un « vif intérêt pour les choses russes, y compris l'histoire » et même un véritable « engouement » pour ce monde ignoré. Mais il s'alerta des « graves obstacles » à l'étude de l'histoire russe, de « l'absence en France de documents d'archives (sauf en ce qui concerne les relations diplomatiques) et [de] l'impossibilité de pénétrer en Russie pour combler les lacunes des bibliothèques de Paris et pour accéder aux sources[3] ». De fait,

1. Institut d'histoire sociale. Archives départementales des Hauts-de-Seine, copie d'une lettre de Pierre Pascal à Boris Souvarine, 8 mai 1946. Cf. Antoine Marès, « André Mazon, un slaviste au XXe siècle », *Revue des études slaves*, dossier André Mazon, t. 82, n° 1, 2011, p. 69-94.

2. Sophie Cœuré, Rachel Mazuy (éd.), *« Cousu de fil rouge »*, *op. cit*, p. 111, journal de N. Nagornov, 3e secrétaire de l'ambassade d'URSS à Paris, 15 décembre 1949.

3. BDIC F delta res 883 (10-2), Pierre Pascal, « L'histoire de la Russie et des pays slaves en France de 1939 à 1949 », dact., 6 p.

son article sur « La conquête de l'Amour » au XVIIe siècle, paru dans la *Revue des études slaves* en 1949, fut le dernier à exploiter les archives consultées à Moscou. Dès lors, Pierre Pascal se trouva dans la même situation paradoxale que ses collègues. Il dut enseigner le russe à des étudiants bien souvent attirés par le rayonnement du communisme soviétique, et faire l'histoire de la Russie, tout en restant largement coupé du « pays vivant ».

La mort de Staline ouvrant la période dite de « coexistence pacifique », la politique extérieure du général de Gaulle refusant de s'aligner sur les États-Unis et l'OTAN, annoncèrent de nouvelles possibilités d'échanges. En 1958, André Mazon tenta de rassurer son collègue et ami Pascal – et sans doute de se rassurer lui-même : « Mon impression de Moscou est que nos collègues russes recherchent des contacts purement scientifiques. (...) Crois-moi, un honnête homme peut maintenant reprendre les contacts, en toute dignité, sans rien sacrifier de ses convictions propres et sans craindre qu'elles ne soient blessées[1]. » Mazon renoua en effet avec l'URSS, politique qui fut poursuivie par son successeur en 1959, à la tête de l'Institut d'études slaves. Roger Portal, titulaire de la première chaire d'histoire des Slaves à la Sorbonne, était compagnon de route assumé, secrétaire général de l'association France-URSS.

L'ostracisme marqué par l'ambassade et les institutions soviétiques envers Pascal, dans les années 1930, s'effaça également. En 1955, l'Institut de littérature russe (Maison Pouchkine) de l'Académie des sciences de Russie lui écrivit comme à un expert internationalement reconnu de littérature russe. C'est Vladimir Malychev, spécialiste d'Avvakoum à Leningrad, qui prit contact par l'intermédiaire très officiel de son Institut, avant d'entamer avec Pascal une correspondance personnelle. Malychev donna aux *Mélanges* publiés en 1961 pour les soixante-dix ans de Pierre Pascal une contribution qui retraçait la légende d'Avvakoum comme « écrivain » mais aussi « champion infatigable de la vieille foi », à partir des témoignages oraux recueillis en 1934 à Poustozersk, sur le lieu même du supplice de l'archiprêtre martyr en Sibérie. Cette publication en France lui valut même

1. BDIC F delta res 883 (5-1), lettre d'André Mazon à Pierre Pascal, 20 octobre 1958. Thomas Gomart, *Double Détente. Les relations franco-soviétiques de 1958 à 1964*, Paris, Publications de la Sorbonne, 2003.

un article dans le journal du Parti communiste soviétique, publié par la section locale des Nénètses, nomades de la région d'Arkhangelsk, article où son collègue de la Sorbonne était flatteusement cité[1]. Pierre Pascal ne rencontra jamais son « collègue en Avvakoum », décédé en 1975, qui l'avait cependant invité en URSS. Pendant toutes les années 1960 et 1970, des institutions scientifiques soviétiques, tels le Musée Dostoïevski ou l'Académie des sciences, le sollicitèrent régulièrement pour des conférences, des bibliographies, ou des contributions, mais il ne sembla pas donner suite.

Ce fut donc par choix personnel que Pascal, comme ses collègues professeurs émigrés « blancs », ne retourna jamais en URSS. Choix politique sans doute : il était clair que, malgré les espoirs d'André Mazon, l'enseignement du russe se développait dans des cadres fixés par Moscou. La détente, la signature de protocoles bilatéraux, masquaient mal un contrôle qui restait strict sur les envois de publications et les voyages d'enseignants ou d'étudiants[2]. Pascal ne manqua cependant pas, dès 1954, de favoriser le contact de ses élèves avec la « vraie Russie ». Premiers étudiants et lecteurs de français dans les universités soviétiques, ceux-ci s'empressèrent de lui faire des récits circonstanciés de leur expérience au pays des Soviets. La volonté de ne pas compromettre la belle-famille de Jenny, dont elle restait sans nouvelles depuis les arrestations de la fin des années 1930, avait sans doute joué son rôle dans la discrétion du professeur de russe. Ce n'est qu'après son départ à la retraite en effet, au début des années 1960, que des liens plus personnels furent renoués, lorsque Pascal commença à recevoir des lettres d'URSS. Moment à la fois heureux et douloureux, car Jenny était déjà très malade quand arrivèrent les premières nouvelles de sa sœur Anita, de ses frères Joseph et Paul-Marcel, survivants du Goulag où leur mère et leur sœur Esther avaient péri, ou de son amie Marcelle

1. BDIC F delta res 883 (5-6, 5-7), correspondance de V.I. Malychev et « Poustozerskie predania na frantsouzskom iazyke » (« Légendes de Poustozersk en français »), *Krasny Toundrovnik*, 13 avril 1962. Vladimir Malychev, « Avvakum suivant les traditions de Pustozersk », *Revue des études slaves*, t. 38, 1961. *Mélanges Pierre Pascal*, p. 135-141.

2. Thomas Gomart, *Double Détente*, *op.cit.* Marie-Pierre Rey, *La Tentation du rapprochement : France et URSS à l'heure de la détente (1964-1991)*, Paris, Publications de la Sorbonne, 1991.

Roussanov[1]. À trois reprises, en 1967, 1972 et 1980, Anita put venir en France, non sans appréhensions : « Elle se voit comparaissant devant je ne sais qui, interrogée sur ce qu'elle a fait, vu, dit, entendu à Paris et elle n'en dort plus. (...) Ce sont des réactions avec lesquelles on ne peut pas discuter. On ne peut qu'en tenir compte, surtout quand on sait, comme nous, le passé qui les explique », confia Pierre Pascal à son ami Boris Souvarine[2]. Anita put revoir également ses sœurs, Rachel à Marseille, Liouba toujours internée en psychiatrie à Aix-en-Provence.

Evguenia Roussakova-Pascal mourut d'un cancer en novembre 1962, deuil terrible dont témoignent les notes de Pierre Pascal, qui réinvestit alors la pratique d'un journal intime régulier. Récemment retraité, Pascal resta proche de sa famille, de ses frères, de ses neveux, de la sœur de Jenny, Rachel Sosnowsky. Il s'appuya sur les amitiés nées dans les années 1930, rajeunies par ses étudiants et étudiantes, devenus peu à peu jeunes collègues. La sociabilité du couple Pascal révèle, comme dans la période moscovite du Petit-Paris, « la générosité du cœur, la spontanéité artistique, l'inextinguible et, hélas, fragile élan vital » de Jenny Pascal[3]. S'effaçant volontiers derrière son époux, celle-ci n'en avait pas moins, à son arrivée à Paris puis dans l'après-guerre, choisi son propre cercle amical, largement constitué de jeunes femmes qui, comme elle, avaient quitté la Russie : Nathalie Parain, Jenny Lourié, Ida Chagall-Rapaport, ou encore Olga Schor (Olga Deschartes), surnommée « Flamingo », émigrée en Italie à la fin des années 1920, et proche de l'écrivain Viatcheslav Ivanov. Arthur et Jenny Lourié s'étaient réfugiés aux États-Unis en 1941. Nicolas Berdiaev mourut en 1948, Alexis Remizov en 1953, Natacha Parain en 1958. La première génération de l'exil disparaissait peu à peu. Régulièrement sollicité par l'Association des

1. BDIC F delta res 883 (5-6, 5-7, 6-1), correspondance d'Anita et de Joseph Roussakov, de Marcelle Roussanov, années 1960. BDIC F delta res 935, lettres de Pierre Pascal à Anita Roussakova (1964-1981).

2. Institut d'histoire sociale. Archives départementales des Hauts-de-Seine, copie d'une lettre de Pierre Pascal à Boris Souvarine, sans date (1969 ?).

3. « En souvenir de Jenny Pascal : trois lettres présentées par Dimitri Ivanov », *Revue des études slaves*, t. 54, n° 1-2, 1982, *Mélanges Pierre Pascal*, p. 39-42. BDIC F delta res 883 (5-1, 5-3), correspondances de Pierre Pascal, journaux de Pierre Pascal années 1960-1970. Hommage à Pierre Pascal à la librairie des Éditeurs réunis (YMCA Press), 16 octobre 2006.

écrivains et journalistes russes à Paris, Pascal maintint quelques contacts avec une nouvelle vague arrivée à Paris après la Seconde Guerre mondiale. Il accepta de présider le conseil d'administration de l'Institut supérieur technique russe en France et collabora – essentiellement par des nécrologies – à l'hebdomadaire *La Pensée russe,* défenseur d'une Russie culturellement et politiquement à mille lieues de l'Union soviétique.

Au lendemain de la Seconde Guerre mondiale, Pierre Pascal se rapprocha également de la communauté ukrainienne de Paris, par l'intermédiaire de son collègue et ami à l'École des langues orientales, « l'incomparable, l'inoubliable, savant et passionné Élie Borschak ». Celui-ci le remercia en ces termes de la consécration officielle accordée à l'enseignement de l'ukrainien en France : « Vous n'ignorez pas l'estime que j'ai pour vous, pour votre courage civique qui, hélas, ne court pas les rues. (...) Homme de la révolution, vous avez compris l'importance de cet enseignement qui, certes, ne préjuge en rien des relations futures ukraino-russes, relations qu'il est impossible de prévoir[1]. » Membre du comité pour la commémoration de la naissance du poète ukrainien Taras Chevtchenko, Pierre Pascal accueillit en France le cardinal Slipyj, chef de l'Église catholique ukrainienne de rite grec, libéré du Goulag en 1963, et se vit décerner en 1975 le titre de docteur honoris causa de l'Université ukrainienne libre, établie à Munich[2]. Ces liens relevaient cependant de l'ordre amical ou culturel. Des années 1950 aux années 1970, les milieux de l'émigration provenant de l'ancien empire des tsars furent politiquement toujours plus marginalisés par l'implantation solide de l'Union soviétique dans la carte mentale des Européens, mais aussi par l'activité plus visible des nouveaux exilés d'Europe centrale et orientale après les crises de 1956 et de 1968[3].

---

1. BDIC F delta res 883 (4-6), lettre d'Élie Borschak à Pierre Pascal, 17 octobre 1952.

2. *Pierre Pascal, Docteur h. c. de l'Université ukrainienne libre,* Université ukrainienne libre, varia n° 7, 1976.

3. Nikita Struve, *Soixante-dix ans d'émigration russe, 1919-1989,* Paris, Fayard, 1996. Efim Pivovar, *Rossiïskoïe Zaroubeje* (*La Russie à l'étranger*), Moscou, RGGU, 2008. Sophie Cœuré, « Exil "russe" et politiques européennes des années 1940 aux années 1980 », in Stéphanie Burgaud, Delphine Placidi-Frot (dir.), *L'Europe dans la construction politique et identitaire russe du* XIX*e siècle à nos jours,* Paris, Éditions Rue d'Ulm, 2013, p. 133-144.

Les rapports du dossier Pascal, qui resta ouvert à la préfecture de police de Paris jusqu'au début des années 1960, concluent avec une remarquable constance que ce dernier « n'[avait] jamais attiré l'attention, depuis 1933, par une activité politique militante ». Proposée par Pierre Renouvin, professeur d'histoire contemporaine à la Sorbonne, sa nomination comme chevalier de la Légion d'honneur ne suscita aucune réserve[1]. La « parenthèse » bolchevique était bel et bien refermée. Les carnets des années 1960-1970 témoignent de l'acceptation incrédule, puis sereine mais toujours légèrement ironique, de la figure du maître, professeur en Sorbonne : « Deviendrais-je à mon tour monstre sacré, dans mon petit domaine[2] ? »

Un antisoviétisme sans affiliation (années 1950 – années 1970)

> *Le christianisme croit que chaque homme a une âme immortelle, et par conséquent inaccessible à l'État tout-puissant. De l'existence de cette âme dérive tout ce que l'État soviétique totalitaire ne saurait accepter : droits de la conscience individuelle, liberté, égalité, fraternité, respect de la vie, résistance à la tyrannie.*
>
> Pierre Pascal, revue *Catacombes*, mars 1976

Pascal acteur « invisible » de l'antitotalitarisme

Pierre Pascal demeurait ostensiblement non engagé dans la vie de la cité, en une période faste pour la prise de parole des intellectuels. Alors que ceux-ci se déchiraient au sujet du communisme et du régime soviétique, au rythme de crises spectaculaires – affaire Kravtchenko en 1949, répression en Hongrie en 1956, en Tchécoslovaquie en 1968 –, et que le débat politique envahissait périodiquement l'Université, cette position lui assura une certaine quiétude. Son collègue Boris Unbegaun finit par s'exiler à Oxford puis aux États-Unis, las d'être accusé

1. Archives de la Grande chancellerie de la Légion d'honneur. Dossier de membre de l'ordre de la Légion d'honneur n°273597, 1955.
2. Archives Pascal – Jacques Catteau, journal, 17 février 1973.

d'antisoviétisme, voire d'être calomnié pour de supposées sympathies pour le nazisme : déporté en Allemagne, il avait été en effet protégé par un collègue slaviste, qui lui avait permis de travailler dans une bibliothèque à Berlin. Pascal, quant à lui, ne fut plus jamais en butte à des polémiques publiques. Ponctuellement accusé d'être le chef de file du « fief de l'école réactionnaire » à l'occasion d'un conflit universitaire avec un collègue, peu apprécié des étudiants communistes sans être pour autant ostracisé, il ne cachait, ni ne mettait en avant, ses liens avec un milieu nettement antisoviétique[1].

La guerre froide avait rebattu les cartes de la critique du stalinisme. Les Américains martelaient le message du lien entre anticommunisme et défense de la liberté, favorisant et finançant une contre-propagande transnationale, pour la première fois opposée terme à terme aux moyens d'action et aux messages déployés par Moscou depuis l'entre-deux-guerres. Au cœur de ce dispositif, le congrès pour la liberté de la culture fut lancé en 1950 à Berlin-Ouest, contre le congrès mondial des intellectuels pour la paix, forum des communistes et compagnons de route. En direction de l'Europe soviétique et des démocraties populaires, Washington organisa également depuis l'Allemagne des actions de contre-propagande sur les ondes, avec Radio Free Europe et Radio Liberty[2]. L'antistalinisme né dans les années 1920 et 1930 allait rencontrer ces structures et profiter de ces financements, dans un contexte français particulier, marqué par le discrédit du nazisme et de la collaboration, l'antiaméricanisme puissant, l'image positive de l'URSS.

L'infatigable Boris Souvarine regagna Paris au printemps 1947. En 1949, il rejoignit l'équipe rassemblée par Georges Albertini, « l'éminence grise de l'anticommunisme », ancien militant socialiste passé à la collaboration, condamné puis amnistié[3]. Autour

---

1. BDIC, correspondances de Pierre Pascal *passim* années 1960-1970 et F delta res 883 (11a-2), nécrologie de Boris Unbegaun, 1973. Témoignages d'anciens étudiants de Pierre Pascal.

2. Cf. Pierre Grémion, *Intelligence de l'anticommunisme. Le congrès pour la liberté de la culture à Paris 1950-1975*, Paris, Fayard, 1995. Arch Puddington, *Broadcasting Freedom : the Cold War Triumph of Radio Free Europe and Radio Liberty*, Lexington, The University Press of Kentucky, 2000.

3. Pierre Rigoulot, *Georges Albertini 1911-1983 : socialiste, collaborateur, gaulliste*, Paris, Perrin, 2012.

d'Albertini et de ses revues, le *Bulletin de l'association d'études et d'informations politiques internationales* (BEIPI) devenu *Est et Ouest* en 1956, Souvarine retrouva Maurice Paz, Lucien Laurat, Nicolas Lazarévitch. Directeur de l'Institut d'histoire sociale, fondateur en 1957 de sa propre revue, *Le Contrat social*, auteur de multiples articles, notes et mémorandums, Souvarine devint également conseiller pour les Éditions Les Îles d'Or, qui s'attachaient à diffuser analyses et témoignages sur l'URSS, et auxquelles collaboraient Angelo Tasca et Nicolas Lazarévitch. Celui-ci avait passé la guerre assigné à résidence dans le Var, après avoir été un temps interné au camp du Vernet. Il poursuivait de son côté le combat libertaire et syndical, avec sa compagne Ida Mett. Ensemble, ils publièrent une analyse de l'école soviétique, préfacée par Pierre Pascal[1]. Lazarévitch déploya tous azimuts son action pour l'information sur l'Union soviétique, n'hésitant pas à approcher les étudiants directement sur les bancs des cours de russe à l'université. Traducteur, conférencier, auteur de nombreux articles, informateur de voyageurs en URSS, Lazarévitch fut enfin le conseiller d'Albert Camus pour l'élaboration de la pièce *Les Justes* et la publication d'une anthologie sur le nihilisme russe[2]. Quant à Marcel Body, relecteur des manuscrits d'Ida Mett, il se lança dans une vaste entreprise de traduction de l'œuvre de Bakounine, pour laquelle il sollicita les conseils de Pierre Pascal.

On retrouve dans ces engagements multiformes le cercle amical du Petit-Paris qui, pas plus qu'avant guerre, ne se structura en réseau politique cohérent. Victor Serge mourut d'une crise cardiaque au Mexique en 1947. Il n'avait pas repris contact avec Pascal, qui resta toutefois en relations épisodiques avec son fils, Vladi, devenu peintre. Pierre Pascal s'éloigna d'Angelo Tasca, qui décéda en 1960, mais conserva des relations amicales étroites avec Boris Souvarine et sa femme Françoise, avec Nicolas Lazarévitch et Ida Mett, avec Marcel Body, son épouse Genia Oranovskaïa, sa fille et son gendre. Seul à avoir une position institutionnelle qui lui donnait accès à la presse et, comme nous

---

1. Idat Mett, Nicolas Lazarévitch, *L'École soviétique : enseignements primaire et secondaire*, préface de Pierre Pascal, Paris, Éditions Les Îles d'Or, 1954.

2. Pierre Pascal, *Pages d'amitié*, *op. cit. Communisme*, dossier « Nicolas Lazarévitch », *op. cit.* Boris Souvarine, nécrologie de Nicolas Lazarévitch, *Est et Ouest*, décembre 1976, p. 16-31.

le verrons, à la radio, le professeur Pascal persévéra dans une attitude de présence discrète, répondant aux sollicitations sans jamais se placer en avant. C'est ainsi qu'il collabora à la revue *Preuves* dès son lancement en 1951 par les représentants français du congrès pour la liberté de la culture, avec un prestigieux panel d'intellectuels européens[1]. Pascal fréquenta également au début des années 1950 les « Mardis » de *Preuves*, sans y intervenir toutefois. Il se trouva aisément inséré dans un agrégat de réseaux anticommunistes, fédérés par un adversaire commun. Il accepta en 1953 l'invitation à enseigner au Collège d'Europe, fondé en Belgique par des intellectuels défenseurs d'un continent libre et militants d'une fédération européenne. Il donna aussi quelques analyses de littérature et d'histoire à Radio Liberty, qui émettait en russe et en ukrainien de Munich, à destination de l'URSS.

Par *Preuves*, par Boris Souvarine et Nicolas Lazarévitch, Pierre Pascal avait donc accès à une information de qualité sur la répression politique en URSS. « Lecteur inassouvi », selon l'expression d'André Mazon[2], il reprit en 1947 une rubrique régulière de comptes rendus, non plus dans *La Revue historique*, mais dans *Paru*. Fondé sous l'Occupation, ce mensuel d'actualité littéraire de grande qualité qui ne survécut que quelques années était dirigé par le professeur de philosophie Aimé Patri, engagé depuis les années 1930 dans l'Opposition de gauche au stalinisme, auprès des trotskistes puis à la SFIO, ancien collaborateur du *Contrat social* de Souvarine. Pierre Pascal, contacté par l'intermédiaire d'Adrienne Montégudet, vieille amie des temps moscovites, et peut-être par Maurice Paz qui contribuait déjà à la revue, chroniqua les ouvrages d'histoire et de littérature, mais aussi d'actualité, touchant à la Russie et à l'Union soviétique. « Il est possible, avec tout cela, de savoir la vérité sur l'URSS, quoi que certains prétendent ! » s'était-il exclamé dès 1948[3], détaillant l'année suivante « l'horreur hallucinante » des

1. Pierre Grémion, « *Preuves* dans le Paris de Guerre froide », *Vingtième Siècle. Revue d'histoire*, n° 13, janvier-mars 1987, p. 63-81.

2. André Mazon, « Avant-Propos », *Revue des études slaves, Mélanges Pierre Pascal*, 1961, *op. cit.*, p. 13-18.

3. BDIC F delta res 883 (4-8), demande de collaboration à *Paru* de « mon ami Patri » par Adrienne [Montégudet], s.d. *Paru*, n° 47, octobre 1948, comptes rendus de Suzanne Labin, *Staline le terrible. Panorama de la vie soviétique*, et de David Dallin, *La Vraie Russie des Soviets*, *Paru*, n° 52, juillet 1949,

« camps de la mort blanche », le « témoignage inoubliable » de Margaret Buber-Neumann, déportée en Sibérie avant d'être livrée à la Gestapo par Staline, ou de Julius Margolin, philosophe surpris par la guerre en Pologne, réfugié puis déporté en URSS, qui « comme tant d'autres qui ont voulu faire connaître la vérité s'est heurté en Occident à un deuxième mur de pierre, dressé par la lâcheté et la traîtrise ». Alors que Pascal s'abstint de toute position publique dans la controverse sur les procès Kravtchenko et Rousset, qui ouvraient pour la première fois un large débat public sur la répression stalinienne[1], sa bibliothèque témoigne d'une documentation quasi exhaustive sur la question des camps, par les analyses et témoignages parus en France, mais aussi les séries publiées par l'Institut pour l'étude de l'URSS basé à Munich.

Comme Patri, Tasca, Body, Souvarine, Pierre Pascal put donc se reconnaître dans le combat de *Preuves* et de tous ceux qui s'efforçaient de documenter l'URSS, de défendre les valeurs de liberté individuelle, de dissocier culture russe et soviétisme, enfin de penser le totalitarisme. Car ses notes et pages de journal, comme ses comptes rendus de lecture montrent qu'il s'était précocement approprié cette notion, élaborée par l'Opposition de gauche au stalinisme dans les années 1930, avant même d'être repensée et popularisée par Hannah Arendt. Dès 1934, il concluait ainsi son article « Le paysan dans l'histoire de la Russie », compte rendu de l'ouvrage publié par Pavel Milioukov deux ans auparavant : « Le paysan russe qui avait vu dans la révolution de 1917 le moyen de se libérer du joug de l'État, dont il supportait le poids depuis des siècles, fait aujourd'hui les frais d'un système totalitaire sans exemple dans l'histoire[2]. » Esquissant dans ses notes de 1944-1945

---

compte rendu de David Dallin, Boris Nikolaevsky, *Le Travail forcé en URSS* ; n° 53, août-septembre 1949, compte rendu de Margaret Buber-Neumann, *Déportée en Sibérie* ; n° 58, mars 1950, compte rendu d'Antoni Ekart, *Échappé de Russie* ; n° 59, avril 1950, compte rendu de Julius Margolin, *La Condition inhumaine* ; n° 60, mai 1950, compte rendu de Guy Vinatrel, *L'URSS concentrationnaire. L'esclavage en Union soviétique.*

1. Cf. Liora Israël, « Un procès du Goulag au temps du Goulag ? L'affaire Kravchenko (1949) », *Critique internationale*, vol. 36, n° 3, 2007, p. 85-101.

2. Pierre Pascal, « Le paysan dans l'histoire de la Russie », *Revue historique*, n° 173, janvier-juin 1934, p. 32-79.

une comparaison entre camps nazis et soviétiques, il rédigea en 1946 une analyse approfondie de l'URSS comme « régime rigoureusement totalitaire », autocratie appuyée sur une machine bureaucratique, une « incroyable centralisation », la terreur policière sur des « masses russes imprégnées jusqu'à saturation par les soins des "ingénieurs des âmes", de schémas simplistes et de slogans émotionnels particulièrement efficaces parmi la jeunesse », analyse qui demeura inédite[1]. Face à la dictature stalinienne, écrivait-il alors, « le totalitarisme nazi demeure un pluralisme relatif ». Sans doute est-ce lui le « P.P. » qui proposa à *Preuves* une étude de la « réalité concentrationnaire soviétique » en 1953. Il mena également une réflexion sur la filiation entre léninisme et totalitarisme, poursuivie en pointillés jusqu'à faire de Lénine « l'inventeur du système totalitaire[2] ». Jamais toutefois cette méditation ne servit à alimenter les controverses publiques au sujet de l'URSS ou du système communiste international.

Pasternak, Siniavski, Soljenitsyne : Pascal passeur discret

Ni Pascal ni Souvarine ne virent dans la mort de Staline en 1953, ou dans la dénonciation des crimes staliniens par Khrouchtchev au XXe congrès du Parti communiste en 1956, les signes d'un changement de nature du régime. Lecteur de la presse soviétique, informé des évolutions intérieures par ses élèves, Pierre Pascal, fidèle à sa manière d'agir, se fit acteur discret de la mobilisation dans « l'affaire Pasternak ». Le poète et romancier Boris Pasternak s'était résolu à publier à l'étranger son grand roman sur la révolution russe, commencé dans les années 1930, achevé dans l'espoir du « Dégel », immédiatement censuré pour « antisoviétisme » et « esprit petit-bourgeois[3] ». Le

1. BDIC, notes 1944-1945 et F delta res 883 (9-4), « Aperçus sur la politique intérieure soviétique », dact., 15 p., mars 1946.

2. « Neuf questions sur les droits de l'homme », par P.P., *Preuves*, n° 28, juin 1953. BDIC F delta res 883 (10-2), « Portrait de V.I. Lénine », 29 p., dact. et épreuves corrigées. Pierre Pascal, « Le destin de Lénine », *Le Monde*, 14 janvier 1974.

3. Cf. *Le Dossier de l'affaire Pasternak, Archives du Comité central et du Politburo*, trad. du russe par Sophie Benech, préface de Jacqueline de Proyart, Paris, Gallimard, coll. « Témoins », 1994.

manuscrit passé en Occident fut d'abord confié aux Éditions Feltrinelli. Malgré les pressions contraires du Parti et de l'Union des écrivains soviétiques, Pasternak se tourna vers la France et confia ses intérêts à Jacqueline de Proyart, étudiante d'André Mazon et de Pierre Pascal, boursière à l'Université de Moscou. De retour à Paris en février 1957, celle-ci présenta aussitôt le roman à son maître. Pierre Pascal organisa quelques jours plus tard une rencontre avec Brice Parain, toujours chargé du domaine russe chez Gallimard[1]. Il donna ainsi une impulsion décisive à la parution du roman en 1959, suivant également de près, sans la diriger directement, la traduction de l'œuvre de Pasternak par ses anciens élèves et amis, Sylvie Luneau, Hélène Peltier-Zamoyska, Michel Aucouturier, Louis Martinez, Jacqueline de Proyart[2].

Si Pascal cessa progressivement de contribuer à *Preuves*, qui échoua dans les années 1960 à faire entendre largement son message critique du totalitarisme[3], il conserva des liens avec le Congrès pour la liberté de la culture. Celui-ci évolua dans les années 1960, suite aux révélations sur les financements américains, pour se transformer en Association internationale pour la liberté de la culture, appuyée sur la Fondation pour une entraide intellectuelle européenne. C'est sous l'égide de cette fondation que Pierre Pascal organisa en mars 1968 à l'Université d'Aix-en-Provence, avec son ancien élève Louis Martinez qui y enseignait désormais, un grand colloque consacré à « La philosophie idéaliste en Russie ». Cette rencontre internationale fut l'occasion d'un hommage à la « renaissance de la haute intellectualité » dans l'émigration, en présence des descendants des philosophes Léon Chestov et Pierre Struve, mais aussi d'une nouvelle génération, représentée par l'intellectuel orthodoxe Olivier Clément, qui se lançait dans l'étude de la pensée russe du début du XXe siècle.

1. Jacqueline de Proyart in Marianne Besseyre (dir.), *Brice Parain, un homme de parole*, *op. cit.* et « Témoignage », in Véronique Jobert, Lorraine de Meaux (dir.), *Intelligentsia. Entre France et Russie, archives inédites du XXe siècle*, Beaux-Arts de Paris – Institut français, 2012, p. 472-474.

2. Cf. notamment Michel Aucouturier, « Boris Pasternak », *Esprit*, n° 248, mars 1957, p. 455-459 ; *Pasternak par lui-même*, Paris, Le Seuil, « Écrivains de toujours », 1963.

3. Rémy Rieffel, *La Tribu des clercs. Les intellectuels sous la Ve République*, Paris, Calmann-Lévy – CNRS Éditions, p. 226-242.

C'est Pierre Emmanuel, animateur français du Congrès pour la défense de la culture, qui prononça le discours de clôture[1].

Contributeur épisodique au *Contrat social* de Souvarine, ou à *La Révolution prolétarienne,* Pierre Pascal privilégia ainsi un mode d'intervention fondé sur les réseaux personnels, sans jamais pousser ses analyses vers la généralité, ni leur donner d'assise institutionnelle, comme le fit par exemple Raymond Aron, appuyé sur le Centre de sociologie européenne. Il laissa l'Institut d'études slaves, « machine soviétisante depuis l'URSS. (...) Officine sans franchise[2] », à Roger Portal, tout en acceptant de devenir son vice-président d'honneur. Il préféra se faire entendre des milieux dirigeants français par l'intermédiaire des diplomates spécialistes de la Russie, tel François de Liencourt, passeur du manuscrit de Pasternak par la valise diplomatique, en qui il apprécia le diplomate qui « allait avidement à la rencontre des hommes russes de toutes conditions[3] ». Pierre Pascal noua une profonde amitié avec Jean Laloy, son ancien élève, interprète du général de Gaulle à Moscou en 1944, ministre conseiller en URSS dans les années 1950, devenu expert du monde soviétique au Quai d'Orsay, sans renoncer à des travaux érudits sur le monde russe. Également ancienne élève de Pascal aux Langues orientales avant guerre et très proche de Jean et Karen Laloy, Éliane Bickert avait été interprète pour le Quai d'Orsay puis professeur de russe et traductrice. Son époux, l'homme politique socialiste Jules Moch, plusieurs fois ministre sous les IIe et IVe Républiques, bon connaisseur de la Russie où il avait voyagé à de multiples reprises, dialogua avec Pascal sur l'évolution du marxisme et de l'URSS[4].

---

1. BDIC F delta res 883 (7-1 à 5 et 11-3), préparation du colloque et texte des interventions. Compte rendu du colloque par Pierre Pascal, « Le réveil spiritualiste russe du début du XXe siècle a eu et aura des conséquences », *France catholique,* 27 septembre 1968.

2. Archives Pascal – Jacques Catteau, journal, 3 mars 1965.

3. BDIC F delta res 883 (4-6), Organisations de conférences aux agents du ministère des Affaires étrangères par Jean Laloy, début des années 1950. Jean Laloy, « Pierre Pascal », *Plamia,* n° 64, 1983, p. 45-48. Pierre Pascal, « Mon village russe il y a quarante ans », *Cahiers du monde russe et soviétique,* vol. 7, n° 3, 1966, p. 293-310, dédicace à François de Liencourt.

4. Archives Vincent Laloy, correspondance de Pierre Pascal avec Jean et Karen Laloy, Éliane et Jules Moch. Thomas Gomart, *Double Détente, op. cit.*

« Je vais me coucher sans savoir qui nous présidera, mais cette ignorance ne m'empêchera pas de dormir », écrivit Pascal à Boris Souvarine, au soir des élections présidentielles de 1965. Si l'antiparlementarisme virulent des années 1920 semblait loin, son désintérêt de longue date pour la politique française restait nourri par la difficulté à faire entendre dans la France des IVe et des débuts de la Ve République un discours critique envers le communisme et l'URSS. Son antigaullisme latent ne put qu'être renforcé par la politique de rapprochement franco-soviétique des années 1960[1]. En mai 1968, Pierre Pascal confia à quelques intimes sa sympathie amusée pour l'éruption étudiante, son incompréhension aussi : « Au fond ils veulent le modèle américain, mais le contexte est tellement différent. » Il était loin de Nicolas Lazarévitch et d'Ida Mett, qui s'investirent avec un enthousiasme renouvelé dans cet espoir révolutionnaire, douze ans après la dernière apparition publique de Lazarévitch dans un meeting pour la Hongrie, en compagnie d'Albert Camus[2].

La légitimation intellectuelle de la critique du stalinisme, le succès progressif du paradigme antitotalitaire ne changèrent pas sa manière d'intervenir. Dans la deuxième moitié des années 1960, Pierre Pascal fut sensibilisé à l'affaire Siniavski par Hélène Peltier-Zamoyska. Cette amie de Jacqueline de Proyart avait suivi son père attaché naval en URSS dans l'immédiat après-guerre, puis avait été boursière à Moscou en 1956, avant de devenir la première femme agrégée de russe, professeur à l'Université de Toulouse. En 1965, la condamnation à cinq années de camp d'Andreï Siniavski et de Iouli Daniel, qui avaient eux aussi, dix ans après Pasternak, osé publier récits et poèmes à l'étranger, suscita la première mobilisation conjointe d'intellectuels occidentaux et soviétiques. Pascal suivit de près, avec sympathie, l'action des amis français de Siniavski dans cette « affaire cauchemardesque », sans s'afficher au premier plan[3].

1. Marie-Pierre Rey, *La Tentation du rapprochement. France et URSS à l'heure de la détente* (1964-1974), *op. cit.*

2. Pierre Pascal, lettres à Boris Souvarine, 5 décembre 1965, 21 juillet 1968, Institut d'histoire sociale. Archives Pascal – Jacques Catteau, carnets années 1960. Archives Boris Souvarine, Houghton Library Harvard, dossier « N. et I. Lazarévitch ».

3. BDIC F delta res 883 (4-11 et 5-1 à 8), pages de journal, 9 novembre 1965, et correspondances d'Hélène Zamoyska, de Georges Nivat. Archives

Sa relation avec l'œuvre d'Alexandre Soljenitsyne fut du même ordre. Pascal, lecteur attentif, repéra très tôt le surgissement d'un « authentique écrivain » avec *Une journée d'Ivan Denissovitch*, évocation de la vie du « zek » Choukhov au Goulag, parue en URSS en 1962, traduite l'année suivante aux Éditions Julliard. Il salua dans *Août 14* le passage du témoignage à une œuvre romanesque digne de Tolstoï, « tableau fidèle et riche » malgré des « erreurs vénielles[1] ». Les amis, anciens élèves et jeunes collègues de Pascal, Jean Laloy, Georges Nivat, Geneviève et José Johannet, Nikita Struve, le père René Marichal, devinrent les médiateurs, éditeurs et traducteurs de l'auteur du *Pavillon des cancéreux* et de *L'Archipel du Goulag* paru en russe puis en français en 1973 et 1974. Pierre Pascal se trouvait ainsi au cœur du réseau de ces « alliés invisibles », qui permirent à Soljenitsyne de se faire lire et entendre en France[2].

Le vieux professeur, relecteur attentif de plusieurs traductions et garant de leur « unité de méthode », reconnut à l'écrivain Soljenitsyne un rôle clé dans la compréhension de « l'atmosphère de mensonge quotidien et obligatoire » vécue en URSS. Si les jeunes traducteurs et professeurs de russe qui l'entouraient venaient régulièrement lui raconter les discussions dans les cuisines et les universités moscovites, cette dissidence soviétique restait cependant pour lui lointaine, un peu abstraite. L'écho, si frappant *a posteriori* avec l'ébullition critique du Petit-Paris et le réseau antistalinien des années 1920, ne s'imposa pas aux contemporains.

S'il avait établi après 1933 un dialogue amical et spirituel avec l'émigration « blanche » de Paris, Pierre Pascal ne le renoua pas avec la même intensité avec cette « troisième émigration »

Pascal – Jacques Catteau, carnets 1965-1966. Cf. Cécile Vaissié, *Pour votre liberté et pour la nôtre. Le combat des dissidents de Russie*, Paris, Robert Laffont, 1999 ; « La France et la dissidence soviétique », in Véronique Jobert, Lorraine de Meaux (dir.), *Intelligentsia*, *op. cit.*, p. 372-387.

1. Pierre Pascal, « La littérature russe. Neuf siècles et cinquante ans », *La France catholique*, 12 janvier 1968. Compte rendu d'*Août 14*, « Le livre devant l'histoire », *Le Monde*, 15 novembre 1972.

2. Alexandre Soljenitsyne, *Les Invisibles*, Paris, Fayard, 1992. Georges Nivat, *Le Phénomène Soljenitsyne*, Paris, Fayard, 2009. Claude Durand, *Agent de Soljenitsyne*, Fayard, 2011, notamment p. 185-222, Annexe 1, « Rencontre avec des traducteurs aux Éditions du Seuil, Paris, 11 avril 1975 ».

russe, déchirée par les querelles personnelles et politiques. En 1976, il souhaita cependant associer deux dissidents à l'un de ses derniers jurys de thèse, celle de Claude Frioux consacrée à Maïakovski. Le premier était Andreï Siniavski. Autorisé à émigrer en 1973 suite à la mobilisation en sa faveur, il avait été nommé en 1974 professeur de littérature et de civilisation russes à la Sorbonne. Siniavski, ennemi affiché de Soljenitsyne, était devenu l'animateur d'un des foyers parisiens de la dissidence en exil avec la revue *Syntaxis*, et fréquentait épisodiquement Pierre Pascal. Le second était Efim Etkind, professeur et traducteur de littérature française à Moscou, qui avait été contraint au départ en 1974 pour avoir soutenu Soljenitsyne et le poète Joseph Brodski, avant de devenir professeur à l'Université de Nanterre. Ce geste fort accompagna le succès tardif des mobilisations en faveur des dissidents et des victimes de la persécution politique en URSS. Pascal en profita pour publier quelques articles dans le quotidien *Le Monde*, dénonçant notamment l'idée fausse que l'internement psychiatrique des opposants aurait été un héritage du tsarisme[1].

Un intellectuel catholique ? Œcuménisme et défense du christianisme des Catacombes

Avant 1914, Pierre Pascal ne s'était reconnu ni dans le modèle dreyfusard de l'engagement, ni dans le catholicisme politique et social d'un Marc Sangnier. Son expérience des premières années de la révolution, l'échec de son projet personnel de conciliation entre christianisme et communisme, avaient ancré une détestation durable des « intellectuels » parlant au nom du peuple. Pour rester fidèle à lui-même, tout en rompant ouvertement avec le régime soviétique, il avait, dans les années 1930 et 1940, mis en avant la logique autobiographique de la quête chrétienne de la cité idéale, confondue par malentendu avec le bolchevisme. Pascal avait alors retrouvé le chemin de la pratique catholique. S'il avait rencontré des interlocuteurs et des amis dans le milieu des « non-conformistes » chrétiens rassemblés par Maritain et Berdiaev, et même répondu positivement à l'appel de la revue des « chrétiens rouges », *Sept*, il avait toutefois refusé d'apparaître

1. « Les Internements psychiatriques dans l'histoire », *Le Monde*, 24 février 1976.

au premier plan dans le débat sur les choix entre fascisme, communisme ou « troisième voie » personnaliste.

La guerre avait été le moment d'un repli sur l'histoire religieuse, choix de sagesse, mais aussi occasion de revenir sur une ancienne fascination pour le jansénisme et la sainteté. La Libération, pendant laquelle Pascal avait douloureusement noté que l'esprit de vengeance n'épargnait pas les catholiques, puis la guerre froide, virent s'épanouir un progressisme chrétien écartelé entre l'attraction communiste et la difficile tentative d'une construction politique démocrate-chrétienne par le Mouvement républicain populaire[1]. Électeur sans enthousiasme du MRP, Pierre Pascal demeura fermement hostile à la nouvelle « main tendue » par les communistes, que ce fût par Maurice Thorez dans les années 1930, plus tard par le philosophe Roger Garaudy, tentant « d'enfoncer un coin entre les chrétiens » dans les années 1960, ou encore par Georges Marchais, lançant un nouvel appel aux chrétiens à l'occasion du quarantième anniversaire du geste de Thorez[2].

Plus nettement que dans les années 1910, qui avaient été marquées par un cheminement individuel vers la foi, Pierre Pascal se plaça dans le giron de l'Église catholique. Lui qui avait bénéficié pour la défense de Jenny du soutien de l'évêché de Paris ne revint à aucun moment sur les ambiguïtés de l'Église face à la persécution antisémite pendant la Seconde Guerre mondiale. Devenu un proche de l'archevêque de Paris, monseigneur Feltin, il était en phase avec la politique de Pie XII face au communisme. Il accueillit en revanche avec plus de résignation que d'enthousiasme les réformes du concile de Vatican II. Si le nouvel élan donné à l'œcuménisme l'intéressait, ni l'ouverture sur le monde, ni les réformes liturgiques ne convenaient à celui qui préféra toujours les offices traditionnels et rechercha dans la Rome des années 1960-1970 un catholicisme populaire authentique[3].

Pierre Pascal se montra cependant toujours sensible aux réflexions sur la modernité qui traversaient l'Église de France

---

1. Denis Pelletier, Jean-Louis Schlegel (dir.), *À la gauche du Christ. Les chrétiens de gauche en France de 1945 à nos jours*, Paris, Le Seuil, 2012.

2. Maurice Thorez, Waldeck Rochet, Georges Marchais, *Communistes et chrétiens*, Paris, Éditions sociales, 1976. Carnets, 10 avril 1965. « Les chrétiens et la gauche », *Le Monde*, 18 juin 1976.

3. *La France catholique*, 14 juin 1963, « Jean XXIII et la liturgie » par Pierre Pascal, professeur à la Sorbonne. Carnets, *passim*.

au sortir de l'épreuve de la guerre, et dont s'emparaient certains de ses étudiants. Il s'interrogea ainsi en 1947 : « Le communisme, pour diverses raisons, exerce une séduction puissante, même sur les chrétiens, et il les oblige à de sévères réflexions sur eux-mêmes », pour conclure : « (...) mais je me demande s'il faut attacher au communisme une telle valeur, le hausser au niveau du christianisme, lui accorder une force propre et perdurable : s'il ne conviendrait pas plutôt de le dégager des ambiguïtés, de suivre les fluctuations politiques, de distinguer l'idée vague et la réalité soviétique... Peut-être cela suffirait-il à guérir cette séduction[1] ». C'est à la fois pour sa compétence et pour sa sensibilité chrétienne que Pierre Pascal fut alors contacté, de proche en proche, par ceux qui s'efforçaient d'affirmer une pensée chrétienne alternative au marxisme, sans renoncer à la quête de justice. Au début des années 1950, il fut sollicité par le Centre catholique des intellectuels français (CCIF), créé à la sortie de la guerre par ses collègues en Sorbonne, Henri Bédarida et Jean-Baptiste Duroselle, et par les jeunes « talas » de la rue d'Ulm, Étienne Borne, Robert Barrat[2]. En 1951, il participa dans ce cadre aux Conversations catholiques internationales de San Sebastian, dirigées par le philosophe personnaliste basque Carlos Santamaría. Pascal contribua l'année suivante aux conférences et à la revue du CCIF sur le thème de « Christianisme et liberté », proposant une analyse historique de la notion de liberté en Russie, plus collective qu'individuelle à ses yeux. « L'appétit de liberté existait et n'a jamais cessé d'exister dans le peuple russe ; et il a été entretenu ou comprimé selon les périodes, moins par l'Église que par toutes sortes de circonstances géographiques et historiques. Il n'est pas possible qu'il ait été étouffé à jamais », concluait Pascal[3].

Il traçait ainsi la première ligne directrice de son intervention dans les milieux chrétiens : documenter la situation des chrétiens

---

1. *Paru*, n° 37, décembre 1947, compte rendu d'Émile Rideau, *Séduction communiste et réflexion chrétienne.*

2. Claire Toupin Guyot, *Les Intellectuels catholiques dans la société française : le Centre catholique des intellectuels français, 1941-1976*, Presses universitaires de Rennes, 2002. BDIC F delta res 883 (4-5), lettre de Robert Barrat, 1951.

3. Pierre Pascal, « La Russie et la liberté », *Christianisme et Liberté*, Recherches et débats du Centre catholique des intellectuels français, nouvelle série n° 1, mai 1952, p. 114-119.

en URSS, refuser l'analyse paresseuse d'une soumission « naturelle » des Russes au totalitarisme étatique. L'évolution du CCIF vers des luttes communes avec les intellectuels communistes dans l'affaire Rosenberg puis la guerre d'Algérie ne pouvait lui convenir. L'effervescence du débat intellectuel autour de la réception chrétienne de Marx, du catholicisme social dialoguant avec saint Thomas d'Aquin, qui faisait si nettement écho à ses réflexions des années 1918-1920, ne le touchait plus. Pascal s'éloigna du CCIF et préféra égrener les conférences, à l'Union parisienne des catholiques de l'enseignement public, au Centre d'études slaves de l'Institut catholique de Paris, ou encore à la paroisse Saint-Jean-Baptiste de Grenelle, où il dénonça en 1958 « la Russie matérialiste et totalitaire qui asservit l'homme à l'État[1] ». Ces interventions orales, légitimées par son « séjour » en Russie communiste et sa connaissance de la langue et de la civilisation russes, servaient à leur tour de références dans le cheminement de l'argumentaire antitotalitaire. Ainsi une conférence consacrée à la résistance de religieuses incarcérées au camp des Solovki à la fin des années 1920, dans laquelle Pascal s'appuyait sur un article publié en 1947 dans la revue émigrée *Pravoslavnaïa Rous* (*La Russie orthodoxe*), fut-elle utilisée par *Est et Ouest* en 1953[2]. Dans le même temps, l'expertise du professeur Pascal était sollicitée par des publications liées à l'Église, telle *La France catholique.*

Les contradictions entre le refus d'une inféodation au Parti communiste français et la quête du dialogue avec le communisme dans la réflexion sur la question sociale, l'anticolonialisme, la possibilité d'une révolution, traversaient tous les milieux du christianisme progressiste. Après la mort d'Emmanuel Mounier en 1950, la revue *Esprit* hésita sur la voie à suivre avant de choisir nettement, sous la direction de Jean-Marie Domenach à partir de 1955-1956, la critique du PCF et du modèle soviétique. Elle ouvrit ses colonnes à la traduction et à la défense de Pasternak et de Siniavski, par Michel Aucouturier ou Hélène Peltier-Zamoyska,

1. BDIC *passim* et F delta res 883 (5-1), notes manuscrites d'une conférence à la paroisse Saint-Jean-Baptiste de Grenelle, 21 janvier 1958.

2. BDIC F delta res 883 (11b-2), traduction par Pierre Pascal de « La résistance du christianisme dans l'URSS » dans *Pravoslavnaïa Rous*, 1947. « La première des Églises victimes du bolchevisme : l'Église orthodoxe russe », *Est et Ouest*, 15-31 octobre 1953.

et, plus largement, à la défense de la liberté intellectuelle dans « l'autre Europe », à l'est du rideau de fer[1]. Sans jamais publier dans *Esprit*, Pierre Pascal, qui avait côtoyé Emmanuel Mounier et Jacques Maritain chez Berdiaev dans les années 1930, se rapprocha de nouveau de la revue, par l'intermédiaire du Comité d'information sur la situation des chrétiens en Union soviétique. La création de cet organisme au début des années 1960 distinguait le milieu d'*Esprit* d'un christianisme progressiste qui, happé par l'appel du tiers-mondisme et de l'anti-impérialisme, se détournait de la situation des chrétiens dans l'Europe des démocraties populaires. Cette singularité le condamna sans doute également à l'échec, car le Comité ne semble pas avoir fonctionné activement plus de trois ou quatre ans.

Pascal était présent au meeting fondateur du Comité d'information sur la situation des chrétiens en Union soviétique tenu à la Mutualité en 1964, avec Nikita Struve, son ancien élève devenu son assistant en Sorbonne et son ami. Auteur d'un ouvrage qui tentait d'alerter sur la question des chrétiens en URSS, Struve allait devenir dans les années 1970 le premier éditeur de Soljenitsyne en russe, aux Éditions YMCA Press, nées à Paris dans l'émigration des années 1920 et longtemps dirigées par Nicolas Berdiaev[2]. Pascal assista à quelques réunions présidées par Pierre Emmanuel et traduisit les « suppliques touchantes » qui alimentèrent en 1966 une brochure exposant la situation en Ukraine et la résistance de la Laure de Potchaev. Le dossier était précédé d'une page d'Alexandre Soljenitsyne et de textes montrant la vitalité des communautés chrétiennes en URSS. La présence d'intellectuels catholiques (François Mauriac, André Mandouze), de pasteurs protestants (Georges Casalis, Jean Bosc et André Dumas), et de personnalités orthodoxes (Olivier Clément, Paul Evdokimov) plaçait le Comité à l'intersection de l'engagement politique et du dialogue des religions.

On voit par là que l'engagement de Pierre Pascal doit être lu non seulement à la lumière de sa critique de la persécution des croyants par le régime soviétique, mais aussi dans la logique

---

1. Goulven Boudic, *Les Métamorphoses d'une revue, Esprit, 1944-1982*, Paris, Éditions de l'IMEC, 2005.

2. Nikita Struve, *Les Chrétiens en URSS*, Paris, Le Seuil, 1963, et témoignage de Nikita Struve.

d'une longue réflexion sur l'œcuménisme, seconde ligne directrice de son intervention publique dans les milieux chrétiens. Son vieux rêve d'union des Églises, conçu avec le père Portal dans les années 1910, avait été abandonné au retour d'URSS, au profit de la vision d'une Église catholique destinée à triompher. Dans la logique de la conclusion de sa thèse, le biographe d'Avvakoum proposa ainsi en 1953 une étude sur les Vieux-Croyants, publiée dans la revue dominicaine *Lumière et Vie*, qui s'achevait ainsi : « L'Église russe sera plus sainte, plus pure et plus catholique que l'ancienne[1]. » Pour autant, Pierre Pascal restait attentif à l'évolution politique et théologique de l'orthodoxie, en URSS comme dans l'émigration. Conférencier épisodique à l'Association chrétienne des étudiants russes, l'ACER, il participa encore en 1978 au colloque « Aspects de l'Orthodoxie. Structures et spiritualité » organisé par le Centre d'histoire des religions de Strasbourg. Il y proposa une comparaison originale entre deux « similitudes » de la « religion démonstrative » en Orient et en Occident, les « fols en Christ » et les « prières avec larmes[2] ».

Pierre Pascal se trouva toujours à l'intersection des différents milieux qui s'efforçaient de maintenir un lien avec les catholiques en URSS, qu'ils fussent de rite latin, oriental, ou membres de l'Église catholique ukrainienne. En 1951, le Centre catholique des intellectuels français avait tenté de lancer une réflexion œcuménique centrée sur la lecture des Pères de l'Église, en collaboration avec le Centre dominicain Istina. Pascal était un proche, depuis les années 1930, du directeur de ce centre, le père Christophe-Jean Dumont. Il participa aux premières réunions avec les pères Yves-Marie Congar et Jean Daniélou, théologiens pionniers de l'œcuménisme, et les théologiens orthodoxes Vladimir Lossky et Paul Evdokimov[3]. Mais le contexte de la guerre froide et les positions du Vatican n'étaient

1. Pierre Pascal, « Les Vieux-Croyants et la fin des temps », *Lumière et Vie*, revue de formation doctrinale chrétienne, collège dominicain de Saint-Alban-Leysse, septembre 1953.

2. Pierre Pascal, « Deux similitudes catholiques – orthodoxes : religieuses larmes ; fols en Christ », in *Aspects de l'orthodoxie*, Actes du colloque de 1918, Paris, PUF, 1981, p. 153-167.

3. Claire Toupin Guyot, *Les Intellectuels catholiques dans la société française*, *op. cit.* Étienne Fouilloux, *Les Catholiques et l'unité chrétienne du* XIX*e au* XX*e siècle. Itinéraires d'expression française*, Paris, Le Centurion, 1982.

pas propices à ce projet, qui n'eut pas d'avenir. La conjonction historique de la déstalinisation et de l'esprit de Vatican II fut plus favorable aux relations spirituelles et concrètes avec le monde russe et orthodoxe. Pierre Pascal poursuivit son compagnonnage avec Istina, aidant aux traductions du russe même s'il cessa de publier dans la revue des dominicains. Il collabora également de loin en loin avec les jésuites de rite slave du Centre Saint-Georges, devenu Centre d'études russes de Meudon, et à leur revue *Plamia*. Nicolas Lazarévitch se lança de son côté, avec un enthousiasme intact, dans l'éducation à la langue russe et aux réalités du régime soviétique, proposée par le foyer des catholiques de rite slave « Aux Deux Ours », ouvert en 1958 et devenu foyer de résistance à l'influence communiste au Quartier latin.

C'est dans les dernières années de sa vie que Pierre Pascal fit converger plus nettement la défense des chrétiens à l'Est et la préoccupation œcuménique, en participant activement à la revue *Catacombes*. Le « Messager supraconfessionnel de l'Église du silence » avait été fondé en 1971 par Sergiu Grossu, philosophe et théologien orthodoxe, emprisonné en Roumanie avant d'obtenir l'asile politique en France. « Tribune de l'esprit et des idées » destinée à lutter contre l'Antéchrist communiste et à faire entendre « la voix pathétique de nos frères persécutés derrière les rideaux de fer et de bambou », *Catacombes* sut solliciter avec succès les plumes d'intellectuels et de prêtres catholiques, orthodoxes et protestants. Les douze articles signés par Pierre Pascal entre 1974 et 1981, souvent placés en ouverture du bimestriel, dénonçaient fermement le marxisme, « déni de justice », le mensonge érigé en système, le « retour à la barbarie », la persécution des chrétiens, « parce que le christianisme croit que chaque homme a une âme immortelle, et par conséquent inaccessible à l'État tout-puissant. De l'existence de cette âme dérive tout ce que l'État soviétique totalitaire ne saurait accepter : droits de la conscience individuelle, liberté, égalité, fraternité, respect de la vie, résistance à la tyrannie, etc. », écrivit-il en mars 1976[1].

1. Cf. notamment Pierre Pascal, « Le marxisme, déni de justice », n° 38-39, *Catacombes*, novembre-décembre 1974 ; « Pourquoi la persécution ? », *Catacombes*, n° 54, mars 1976 ; « Marxisme et retour à la barbarie »,

La perspective était contemporaine, en écho aux informations concrètes apportées par la revue *Le Messager* (*Vestnik*) *de l'Église orthodoxe* dirigée par Nikita Struve, ou tout simplement puisées dans l'actualité. Ce fut le cas en 1981 avec les espoirs suscités par les mouvements sociaux polonais et leur référence explicite au christianisme. Les analyses de Pascal s'ancraient également dans la longue durée. Sollicité comme expert de la religion populaire russe par le Vatican lors d'un *Colloquium* des Universités de Latran et de Lublin consacré aux « Racines communes des nations européennes », il rencontra à cette occasion le pape Jean-Paul II. Et, alors que la révolution d'Octobre devenait peu à peu sujet d'histoire, celui qui avait été un temps citoyen soviétique se préoccupa toujours plus d'expliquer l'attitude du régime marxiste-léniniste et de ses continuateurs face à la question religieuse depuis 1917, faisant converger nettement son engagement public, son interprétation historique de la civilisation russe, et son propre passé.

Parler de la Russie, parler de soi ? Naissance d'un grand témoignage

> *N'oubliez pas que vous, Pierre et moi sommes les derniers Mohicans d'une grande époque – et ceci personne ne peut l'effacer. Chacun de nous est aussi le témoin de la vie des deux autres – et ceci rien ne peut le remplacer.*
>
> Lettre de Marcel Body à Boris Souvarine, 20 août 1974

Lecture et pédagogie de la civilisation russe

De la Libération aux premières années de la Détente, Pierre Pascal occupa ainsi une place singulière dans le paysage intellectuel et politique français. On le saisit toujours à l'intersection de milieux si divers que ni les contemporains, ni plus tard les historiens, ne les pensèrent ensemble, et même les opposèrent bien souvent : chrétiens progressistes du CCIF,

---

Catacombes, n° 98-99, novembre-décembre 1979 ; « La Pologne donne l'exemple », *Catacombes*, n° 120, mai 1981.

mais aussi chrétiens de *Catacombes* violemment intransigeants face à l'influence marxiste dans le monde ; anticommunisme aux deux extrêmes du spectre politique, avec *La Révolution prolétarienne* et *Preuves* ; militants de l'œcuménisme mais aussi fidèles de la théologie vaticane... Il ne tenta pas de se hisser au premier plan comme intellectuel « de droite », « conservateur », ni même comme « intellectuel catholique ». Ces rôles furent durablement joués par Raymond Aron, André Malraux ou François Mauriac. Quant à l'intellectuel « de gauche », sa figure fut accaparée par les communistes et les compagnons de route, laissant dans l'ombre un homme comme Boris Souvarine. On peut lire dans cet éclectisme la modestie, conjuguée à l'individualisme, d'un homme qui, étranger dans sa jeunesse à la posture dreyfusarde, avait été vacciné contre l'engagement dans un parti ou un syndicat par l'expérience extrême des années 1918-1924. On peut y lire aussi la ligne de force profonde d'un désintérêt constant pour la politique comme idéologie. Il fallait que la Russie fût concernée, pour que Pierre Pascal répondît aux sollicitations d'amis fidèles qui lui ouvraient leurs réseaux éditoriaux et académiques, et pour qu'il s'engageât dans les controverses de politique intérieure et internationale.

Pierre Pascal avait certainement pris à cœur sa mission de professeur de russe et, plus largement, de passeur de la langue russe en France. Dès ses premiers pas à l'Université de Lille[1], puis aux Langues orientales et à la Sorbonne, il prépara soigneusement ses cours, s'attachant à offrir la compréhension de la langue par la grammaire, et surtout par l'explication littéraire. Traducteur actif jusque dans les dernières années de sa vie, spécialiste internationalement reconnu de l'œuvre de Dostoïevski, il ne méprisa pas les canaux susceptibles de toucher un plus large public, de l'Encyclopédie Larousse des années 1930 à l'*Encyclopaedia Universalis* des années 1960-1970. Le passage

1. Louis Allain, « Cent ans de russe à l'Université de Lille (1892-1994) », in Irina Fougeron (éd.), *Études russes. Mélanges offerts au professeur Louis Allain*, Lille, Presses universitaires du Septentrion, 1996, p. 27. Cf. aussi Pierre Pascal, préface à Valérie Stoliaroff et René Chenevard, *Introduction au russe*, Paris, Maisonneuve, 1945, rééd. 1951 et 1958, et archives de versions, leçons de langue et de grammaire, BDIC.

de témoin fut éloquent lorsque, au milieu des années 1960, ses anciens élèves Jacques Catteau et Georges Nivat lancèrent aux Éditions L'Âge d'Homme, qui venaient d'être fondées par Vladimir Dimitrijevic, la collection « Classiques slaves », et demandèrent à leur maître de préfacer leur traduction de l'ouvrage d'Andreï Biely, *Pétersbourg*.

Au cœur de l'œuvre de Pierre Pascal se place cependant, plutôt que la langue, une lecture cohérente de l'histoire russe, centrée sur la civilisation et l'âme russes. Trois périodes de formation intellectuelles se combinent dans l'élaboration de sa vision du passé. Le jeune normalien biographe de Joseph de Maistre avait pratiqué une histoire romantique, peu soucieuse de la critique des textes. Le collaborateur de l'Institut Marx-Engels avait en quelque sorte entamé une formation autodidacte, combinant une pratique d'ethnologue observateur des paysans de la Volga avec une immersion dans les sources religieuses de l'histoire russe du XVIIe siècle. Enfin, de retour en France, Pierre Pascal avait repris et complété ses lectures, sans jamais se placer dans l'optique d'un débat historiographique. Pour des raisons à la fois institutionnelles, académiques et politiques, les études slaves et l'histoire de la Russie et de l'URSS dialoguèrent difficilement, entre les années 1950 et les années 1970. Pascal entretint des relations cordiales, sans plus, avec Roger Portal, auteur de *L'Oural au XVIIIe siècle* puis premier titulaire de la chaire d'histoire des Slaves en Sorbonne, compagnon de route du PCF. Il encouragea cependant toujours les quelques historiens qui s'emparaient de sujets russes, Michael Confino sur les relations entre noblesse et paysannerie au XVIIe siècle, François-Xavier Coquin sur la colonisation de la Sibérie au XIXe siècle. Lecteur érudit d'une historiographie qui commençait à s'internationaliser, Pascal apprécia très tôt le travail sur le populisme russe publié en italien en 1952 par Franco Venturi, qui ne serait traduit en France que vingt ans plus tard[1].

1. BDIC F delta res 883 (5-1), réception de Franco Venturi à l'Institut d'études slaves par Pierre Pascal, 1958 ; F delta res 883 (12-4), synthèse sur les études russes en France pour Radio Liberty, 1973, dact., Institut d'études slaves, correspondance, notes sur les thèses. Michael Confino, « An Interview with Michael Confino », in *Kritika : Explorations in Russian and Eurasian History*, vol. 9, n° 2, 2008, p. 279-290 et « The New Russian Historiography

André Mazon, dans sa préface aux *Mélanges Pascal* en 1961, considéra que la perspective historique avait été, pour son collègue, une « tentation », l'éloignant des études de langue et de littérature. Pour le premier numéro des *Cahiers du monde russe et soviétique*, nouvelle revue lancée en 1959 sous les auspices de Fernand Braudel, Pascal proposa un portrait de Victor Dahl, l'auteur du plus fameux dictionnaire de la langue russe. L'article soulignait pour conclure son admiration pour cet homme « universel », « chirurgien et naturaliste, haut fonctionnaire et écrivain, ethnographe et lexicologue », mais aussi les limites d'une activité multiforme empêchant de parvenir à la « perfection[1] ». On ne peut s'empêcher de voir là une forme d'autoportrait ironique, celui d'un homme universellement curieux de la Russie, professeur de russe sans être linguiste ni « slaviste », tenté par l'histoire sans entrer dans les débats de la discipline.

La méthodologie toute personnelle de Pierre Pascal frappe par son imperméabilité au marxisme, malgré sa longue familiarité potentielle avec les textes et les théoriciens de l'histoire soviétique officielle. Quelques rares coups de griffe marquent son hostilité à l'historiographie soviétique, comme dans ce compte rendu où il se félicita de « l'analyse locale conduite avec prudence et méthode » d'un médiéviste soviétique, heureuse surprise par rapport aux « schémas et [aux] simplifications arbitraires », lecture attendue de la lutte des classes[2]. Ainsi s'explique peut-être la rencontre avortée avec l'École des *Annales*, qui renouvelait l'histoire économique et sociale appuyée notamment sur les sources quantitatives, dialoguant avec le marxisme. L'historien médiéviste Marc Bloch, curieux d'histoire des campagnes russes au point de commencer à apprendre la langue, avait contacté Pascal. Le « volume sur le paysan russe », accepté en 1935 pour la collection « Le paysan et la terre » dirigée par Bloch chez

---

and the Old – Some Considerations », *History & Memory*, vol. 21, n° 2, 2009, p. 7-33, Témoignages des anciens élèves de Pierre Pascal.

1. Pierre Pascal, « V.I. Dahl », *Cahiers du monde russe et soviétique*, vol. 1, 1959, p. 7-24.

2. Compte rendu de N.P. Gratsianski, *Les Campagnes burgondes du Xe au XIIe siècle*, Moscou, OGUIZ, 1935, in *La Revue historique*, t. 182, janvier-juin 1938.

Gallimard, ne vit jamais le jour après la disparition de Marc Bloch, martyr de la Résistance[1].

Pierre Pascal adoptait comme les *Annales* une perspective de longue durée, mais l'articula autour du concept clé de civilisation. Dès les années 1930, il consacra plusieurs articles à établir les cadres d'une analyse d'une « civilisation » russe originelle, « sensiblement en dehors du temps », opposée dans sa ruralité à la « civilisation urbaine artificielle empruntée à l'Occident[2] ». Il n'hésita pas à s'appuyer sur ses « observations personnelles, recueillies pendant plusieurs séjours dans des villages russes », présentées à la manière d'une enquête ethnologique, de même que sa thèse était parsemée d'allusions à sa présence dans les lieux mêmes où avait vécu l'archiprêtre martyr. Les publications ultérieures approfondirent ces analyses, sans les modifier substantiellement. À partir de la fin des années 1950, il les proposa sous forme d'articles, qui venaient compléter l'*Histoire de la Russie* publiée dans la collection « Que sais-je ? » en 1946 et régulièrement rééditée. Aux travaux universitaires vint s'ajouter un investissement précoce et régulier dans la pédagogie radiophonique. Peut-être l'expérience des « radios » bolcheviques du début des années 1920 l'avait-elle convaincu de l'intérêt de ce média ? Dès 1948, il donna à la Radiodiffusion Télévision française, la RTF, une émission consacrée au « paysan russe au XVIIe siècle », suivie dans les années 1950 de plusieurs conférences sur « La psychologie russe », « L'énigmatique Dostoïevski » ou « Jérusalem dans le monde russe ». En 1962 et 1963, Pascal fut chargé par la RTF d'un cycle consacré à la civilisation russe pour le programme national « Heure de culture française ». Il coordonna près de trente « causeries », suivies d'autant d'émissions consacrées à la Russie soviétique. Pascal alternait ses contributions

1. BDIC F delta res 883 (3-1), lettre de Marc Bloch, 13 mai 1935 ; F delta res 883 (7-5), lettre de Gaston Gallimard à Pierre Pascal, 27 mai 1935, sur un projet de contrat avec Marc Bloch.

2. « La paysanne du Nord de la Russie », *Revue des études slaves*, t. 10, n° 3/4, 1930, p. 232-244 ; « La civilisation paysanne en Russie », *Revue d'histoire de la philosophie et d'histoire générale de la civilisation*, 15 janvier 1937, p. 53-66, rééd. in *Civilisation paysanne en Russie*, Lausanne, L'Âge d'Homme, 1969.

personnelles, soigneusement rédigées et lues à l'antenne, avec des émissions confiées à des collègues, souvent d'anciens élèves[1].

« La Russie échappe aux catégories qui paraissent les plus inéluctables » : il fallait, pour la comprendre, échapper aux stéréotypes et revenir aux sources qu'étaient d'un côté les textes religieux et littéraires, indispensables pour saisir « l'esprit » russe[2], de l'autre le témoignage direct. Coupé de l'observation sur le terrain, l'ancien hôte de Blokhino en manifesta la nostalgie en proposant en 1966 un retour sur « Mon village russe il y a quarante ans ». Au début des années 1980, il encouragea la publication posthume, pour la nouvelle collection d'ethnographie « Terre humaine », du *Récit d'un paysan russe.* Rencontré par Pascal quand il enseignait à la Sorbonne, Ivan Stoliaroff était un moujik de la région du Don, devenu militant socialiste, exilé en France, revenu en Russie en 1917, où il avait travaillé comme ingénieur agronome. Envoyé en mission à Paris, il avait alors refusé de rentrer en URSS[3]. Son témoignage rare était d'autant plus précieux que la civilisation russe était, pour Pierre Pascal, par essence paysanne. « Gravement menacée par l'âge industriel, son avenir est incertain. Elle se défend, pourtant : l'izba est loin d'avoir cédé la place aux immeubles collectifs des "agrovilles", et la commune exerce encore certaines fonctions à côté du soviet. Le paysan, en tout cas, n'a pas cessé de constituer la base de l'État soviétique et également son problème[4] », écrivait-il en 1969. C'est sur ce terrain qu'un dialogue éphémère s'engagea avec l'URSS, où nulle réaction n'accueillit bien évidemment ses analyses du totalitarisme soviétique. Suite à la parution de « Mon village

---

1. BDIC F delta res 883 (12-1 à 6), correspondances, programmes et textes des éditions. INA, inventaire des émissions, audition des émissions conservées.

2. Pierre Pascal, « Un centre intellectuel provincial au XIXe siècle : Nijni Novgorod », *Revue des études slaves,* t. 31, n° 1-4, 1954, p. 39-55.

3. Pierre Pascal, nécrologie d'Ivan Stoliaroff, *Rousskaïa Mysl* (*La Pensée russe*), 5 juin 1953. Ivan Stoliaroff, *Récit d'un paysan russe,* éd. par Mme Stoliaroff, 1982 puis Éditions Plon, coll. « Terre humaine », 1992, complété par 4 témoignages et 4 études de Pierre Pascal, préface de Basile Kerblay, postface de Jean Malaurie, rééd. CNRS Éditions, 2008.

4. « Avertissement » à *La Civilisation paysanne en Russie, op. cit.*

russe il y a quarante ans », la *Komsomolskaïa Pravda* dépêcha à Blokhino Valeri Kondakov, responsable de la rubrique « La vie villageoise ». Le journaliste en tira un « reportage » à deux voix, en réalité un montage de ses propres observations et d'extraits de « Mon village russe », dans lequel il s'attachait à démontrer « l'ascension vers le socialisme » de cette région des « forêts noires[1] ».

Indépendamment des historiens qui, comme Fernand Braudel, s'attachaient au même moment à expliciter le concept de civilisation, Pascal combina dans ses analyses les traits permanents de « la psychologie russe », où l'on reconnaissait l'influence fondatrice de *L'Âme slave* de son maître Jules Legras, avec la chronologie de « plusieurs Russies successives ». La « psychologie russe » était pour lui celle du peuple, du paysan non européanisé sans être pour autant oriental. Le goût pour « l'indécis et le mouvant », pour l'intuition plutôt que la loi et l'ordre, mais aussi la quête d'infini et d'extrême sans cloison entre raison et sentiment, tendaient aisément à l'apocalyptique et à la violence. Le sens du collectif et de l'universel, l'enracinement profond d'un christianisme évangélique, entraînaient des aspirations pérennes à l'égalité, restées sans écho dans les élites politiques : une « société de frères, sans divisions de classes, sans maîtres privilégiés, fondée sur l'entente, la coopération, la paix et la charité[2] ». La « pensée russe », celle des intellectuels, était quant à elle marquée par la tension entre une européanisation positiviste et rationaliste, et une spiritualité d'inspiration chrétienne[3]. Cet essentialisme culturaliste, basé

1. Valeri Kondakov, « V tchernykh lesakh », *Komsomolskaïa Pravda*, 3 mars 1967. Cf. Jean-Pierre Thibaudat, « Soixante-dix ans après les séjours de Pierre Pascal, trente après celui de Valeri Kondakov, le village est resté à l'écart de tout » et « Valeri Kondakov n'a jamais revu Blohino », *Libération*, 16 août 1999, en ligne sur www.liberation.fr

2. « L'âme russe pendant la révolution (à propos d'un livre récent) », *Le Monde slave*, vol. 4, 1935, p. 62-72. « De Pierre le Grand à Lénine », *Revue d'histoire de la philosophie et d'histoire générale de la civilisation*, 15 juillet 1937, p. 294-308 (conférences données à la faculté des lettres de Lille). « La religion du peuple russe », *Revue de psychologie des peuples*, 2 mai 1947, p. 138-154 et 3 juillet 1947, p. 262-284. « La psychologie russe », causerie à la RTF, 1954 et texte dactylographié, BDIC F delta res 883 (12-1).

3. « Russie (URSS) », in *Les Grands Courants de la pensée mondiale contemporaine. Panoramas nationaux*, Milan-Paris, Marzorati-Fischbacher, 1960,

sur une psychologie des peuples forgée par les catastrophes historiques, établissait une rupture nette entre la littérature russe et la littérature soviétique, médiocre et conformiste. De même la peinture soviétique apparaissait-elle comme « grossière » illustration du stalinisme, « système de pensée unique et stable », total et infaillible, stérilisant toute « pensée vivante[1] ». Seule l'émigration assurait la perpétuation de la pensée russe dans sa dimension profondément spirituelle.

Les « catastrophes » cycliques qui avaient marqué cette construction civilisationnelle, la chute de l'État kiévien au Moyen Âge, le « joug tatar », le « Temps des troubles » à la fin du XVIe et au début du XVIIe siècle, culminaient avec la rupture destructrice des réformes de Pierre le Grand, scindant la « société européanisée » et le « peuple », « grande cassure intérieure, matérielle, sociale, morale, religieuse[2] ». La « renaissance » du début du XXe siècle laissait espérer une réconciliation (« enfin cessait l'opposition Russie-Europe »), avant la révolution, nouvelle rupture. Pascal ne put mener à son terme son dernier grand projet, pour lequel il accumula une scrupuleuse documentation : consacrer un ouvrage à la Russie en 1913, qui aurait rendu justice au stéréotype, propagé tant par l'Occident que par les Soviétiques, de l'arriération de l'empire russe.

La dimension autobiographique : « mettre de soi » sans parler de soi

À la fin d'une longue vie, Pierre Pascal fit converger ses analyses politiques et historiques avec une présentation autobiographique jusqu'alors effacée, du moins dans sa dimension publique, et proposa progressivement une chronologie de la révolution, en cohérence avec son propre passé. Par contrainte ou par choix, il avait en effet produit, entre 1920 et 1942,

---

p. 1095-1188, rééd. « Les grands courants de la pensée russe contemporaine », *Cahiers du monde russe et soviétique*, vol. 3, n° 1, janvier-mars 1962, p. 5-89, puis *Les Grands Courants de la pensée russe contemporaine*, Lausanne, L'Âge d'Homme, 1971.

1. *Ibid.* et « L'art russe des Scythes à nos jours », *La France catholique*, 10 novembre 1967.

2. Pierre Pascal, *Histoire de la Russie des origines à 1917*, *op. cit.*

maints textes où il revenait sur son parcours. Mais après son retour en France en 1933, il avait, on l'a vu, adopté une grande discrétion sur la scène publique. Engagé dans une carrière universitaire où objectivité et neutralité s'érigeaient en loi, il avait bien entendu la mise en garde de Louis Eisenmann contre l'usage d'un discours « pathétique » et les avertissements de son jury de thèse contre une prise de parole trop personnelle. Impossible de « parler d'un sujet historique sans y mettre de soi et, par suite, du présent », avait-il pourtant écrit à André Mazon en 1938. De fait, Pierre Pascal ne cessa jamais réellement de parler de lui de manière détournée, en écrivant sur la Russie ancienne ou contemporaine.

Il le fit tout d'abord par la pratique intensive d'un genre moins exposé que les ouvrages ou les articles : les comptes rendus. Utile pour conforter sa légitimité d'expert du monde russe, ce choix était aussi un geste politique. Dès 1933, il accepta de contribuer à la revue *La Critique sociale des idées et des livres* qu'avait lancée Boris Souvarine. La même année, ses premières contributions à *La Revue historique* mêlaient également les lectures littéraires ou historiques avec une critique acerbe des ouvrages consacrés à l'URSS. Une plume assurée attestait de la véracité et de l'objectivité des ouvrages recensés, mais seuls ceux qui connaissaient bien le passé russe de Pierre Pascal pouvaient comprendre certains choix, ainsi sa virulence envers les souvenirs de l'ambassadeur Noulens, son ennemi de 1918 : « pauvres de substance mais abondants en réticences, rédigés dans le style pompeux le plus insupportable », dont il critiquait sans appel le rôle politique désastreux[1]. Pascal recenseur se montra particulièrement sévère envers ceux qui citaient sans distance les sources soviétiques. Ainsi la présentation du régime par Vladimir Pozner, rallié au régime après quelques années d'émigration, se voyait qualifiée de « tissu de mornes blagues », aux informations purement et simplement recopiées dans les manuels soviétiques. « Puisque M. Pozner décrit avec tant de détails le système judiciaire, ne pourrait-on savoir quel tribunal a condamné M. Riazanov à la déportation », s'indignait Pascal, ajoutant à propos du tableau des menaces d'espionnage et de banditisme : « À qui fera-t-il

1. Compte rendu de Joseph Noulens, *Mon ambassade en Russie soviétique*, Paris, Plon, 1933, in *La Revue historique*, t. 182, janvier-juin 1938.

croire que Victor Serge a été condamné pour de tels motifs ? » Pierre Pascal se montra particulièrement vigilant face aux naïvetés, aux erreurs, aux dérobades ou aux qualités d'observation des « retours d'URSS » dont il rendait compte. Il proposa ainsi de manière discontinue un véritable mode d'emploi pour la lecture critique du « voyage classique aujourd'hui d'un touriste ignorant tout de la Russie, qui écoute bouche bée les explications des guides rouges, se pâme successivement et au commandement d'horreur et d'admiration[1] ».

Les chroniques pour *Paru* et *Preuves* adoptent après la guerre un ton plus personnel. « Je ne croyais avoir nulle illusion sur la loyauté bolchevique. Je savais qu'ils falsifiaient l'histoire. Je viens seulement de découvrir qu'ils tripatouillent les classiques. Ils ont peur d'un texte de 1845 ! » s'exclame-t-il, évoquant en 1951 une édition soviétique des *Pauvres Gens* de Dostoïevski, dans laquelle un passage témoignant de la prospérité dans les campagnes tsaristes avait été coupé. Progressivement libéré, l'usage du « je » s'appuyait allusivement sur le passé de l'auteur, ainsi dans la recension de « l'excellent ouvrage » consacré à la Russie soviétique par le journaliste américain Walter Duranty : « Je souscris des deux mains aux portraits de Trotski et de Staline[2]. » De loin en loin, l'expérience vécue était invoquée pour présenter et légitimer cette parole. Ce fut le cas pour son unique contribution à *Sept* en 1936 (« on ne refusera pas compétence à ce témoin qui fut sympathique à la révolution russe ») puis quinze ans plus tard dans *Preuves* : « Rappelons que notre collaborateur Pierre Pascal, professeur en Sorbonne, est l'un des meilleurs spécialistes de la littérature et de l'histoire de la Russie où il a vécu de nombreuses années. Il assista aux débuts de la révolution dont il analyse les causes et les conditions dans ce numéro. » La chaîne parisienne de la RTF consacra en 1952 un documentaire sonore, « La vie en rouge », à une critique en règle des commémorations communistes du trente-cinquième anniversaire de la révolution d'Octobre. Scénarisée

1. Comptes rendus de Vladimir Pozner, *URSS*, Paris, Crès, 1932, in *La Critique sociale*, n° 9, septembre 1933, et d'Élisabeth de Gramont, *Le Chemin de l'URSS*, Paris, Rieder, 1933, in *La Revue historique*, t. 172, août-décembre 1933.

2. « Les Pauvres Gens », *Preuves*, n° 9, 1951. Compte rendu de Walter Duranty, *Histoire de la Russie soviétique*, *Paru*, n° 32, juillet 1947.

habilement, la quête de vérité du « Français moyen » faisait s'exclamer le réalisateur : « Ne pouvez-vous pas nous amener un témoin vivant ? Voici le professeur Pierre Pascal, professeur de russe à la Sorbonne. » Sans plus de détails biographiques, l'entretien, pour une fois non rédigé à l'avance, amenait l'ancien bolchevik à évoquer ses souvenirs personnels de la Mission militaire française, de Kerenski, Lénine, Trotski et Staline[1].

En 1963, la revue *La France catholique* présenta Pierre Pascal, « professeur en Sorbonne », comme un spécialiste de la civilisation slave et témoin « non sans sympathie pour le socialisme humaniste russe[2] »... Le passé du bolchevik s'effaçait peu à peu derrière la figure du professeur, savant et maître. « Plus encore que la science acquise dans les archives et par les textes, ce que lui avait enseigné la vie au milieu du peuple, pendant des années de Russie dont il ne parlait pourtant jamais, prêtait aux commentaires de Pierre Pascal une valeur d'enseignement historique (...) », témoigna son collègue Victor-Lucien Tapié[3]. Les souvenirs des anciens élèves de Pierre Pascal sont unanimes pour évoquer la fin de non-recevoir amusée ou gênée opposée aux étudiants qui, découvrant son implication dans des événements historiques, le sollicitaient naïvement. Cette connaissance floue du passé ne nuisait d'ailleurs nullement à l'aura de celui que Georges Nivat peignit au lendemain de sa mort comme un maître au « sourire accueillant mais énigmatique[4] ». Plus loquace sur les années moscovites, Jenny Pascal joua un rôle important dans la transmission d'un passé non formulé, auprès du cercle amical qui entourait le couple.

La situation paradoxale de Pierre Pascal demeura ainsi longtemps implicite. D'un côté, il privilégia toujours les collègues qui, comme lui, appuyaient leur science sur l'expérience

1. Archives INA, Radio-télévision française, 16 novembre 1952, « La vie en rouge », production de Jean Castet, avec les voix de Jean Claudio, Gaëtan Georges, Pierre Olivier, 18 mn.

2. Pierre Pascal, *La France catholique*, 14 juin 1963, « Jean XXIII et la liturgie ».

3. Victor-Lucien Tapié, « Les cours du vendredi », *op. cit.*

4. Georges Nivat, *Russie-Europe, la fin du schisme. Études littéraires et politiques*, Lausanne, L'Âge d'Homme, 1993, « La "religion russe" de Pierre Pascal » (première publication in *Le Débat*, n° 33, janvier 1985), p. 263-278, et préface p. 8.

irremplaçable de la Russie vécue dans la durée. Il le formula en accueillant, à l'Institut d'études slaves, l'historien Franco Venturi : « Un jour la Providence vous a porté jusqu'à Moscou (...). Vous êtes tombé amoureux de la Russie comme avant vous beaucoup, et beaucoup depuis vous. Vous avez voulu connaître la Russie et pour cela comprendre son passé. » S'il choisit pour lui succéder à la Sorbonne l'émigré Dmitri Stremooukhoff, c'est parce qu'il incarnait « la Russie même[1] ». Mais, d'un autre côté, il ne s'avança que de manière discontinue et rare sur le terrain de l'expertise légitimée par son propre passé, d'autant plus qu'il s'agissait de se prononcer sur la Russie contemporaine.

Les années 1960-1970 : la révolution d'Octobre entre dans l'histoire

« Professeur hors du commun et qui désintoxiquait d'une manière inimitable » selon Georges Nivat, Pierre Pascal demeura un maître sans école. Son attitude contribua incontestablement à la timidité d'une soviétologie française qui aurait pu, comme aux États-Unis, faire le lien entre la génération de la révolution, les exilés de Russie et d'Europe de l'Est après 1945, et les historiens plus jeunes, passés ou non par le Parti communiste. Alain Besançon, doctorant en histoire sous la direction de Roger Portal, eut besoin du détour par les campus américains pour construire, à partir des années 1960, une pensée critique du léninisme comme totalitarisme. Il reprocha *a posteriori* à ce maître « aimé pour sa science profonde, pour sa douceur, pour sa bonté paisible » de s'être tu : « Il avait connu la vérité. Il ne l'avait pas dite[2]. » Il est vrai que la voie aurait été extrêmement étroite. Le milieu universitaire français restait souterrainement polarisé par les luttes politiques et l'influence

1. BDIC, Réception de Franco Venturi à l'IES 21 février 1958, dossiers de préparation de sa succession à la Sorbonne. Nécrologie de Dmitri Stremooukhoff, *Revue des études slaves*, t. 39, 1961, p. 387-389.

2. Alain Besançon, *Une génération*, Paris, Julliard, 1987 ; *Sainte Russie*, Paris, De Fallois, 2012, p. 149. Nathalie Moine, notice « Alain Besançon », *Dictionnaire biographique du mouvement ouvrier français*, Maitron en ligne, 2004, http://maitron-en-ligne.univ-paris1.fr/spip.php?page=article_long&id_article=16565.

du Parti communiste, tandis que le discours académique délégitimait doublement, pour leur connotation idéologique et affective, la parole des anciens communistes comme celle des émigrés d'URSS[1].

La génération des témoins français de la révolution d'Octobre semblait condamnée à ne pas être entendue au-delà de cercles d'initiés, étudiants ou militants de l'extrême gauche anticommuniste. La frustration était sensible tant chez Boris Souvarine que chez son « compagnon de quarantaine » Brice Parain. Ce dernier offrit à *Preuves* un autoportrait en « homme sans passé » : « Je savais que le communisme, tout en ayant été nécessaire, était une saloperie et une idiotie, qu'il fallait chercher au-delà. Allez, dans ces conditions, vous faire écouter. (...) Le détour par la Russie a fait de moi une sorte d'exilé. Je ne peux pas avoir de passé chez nous tant que le communisme durera[2]. » Il n'y a nul hasard dans la date choisie par Brice Parain pour cette confession : novembre 1957, le quarantième anniversaire d'Octobre. Le désir de contredire le récit de fondation révolutionnaire proposé par Moscou demeurait en effet présent, et les dates anniversaires pouvaient sembler particulièrement opportunes.

En 1928-1929, Jean Guéhenno, alors admirateur de l'URSS sans être communiste, s'était documenté auprès de Pierre Pascal pour un projet d'ouvrage sur Lénine, abandonné pour ne pas donner un « catéchisme[3] ». Au moment du quinzième anniversaire d'Octobre, il sollicita son ancien condisciple pour un livre, que Pascal refusa d'écrire. C'est peut-être cependant par l'intermédiaire de Guéhenno que Pierre Pascal, qui avait accepté de participer à l'émission radio « La vie en rouge », se décida en 1952 à publier une réflexion historique dans *Preuves*. C'était la première fois depuis 1936, et l'article de *Sept*, qu'il revenait sur l'année 1917. « La révolution russe et ses causes »

---

1. Cf. Sylvie Gillet, « Questions d'URSS ou la "soviétologie" en questions », *Politix*, vol. 5, n° 18, 1992, p. 21-48.

2. Brice Parain, « Brice Parain, un homme sans passé », *Preuves*, n° 81, novembre 1957, p. 3-18.

3. Nicole Racine, « Jean Guéhenno dans la gauche intellectuelle de l'entre-deux-guerres », in Jean-Yves Guérin, Jean Kély-Paulhan, Jean-Pierre Rioux, *Jean Guéhenno, Guerres et paix*, Lille, Presses du Septentrion, 2009, p. 77-89.

proposait un tableau de la situation de l'empire en 1914 et pendant la guerre, puis revenait sur une révolution « d'inspiration biblique et évangélique », qui avait été comprise par Lénine mais confisquée par les bolcheviks, « doctrinaires imbus d'idées matérialistes et inhumaines ». Il concluait : « Il ne faut pas que l'odieux du système qui a apporté à tous les espoirs de 1917 le plus brutal démenti retombe, par ignorance ou par dépit, sur la plus généreuse des révolutions[1]. » La même année, dans la rubrique « mémoires » de la revue *Preuves*, Marcel Body proposa une nécrologie d'Alexandra Kollontaï. Une large partie de son article était en réalité consacrée à tracer un vivant portrait de son ami. « À Moscou, Pierre Pascal constituait à sa façon une opposition au régime. Le Guépéou reculait devant cette force morale, car on savait en haut lieu qu'on ne pourrait ni la fléchir, ni la briser. Autour de Pascal gravitaient les derniers citoyens libres que Moscou hébergeait encore[2]. »

Body demanda conseil dès les années 1950 à Boris Souvarine pour un projet de témoignage sur l'époque du Groupe communiste français : « Dire simplement ce que j'ai vu[3]. » Mais en pleine guerre froide, l'histoire de la révolution russe s'effaçait devant l'actualité de l'affrontement des blocs. De son côté, le Parti communiste français, soucieux de défendre une image patriote et nationale, avait depuis le Front populaire réélaboré son récit de fondation dans la continuité de la Révolution de 1789 et du mouvement ouvrier français. La déstalinisation poussa le PCF à une relecture du passé, semblable à celle qui se produisait en URSS, et l'engagea à se tourner de nouveau vers les premières années de la révolution comme source originelle d'un socialisme dévoyé par Staline. En 1957, Jean Fréville, ami et plume de Maurice Thorez, publia en guise d'ouvrage jubilaire un hommage à Inessa Armand, compagne de Lénine, et engagea l'historienne soviétique Ludmila Zak à entamer des recherches sur *Des Français dans la révolution*

1. Pierre Pascal, « La Révolution russe et ses causes », *Preuves*, n° 13, mars 1952, p. 11-16.

2. Marcel Body, « Alexandra Kollontaï », *Preuves*, n° 14, avril 1952, p. 12-24.

3. Houghton Library Harvard, Fonds Souvarine bMS Fr 375, lettres de Marcel Body à Boris Souvarine, 11 décembre 1955, 7 novembre 1961, 26 août 1962.

d'Octobre[1]. Celle-ci sollicita à cette occasion le témoignage de la veuve de Robert Petit, l'ancienne gouvernante Marie-Louise Jeanniot, qui vivait toujours à Moscou. Le PCF ne chercha cependant pas vraiment à valoriser la participation du Groupe communiste français aux temps héroïques du bolchevisme, d'autant que ses négociations avec le PS pour l'Union de la gauche ne le poussaient guère à insister sur ses liens originels avec Moscou. Il préféra orienter son travail d'histoire vers la Commune de Paris, le Front populaire et la Résistance. Les publications de l'Institut Maurice-Thorez, fondé en 1965 sur le modèle de l'Institut Marx-Engels de Moscou, en témoignent.

Dans les années 1960, ce récit communiste se plaçait dans le contexte de plus en plus polyphonique et concurrentiel du retour d'intérêt pour la révolution de 1917, lié aux bonnes relations franco-soviétiques, mais aussi et surtout à l'ébullition intellectuelle des gauches extrêmes. Celles-ci furent promptes à disputer l'héritage léniniste à l'URSS et à réinvestir les écrits de Trotski ou de Rosa Luxembourg, des anarchistes et des socialistes-révolutionnaires. Le quarante-cinquième, puis surtout le cinquantième anniversaire d'Octobre virent se multiplier les ouvrages consacrés à la révolution russe. Faute d'archives soviétiques, fermées aux historiens étrangers, nombre d'auteurs mobilisèrent comme sources les souvenirs publiés dans l'entre-deux-guerres : John Reed, Jacques Sadoul, Trotski, mais aussi les anciens diplomates Noulens et Grenard, ou encore les émigrés russes blancs.

Les premières sollicitations adressées à Pierre Pascal ne vinrent cependant pas des historiens universitaires, encore peu sensibilisés à la collecte d'archives orales, mais de la toute nouvelle ORTF. En 1963, Pascal acheva le cycle consacré à la civilisation russe par une émission intitulée « Les éléments moraux dans la Révolution ». En juillet 1965, le producteur Jean Rabaut lui demanda – apparemment en vain – d'intervenir dans l'émission « Léon Trotski mort et vivant » : « Vous êtes sans doute la dernière personne accessible et survivante qui ayez le souvenir direct des jours d'Octobre et des années suivantes[2]. » En novembre de la même année, celui qui était déjà

1. Ludmila Zak, *Des Français dans la révolution d'Octobre, op. cit.*, introduction.
2. BDIC F delta res 883 (12-5), lettre de Jean Rabaut, 20 juillet 1965.

un habitué de la radio reçut cette proposition : « Enregistrer – pour une émission à exécuter dans deux ans ! – mes souvenirs sur la révolution russe. » « Vous pourriez donner des souvenirs, scènes vécues, réflexions aussi. J'accepte en principe. Ensuite je réfléchis. Mais quelle révolution, février ou octobre ? Texte lu ou conversation ?[1] » La série de quinze émissions « La révolution russe racontée par ses témoins » fut soigneusement préparée par Jean Balensi, qui adressa une liste de questions précises à Pascal, mais tenta aussi de susciter un récit vivant, l'avertissant à l'antenne : « Ce qui m'importe de votre part, c'est que vous apportiez le maximum de personnalisation à votre personnage, que vous disiez "je", il s'agit du témoin devant l'histoire, qui ne raconte que les événements auxquels il a participé et auxquels il a donné une impulsion personnelle. » Diffusée sur France Culture en février et novembre 1967, l'émission utilisait le témoignage de Pascal enregistré pendant près de quatre heures l'année précédente[2]. Cette même année, Marc Ferro, alors jeune chercheur précurseur d'un usage éclairé des médias par l'histoire, fut l'un des maîtres d'œuvre de l'émission « La Révolution russe et l'opinion française ». Pierre Pascal y raconta sa mission en Russie entre 1916 et 1918, dialoguant notamment avec ses « vieux camarades » de l'École normale supérieure, les anciens combattants, Maurice Genevoix et Jean Guéhenno[3].

C'est ainsi qu'à partir de 1967 Pierre Pascal, retraité de l'Université, libéré de ses inquiétudes concernant sa belle-sœur Anita rescapée du Goulag, prit véritablement la parole comme témoin des premières années du régime soviétique. Ses interventions se déployèrent en direction d'un public plus large que celui de ses cours en Sorbonne. Après des années d'éloignement, il s'adressa de nouveau aux marxistes antistaliniens

1. Archives Pascal – Jacques Catteau, carnets, 16 novembre, 18 novembre 1965.

2. INA, France Culture, « La Révolution russe racontée par ses témoins », première diffusion 1967, rediffusion 1998, 2003, 2004. BDIC F delta res 883 (12-5), lettre de Jean Balensi, 27 décembre 1966 : questionnaire annoté par Pierre Pascal.

3. INA, France Culture série « 14-18. Magazine mensuel de la Première Guerre mondiale », produite par Pierre Sipriot. Émission de deux heures diffusée le 25 février 1967.

de *La Révolution prolétarienne*, publiant la suite de ses réflexions dans *Preuves* dix ans plus tôt, avec l'article « Octobre et février ne sont qu'une révolution[1] ». La revue catholique *La Table ronde* proposa un dossier « Octobre 1917. La Révolution russe et son destin », avec la transcription d'un débat contradictoire intitulé « La Ligne Générale a-t-elle été brisée ? ». Dans une vive controverse avec l'historien communiste Jean Bruhat, Pierre Pascal s'appuya sur le fait d'avoir vécu l'événement révolutionnaire pour réfuter la rupture stalinienne, et dénoncer la continuité d'un « endoctrinement de cinquante ans[2] ». Le philosophe Stanislas Fumet fit à cette occasion entrer le « mythe Pierre Pascal » dans l'histoire. L'année suivante, Pascal retrouva Fumet, fin connaisseur de l'émigration russe, producteur de l'émission « Analyse spectrale de l'Occident », qui se proposait d'inventorier la civilisation occidentale des origines à nos jours, par de vastes fresques diffusées le samedi après-midi. Dans son dialogue avec Nikita Struve, Jean Laloy ou Olivier Clément, l'ancien secrétaire du Groupe communiste se présentait encore en spectateur, plus qu'en acteur. À la question : « Vous avez vécu cette révolution et dans une certaine mesure vous y avez participé ? » il répondait : « J'ai assisté à tous ces événements[3]. »

Les correspondances croisées entre Pascal et ses vieux compagnons Marcel Body et Boris Souvarine montrent le désir de rattraper les occasions manquées, l'émulation progressive dans la recherche des souvenirs, des photos et des archives. « Ces vieilles choses me font penser », écrivit Pascal à Souvarine en 1970[4]. Il s'agissait de documenter et d'établir un récit légitime, correspondant à leur vision du passé. Aucun d'entre eux n'avait pris la plume pour rendre compte des *Mémoires d'un révolutionnaire* de Victor Serge, parus en 1951. Boris Souvarine s'attacha particulièrement à réfuter les « fictions pathologiques » de l'an-

1. « Octobre et février ne sont qu'une révolution », *La Révolution prolétarienne*, n° 532, 1967, p. 1-3.

2. *La Table ronde*, octobre-novembre 1967, dossier « 1917. La Révolution russe et son destin », *op. cit.*

3. INA, France Culture, « Analyse spectrale de l'Occident », « La Russie au temps de la France révolutionnaire », produite par Stanislas Fumet, 20 janvier 1968.

4. Bibliothèque Souvarine, lettre de Pierre Pascal à Boris Souvarine, 14 juin 1970.

cien beau-frère de Pascal, et refusa avec virulence les sollicitations des éditeurs des textes posthumes de Serge[1]. Il collabora non sans tensions au *Dictionnaire biographique du Comintern* et aux projets historiques et documentaires de la Hoover Library de l'Université de Stanford. En 1965, Body publia son histoire des *Groupes communistes français de Russie (1918-1921)* dans les *Contributions à l'histoire du Comintern*, parues à Genève. Pascal la lut aussitôt, notant : « Je suis souvent nommé », mais « j'ai oublié la plupart de ces circonstances ». Dans cette lutte contre l'oubli, Body était le plus pugnace, relançant souvent ses anciens compagnons. Il se lança dans la publication de ses souvenirs, enregistrés puis retranscrits. Persuadé qu'il aurait été « impardonnable de ne pas dire ce que je sais », il tenta d'entraîner ses compagnons dans la même démarche : « N'oubliez pas que vous, Pierre et moi sommes les derniers Mohicans d'une grande époque – et ceci personne ne peut l'effacer. Chacun de nous est aussi le témoin de la vie des deux autres – et ceci rien ne peut le remplacer », écrivit-il à Souvarine en 1974[2].

Les années 1970 furent pour Pierre Pascal le moment d'une dynamique mémorielle et testimoniale intense, que ses soucis croissants de santé n'obéraient pas. Les retrouvailles (« Il se passe depuis quelque temps quelque chose de curieux : des gens que j'ai connus il y a vingt ou trente ans, et que je retrouve »), ainsi avec la fille de Georges Luciani et celle de Jacques Sadoul, qu'il avait connues enfants, succédaient aux deuils. Les disparitions d'Eugénie Body, « vieille amie des anciens temps », de Rachel Roussakova-Sosnowsky[3], de Lucien Laurat en 1973, de Nicolas Lazarévitch en 1975, accéléraient le sentiment, chez ces « derniers survivants », d'une

1. Houghton Library Harvard, Fonds Souvarine bMS Fr 375, brouillon de lettre de Boris Souvarine à Gilbert Sigaux, 18 mars 1957, BDIC F delta res 883 (4-11), demande de Gilbert Sigaux à Pierre Pascal pour une note au sujet de Victor Serge, 1957.

2. Houghton Library Harvard, Fonds Souvarine bMS Fr 375, lettre à Boris Souvarine, 20 août 1974. Archives Pascal – Jacques Catteau, carnets, 22 février 1965. Cf. Marcel Body, *Un piano en bouleau de Carélie*, Paris, Hachette, 1981, rééd. *Mes années de Russie (1917-1927)*, Éditions de Paris – Max Chaleil, 2003, présentation par Alexandre Skirda citant un courrier de Pierre Pascal.

3. BDIC F delta res 883 (20-1 à 5), pages de journal, 22 juillet, 21 décembre 1969, 27 janvier 1970.

urgence à témoigner sur ce « passé historique qui pèse sur nous d'un poids si lourd[1] ». Les sollicitations se multiplièrent de la part des historiens et des éditeurs, avides de documenter une histoire qui apparaissait de plus en plus évidemment détournée par l'interprétation soviétique. Pascal reçut les demandes avec bienveillance, parfois un peu d'ironie, et se mit à cette occasion à rechercher et à relire ses écrits des années 1920. En 1974 parut aux Éditions du Seuil *L'Opposition ouvrière* d'Alexandra Kollontaï, dans la traduction réalisée clandestinement par Pascal dans les années 1920, « trouvée dans les papiers de Pierre Monatte ». Avec la complicité de son ancien élève Georges Nivat, devenu professeur à Genève, le vieil homme accepta d'être longuement interviewé chez lui pour la série lancée par le service cinéma de l'ORTF, « Archives du XXe siècle ». À quatre-vingts ans, il entrait dans l'histoire par le biais d'un dialogue qui déroulait sa vie depuis son enfance, et revenait sur sa relation à la Russie et à la révolution. Il réaffirmait pour terminer son amour pour le peuple russe, non pas les « puissants qui ressemblent trop à ceux de l'Occident », mais les justes, les dévoués, qui faisaient la « solidité » d'un pays où le christianisme n'était pas éteint[2].

Ce retour sur soi était mené pour la première fois publiquement, librement, sans contraintes politiques. L'ancien lieutenant de la Mission militaire devint progressivement, dans ses dernières années, un grand témoin du siècle, dont les écrits étaient exploités comme un « document unique » pour l'histoire, en complément des sources d'archives[3]. Il accepta de nouveau de revenir exhaustivement sur son itinéraire pour cinq émissions des « Chemins de la connaissance » sur France Culture, et de répondre aux questions de son ancien élève Nikita Struve pour la communauté chrétienne russe. Il fut, avec l'ancien hôte du Petit-Paris, Charles-André Julien, l'un des rares « témoins de qualité » avec lesquels l'historien Fred

1. Houghton Library Harvard, Fonds Souvarine bMS Fr 375, lettre de Marcel Body à Boris Souvarine, 26 mars 1973, citée in Boris Souvarine, nécrologie de Lucien Laurat, *Est et Ouest*, 16-30 septembre 1973. Correspondances Boris Souvarine, Nicolas et Marc Lazarévitch, Ida Mett-Lazarévitch.

2. *Archives du XXe siècle – Pierre Pascal*, *op. cit.*, dernier entretien.

3. Ioannis Sinanoglou, « La Russie dans la Première Guerre mondiale. Le témoignage de Pierre Pascal », *op. cit.*, p. 485-493.

Kupferman put s'entretenir pour son ouvrage pionnier consacré au « voyage en Union soviétique[1] ». Ces publications et interventions entraînèrent d'ultimes et touchantes retrouvailles avec les compagnons des années moscovites. C'est ainsi que Marie-Louise Hauser, la « Bilili » compagne de Panaït Istrati lors de son voyage en URSS, « vieille femme originale et solitaire », lui envoya photographies et évocations de « notre Jenny » et d'Anita, « enfant gaie au milieu de la tourmente », après l'avoir entendu à la radio. Ranimant une ancienne amitié, Robert Guiheneuf lui fit parvenir ses commentaires à l'évocation de leur jeunesse commune en Crimée et un texte autobiographique[2].

Ce témoignage exprimé tout d'abord par des notes intimes et des interventions orales – entretiens radiophoniques, communications aux colloques – s'épanouit avec la publication en quatre volumes du *Journal de Russie*. Le premier tome, préfacé par Jean Laloy, parut aux Éditions L'Âge d'Homme en 1975. Il s'ouvrait sur le départ en Russie, près de soixante ans auparavant. Dans cette dynamique autobiographique, Pierre Pascal avait été puissamment aidé par la préservation d'une « ego-archive » d'une importance considérable, tant en qualité qu'en quantité. Il avait toujours été extrêmement attentif à la conservation de ses papiers, lettres et carnets. Conscient de l'inscription de son parcours dans un moment historique, chrétien attaché depuis sa jeunesse à l'examen de conscience, chercheur soucieux de la conservation de son matériau de travail (il savait par exemple que Raoul Labry avait perdu les dossiers de sa thèse sur Herzen en quittant la Russie en 1920), il faisait également partie d'une génération politique tôt consciente

---

1. INA, France Culture, « Trajets russes de Pierre Pascal », par Roger Dadoun, « Les chemins de la connaissance », 5 émissions, juin 1979. « P. Paskal. O pritchinakh revolioutsii 1917 goda : beseda s N.S. Struve » (« Pierre Pascal. Sur les causes de la révolution de 1917. Entretien avec N. Struve »), *Vestnik Rousskogo khristianskogo Dvijenia*, n° 132, 1980. Fred Kupferman, *Au Pays des Soviets. Le voyage français en Union soviétique (1917-1939)*, *op. cit.* BDIC F delta res 883 (6-7), lettre de Fred Kupferman, 7 novembre 1977, et questionnaire annoté.

2. BDIC F delta res 883 (6-8), lettres de Marie-Louise Baud-Bovy Hauser, 27 avril, 14 mai, 11 juin 1980. Lettres de Robert Guiheneuf, 6 mars, 24 mars, 2 avril 1980.

de l'importance des archives[1]. Son beau-frère Victor Serge fut sans doute plus précocement marqué par cette culture de la clandestinité, qui faisait de chaque militant le conservateur d'un patrimoine unique, et se combina dans les années 1930 à la défense d'une expression personnelle menacée par des régimes autoritaires intrusifs. Dès 1919, Serge avait écrit à sa jeune belle-sœur, Jenny Roussakova : « Je compte aussi sur vous pour avoir soin de "mon petit 'trésor'", ces papiers rapportés de partout pendant des années orageuses. » La confiscation lors de sa seconde arrestation de ses « papiers, calepins, fonds de tiroirs ratiboisés sans soin », la saisie régulière des manuscrits envoyés par la poste lors de sa relégation à Orenbourg, la disparition à la douane en 1936 de ses valises de manuscrits furent un deuil jamais effacé, tant pour le militant que pour l'écrivain[2].

La liberté de ton des carnets de Pierre Pascal montre que, tout en étant très conscient du travail de la censure, il ne se sentit jamais véritablement menacé par la confiscation qui accompagnait systématiquement les arrestations en URSS. Il crut toujours, malgré le passeport soviétique reçu à Gênes, à une « sorte de privilège d'extraterritorialité » de son domicile. Il prit grand soin cependant de protéger les 19 caisses de livres et de papiers personnels. L'ambassadeur François Denjean accepta en 1933 de les convoyer sous protection diplomatique. Pierre Pascal reçut intacts les extraits de la presse russe et soviétique, les livres chinés dans les brocantes parmi les épaves de l'ancien régime, mais aussi les notes intimes et les traces documentaires de son engagement politique, et les correspondances mêlées d'un couple au destin indissociable[3]. La chance lui sourit de nouveau sous l'Occupation, tandis que Boris Souvarine était cruellement frappé comme tant d'autres

1. Cf. la réflexion sur le « patrimoine mémoriel », proposée par Claude Pennetier dans Claude Pennetier, Paul Boulland, Rossana Vaccaro (éd.), *André Marty, l'homme, l'affaire, l'archive*, *op. cit.*

2. Institut d'études slaves, Victor Serge à Evguenia Roussakova, 12 novembre 1919, 21 août 1933. Sur la disparition de ses archives à la douane et leur vaine quête après la Perestroïka, cf. Susan Weissman, *op. cit.*, p. 233-237.

3. BDIC F delta res 883 (2-12), François Denjean à Pierre Pascal, juin 1933, Institut d'études slaves, Pierre Pascal à Jenny Pascal, 21 juin 1933.

intellectuels, tentant toute sa vie de surmonter le « sentiment d'amputation et de deuil » lié à la spoliation en 1941 par les nazis de son immense bibliothèque et de ses archives, stoppant net son projet d'histoire de la révolution russe. Mobilisé par la collecte documentaire pour l'Institut d'histoire sociale et par la critique de la politique soviétique, Souvarine ne cessa pourtant jamais de rechercher le « grand portefeuille de couleur rouge foncé, marqué d'une inscription sur un drapeau rouge clair "IIe congrès de l'IC" », contenant sa correspondance avec les premiers dirigeants bolcheviques[1]. Quant à Pascal, il poursuivit sans solution de continuité la constitution de sa bibliothèque et la conservation de ses écrits personnels, à tel point qu'il récupéra sa correspondance de jeunesse à ses parents et à ses frères.

Laissant de côté ses lettres du front entre 1914 et 1916, Pierre Pascal fit un choix de ses courriers de Petrograd et de Moscou, qu'il cita ou publia par extraits dans le *Journal de Russie*. Publié à l'initiative de ses anciens élèves, celui-ci n'était pas en effet, loin s'en faut, la livraison brute de notes intimes. Le diariste, relisant soigneusement ses carnets qu'il fit dactylographier, se censura très rarement, toujours pour ne pas mettre en cause la vie privée de ses anciens amis. Rédigeant lui-même les notes biographiques et de contexte, il n'hésita pas à insérer articles d'époque, souvenirs, documents. Ainsi la chronologie historique prenait-elle sens par rapport à son propre passé. Son engagement apparaissait comme celui d'un jeune chrétien ascète et mystique « conquis » par la Russie, séduit par un immense espoir de justice, mais de manière toute personnelle : « Il y a eu une période où j'ai vraiment adhéré au communisme, à ma façon car je n'ai jamais admis le marxisme. » Le « beau rêve[2] » utopique et évangélique partagé avec le peuple russe était alors détourné par le « système

1. Sophie Cœuré, *La Mémoire spoliée. Les archives des Français, butin de guerre nazi et soviétique*, Paris, Payot, 2013. Houghton Library Harvard, Fonds Souvarine bMS Fr 375, *passim* et notamment lettre aux autorités autrichiennes, 8 décembre 1971, suite à un article du *Figaro* du 8 décembre 1971 signalant la découverte d'œuvres d'art spoliées par les nazis.

2. *Archives du XXe siècle – Pierre Pascal*, *op. cit.*, cassette 2. France Culture, « Nouveaux chemins de la connaissance », « Trajets russes de Pierre Pascal », *op. cit.*, émission 2 « En communisme ». Cf. aussi sur le marxisme, « Octobre et février ne sont qu'une révolution », *op. cit.*

abominable », inventé par Lénine, mais appliqué « de manière raisonnable » dans les premières années.

En situant, avec la fin du deuxième tome de son journal, la rupture autoritaire et étatiste en 1921 avec la NEP et Cronstadt, Pierre Pascal faisait coïncider un tournant historique avec le tournant personnel de son éloignement du communisme. Cette rationalisation, amorcée à l'occasion de son retour forcé sur lui-même en 1942, minimisait globalement son engagement au-delà de la puissance de contagion généreuse de l'événement révolutionnaire. Le désir de rupture radicale, la violence d'un antiparlementarisme antibourgeois et anti-intellectuel qui confinait à la haine de soi, la séduction de l'ascétisme sacrificiel du premier communisme, la quête de vie communautaire, le refoulement de la pratique religieuse, les accommodements de la période 1919-1925 disparurent derrière le récit linéaire d'une déception précoce. Son intérêt pour les campagnes russes, développé dans la seconde moitié des années 1920, fut largement antidaté. La question de la violence politique, y compris lorsqu'elle frappait les croyants, resta informulée. Un article de *Catacombes* livra une réflexion unique et douloureuse sur la peur née « peu après le coup d'État d'Octobre », puis devenue « héréditaire », évoquant les déportations, les disparitions : « Dans chaque logis, à partir de dix heures du soir, chaque famille, au bruit d'une voiture s'arrêtant devant la maison, tremblait[1]. »

Pierre Pascal rendit bien souvent grâce à Dieu pour la rencontre de Jenny et la fidélité en amitié. C'est à cette valeur cardinale qu'il consacra ses derniers mois d'exploration dans ses propres archives, pour rendre hommage à Nicolas Lazarévitch[2]. Mais l'amitié en politique n'était pas une clé de lecture du communisme, en ces années 1970-1980 toutes tournées vers l'affrontement idéologique des totalitarismes. Le cercle du Petit-Paris, rebelle à la discipline de parti, avait inventé un mode de résistance au stalinisme en réseaux d'influence inter-

1. « La peur et le courage », *Catacombes*, n° 70-71, juillet-août 1977, p. 3 et 6.

2. BDIC F delta res 889 (Archives Nicolas Lazarévitch), Correspondances, articles, photographies (1919-1979). Travail préparatoire à son ouvrage posthume sur Lazarévitch : *Pages d'amitié (1921-1928), op. cit.*

nationaux, qui demeura inefficace dans l'ère des partis de masses et inaudible dans l'affrontement binaire instauré avec succès par l'URSS et les partis communistes. Il fallait être pour ou contre la révolution, fidèle ou traître. Or nulle amertume, nulle renonciation ne transparaît à la lecture des écrits de Pierre Pascal sur l'expérience révolutionnaire de 1917-1918. Le ton se faisait certes beaucoup plus dur au sujet des bolcheviks – à l'exception d'une longue indulgence pour Lénine –, qu'ils fussent staliniens ou trotskistes, et l'aurait peut-être été davantage si Pascal avait vécu pour publier le journal des années 1928-1929. « Dans l'Union soviétique, j'étais non un ennemi, mais un neutre », confia-t-il à Fred Kupferman. L'ancien bolchevik ne se pensa en aucun cas comme un renégat, proche en cela de nombre d'opposants au communisme soviétique, des années 1920 aux années 1980. Victor Serge se considérait comme un combattant, mais aussi comme un « survivant par hasard à trois générations d'hommes vaillants – même dans l'erreur[1] ». « Quel malheur, quelle tragédie ! (...) Que tout cela soit fini, c'est impossible à imaginer. On aurait envie de se f... à l'eau », écrivit Lucien Laurat à Boris Souvarine en 1969. Dix ans plus tard, Guiheneuf confia son « impression d'avoir désiré l'impossible[2] ». Contrairement à bien des communistes de sa génération, Pierre Pascal ne formula jamais ce sentiment d'incompréhension et d'échec conjugués, fidèle à l'image d'une vie droite bénie par la Providence.

1. Victor Serge, *Mémoires d'un révolutionnaire*, *op. cit.*, p. 416.

2. Harvard, Archives Souvarine, Lucien Laurat, lettre à Souvarine, 8 juillet 1969. BDIC F delta res 883 (6-8), lettre de Robert Guiheneuf à Pierre Pascal, 6 mars 1980.

Épilogue

La réception du *Journal de Russie* fut excellente. Ce parcours de rectitude morale et de fidélité, la figure sympathique des « trois bolcheviks[1] » – Souvarine, Body et Pascal – recréait un lien unique avec une révolution vécue. Il correspondait sans doute largement à l'esprit d'une partie de l'opinion française des années 1970-1980, soucieuse de sauver l'espoir de 1917 des errements du régime stalinien, rassurée d'excuser par l'idéalisme du « saint laïc » l'engagement pour un système qui niait les valeurs de liberté individuelle, politique et religieuse. Rares furent ceux qui questionnèrent discrètement la rupture fondatrice de 1921, « dont la datation est matière à controverse, trop diffuse pour se prêter à une indication sommaire et précise », écrivit Souvarine, tandis que le père Bernard Dupuy, rédacteur de la nécrologie de Pierre Pascal pour la revue *Istina*, s'interrogea sur un « jugement qui se modifi[a] certainement à partir de 1927, peut-être dès 1921[2] ».

Au moment de la disparition de Pascal en juillet 1983, la lecture historique et autobiographique proposée par lui-même

1. Kiril Pomerantsev, « Marsel Bodi », *Rousskaïa Mysl*, 16 août 1985 ; « Boris Souvarin », *Rousskaïa Mysl*, 27 septembre 1985.

2. Boris Souvarine, « Pierre Pascal et le Sphinx », *op. cit.* Bernard Dupuy, « Pierre Pascal et la révolution des Soviets. In memoriam Pierre Pascal », *Istina*, n° 29, 1984, p. 243-249.

fut ainsi largement reprise dans les portraits du « bolchevik chrétien[1] ». Le désengagement de l'un des tout premiers communistes français avait été, dans un premier moment biographique, lu comme l'évolution d'un intellectuel bourgeois, moins fiable qu'un militant ouvrier du fait de son origine de classe, classé parmi les « touristes révolutionnaires » entraînés par un « phénomène passager "d'illusion lyrique"[2] ». Cette condamnation implicite de la part d'historiens modelés par le marxisme fut retournée en éloge après la mort de Pierre Pascal, dans le contexte de la critique antitotalitaire. La rupture avec le communisme, interprétée par Christian Jelen comme la fin d'un « aveuglement », semblait le choix logique d'une personnalité cohérente, la « fin d'une foi récente au profit d'une foi plus ancienne » selon François Furet. La parenthèse fermée permettait à l'intellectuel de « réintégrer son intériorité », en un processus de « récupération de soi » (Georges Nivat)[3].

Intellectuel malgré lui, assoiffé de vérité autant que de paix, sorti « indemne, toujours lui-même, le regard malicieux, le sourire bienveillant[4] » (Jean Laloy) des épreuves de l'histoire, mal à l'aise tant dans la discipline de parti que dans le débat politique, Pascal avait voulu sans doute se protéger, mais aussi protéger ceux qui lui étaient chers. Il se priva par là même de proposer au plus grand nombre une vision du totalitarisme. Par cette posture singulière, celui qui était devenu un grand témoin de la révolution russe éluda la question de la répression vécue au quotidien dans le Moscou des années 1918-1933, tout en offrant courageusement au lecteur de son *Journal* la possibilité de s'interroger sur son « attention inattentive[5] » face

---

1. Cf. Georges Nivat, « L'itinéraire exceptionnel d'un bolchevik chrétien », *op. cit.*, et Jutta Scherrer, « Pierre Pascal, l'événement traversé », *Passé Présent*, n° 3, 1984, p. 50-65.

2. Annie Kriegel, Georges Haupt, *op. cit.* Cf. aussi Ludmila Zak, *op. cit.*

3. Christian Jelen, *L'Aveuglement. Les socialistes et la naissance du mythe soviétique*, Paris, Flammarion, 1984. François Furet, *Le Passé d'une illusion*, *op. cit.* Georges Nivat, *Vivre en Russe*, Lausanne, L'Âge d'Homme, 2007, « Le "mentir-vrai" ».

4. Jean Laloy, « Pierre Pascal », *Plamia*, n° 64, 1983, p. 45-48.

5. Pierre Pachet, « Pierre Pascal, ou l'histoire d'un regard », *Esprit*, avril 1983, p. 152-159, rééd. sous le titre « L'éducation d'un regard », in *Aux aguets, essais sur la conscience et l'histoire*, Paris, Maurice Nadeau, 2002, p. 131-133.

à la violence du régime. Le choc de l'antisémitisme, qui avait frappé Jenny Pascal de plein fouet sous l'Occupation, resta en revanche refoulé.

« La jeune génération l'ignore. Il est pourtant l'un des intellectuels les plus importants de ce temps, et l'un de ceux dont l'évocation est la plus enrichissante », déplora Georges Albertini en 1982[1]. En cette fin du XXe siècle, « la religion russe » de Pierre Pascal (Georges Nivat) commençait cependant à toucher les curieux d'histoire russe, les passionnés de la révolution, et ceux qui commençaient à s'interroger sur l'énigme majeure posée aux historiens par « les illusions perdues » de 1917 (Fred Kupferman), leur place dans « la conscience et l'histoire » (Pierre Pachet), les « croyants et les désenchantés » du communisme (François Furet).

Qu'en est-il au début du XXIe siècle, alors qu'Octobre 1917 s'efface des mémoires et des références politiques, même pour comprendre les « printemps » révolutionnaires qui secouent le monde ? Les écrits et l'itinéraire de Pascal nous parlent de l'échec des tentatives de concilier christianisme et communisme, de la longue impossibilité de formuler les dissidences communistes et la critique du totalitarisme, de la politisation des vies privées. Ils éclairent les paradoxes de la slavistique et de la soviétologie à la française. Enfin, tout récemment, c'est en Russie que Pascal l'exilé devient l'objet d'une curiosité renouvelée, moins comme témoin de 1917 que pour ses amitiés dans l'émigration russe et son œuvre d'historien de la *Rous* orthodoxe[2]. Ainsi s'accomplit le projet de jeunesse de ce passeur vers la civilisation russe, témoin incomparable du XXe siècle qui s'éloigne : « Écrire sur la Russie avec amour ! »

1. Georges Albertini, « Souvenirs de Boris Souvarine », *Est et Ouest*, 1-31 janvier 1982, p. 3.

2. Olga Danilova, « Pier Paskal v istoriografii : obzor rossiïskikh i frantsouzskih issledovanii » (« Pierre Pascal dans le miroir de l'historiographie »), *Frantsouzski Ejegodnik*, 2011, t. 43, p. 393-411.

Remerciements

Je tiens à dire ma vive gratitude à madame Micheline Pascal et à madame Vera Roussakova, ainsi qu'aux anciens élèves de Pierre Pascal qui ont pris le temps de partager leurs souvenirs et leurs archives : Jacques Catteau, trop tôt disparu, pour sa grande générosité intellectuelle et amicale et l'ouverture libérale des carnets et des correspondances que lui avait légués Roch Pascal, et Michel Aucouturier, François-Xavier Coquin, José (†) et Geneviève Johannet, Nikita Struve, Georges Nivat ainsi que Vincent Laloy, le fils de Jean Laloy. J'espère que celles et ceux que je n'ai pu rencontrer retrouveront dans ces lignes leur maître et ami.

Cette enquête au long cours n'aurait pu être menée à bien sans l'aide d'archivistes, de conservateurs et de responsables de centres d'archives. Je remercie toute l'équipe de la Bibliothèque de documentation internationale contemporaine, dépositaire du Fonds Pierre Pascal, et particulièrement sa directrice Valérie Tesnière, Sacha Goriounov, Carole Ajam, Franck Veyron. Stéphane Viellard et Serge Aslanoff m'ont aimablement ouvert les archives de l'Institut d'études slaves où se trouve une partie de la correspondance Pascal. Merci à Pierre Rigoulot de la Bibliothèque Souvarine, à Serge Wolikow et à Lilian Vincendeau à la Maison des Sciences de l'Homme de Dijon, à Andreï Sorokin, directeur des Archives d'État russes d'histoire sociale et politique (RGASPI) de Moscou et à ses collaboratrices Larissa Rechetilo et Galina Gorskaïa, au professeur Stanley J. Rabinowitz de l'Amherst Center for Russian Culture qui conserve les archives Remizov. J'ai trouvé un excellent accueil au Fonds Souvarine de la Houghton Library de l'Université de Harvard, aux Archives nationales, aux Archives de la préfecture de police de Paris, au Service historique de la Défense, aux Archives de l'Institut national des langues et civilisations orientales, aux Archives de la Grande Chancellerie de la Légion d'honneur.

Ma reconnaissance va aux collègues et amis qui ont partagé leur savoir sur Pierre Pascal, Olga Danilova, Jonathan Beecher, Hélène Kaplan, Julie Bouvard. Un grand merci à Jacqueline Catteau pour son accueil toujours si chaleureux, à Olga Mirimanova (†) pour le partage irremplaçable de son expérience moscovite et soviétique, à Jonathan et Rebecca Aaron Folkman pour leur hospitalité à Boston. Ce livre doit beaucoup aux débats avec mon jury d'Habilitation à diriger des recherches, Marie-Pierre Rey, Alain Blum, Christophe Charle, Catherine Depretto, Brigitte Studer. Il s'est enrichi des séminaires et discussions à bâtons rompus au Département d'histoire de l'ENS, au Centre d'études des mondes russe, caucasien et centre-européen, à l'Institut d'histoire moderne et contemporaine, au Centre franco-russe en sciences humaines de Moscou, au laboratoire Identités, cultures, territoires de l'Université Paris Diderot. Je remercie pour leur aide précieuse Véronique Schiltz, Catherine Cœuré, Tania Gromova, Sabine Dullin, Rémi Camus, Valérie Pozner, Marc Elie, et pour leur patience, Christophe, Aurélien et Arnaud. Un dernier merci, mais qui n'est pas le moindre, à Vera Michalski et à Fanny Mossière, des Éditions Noir sur Blanc, pour avoir accueilli et accompagné la transformation en livre de cette réflexion sur l'itinéraire de Pierre Pascal, entre l'Est et l'Ouest.

Index des noms

Table

Chapitre 2 : L'engagement en communisme (1917-1920)

Chapitre 3 : Au service des Soviets (1919-1924)

Chapitre 5 : L'invention d'une dissidence (1925-1931)

Chapitre 6 : Une parenthèse refermée ? Le retour en France (1931-1939)

Chapitre 7 : Maître des études russes, combattant « invisible » du totalitarisme (1939-1983)

COMPOSITION ET MISE EN PAGES
NORD COMPO À VILLENEUVE-D'ASCQ

ACHEVÉ D'IMPRIMER
SUR ROTO-PAGE
PAR L'IMPRIMERIE FLOCH
À MAYENNE EN SEPTEMBRE 2014

N° d'impression : 87383
Dépôt légal : octobre 2014
Imprimé en France